THE RADIUM GIRLS
Copyright © 2016 by Kate Moore
Todos os direitos reservados.

Publicado mediante acordo com Simon & Schuster UK
Ltd, 1st Floor, 222 Gray's Inn Road, London, WC1X 8HB,
uma empresa da CBS.

Tradução para a língua portuguesa
© Fernanda Lizardo, 2024

Diretor Editorial
Christiano Menezes

Diretor Comercial
Chico de Assis

Diretor de Novos Negócios
Marcel Souto Maior

Diretor de MKT e Operações
Mike Ribera

Diretora de Estratégia Editorial
Raquel Moritz

Gerente Comercial
Fernando Madeira

Gerente de Marca
Arthur Moraes

Gerente Editorial
Marcia Heloisa

Editora
Nilsen Silva

Capa e Projeto Gráfico
Retina 78

Coordenador de Arte
Eldon Oliveira

Coordenador de Diagramação
Sergio Chaves

Designer Assistente
Aline Martins

Preparação
Iriz Medeiros

Revisão
Jéssica Gabrielle Lima
Retina Conteúdo

Finalização
Roberto Geronimo
Sandro Tagliamento

Impressão e Acabamento
Ipsis Gráfica

DADOS INTERNACIONAIS DE CATALOGAÇÃO NA PUBLICAÇÃO (CIP)
Jéssica de Oliveira Molinari – CRB-8/9852

Moore, Kate
  Radioativas : as mulheres que lutaram contra o tempo / Kate Moore; tradução de Fernanda Lizardo. — Rio de Janeiro : DarkSide Books, 2024.
  448 p.

  ISBN: 978-65-5598-358-6
  Título original: The Radium Girls

  1. Acidentes radioativos 2. Substâncias radioativas
  I. Título II. Lizardo, Fernanda

24-0345   CDD 363.17

Índice para catálogo sistemático:
1. Acidentes radioativos

[2024]
Todos os direitos desta edição reservados à
DarkSide® *Entretenimento* LTDA.
Rua General Roca, 935/504 — Tijuca
20521-071 — Rio de Janeiro — RJ — Brasil
www.darksidebooks.com

AS MULHERES QUE LUTARAM CONTRA O TEMPO

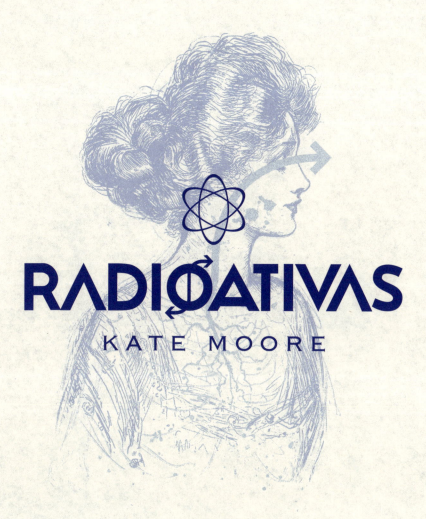

RADIOATIVAS
KATE MOORE

TRADUÇÃO
FERNANDA LIZARDO

DARKSIDE

*Para as pintoras de mostradores
e para todos aqueles que as amavam.*

Jamais te esquecerei...
Os corações que te conhecem, te amam
E os lábios que tanto te concederam risadas
Calaram-se para jazer em meio ao luto e às rosas
Em busca dos sonhos perdidos
Pelo mundo, para bem longe das paredes que te cercam.

— Anuário da Ottawa High School, 1925 —

SUMÁRIO

- **12.** LISTA DE PERSONAGENS PRINCIPAIS
- **17.** PRÓLOGO
- **21.** PARTE UM: COMPREENSÃO
- **149.** PARTE DOIS: PODER
- **275.** PARTE TRÊS: JUSTIÇA
- **365.** EPÍLOGO
- **385.** OBSERVAÇÃO FINAL
- **389.** GALERIA
- **401.** NOTA DA AUTORA
- **407.** AGRADECIMENTOS
- **410.** ABREVIATURAS
- **411.** CITAÇÕES
- **443.** REFERÊNCIAS

LISTA DE
PERSONAGENS
PRINCIPAIS

KATE MOORE
RADIOATIVAS

Newark e Orange, New Jersey

AS PINTORAS DE MOSTRADORES
Albina Maggia Larice
Amelia "Mollie" Maggia, irmã de Albina Maggia Larice
Edna Bolz Hussman
Eleanor "Ella" Eckert
Genevieve Smith, irmã de Josephine Smith
Grace Fryer
Hazel Vincent Kuser
Helen Quinlan
Irene Corby La Porte
Irene Rudolph, prima de Katherine Schaub
Jane "Jennie" Stocker
Josephine Smith, irmã de Genevieve Smith
Katherine Schaub, prima de Irene Rudolph
Mae Cubberley Canfield, instrutora
Marguerite Carlough, irmã de Sarah Carlough Maillefer
Quinta Maggia McDonald, irmã de Albina e Amelia
Sarah Carlough Maillefer, irmã de Marguerite Carlough

FUNCIONÁRIOS DA THE UNITED STATES RADIUM CORPORATION
Anna Rooney, chefe de seção
Arthur Roeder, tesoureiro
Clarence B. Lee, vice-presidente
Edwin Leman, químico principal
George Willis, cofundador junto a Sabin von Sochocky
Harold Viedt, vice-presidente
Howard Barker, químico e vice-presidente
Sabin von Sochocky, fundador e inventor da tinta à base de rádio
Sr. Savoy, gerente do ateliê de pintura

MÉDICOS E DENTISTAS

Francis McCaffrey, especialista de Nova York,
    responsável pelo tratamento de Grace Fryer
Frederick Flinn, médico trabalhista
Harrison Martland, médico na cidade de Newark
James Ewing, Lloyd Craver, Edward Krumbhaar, médicos do comitê
Joseph Knef, Walter Barry, James Davidson, dentistas
Robert Humphries, médico no Hospital Ortopédico de Orange
Theodore Blum, dentista na cidade de Nova York

INVESTIGADORES

Alice Hamilton, da Escola de Saúde Pública de Harvard, auxiliou
    Katherine Wiley e foi colega do médico Cecil K. Drinker
Andrew McBride, encarregado do Departamento
    do Trabalho dos Estados Unidos[*]
Cecil K. Drinker, professor de fisiologia na Escola de Saúde
    Pública de Harvard, marido de Katherine Drinker
Ethelbert Stewart, encarregado da Secretaria de Estatísticas
    Trabalhistas dos Estados Unidos, Washington, DC
Frederick Hoffman, estatístico investigador da
    seguradora Prudential Insurance Company
John Roach, vice-encarregado do Departamento
    de Trabalho dos Estados Unidos
Katherine Drinker, da Escola de Saúde Pública de
    Harvard, mulher de Cecil K. Drinker
Katherine Wiley, secretária executiva da Liga do
    Consumidor[**], em New Jersey
Lenore Young, agente de saúde de Orange
Swen Kjaer, investigador nacional da Secretaria de Estatísticas
    Trabalhistas dos Estados Unidos, Washington, DC
Martin Szamatolski, consultor químico para o
    Departamento do Trabalho dos Estados Unidos

[*] Órgão federal responsável pelos padrões de segurança ocupacional, determinação de pisos
    salariais, emissão de benefícios como seguro-desemprego e divulgação de estatísticas econômicas
    relacionadas ao trabalho. (As notas são da tradutora.)
[**] Entidade advocatícia sem fins lucrativos de apoio ao direito do consumidor.

Ottawa, Illinois

AS PINTORAS DE MOSTRADORES

Catherine Wolfe Donohue

Charlotte Nevins Purcell

Frances Glacinski O'Connell, irmã de Marguerite Glacinski

Helen Munch

Inez Corcoran Vallat

Margaret "Peg" Looney

Marguerite Glacinski, irmã de Frances Glacinski O'Connell

Marie Becker Rossiter

Mary Duffy Robinson

Mary Ellen "Ella" Cruse

Mary Vicini Tonielli

Olive West Witt

Pearl Payne

FUNCIONÁRIOS DA RADIUM DIAL COMPANY

Joseph Kelly, presidente

Lottie Murray, superintendente

Mercedes Reed, instrutora, esposa de Rufus Reed

Rufus Fordyce, vice-presidente

Rufus Reed, superintendente assistente, marido de Mercedes Reed

William Ganley, diretor-executivo

MÉDICOS

Charles Loffler, médico de Chicago

Lawrence Dunn, médico de Catherine Donohue

Sidney Weiner, especialista em radiologia

Walter Dalitsch, especialista em odontologia

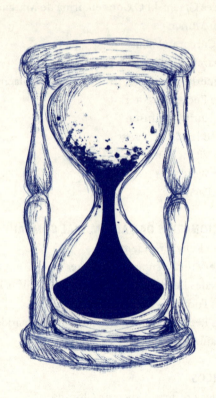

KATE MOORE
RADIOATIVAS

PRÓLOGO

PARIS, FRANÇA
1901

O CIENTISTA ESQUECERA-SE POR COMPLETO DO RÁDIO. ESTAVA ENFIADO de maneira discreta nas dobras do bolso do colete, envolto em um tubinho de ensaio, e a quantidade era tão pequena que nem dava para sentir o peso. Ele iria ministrar uma palestra em Londres, Inglaterra, e o frasquinho de rádio ficara dentro do bolso escuro durante toda a viagem pelo mar.

Ele era uma das poucas pessoas no mundo a possuir uma amostra do elemento químico. Descoberto por Marie e Pierre Curie no fim de dezembro de 1898, o rádio era uma substância tão difícil de ser extraída da fonte que havia apenas alguns gramas disponíveis no mundo. E ele tivera a sorte de ganhar uma pequeníssima fração para usar em suas palestras, enviada pessoalmente pelos Curie; o próprio casal de cientistas sequer tinha quantidade suficiente para dar continuidade aos experimentos.

No entanto, tal restrição não fora capaz de afetar o progresso dos Curie. Todos os dias eles descobriam uma novidade a respeito daquele elemento: "Ele formava impressões nas placas fotográficas, através do papel fotográfico", escrevera a filha dos Curie posteriormente, "[o rádio] era capaz de corroer e, pouco a pouco, reduzir a pó o papel ou a lã de algodão nos quais fosse embrulhado... E o que é que o rádio *não* dava conta de fazer?". Marie o intitulou "meu belo rádio" — e era belo mesmo. No fundinho do bolso escuro do cientista, o rádio irrompia da escuridão com um brilho ininterrupto e misterioso.

"Esse brilho", escreveu Marie para descrever o efeito luminoso, "parecia suspenso na escuridão [e] sempre nos incitava com novas emoções e encantamento."

Encantamento... Implica uma espécie de feitiçaria, um poder quase sobrenatural. Não é de admirar que o chefe operacional do Corpo de Comissionados do Serviço de Saúde Pública dos Estados Unidos (e principal porta-voz em questões de saúde pública do governo federal daquele país) tenha dito que o rádio "nos faz lembrar de uma supercriatura mitológica". Um médico inglês viria a descrever sua grandiosa radioatividade como "o deus desconhecido".

Os deuses podem ser gentis. Amorosos. Benevolentes. No entanto, como dissera certa vez o dramaturgo George Bernard Shaw: "Os deuses da Antiguidade constantemente exigem sacrifícios humanos". O encantamento — nos contos do passado e do presente — também pode significar certa maldição.

E assim, embora o cientista tenha se esquecido do rádio no bolso, o rádio não se esquecera dele. Enquanto o homem viajava à costa estrangeira, a cada segundo daquela jornada, o rádio disparava potentes raios sobre sua pele clara e macia. Dias depois, o cientista verificava, confuso, a marca vermelha que brotara de forma misteriosa em sua barriga. Parecia uma queimadura, mas ele não se lembrava de ter se aproximado de qualquer chama capaz de causar aquele efeito. A cada hora que passava, a dor se intensificava. A mancha não chegara a aumentar, mas de algum modo parecia estar mais *profunda*, como se seu corpo ainda estivesse exposto à fonte da ferida e a chama ainda o estivesse queimando. Aquela marca acabou tornando-se uma queimadura em carne viva, que foi aumentando em intensidade até a dor fazer o cientista sibilar de agonia e quebrar a cabeça em busca da resposta que explicasse o quê, afinal, poderia ter causado aquele ferimento de maneira despercebida.

E foi então que ele enfim se lembrou do rádio.

PARTE UM

COMPREENSÃO

KATE MOORE

RADIOATIVAS

1

NEWARK, NEW JERSEY
ESTADOS UNIDOS
1917

KATHERINE SCHAUB DAVA PULINHOS DE ALEGRIA ENQUANTO CRUZAVA OS meros quatro quarteirões que a separavam do trabalho. Era 1º de fevereiro de 1917, mas o frio típico do inverno norte-americano não estava incomodando nem um pouquinho; ela sempre fora fã da neve que tomava sua cidade natal. Entretanto, o clima glacial não era o motivo de tamanha animação naquela manhã gelada: aquele era seu primeiro dia em um emprego novo, na fábrica de relógios *Radium Luminous Materials Corporation*, com sede na Third Street, em Newark, New Jersey.

Uma de suas amigas mais próximas foi quem lhe contou a respeito da vaga. Katherine era uma garota vivaz e sociável, repleta de amizades. Como ela mesma se recordara mais tarde, "Uma amiga me contou sobre o 'ateliê de relógios' onde os números e os ponteiros dos mostradores eram pintados com uma substância luminosa que os tornava visíveis no escuro. O trabalho, explicara ela, era interessante e bem mais rebuscado dos que as funções normais de uma fábrica". Soava tão fascinante, mesmo naquela breve descrição — afinal, o local não era nem mesmo uma fábrica, mas um "ateliê". Para Katherine, uma garota "de personalidade muito imaginativa", parecia um lugar onde tudo poderia acontecer. E com certeza superava seu emprego anterior como empacotadora de presentes na Bamberger's, uma cadeia de lojas de departamentos de New Jersey; Katherine tinha ambições muito superiores à rotina de uma loja.

Ela era uma linda garota de apenas 14 anos; seu aniversário de 15 anos seria dali a pouco mais de um mês. Com pouco menos de 1,65 m de altura, ela era "uma loirinha muito bonitinha", com olhos azuis cintilantes, cabelos no corte da moda e belos traços. Embora tivesse frequentado apenas a escola secundária antes de abandonar os estudos — que era "toda a instrução que as meninas oriundas da classe operária recebiam naquela época" —, era bastante inteligente. "Por toda a sua vida", escrevera a revista *Popular Science*, "[Katherine] Schaub... acalentava [o] desejo... de seguir carreira literária." Ela sem dúvida era determinada, e atestou isso depois que uma amiga contou sobre as vagas no ateliê: "Fui até o responsável — um tal sr. Savoy — e pedi o emprego".

E foi assim que ela se viu diante da fábrica na Third Street, batendo à porta e ganhando acesso ao lugar onde tantas outras jovens queriam trabalhar. Sentiu-se quase como uma tiete ao ser conduzida pelo ateliê para conhecer a chefe de seção, Anna Rooney, e flagrar as pintoras de mostradores concentradas e zelosas em suas tarefas. As meninas estavam dispostas em fileiras, usando as roupas do dia a dia e pintando com muita agilidade, as mãos quase um borrão aos olhos leigos de Katherine. Cada uma delas tinha uma bandeja de madeira repleta de mostradores ao seu lado — os mostradores de papel eram impressos com fundo preto, de modo que os números ficassem brancos, prontos para serem encobertos pela tinta —, porém não foram os mostradores que chamaram a atenção de Katherine, foi o material usado pelas meninas. Foi o rádio.

Rádio. Era um elemento magnífico, todo mundo sabia disso. Katherine já tinha lido a respeito em revistas e jornais, que exaltavam com infindável obstinação as virtudes do elemento químico e anunciavam a venda de novos produtos à base de rádio — só que todos muito caros para uma garota de origem humilde como Katherine. Ela nunca havia visto o rádio tão de pertinho até então. Era a substância mais valiosa do mundo, 120 mil dólares o grama.[*] E para seu deleite, era ainda mais bonita do que ela imaginara.

---

[*] Considerando a inflação e as variações cambiais, 1 dólar em 1917 equivale a 24 dólares em 2024. (Nota da editora)

Cada pintora tinha seu próprio suprimento. E cada uma delas misturava a própria tinta, salpicando um pouco de pó de rádio em um pequeno recipiente de porcelana e acrescentando um tiquinho de água e um aglutinante de goma arábica: uma combinação que criava uma tinta luminosa branco-esverdeada, a qual ganhara o nome de "lúmina". O fino pozinho amarelo continha apenas uma quantidade minúscula de rádio; era misturado a sulfeto de zinco, com o qual o rádio reagia para garantir um brilho cintilante. O efeito era de tirar o fôlego.

Katherine notava que o pó se espalhava para tudo que é lado; o ateliê inteiro estava coberto dele. Enquanto ela observava, pequenas nuvens cintilantes pareciam pairar antes de pousarem nos ombros ou cabelos de uma concentrada pintora. Para sua surpresa, as garotas brilhavam.

Katherine, como muitas meninas antes dela, ficou fascinada com o efeito. Não era só o brilho — era a reputação do todo-poderoso rádio. Desde o início, o novo elemento fora louvado como "a maior descoberta da história". Quando, na virada do século, os cientistas descobriram que o rádio era capaz de destruir tecido humano, ele foi logo adotado para combater tumores cancerígenos, com resultados notáveis. Consequentemente — como elemento capaz de salvar vidas e, portanto, provedor de saúde —, outras utilidades surgiram em seu encalço. Durante toda a vida de Katherine, o rádio fora apresentado como um cura-tudo magnífico, tratando não apenas câncer, mas febre do feno, gota, constipação... qualquer coisa. Farmacêuticos vendiam curativos e comprimidos radioativos. Havia também clínicas de rádio e spas para aqueles que pudessem bancar. As pessoas saudaram a chegada da novidade tal como vaticinado na Bíblia: "[Nascerá] o sol da justiça, e cura trará em suas asas, e saireis e saltareis como bezerros da estrebaria".

Outra alegação era a de que o rádio era capaz de restaurar a vitalidade dos idosos, transformando-os em "velhos jovens". Um aficionado escreveu: "Às vezes, fico meio convencido de que consigo sentir as fagulhas dentro do meu organismo". O rádio brilhava "como uma boa ação em um mundo perverso".

Tamanho apelo foi rapidamente explorado por empresários. Katherine tinha visto propagandas de um dos produtos mais bem-sucedidos da época, uma jarra revestida de rádio, na qual você colocava água para tornar o líquido radioativo: clientes abonados a bebiam como um tônico; a dose recomendada era de cinco a sete copos ao dia. Mas como alguns dos modelos chegavam ao varejo por 200 dólares, era um produto um tanto fora do alcance para Katherine. A água de rádio era consumida pelas ricas e famosas, não por garotas da classe operária de Newark.

Mesmo assim, ela se sentia acolhida pela influência onipresente do rádio na vida dos norte-americanos. Era uma verdadeira mania, não havia outra palavra para definir. O elemento, apelidado de "sol líquido", iluminava não apenas hospitais e salas de estar dos Estados Unidos, mas também teatros, salas de música, mercearias e estantes de livros. Era esbaforidamente mostrado nas histórias em quadrinhos e romances, e Katherine — que adorava cantar e tocar piano — com certeza estava familiarizada com a música "Radium Dance"*, que se tornou um grande sucesso depois de aparecer no musical da Broadway *Piff! Paff! Pouf!* Também estavam à venda suportes atléticos (as populares "saqueiras") e lingerie com rádio, além de manteiga de rádio, leite de rádio, creme dental de rádio (o qual garantia um sorriso mais radiante a cada escovação) e até mesmo uma variedade de cosméticos da *Radior*, marca que oferecia cremes faciais com rádio, além de sabonete, blush e pós compactos. Já outros produtos eram mais triviais: o "*Radium Eclipse Sprayer*", alardeado em sua propaganda como um produto capaz de "matar com rapidez todas as moscas, mosquitos e baratas. [Este] é o inigualável detergente para móveis, porcelanas e azulejos. Inofensivo para os seres humanos e muito fácil de usar".

É evidente que nem todos esses produtos continham o verdadeiro rádio — que era caríssimo e raro demais para estar disponível assim —, mas fabricantes de todos os ramos declaravam tê-lo ao alcance, já que todos queriam sua fatia da torta de rádio.

E agora, para a empolgação de Katherine, graças à sua iniciativa, ela teria um lugar privilegiado à mesa. Os olhos da jovem sorveram a cena ofuscante diante de si. Mas então, para sua decepção, a srta. Rooney a conduziu para uma salinha separada do ateliê principal, longe do rádio e das garotas reluzentes. Katherine não iria pintar nenhum mostrador naquele dia — nem no dia seguinte, por mais que ansiasse se juntar às artistas cheias de glamour na outra sala.

Em vez disso, ela seria aprendiz de inspetora e iria verificar o trabalho daquelas garotas luminosas que estavam ocupadas pintando mostradores.

---

* Dança do Rádio, em tradução livre.

Era uma função importante, explicou a srta. Rooney. Embora a empresa fosse especializada em mostradores de relógios, também havia um contrato lucrativo com o governo para fornecer painéis luminosos para compor os instrumentos de aeronaves. Considerando que havia uma guerra em eclosão na Europa, os negócios estavam em efervescência: a empresa também fornecia tinta para miras, bússolas de navios e o que mais precisasse reluzir no escuro. Quando havia vidas em jogo, os mostradores precisavam funcionar com perfeição. "[Minha função] era verificar se os contornos dos números estavam uniformes e [detalhados], e corrigir pequenos defeitos", recordou Katherine.

A srta. Rooney apresentou Katherine à pessoa que seria responsável por treiná-la, Mae Cubberley, e então deixou as duas a sós, retornando ao vagaroso passeio de averiguação das garotas pintoras, sempre lançando um olhar atento por sobre os ombros das jovens.

Mae sorriu para Katherine ao cumprimentá-la. Mae, a pintora de mostradores de 26 anos, estava na empresa desde o outono anterior. Embora fosse novata no ramo, já carregava a reputação de pintora genial, entregando com frequência de oito a dez bandejas de mostradores por dia (cada bandeja trazia de 24 a 48 mostradores, a depender do tamanho de cada display). Ela foi logo promovida para treinar outras garotas, na esperança de que estas fossem capazes de mimetizar sua produtividade. Agora, na salinha lateral, ela pegava um pincel para ensinar a Katherine a mesma técnica que era aprendida por todas as pintoras e supervisoras.

As garotas usavam pincéis fininhos de pelo de camelo, com cabos de madeira estreitos. Uma das pintoras relatou: "Eu nunca tinha visto um pincel tão preciso. Eu diria que não devia ter mais do que uns trinta fios, era excepcionalmente fino". No entanto, por mais delicados que fossem os fios, as cerdas tendiam a ficar desgrenhadas, dificultando o trabalho. O menor relógio de bolso pintado por elas media apenas três centímetros e meio de diâmetro, o que significa que o menor elemento a ser pintado tinha mero milímetro de largura. Não era permitido borrar os contornos delicados, senão a bronca seria homérica. Elas precisavam deixar os pincéis ainda mais finos — e só havia um jeito conhecido de se fazer isso.

"A gente afina os pincéis na boca", explicou Katherine. Era uma técnica chamada pontinha-no-lábio, herdada das primeiras garotas que haviam trabalhado no setor, oriundas das fábricas de pintura de porcelana.

As garotas não tinham ideia, mas não era assim que as coisas eram feitas na Europa, onde a pintura de mostradores já era fato consolidado há mais de uma década. Diferentes países traziam diferentes técnicas, mas em nenhum deles era hábito afinar os pincéis nos lábios. E talvez porque, em outros locais, os pincéis nem sequer eram o instrumento de trabalho: na Suíça, eram varetas sólidas de vidro; na França, palitos com algodão nas pontas; outros ateliês europeus empregavam uma caneta de madeira bem afiada ou uma agulha de metal.

No entanto, as meninas norte-americanas não adotaram a técnica da pontinha-nos-lábios com uma fé cega. Mae disse que, quando começou na função, logo que o ateliê foi inaugurado, em 1916, ela e as colegas questionaram a técnica, se mostrando "um pouco encafifadas" por estarem engolindo rádio. "A primeira coisa que perguntamos", recordou ela, "foi: 'Isso pode causar algum dano?'. E eles disseram: 'Não'. O sr. Savoy falou que não era perigoso, que não precisávamos ficar receosas." Afinal, o rádio era a substância maravilhosa; na verdade, as meninas até iriam se beneficiar da exposição. Então elas logo se acostumaram a botar os pincéis na boca a ponto de virar um gesto automático.

Para Katherine, no entanto, ficar afinando as cerdas nos lábios repetidamente e corrigindo os mostradores falhos naquele primeiro dia pareceu bem estranho. Contudo, valia a pena perseverar: havia lembretes constantes de por que ela quisera tanto trabalhar ali. Sua função envolvia dois tipos de inspeção: uma à luz natural e outra em uma câmara escura, e era na sala escura que a mágica de fato acontecia. Ela chamava as meninas para discutir o trabalho individualmente e comentava: "Ali na sala, onde não entrava luz alguma, dava para ver os indícios da tinta luminosa no corpo de todas as pintoras. Sempre havia um respingo aqui e ali nas roupas delas, no rosto, nos lábios, nas mãos. E quando elas estavam paradas ali dentro me ouvindo falar, brilhavam intensamente". Ficavam magníficas, como anjos etéreos.

Com o passar do tempo, Katherine foi conhecendo melhor as colegas. Uma delas era Josephine Smith, uma menina de 16 anos de rosto redondo, cabelos castanhos na altura do queixo e narizinho arrebitado. Ela também tinha trabalhado na Bamberger's, como vendedora, mas saíra para ganhar um salário muito melhor como pintora de mostradores. Embora as meninas não fossem assalariadas — elas ganhavam por peça, por unidade pintada, à média de 0,015 dólares cada —, as mais talentosas conseguiam juntar uma remuneração surpreendente. Algumas tiravam quase o triplo do salário médio de um funcionário de chão de fábrica, sendo que outras chegavam a ganhar até mais do que os próprios pais. A remuneração ali estava no rol dos 5% melhores salários dentre trabalhadoras do sexo feminino; elas levavam para casa, em média, 20 dólares por semana, embora as pintoras mais velozes conseguissem facilmente ganhar mais, às vezes até o dobro, conferindo às campeãs de remuneração um salário anual de 2080 dólares. As meninas com sorte suficiente para subir a um cargo fixo se sentiam abençoadas.

Josephine vinha de família alemã, tal como Katherine. Ficara sabendo disso quando as duas começaram a conversar. Na verdade, a maioria das pintoras do ateliê eram filhas ou netas de imigrantes. Newark estava repleta de migrantes, vindos da Alemanha, da Itália, da Irlanda e de outros lugares; e exatamente por isso a empresa abrira o ateliê na cidade, pois as numerosas comunidades de imigrantes geravam força de trabalho para todos os tipos de empreendimentos. New Jersey foi apelidada de Garden State* por sua intensa produção agrícola, mas era igualmente produtiva no setor industrial. Na virada do século, a liderança empresarial de Newark a rotulara como a Cidade das Oportunidades e — como as próprias garotas estavam descobrindo — ela fazia jus ao nome.

Todo esse quadro deu origem a uma metrópole próspera. A vida noturna após o encerramento do expediente era agitada. Newark era uma cidade cervejeira, com mais bares *per capita* do que qualquer outra cidade dos Estados Unidos, e os trabalhadores aproveitavam o tempo de folga com afinco. As pintoras de mostradores também abraçaram a boêmia social: elas se sentavam juntas no ateliê da fábrica de Newark, partilhando sanduíches e fofocas às mesas empoeiradas.

Com o passar das semanas, Katherine foi conhecendo os desafios, bem como os encantos, da pintura de mostradores: a atenção constante da srta. Rooney enquanto caminhava para lá e para cá pelo ateliê, e o medo sempre presente de ser chamada à câmara escura para tomar uma repreensão pelo trabalho malfeito. E, acima de tudo, as meninas

---

* Estado Fértil, em tradução livre.

temiam ser acusadas de desperdiçar a tinta cara, o que poderia representar a ofensa máxima. Embora Katherine enxergasse as desvantagens do trabalho, ainda desejava se juntar às mulheres na sala principal. Queria ser uma das meninas reluzentes.

Astuta no aprendizado, Katherine logo se destacou na inspeção, não apenas aperfeiçoando a arte de corrigir os mostradores falhos com seu pincel afinado nos lábios, mas também se especializando em espanar o pó à mão livre ou em remover o excesso de tinta com a unha, tudo fruto da técnica. Ela se esforçava ao máximo, ávida por uma promoção.

Por fim, rumando para os últimos dias de março, sua perseverança compensou. "Fui chamada para pintar os mostradores", escreveu ela, cheia de ânimo. "E obviamente respondi que gostaria de experimentar."

Katherine tinha alcançado suas aspirações por mérito próprio — mas também havia forças maiores em ação naquela primavera de 1917. As pintoras de mostradores estavam prestes a serem requisitadas como nunca: agora a empresa ia precisar de todas as mulheres que conseguisse recrutar.

KATE MOORE

RADIOATIVAS

2

DURANTE DOIS ANOS E MEIO, A GUERRA NA EUROPA DEIXOU OS ESTADOS Unidos praticamente intocados, exceto pelo *boom* econômico. A maioria dos norte-americanos estava feliz por não participar dos horrores nas trincheiras do outro lado do Atlântico, e as histórias chegavam intactas a eles, em nada distorcidas pela distância. Mas, em 1917, a posição neutra do país se tornou insustentável. Em 6 de abril, apenas uma semana depois da promoção de Katherine, o Congresso votou para que os Estados Unidos entrassem no conflito. Episódio que seria conhecido como "a guerra para acabar com todas as guerras".

No ateliê de pintura de mostradores na Third Street, o impacto da decisão foi imediato. A demanda disparou. O ateliê em Newark era pequeno demais para produzir a quantidade exigida, então a chefia de Katherine abriu, em caráter excepcional, uma unidade maior a alguns metros dali, na mesmíssima rua da unidade de Newark, em Orange, New Jersey, fechando de vez a fábrica da Third Street. A partir de agora, não haveria apenas pintoras de mostradores na sede. A empresa havia crescido tanto que iria dar início a uma extração própria de rádio, o que iria exigir laboratórios e unidades de tratamento. A *Radium Luminous Materials Corporation* se expandia a passos largos, e a nova locação abrangia vários edifícios, todos no meio de um bairro residencial.

Katherine foi uma das primeiras funcionárias a cruzar a entrada do prédio de tijolos de dois andares que abrigaria o departamento de recursos humanos. Ela e as outras pintoras ficaram maravilhadas com o que encontraram. Não era só a cidade de Orange que era dotada de encanto e prosperidade: o ateliê no segundo andar também era fascinante, com janelas imensas por todos os lados e claraboias nos tetos. O sol da primavera adentrava o recinto, proporcionando uma iluminação excelente para a pintura dos mostradores.

Fez-se uma solicitação para recrutar mais trabalhadores a fim de ajudar nos esforços de guerra, e apenas quatro dias depois de as tropas dos Estados Unidos entrarem no combate, Grace Fryer atendeu ao chamado. E suas motivações eram maiores do que o mero desejo de ajudar: dois de seus irmãos iriam se juntar aos milhões de soldados norte-americanos rumo à França para a luta. Muitas pintoras de mostradores estavam motivadas pela ideia de ajudar as tropas: "As garotas", escreveu Katherine, "eram só mais algumas dentre muitas que, através de seu trabalho, consideravam estar 'fazendo sua parte'".

Grace era uma jovem cívica. "Quando Grace era só uma estudante na escola", escreveu uma amiga de infância, "ela já demonstrava vontade de ser uma cidadã atuante quando crescesse." A família de Grace também demonstrava inclinações políticas. Seu pai, Daniel, era delegado no sindicato dos carpinteiros, por isso fora impossível crescer ao lado dele sem captar seus princípios. Só que ele era preterido nos empregos com frequência, pois o sindicalismo não era popular na época, mas, embora a família não tivesse muito dinheiro, o lar era repleto de amor. Grace era a quarta de dez filhos, e era bastante próxima da mãe, cujo nome também era Grace. Com certeza tal proximidade se dava porque Grace era a mais velha das meninas. Eram seis meninos e quatro meninas no total. Grace também era muito ligada aos irmãos, principalmente à irmã Adelaide, a mais próxima dela em idade, e ao caçula, Art.

Quando as vagas foram divulgadas, Grace já estava empregada em um cargo que pagava quase o mesmo que a pintura de mostradores, mas pedira demissão para se juntar à empresa de rádio em Orange, onde morava. Ela era uma garota muito inteligente e bonita, com cabelos castanhos cacheados, olhos também castanhos e traços bonitos. Muitos diziam que era uma beleza marcante, mas Grace não ligava muito para sua aparência. Em vez disso, estava focada na carreira e, aos 18 anos, já ansiava uma vida próspera para si. Em suma, ela era "uma garota com gosto pela vida". E logo se destacou na pintura dos mostradores, tornando-se uma das mais velozes, com uma taxa de produção média de 250 unidades por dia.

Uma jovem chamada Irene Corby também se juntou à empresa naquela primavera. Filha de um chapeleiro local, era uma menina de 17 anos, muito alegre. "Tinha certa inclinação para o humor", revelou sua irmã Mary, "mais do que o normal." Irene logo se deu bem com as colegas de trabalho — principalmente com Grace — e também era considerada uma das funcionárias mais qualificadas.

Coube a Mae Cubberley e Josephine Smith treinar as novatas. As mulheres ficavam sentadas lado a lado nas longas bancadas que percorriam toda a extensão do ateliê. Havia uma passarela entre as bancadas, para que a srta. Rooney pudesse continuar as inspeções às costas das pintoras. As instrutoras ensinavam a colocar só um pouquinho do material (as garotas chamavam o rádio de "o material") em seus pequenos recipientes, "como uma fumacinha bem fina", e depois misturar a tinta com cuidado. No entanto, mesmo a mais suave agitação deixava pequenos salpicos nas mãos nuas da maioria das mulheres.

Então, depois que a tinta era misturada, elas eram instruídas a fazer a pontinha-no-lábio. "Ela me disse para observá-la e imitá-la", Katherine recordou-se do treinamento. Tão certo quanto a noite sucede o dia, Grace, Katherine e Irene obedeceram às instruções. Levavam o pincel aos lábios... mergulhavam no rádio... e pintavam os mostradores. Era uma "sequência lábio-tinta-pinta": todas as meninas copiavam umas às outras, imagens espelhadas que afinavam no lábio, mergulhavam na tinta e pintavam, o dia inteiro.

Logo elas descobriram que o rádio endurecia nos pincéis. Um segundo recipiente era fornecido com o intuito de servir para a limpeza das cerdas, mas a água era trocada apenas uma vez ao dia e logo ficava turva: era tão útil para higienizar quanto para desgrenhar as cerdas, por isso algumas meninas consideravam aquilo um obstáculo; então apenas usavam a boca para umedecer o pincel. Outras, no entanto, sempre usavam a água: "Eu sei que eu usava a água", disse uma delas, "porque eu não suportava aquele gosto saibroso".

O sabor da tinta era uma fonte de debates. "O gosto não tinha nada de especial", observou Grace. "Não tinha sabor algum." No entanto, algumas ingeriam a tinta porque gostavam.

Outra garota a provar o sabor do elemento mágico naquele verão foi Edna Bolz, de 16 anos. "Eis uma pessoa", escrevera a revista *Popular Science* a respeito de Edna, "abençoada ao nascer, com uma disposição ensolarada."

Ela era mais alta do que muitas das colegas, embora não tivesse mais do que 1,65 m de altura, e era dona de uma elegância inata. Seu apelido era "boneca de Dresden" por causa dos lindos cabelos dourados e da pele alva; Edna também tinha dentes perfeitos e, talvez como consequência disso, um sorriso arrasador. Com o tempo, ela se aproximou da srta. Rooney, que a descrevia como "uma garota muito boazinha; livre de vícios e de uma família muito boa". A paixão de Edna era a música, e ela também era uma religiosa devota. Edna entrara na empresa em julho, em uma época em que a produção estava no auge devido à guerra.

Naquele verão, a empresa estava fervilhando de atividade: "O lugar era um hospício!", exclamara um funcionário. As meninas já vinham fazendo horas extras para manter a demanda, trabalhando sete dias por semana; agora o ateliê operava noite e dia. Em contraste às janelas escuras, as pintoras brilhavam ainda mais com a poeira do rádio: uma oficina de espíritos brilhantes trabalhando madrugada adentro.

Embora o ritmo fosse exigente, o esquema todo era, em muitos aspectos, divertido para as mulheres, que se deleitavam com os dramas adolescentes durante os longos plantões pintando mostradores em prol de seu país. A maioria delas era novinha — "garotas alegrinhas e risonhas" — e elas sempre achavam tempo para fazer alguma gracinha. Uma das brincadeiras favoritas era escrever o próprio nome e endereço em um relógio: uma mensagem para o soldado que iria usá-lo; às vezes, elas recebiam um bilhetinho com a resposta. Novatas eram contratadas o tempo todo, o que tornava o trabalho ainda mais sociável. Em Newark, estima-se que setenta mulheres trabalharam no ateliê; durante a guerra, esse número mais que triplicou. Agora as meninas se amontoavam em ambos os lados das bancadas, a poucos centímetros de distância umas das outras.

Hazel Vincent estava entre elas. Assim como Katherine Schaub, ela vinha de Newark, tinha rosto oval, um narizinho bonitinho e cabelos claros sempre arrumados nos penteados da moda. Outra funcionária era Albina Maggia, 21 anos, filha de um imigrante italiano, oriunda de uma família com sete filhas, sendo ela a terceira. Era uma garota gorda e diminuta, com apenas 1,42 m de altura, e cabelos e olhos escuros, típicos de italianos. Albina estava bem satisfeita por voltar ao mercado de trabalho — sendo a filha mais velha e ainda solteira, tinha largado o emprego de costureira de chapéus para cuidar da mãe, que viera a falecer no ano anterior —, mas descobriu que não era a pintora mais ágil dali. Ela achava os pincéis "muito desajeitados" e conseguia pintar apenas uma bandeja e meia por dia. No entanto, esforçava-se o máximo possível e comentou em seus relatos posteriores: "Eu sempre fiz o melhor pela empresa".

Junto a Albina, nas longas bancadas de madeira, estava sua irmã, Amelia, a quem todos chamavam de Mollie. Esta parecia ter encontrado sua vocação no ateliê, pois era produtiva em níveis extraordinários. Trinta centímetros mais alta do que Albina, era uma garota sociável de 19 anos, de rosto largo e cabelos castanhos volumosos, quase sempre vista às risadas com as colegas. Ela se dera bem com outra estreante, Eleanor Eckert (apelidada Ella): as duas eram unha e carne. Ella era popular e bonita, com cabelos loiros um pouco encaracolados e sorriso largo; o senso de humor era uma constante, quer ela estivesse no trabalho ou nas folgas. As meninas socializavam e almoçavam juntas, mal parando de trabalhar enquanto partilhavam a comida ao longo das mesas lotadas.

A empresa também organizava eventos sociais; os piqueniques eram um dos mais concorridos. As pintoras de mostradores, usando vestidos brancos de verão e chapéus de abas largas, tomavam sorvete sentadinhas na estreita ponte improvisada que ficava do outro lado do riacho perto do ateliê, balançando as pernas ou agarrando-se umas às outras para não caírem na água. Os piqueniques eram para todos os funcionários — então nesses eventos as meninas se misturavam aos demais colegas, os quais raramente viam no dia a dia: os homens que trabalhavam nos laboratórios e nas salas de refino. Não demorou muito para que o "clima de romance" começasse; Mae Cubberley começou a sair com Ray Canfield, um funcionário do laboratório: um dentre muitos dos relacionamentos que desabrocharam entre as meninas, embora a maioria não tivesse sido propriamente com colegas de trabalho. Hazel Vincent, por exemplo, estava apaixonada pelo seu namoradinho de infância, um mecânico loiro de olhos azuis chamado Theodore Kuser.

O fundador da empresa, Sabin von Sochocky, um médico austríaco de 34 anos, com frequência era o centro das atenções nos piqueniques, sentado entre seus funcionários sobre uma manta, sem paletó e com um copo de bebida gelada na mão. As meninas quase nunca o viam no ateliê — ele geralmente estava ocupado demais no laboratório para agraciá-las com sua presença —, então era uma oportunidade rara que seus caminhos se cruzassem. Ele fora o inventor da tinta luminosa que usavam, em 1913, e que sem dúvida se revelara um sucesso. Em seu primeiro ano, ele vendera

2 mil relógios luminosos; agora a produção da empresa estava na casa dos milhões. Em muitos aspectos, ele era um empresário improvável, pois era formado em medicina. No começo, o plano era que a tinta fosse uma "obra comercial" para financiar pesquisas médicas, mas a demanda crescente exigira uma abordagem mais corporativa. Ele enxergou uma "alma gêmea" no dr. George Willis e, assim, os dois médicos fundaram a empresa.

De acordo com os colegas, Von Sochocky era um "homem notável". Todos o chamavam apenas de "o doutor". Ele era incansável: "Não era de madrugar, ele gostava de começar mais tarde, mas sempre estava disposto a continuar trabalhando horas a fio". A revista *American* se referiu a ele como "uma das maiores autoridades mundiais no elemento rádio" — e ele estudara com os melhores: os Curie em pessoa.

Junto aos Curie, e a partir da literatura médica especializada que estudara, Von Sochocky compreendera que o rádio trazia grandes perigos. Na época em que ele estudara com os Curie, diziam que Pierre comentara que "não gostaria de se meter em uma sala com um quilo de rádio puro, pois isso queimaria toda a pele do seu corpo, destruiria sua visão e com certeza o mataria". Naquela época, os Curie estavam intimamente familiarizados com os riscos do rádio, tendo eles mesmos sofrido muitas queimaduras. O rádio era capaz de curar tumores, fato, destruindo o tecido danoso — mas não fazia discriminação em seus poderes e massacrava o tecido saudável. O próprio Von Sochocky havia sofrido aquela ira sinistra e silenciosa: o rádio atingira seu dedo indicador esquerdo e, quando ele se deu conta disso, acabou por perder a extremidade do membro. Agora parecia que "um animal tinha mastigado seu dedo".

Claro, para o leigo, tudo isso era desconhecido. A situação divulgada, e entendida pela maioria das pessoas, era que os efeitos do rádio eram todos positivos; e era isso que estava escrito em jornais e revistas, alardeado nas embalagens de produtos e espetacularizado na Broadway.

Ainda assim, os funcionários do laboratório da fábrica de Von Sochocky em Orange recebiam EPIS*. Aventais revestidos de chumbo e pinças de marfim para manusear os tubos de rádio. Em janeiro de 1921, Von Sochocky escreveria que era perfeitamente possível lidar com o rádio "apenas tomando as devidas precauções".

---

* Equipamento de Proteção Individual. São os artefatos de segurança como luvas, capacetes, botas etc.

No entanto, apesar de ter essa noção e de ter vivenciado o ferimento no dedo, Von Sochocky pelo visto ficara aficionado pelo rádio, a ponto de todos os relatos alegarem que ele tomava pouquíssimo cuidado. Ele era conhecido por brincar com o rádio, segurando os tubos com as mãos nuas enquanto observava a luminosidade da substância no escuro, ou imergindo o braço até o cotovelo em soluções de rádio. O cofundador da empresa, George Willis, também era desleixado e pegava tubos de rádio com o indicador e o polegar, sem se dar o trabalho de usar pinças. É possível que seus colegas tenham aprendido com eles e assim os imitavam. Ninguém prestava atenção aos alertas de Thomas Edison, que trabalhava a poucos quilômetros de distância dali, bem à vista da fábrica de Orange, e certa vez observou: "Pode haver uma condição, na qual o rádio ainda não tenha sido inserido, capaz de produzir resultados catastróficos; todos que lidam com ele devem ter cautela".

No entanto, no ensolarado ateliê do segundo andar, as meninas que ali trabalhavam não se importavam nem um pouco. Não havia aventais de chumbo, tenazes com ponta de marfim, peritos médicos. A quantidade de rádio na tinta era considerada tão pequena que tais medidas eram julgadas desnecessárias.

As próprias garotas, é claro, não tinham ideia de que tais precauções eram necessárias. Afinal, era o rádio, a droga maravilhosa, que elas estavam usando. Na verdade, elas tinham sorte, pensavam, enquanto gargalhavam entre si e inclinavam a cabeça para examinar o rebuscado trabalho de pintura. Grace e Irene. Mollie e Ella. Albina e Edna. Hazel, Katherine e Mae.

Elas pegavam os pincéis e os movimentavam repetidas vezes, bem como haviam sido ensinadas.

Lábio... Tinta... Pinta.

3

GUERRAS SÃO MAQUINÁRIOS FAMINTOS — E QUANTO MAIS VOCÊ AS ALI-menta, mais elas consomem. À medida que o outono de 1917 avançava, a demanda na empresa não demonstrava sinais de desaceleração; no auge das operações, 375 meninas foram recrutadas para pintar mostradores. E quando foi anunciado que mais mulheres seriam necessárias, as funcionárias divulgaram as vagas com avidez para amigas, irmãs e primas. Não demorou muito para que todas as irmãs de uma mesma família estivessem sentadas lado a lado, pintando com satisfação. Albina e Mollie Maggia logo acolheram uma terceira irmã, Quinta, de 16 anos.

Quinta era linda, com grandes olhos cinzentos e longos cabelos escuros; ela considerava os belos dentes sua melhor característica. Pé no chão e gentil, tinha entre seus passatempos favoritos jogos de cartas, damas e dominó. E confessava descaradamente: "Eu não vou à igreja nem com metade da frequência que deveria". Ela logo fez amizade com Grace Fryer, e as duas se tornaram "inseparáveis".

Grace foi outra a trazer a irmãzinha para o trabalho: Adelaide Fryer adorava o lado social da coisa toda, sendo a gregária que gostava de estar cercada de gente, nem de longe ajuizada como a irmã mais velha; por fim, ela foi demitida por ser tagarela demais. As meninas tinham permissão para serem sociáveis, mas ainda tinham obrigações a cumprir. Se não se empenhassem, estavam fora. Nesse ponto, podia ser bem difícil. Como Katherine Schaub observara em Newark, as meninas viviam sob muita pressão. Se a garota não fosse capaz de acompanhar as outras, era criticada; se falhasse repetidas vezes, acabava perdendo o emprego.

As garotas só tinham contato com o sr. Savoy, cujo escritório ficava no térreo, quando ele aparecia para repreendê-las.

O maior problema era o desperdício de tinta. Todos os dias, a srta. Rooney disponibilizava uma quantidade definida de pó de rádio para as meninas completarem uma meta específica de mostradores, então era preciso fazer a tinta durar. Elas eram proibidas de pedir mais, mas também não adiantava economizar. Se os números não estivessem encobertos o suficiente, isso resultaria em problemas na hora da inspeção. As meninas então começaram a se ajudar, compartilhando tinta caso alguém descobrisse que uma colega tinha um pouco mais sobrando. Havia também os pratinhos de água, cheios de sedimento de rádio. Esses também serviam como fonte de material extra.

No entanto, a água turva não passou despercebida pela chefia. Em pouco tempo, os recipientes para limpeza dos pincéis foram removidos sob a explicação de que muito material valioso vinha sendo desperdiçado na água. Agora as meninas não tinham escolha senão umedecer o pincel nos lábios, pois não havia outro jeito de limpar o rádio que endurecia nas cerdas. Conforme observou Edna Bolz, "sem botar o pincel na boca, era impossível render no trabalho".

As próprias meninas também eram alvo na limitação do desperdício. Quando um turno chegava ao fim e elas estavam prestes a ir embora para casa, todas eram convocadas até a câmara escura para serem espanadas: as "partículas brilhantes" então eram varridas do chão e recolhidas por uma pá de lixo, para serem reaproveitadas no dia seguinte.

Mas nenhum espanador era capaz de livrá-las de todo o pó. As meninas ficavam cobertas: as "mãos, braços, pescoços, vestidos, roupas íntimas, até os espartilhos das pintoras eram luminosos". Edna Bolz recordou-se que, mesmo depois de ser espanada, "quando eu voltava para casa à noite, minhas roupas brilhavam no escuro". Ela acrescentou: "Eu poderia ser vista de qualquer lugar... meus cabelos, meu rosto". As meninas brilhavam "como os relógios na câmara escura", como se elas mesmas fossem reloginhos marcando o trotar dos segundos. Brilhavam como espectros quando faziam o trajeto de volta para casa pelas ruas de Orange.

Eram figuras imperdíveis. Inexpugnáveis. Os moradores da cidade notavam não apenas o brilho espectral, mas também as roupas caras e chiques, pois as meninas usavam vestidos de seda e peles, "mais pareciam madames indo à matinê do que trabalhadoras de fábrica", um privilégio concedido pelos polpudos salários.

Apesar da atratividade do emprego, no entanto, não era uma função para todas. Algumas descobriram que a tinta as deixava doentes; uma mulher ficou cheia de feridas na boca depois de apenas um mês trabalhando no ateliê. Embora todas as meninas afinassem os pincéis nos lábios, cada uma delas fazia a intervalos diferentes, o que talvez explicasse as reações variadas. Grace Fryer descobriu que "eu conseguia fazer mais ou menos dois números antes de o pincel endurecer, enquanto Edna Bolz afinava o pincel antes de todos os números, às vezes até duas ou três vezes por número. Quinta Maggia fazia desse mesmo jeito, embora odiasse o gosto da tinta: "Lembro-me de mascar [a tinta] — de textura arenosa — que ficava entre meus dentes. Lembro-me muito bem disso".

Katherine Schaub era uma das que afinava o pincel com menos frequência; apenas quatro ou cinco vezes por mostrador. No entanto, quando montes de espinhas começaram a pipocar em seu rosto — que poderiam ter aparecido devido aos hormônios, já que ainda era uma garota de 15 anos —, ela, talvez atenta às reações adversas de algumas colegas, decidiu consultar um médico.

Para sua preocupação, ele perguntou se ela trabalhava com fósforo. Era um veneno industrial bem conhecido em Newark, e a suspeita fazia sentido — no entanto, para Katherine aquilo não fez sentido algum, e ainda a deixou inquieta. Não era só a acne que causara preocupação ao médico: ele também notara alterações no sangue de Katherine. Ela poderia afirmar, com toda a *certeza,* que não estava tendo contato com fósforo?

Às meninas não era fornecido qualquer esclarecimento sobre a composição da tinta. Desorientada pelas perguntas do médico, Katherine se voltou às colegas. Ao contar o resultado da consulta médica, todas ficaram assustadas. Juntas, confrontaram Savoy, que tentou abrandar os temores, mas desta vez suas palavras sobre a inocuidade da tinta caíram em ouvidos moucos.

E assim, como qualquer supervisor faria, ele procurou *os próprios* gerentes. Então, George Willis veio de Nova York para dar uma palestra às meninas sobre o rádio e convencê-las de que não era perigoso; Von Sochocky também participou. Os médicos juraram não haver nada de arriscado na tinta: o rádio era usado em uma quantidade tão minúscula que era incapaz de causar danos.

Com isso as meninas voltaram ao trabalho, sentindo-se um pouco mais leves, Katherine talvez um tanto constrangida por suas espinhas de adolescente terem causado aquele quiproquó. Com o tempo, sua pele foi ficando mais límpida, assim como a mente das pintoras de mostradores. Quando uma das maiores autoridades mundiais em rádio diz que você não precisa se preocupar, é o que você faz. Em vez disso, elas começaram a rir dos efeitos do pó em suas rotinas. "As secreções quando eu assoava o nariz no lenço", lembrou Grace Fryer, "brilhavam no escuro". Uma das pintoras, conhecida por ser uma "italianinha animada", passou a substância em todos os dentes na noite anterior a um encontro romântico, pois queria um sorriso matador.

A propósito, aqueles romances das garotas que antes eram botões prestes a desabrochar, agora eram lindas flores. Hazel e Theo estavam mais íntimos do que nunca, e Quinta começara a paquerar um jovem chamado James McDonald, mas foi Mae Cubberley quem se tornou uma noiva invernal em 23 de dezembro de 1917. Seguindo a tradição da época, seu plano era abandonar o emprego de imediato, mas o sr. Savoy pedira a ela para ficar mais um pouco. Foi por isso que, quando Sarah Maillefer entrou na empresa naquele mesmo mês, ela ainda estava no ateliê.

Sarah era um pouco diferente das outras garotas. Para começar, ela era a mais velha, com 28 anos: uma mulher tímida e com jeito de matrona, que muitas vezes parecia alheia às adolescentes, embora estas lhe fossem receptivas. Sarah tinha cabelos curtos e escuros, e ombros largos — e que ombros largos precisava ter, pois ela também era mãe solo. Tinha uma filha de 6 anos, Marguerite, em homenagem à sua irmã caçula.

Sarah havia se casado em 1909. Seu marido, Henry Maillefer, era um sacristão franco-irlandês, alto e de cabelos e olhos escuros. Mas Henry um dia desaparecera; seu paradeiro até hoje era desconhecido. E então Sarah e Marguerite ainda moravam com a mãe e o pai, Sarah e Stephen Carlough, além de sua irmãzinha Marguerite, que tinha 16 anos. O sr. Carlough era pintor e decorador, e a família era "trabalhadora, tranquila". Sarah também era muito trabalhadora e viria a se tornar uma das funcionárias mais leais a passar pela empresa de rádio.

Para Mae Cubberley Canfield, no entanto, era o fim da lealdade. Pouco depois de se casar, ela engravidou e, portanto, entregou o pedido de demissão logo nos primeiros meses de 1918. Era o fim daquele capítulo em sua vida.

Sua vaga foi logo preenchida. Naquele ano, estima-se que 95% de todo o rádio produzido nos Estados Unidos era destinado à fabricação de tinta para mostradores militares; a fábrica estava produzindo em sua máxima capacidade. No fim daquele ano, um em cada seis soldados norte-americanos tinha um relógio luminoso — muitos deles pintados pelas garotas de Orange. Jane Stocker (apelidada de Jennie) era a mais nova recruta da fábrica, e em julho uma garota magra e bonita chamada Helen Quinlan entrou para o time de pintoras. Helen era uma mulher enérgica, que a empresa descrevia com certo desprezo como "o tipo que fazia tudo de forma atabalhoada demais". Helen tinha um namorado, o qual levava aos piqueniques das garotas, um jovem loiro sagaz que sempre ia aos encontros usando camisa de botão e gravata. Em um dos eventos, ele e Helen posaram para uma foto: as saias de Helen esvoaçavam nos joelhos, sempre em movimento, enquanto ele olhava para ela em vez de olhar para a câmera, totalmente encantado por aquela criatura brincalhona que de alguma forma ele tivera sorte o suficiente de conhecer.

As garotas continuavam a incentivar seus familiares a trabalhar na fábrica. Em setembro de 1918, Katherine escreveu com orgulho: "Consegui um cargo para Irene no ateliê". Irene Rudolph era sua prima órfã, as duas tinham a mesma idade; ela morava com os Schaub. Era compreensível que, dados os acontecimentos da infância, Irene fosse uma jovem cautelosa e prudente. Em vez de gastar o salário em sedas e peles como algumas das garotas, ela o depositava em uma conta poupança. Irene tinha rosto e nariz estreitos, olhos e cabelos escuros; a única foto remanescente dela mostra uma garota um pouco abatida.

Um mês após o início de Irene no ateliê, mais um novo funcionário começou a trabalhar lá. Mas não era uma pintora de mostradores: era Arthur Roeder, um empresário bem-sucedido e agora tesoureiro da empresa. Ele já havia demonstrado sua habilidade em cavar oportunidades profissionais: embora tivesse largado a universidade sem se formar, conseguira ascender muito rápido na profissão. Um sujeito de rosto redondo e cara de intelectual, com nariz proeminente e lábios finos, gostava de usar gravatas-borboleta e pomada, a qual passava pelos cabelos escuros para deixar os fios bem colados na cabeça. Ele trabalhava na sede em Nova York e agora assumia a responsabilidade pelas pintoras de mostradores de Orange. Embora alegasse ter frequentado o ateliê em inúmeras ocasiões, sua presença era uma exceção, já que a maioria dos executivos quase nunca entrava no local. Quando pensava nos principais executivos da empresa, Grace Fryer se lembrava de ter visto Von Sochocky apenas uma vez. Quando isso acontecera, ela não prestara muita atenção, mas tal fato viria a ser muito importante depois.

No referido dia, Grace estava à sua mesa, como de hábito, afinando o pincel nos lábios e mergulhando na tinta, assim como todas as outras garotas. Von Sochocky, tal como era bem típico *dele*, estava com a cabeça tomada pelas ideias e pela ciência complexa durante a caminhada apressada pelo ambiente de trabalho. Naquela ocasião, ao passar com rapidez pelo ateliê, ele parou e olhou diretamente para Grace — e para o gestual dela, como se estivesse vendo aquilo pela primeira vez.

Grace olhou para ele de relance. Era um sujeito de aparência memorável, com um nariz marcante e cabelos escuros bem aparados acima das orelhas um pouco salientes. Consciente do ritmo de trabalho ao redor, ela se voltou para sua tarefa e afinou o pincel entre os lábios outra vez.

"Não faça isso", alertou ele de repente.

Grace fez uma pausa e olhou para cima, perplexa. Era assim que o trabalho era feito; era assim que todas as meninas faziam.

"Não faça isso", repetiu. "Você ficará doente." E então ele seguiu seu caminho.

Grace ficou confusa. Como era do tipo que teimava quando cismava com alguma coisa, ela foi depressa ao encontro da srta. Rooney. Mas a srta. Rooney apenas reforçou o que já havia sido informado às meninas. "Ela me disse que não tinha problema", lembrou Grace mais tarde. "Disse que não fazia mal."

Então Grace voltou ao trabalho: *Lábio... Tinta... Pinta*. Afinal de contas, havia uma guerra em curso.

Mas não por muito tempo. Em 11 de novembro de 1918, as armas se calaram. A paz voltava a reinar. Mais de 116 mil soldados norte-americanos perderam a vida na Primeira Guerra Mundial; o número de baixas ficou em torno de 17 milhões. E, naquele momento do armistício, as garotas do rádio, os executivos da empresa e o mundo agradeceram porque o conflito brutal e sangrento havia terminado.

Já havia morrido gente demais. Agora, pensavam todos, era hora de viver.

KATE MOORE

RADIOATIVAS

4

UM MÊS DEPOIS DO ARMISTÍCIO, QUINTA MAGGIA COLOCOU EM PRÁTICA os princípios do *carpe diem*, casando-se com James McDonald. Ele era um alegre descendente de irlandeses que trabalhava como gerente de uma cadeia de lojas. Os dois fixaram residência em um chalezinho de dois andares; no início, Quinta ainda permanecera como pintora de mostradores, mas isso não durou muito tempo. Ela saiu da empresa em fevereiro de 1919 e logo ficou grávida; sua filha Helen nasceria naquele mesmo ano, em 28 de novembro, dois dias após o Dia de Ação de Graças[*].

Ela também não foi a única pintora a largar o emprego. A guerra havia terminado; as garotas estavam amadurecendo. Irene Corby também pediu demissão, migrando para Nova York para trabalhar como assistente em um escritório. Mais tarde, ela viria a se casar com o impetuoso Vincent La Porte, um publicitário dono de olhos azuis penetrantes.

As vagas foram logo preenchidas. Em agosto de 1919, Sarah Maillefer conseguiu encaixar a irmã caçula no ateliê, Marguerite Carlough. Era uma jovem dinâmica, que gostava de usar blush e batom, e era afeita a roupas em um estilo bem teatral: elegantes casacos cortados sob medida com golas imensas e chapéus emplumados de abas largas. Marguerite logo se tornou a melhor amiga da irmãzinha de Josephine Smith, Genevieve, que também começara a trabalhar no ateliê; outra amiga muito próxima era Albina Maggia, ainda arraigada às bandejas de mostradores,

---

[*] Um dos principais feriados nacionais dos Estados Unidos. A festividade, que teve origem no século XVII e antecede a celebração do Natal, é comemorada toda última quinta-feira de novembro.

tendo ficado para trás de sua irmã caçula na corrida pelo casamento. Obviamente, Albina não se ressentia da felicidade de Quinta, mas ao mesmo tempo não conseguia evitar se perguntar quando chegaria sua hora. Naquele verão, ela também decidiu largar o ateliê, voltando ao antigo trabalho na confecção de chapéus.

Foi uma época de mudanças constantes. Foi quando o Congresso aprovou a Décima Nona Emenda, a qual dava às mulheres o direito de votar. Grace Fryer mal podia esperar para fazer valer seu direito. E no ateliê as mudanças também se sucediam: logo um novo químico — e futuro vice--presidente —, Howard Barker, na companhia de Von Sochocky, começou a brincar com a receita de tinta luminosa, substituindo o mesotório pelo rádio. Um memorando revelou: "Barker misturava o que estivesse à mão, e aí vendia, na proporção meio a meio ou 10% [mesotório] e 90% [rádio], ou qualquer coisa do tipo". O mesotório era um isótopo de rádio (denominado rádio 228 para distinguir do rádio 226, o "normal"): também era radioativo, mas com uma meia-vida de seis ou sete anos, em contraste aos 1600 anos do rádio 226. Era mais abrasivo do que o rádio e — fator crucial para a empresa — muitíssimo mais barato.

Enquanto isso, no ateliê, as garotas, por algum motivo desconhecido, eram convidadas a experimentar uma nova técnica. Edna Bolz se recordou: "Todas tinham um paninho em suas bancadas, deveríamos passar o pincel nesse pano em vez de limpá-lo na boca". Mas Edna contou que após um mês houve outra mudança: "Tiraram nossos paninhos. Não tínhamos mais permissão para usá-los; desperdiçava muito rádio". Ela concluiu: "Os lábios eram considerados o meio mais adequado".

Era importante para a empresa que o processo produtivo fosse o mais eficiente possível, pois a demanda por produtos luminosos não demonstrava sinais de desaceleração, mesmo após o fim da guerra. Em 1919, para grande deleite de Arthur Roeder, o novo tesoureiro, houve uma alta na produção: 2,2 milhões de relógios luminosos. Não era de admirar que Katherine Schaub estivesse tão cansada; naquele outono, ela começou a sentir "rachaduras e rigidez nas pernas". Se bem que, de modo geral, ela já não vinha se sentindo muito bem, pois sua mãe havia falecido naquele mesmo ano. Durante o luto, Katherine se aproximara bastante de seu pai, William.

No entanto, é preciso seguir em frente — tal como já era sabido por Irene Rudolph, a prima órfã de Katherine —, mesmo quando nossos entes queridos se vão. Para ela e Katherine, não restava nada a fazer senão se

PARTE UM: COMPREENSÃO　45

agarrar ao trabalho, acompanhar as colegas que ainda davam tudo de si no ateliê tomado pelo pó de rádio: Marguerite Carlough e a irmã Sarah Maillefer; Edna Bolz e Grace Fryer; Hazel Vincent e Helen Quinlan; Jennie Stocker e — ainda um poço de comicidade — Ella Eckert e Mollie Maggia, que eram as pintoras mais velozes ali, apesar do excesso de gracinhas durante o expediente. Elas brincavam bastante, mas eram trabalhadoras esforçadas também. Era preciso sê-lo para segurar o emprego.

Mesmo com o fim da guerra, as requisições por produtos continuavam infindáveis. A empresa então começou a pensar em uma estratégia pós-guerra, e assim optou por expandir sua presença no campo da medicina do rádio. Arthur Roeder também era responsável pela marca registrada "Lúmina". A frivolidade dos tempos de paz significava oferecer produtos que os clientes gostariam de ver brilhando no escuro: e agora a empresa vendia sua tinta diretamente a consumidores e fabricantes, que podiam personalizar seus itens. Toda aquela empreitada deu à empresa de rádio mais uma ideia: que tal montar ateliês para fabricantes de relógios? Isso reduziria de maneira drástica a força de trabalho das pintoras em Orange, mas a empresa continuaria a lucrar ao fornecer a tinta.

De fato, havia um motivo convincente para querer abandonar a cidade de Orange, ou ao menos condensar as operações. A sede bem no meio de um bairro residencial estava revelando ser uma dor de cabeça agora que o fervor do patriotismo bélico havia acabado. Os moradores começaram a reclamar que a fumaça da fábrica descorava as roupas em seus varais e vinha afetando sua saúde. Por causa disso, foi dado um passo incomum na tentativa de apaziguar os moradores: um executivo deu 5 dólares a um vizinho para compensar pelas roupas danificadas.

Bem, o gesto foi um grande erro que só serviu para estourar as comportas. A partir daí, *todos* os moradores dos arredores começaram a exigir dinheiro. As pessoas daquela comunidade humilde se mostraram "ávidas por tirar vantagem da empresa". Foi aprendida a lição: o cofrinho foi trancado de imediato e nem mais um centavo foi pago a ninguém.

Os executivos então voltaram a atenção para a ideia de montar os ateliês personalizados para fabricantes de relógios. A demanda era evidente; em 1920, a produção de relógios luminosos ultrapassaria 4 milhões de unidades. Logo, tudo foi providenciado e todos ficaram felizes — todos, pelo visto, exceto as pintoras de mostradores da leva original.

Pois, ao passo que a empresa estava se saindo muito bem com o novo acordo, as garotas estavam sendo excluídas. Não havia trabalho suficiente para manter todas empregadas. A demanda foi diminuindo até o ateliê de Orange passar a funcionar apenas em regime de meio período.

Para as garotas pintoras, cuja remuneração dependia da quantidade de mostradores pintados, a situação se tornou insustentável. O número de funcionárias foi diminuindo até restar menos de cem garotas. Helen Quinlan foi uma das que abandonaram a empresa, assim como Katherine Schaub, que partiu em busca de um emprego que remunerasse melhor. Helen se tornou datilógrafa, enquanto Katherine conseguiu emprego no escritório de uma fábrica de rolamentos — e se flagrou feliz no novo ambiente. "As meninas no escritório", escreveu ela, "eram muito sociáveis; elas tinham um clube e me convidaram para entrar nele. A maioria delas fazia bordados ou crochê, sempre fabricando itens para seus enxovais."

Os baús onde os enxovais eram guardados também eram chamados baús do dote e continham todos os itens adquiridos por jovens solteiras na expectativa do casamento. Na primavera de 1920, Katherine estava com 18 anos, mas não parecia com pressa para sossegar; ela era festeira demais para pensar em arranjar um marido. "Eu não estava montando enxoval nenhum", escreveu ela, "então, enquanto as meninas ficavam em seus artesanatos, eu tocava piano e cantava as músicas populares daquela época."

Grace Fryer também foi esperta o bastante para prever os infortúnios. Para ela, a pintura dos mostradores não passava de um trabalho temporário: tinha sido importante para ajudar nos esforços de guerra, mas, para alguém com suas habilidades, não servia a longo prazo. Ela era ambiciosa e ficou bem empolgada quando conseguiu um cargo no Fidelity, banco de alto padrão em Newark. Grace adorava fazer o trajeto para o escritório, o cabelo escuro bem-arrumado e um elegante colar de pérolas no pescoço, prontinha para encarar o trabalho desafiador.

Assim como as novas colegas de Katherine na fábrica de rolamentos, as meninas do banco também eram sociáveis; Grace era "risonha e gostava muito de dançar", ela e as novas amigas do trabalho davam muitas festas, todas livres de álcool, pois a Lei Seca* havia começado em janeiro de 1920. No seu tempo livre, Grace também gostava de nadar, impulsionando o

---

* Em vigor de 1920 a 1933. Período durante o qual a fabricação, o transporte e a venda de bebidas alcoólicas para consumo foram proibidos em todo o território dos Estados Unidos.

corpo ágil na piscina comunitária para se manter em forma. Para ela, o futuro parecia promissor — e não era a única. Em Orange, Albina Maggia enfim conheceu o homem da sua vida.

Era maravilhoso estar namorando depois de tanta espera. Bem quando ela estava começando a se sentir velha de verdade — Albina tinha 25 anos, muito além da idade ideal para se casar naquela época; e já vinha sentindo uns incômodos no joelho esquerdo para andar —, ele enfim apareceu: James Larice, um pedreiro e imigrante italiano que se mudara para os Estados Unidos aos 17 anos. Ele era um herói de guerra, condecorado com a medalha *Purple Heart*, honraria concedida em nome do presidente aos feridos ou mortos na guerra, e agraciado com um distintivo com a folha de carvalho, o qual sinalizava sua distinção militar. Albina começou a se permitir sonhar com casamento e filhos, com a possibilidade de enfim sair da casa dos pais.

Enquanto isso, sua irmã Mollie não fazia nenhuma questão de esperar pelo príncipe encantado. Independente, confiante e solteira, ela saiu de casa para residir em uma república só de mulheres na Highland Avenue, uma rua arborizada em Orange com lindas casas, bem diferente dos modelos geminados dos subúrbios. Mollie ainda estava na empresa de rádio; muitas garotas da sua antiga equipe tinham saído, mas ela era excelente naquele trabalho e não queria abandoná-lo. Toda manhã, ela saía cheia de energia e empolgação, bem diferente do que poderia ser dito sobre algumas de suas colegas. Marguerite Carlough, que em geral era uma companheira nas gargalhadas, não parava de reclamar de cansaço constante; Hazel Vincent, enquanto isso, estava tão extenuada que optara pela demissão. Ela e Theo ainda não tinham se casado, então ela arranjou um emprego na General Electric.

No entanto, o novo ambiente não ajudou a melhorar seu estado de saúde. Hazel não fazia ideia do que havia de errado: seu peso não parava de baixar, ela se sentia fraca e sua mandíbula estava dolorida. Estava tão preocupada que, por fim, pediu para ser examinada pelo médico laboral, entretanto ele não conseguiu diagnosticar a doença.

A única coisa da qual Hazel tinha certeza, pelo menos, era de que seu mal-estar nada tinha a ver com o rádio. Em outubro de 1920, seu ex-empregador foi destaque nos jornais locais. O resíduo da extração de rádio tinha aspecto de areia da praia, por isso boa parte do resíduo industrial estava sendo vendido para escolas e parquinhos, para ser usado nas caixas de areia onde as crianças brincavam; houve relatos de sapatos descorados, e um menino chegou a se queixar com a mãe, sentindo queimação nas mãozinhas. No entanto, em comentários que tornaram a leitura tranquilizadora, Von Sochocky declarou que aquela areia do rádio era a "mais higiênica" para as crianças brincarem, "mais benéfica do que a lama dos banhos terapêuticos de maior renome mundial".

Katherine Schaub não fez ressalvas para voltar a trabalhar para a empresa de rádio quando foi recrutada, no fim de novembro de 1920, para treinar as novas pintoras que iriam para os ateliês das fábricas de relógios. A maioria delas se instalaria em Connecticut, incluindo a *Waterbury Clock Company*. Katherine ensinou a várias garotas o método que ela mesma aprendera tempos antes: "Eu instruía para que todas afinassem o pincel na boca", contou ela.

As novatas estavam muito empolgadas por trabalhar com o rádio, pois a febre incontrolável continuava a todo vapor, impulsionada ao ápice pela visita de Marie Curie aos Estados Unidos em 1921. Em janeiro daquele mesmo ano, como um reforço à cobertura constante da imprensa a respeito do famoso elemento químico, Von Sochocky escreveu um artigo para a revista *American*: "Em ambiente controlado, o rádio é a maior força conhecida pelo mundo", opinou ele, solenemente. "Através de um microscópio, você consegue enxergar as forças girando, poderosas e invisíveis, cujos usos" — admitiu — "ainda não compreendemos." E então acrescentou, como se para deixar um gancho aos leitores: "A importância do rádio para nós hoje é um grande idílio. Mas o que ele pode vir a significar amanhã, nenhum homem é capaz de prever".

De fato, ninguém era capaz de prever o futuro do uso do rádio, nem mesmo Von Sochocky. E houve um acontecimento pelo qual o médico não esperava: no verão de 1921, ele foi chutado da própria empresa. O cofundador, George Willis, vendera uma enorme fatia das ações a Arthur Roeder, o tesoureiro; não muito tempo depois, tanto Willis quanto Von Sochocky foram destituídos sem cerimônia em uma nova aquisição. A recém-batizada United States Radium Corporation (USRC) parecia destinada a realizações grandiosas naquele mundo pós-guerra, mas Von Sochocky não estaria mais no comando para guiá-los rumo ao que quer que fosse.

Em vez disso, era Arthur Roeder quem assumia graciosamente a cadeira vazia da presidência.

5

MOLLIE MAGGIA PASSOU A LÍNGUA DELICADAMENTE NA FENDA ONDE SEU dente estivera. *Ai.* O dentista havia feito a extração semanas atrás, depois de ela sofrer com muita dor de dente. No entanto, o local ainda continuava bastante dolorido. Ela se obrigou a despertar da distração e voltou à pintura dos mostradores.

O ateliê estava muito quieto, refletiu ela. Tantas garotas tinham ido embora. Jennie Stocker e Irene Rudolph haviam sido demitidas, e Katherine, a prima de Irene, também saíra, pela segunda vez. Ela e Edna Bolz continuaram a pintar para a *Luminite Corporation*, outra empresa de rádio, sediada em Newark. Das garotas do grupo original, restavam apenas as irmãs Smith e as irmãs Carlough — e a própria Mollie. O mais triste de tudo, na opinião dela, era o fato de Ella Eckert ter pedido demissão para trabalhar na loja de departamento Bamberger's. Com certeza o ateliê não era mais o mesmo, não desde que Roeder assumira o comando.

Mollie completou sua bandejinha de mostradores e se levantou para levá-la à srta. Rooney. Embora absorta em pensamentos, ela se flagrou passando a língua no buraquinho onde o dente ficava. Continuava tão incômodo. Se não melhorasse logo, pensou, iria voltar ao dentista — mas iria em outro profissional dessa vez, alguém que soubesse fazer o trabalho direito.

E de fato aquele incômodo não passou.

Sendo assim, em outubro de 1921, ela marcou uma consulta com Joseph Knef, um dentista bem recomendado e renomado por ser especialista em doenças bucais pouco conhecidas. Mollie mal podia esperar pela consulta. Nas últimas semanas, a dor nas gengivas inferiores e na mandíbula tinha ficado tão intensa que estava beirando o insuportável. Quando o sr. Knef a chamou para entrar no consultório, ela teve esperanças de que ele fosse capaz de ajudá-la. Pelo visto, o dentista anterior só fizera piorar as coisas.

Knef era um sujeito alto, de meia-idade, pele negra e que usava óculos com armação tartaruga. Ele examinou com delicadeza as gengivas e dentes de Mollie, balançando a cabeça em negativa enquanto vasculhava o buraco deixado pelo dente extraído pelo profissional anterior. Embora o procedimento tivesse sido há mais de um mês, o alvéolo não cicatrizava. Knef observou as gengivas inflamadas e tocou de leve nos dentes, sendo que vários deles pareciam um pouco frouxos. Ele então assentiu energicamente, certo de ter encontrado a causa do problema. "Segui o protocolo para periodontite", relatou ele mais tarde. Era uma doença inflamatória muito comum, que afetava os tecidos ao redor dos dentes, e Mollie parecia ter todos os sintomas. Knef tinha certeza de que, sob seus cuidados, ela iria melhorar muito em breve.

No entanto, não melhorou. "Em vez de reagir ao tratamento", lembrou Knef, "ela foi piorando."

Doía tanto, tanto. Mollie precisou passar por mais extrações dentárias, pois Knef vinha tentando conter a infecção através da remoção da fonte da dor, mas nenhum dos alvéolos chegava a cicatrizar. Em vez disso, ulcerações ainda mais agonizantes brotavam nos orifícios, causando ainda mais dor do que antes de os dentes terem sido extraídos.

Mollie seguia firme, continuando a trabalhar no ateliê, muito embora fosse bastante desconfortável usar a boca para afinar o pincel. Marguerite Carlough, que tinha voltado a se sentir bem disposta outra vez, tentava conversar com a amiga, mas Mollie mal conseguia responder. Não era só a dor nas gengivas que parecia roubar toda sua concentração, mas também o mau hálito que vinha junto. Toda vez que abria a boca, emanava um odor desagradável, e ela ficava muito constrangida com isso.

No fim de novembro de 1921, sua irmã Albina se casou com James Larice. O casamento foi realizado na véspera do segundo aniversário da filha de Quinta, e a noiva se flagrou sorvendo as brincadeiras fofinhas da sobrinha com um ar maternal recém-adquirido. Logo, pensou, ela e James também teriam seus pimpolhos correndo por aí.

Porém, havia uma nuvem no horizonte, encobrindo a felicidade dos noivos: Mollie. Embora Albina agora raramente visse a irmã, já que as duas moravam longe uma da outra, nenhuma das irmãs de Mollie conseguia evitar a preocupação diante da derrocada de seu estado físico. Pois, com o passar das semanas, ela não sentia dores apenas na boca; tinha começado a sentir incômodos em lugares completamente desconexos. "Minha irmã", lembrou Quinta, "começou a ter problemas nos dentes, na mandíbula, nos quadris e nos pés. Pensamos que fosse reumatismo." O médico prescrevia aspirina e a mandava de volta para casa na Highland Avenue.

O consolo era que ela morava com uma especialista na república. Uma das mulheres, Edith Mead, 50 anos, era enfermeira experiente e vinha cuidando de Mollie da melhor maneira possível. Só que, pela sua experiência, nada naquela doença fazia sentido; ela nunca tinha visto nada parecido. Nem o sr. Knef, nem o médico da família de Mollie, nem Edith pareciam capazes de curá-la. A cada consulta vinha uma conta vultosa, mas, não importava quanto Mollie gastasse, não havia cura em vista.

Quanto mais o sr. Knef tentava ajudar — e ele empregava alguns "métodos radicais de tratamento" —, pior Mollie ficava. O estado dos dentes, das ulcerações, das gengivas se agravava. Em algumas ocasiões, Knef nem precisava mais arrancar os dentes; eles caíam de forma espontânea. Nada do que ele fizera fora capaz de deter a desintegração, nem mesmo um pouco.

E *desintegração* era a palavra para descrever a situação de Mollie. Sua boca estava literalmente caindo aos pedaços. Ela vivia em constante agonia, e apenas paliativos superficiais lhe traziam algum alívio. Para Mollie, uma garota sempre brincalhona, aquilo tudo era insuportável. Seu sorriso, que outrora fora dominado por dentes reluzentes que faziam seu rosto brilhar, ia ficando irreconhecível conforme a perda dentária avançava. Bem, não importava mais. Ela já estava com tanta dor que não havia nem motivos para sorrir mesmo.

Depois do Natal e no início do novo ano, os médicos enfim pensaram ter diagnosticado aquela doença misteriosa. Feridas na boca... dor nas articulações... cansaço extremo... uma jovem solteira morando longe da família... Bem, era óbvio, na verdade. Em 24 de janeiro de 1922, Mollie fez exames para sífilis, ou "a doença do cupido" — uma infecção sexualmente transmissível.

Só que o exame deu negativo. Os médicos teriam que botar a cabeça para funcionar mais uma vez.

A essa altura, o sr. Knef havia notado certas particularidades no caso de Mollie que o fizeram duvidar do diagnóstico inicial. Parecia uma "aflição fora do comum", era quase como se algo a estivesse atacando de dentro para fora, embora ele não soubesse o que poderia ser. Além da desintegração que parecia incontrolável na boca da jovem, as narinas experientes de Knef também captavam o cheiro perceptível, um tanto "peculiar": "Definitivamente diferia do odor associado às necroses mais comuns da mandíbula". Necrose significava deterioração óssea. Os dentes de Mollie — os que restaram — estavam apodrecendo dentro da boca.

Depois de pesquisar um pouco mais, Knef chegou a uma conclusão. Ele determinou que ela vinha sofrendo de algo muito semelhante à intoxicação por fósforo. Aquela fora a mesma sugestão apresentada pelo médico de Katherine Schaub após o surto de acne alguns anos antes.

A "mandíbula fosforosa" — modo como as vítimas de intoxicação por fósforo apelidaram a doença — apresentava sintomas muito semelhantes aos de Mollie: perda de dentes, inflamação das gengivas, necrose e dor. Sendo assim, na consulta seguinte, Knef perguntou a Mollie sobre seu emprego.

"Eu pinto números em mostradores de relógios para que brilhem à noite", respondeu ela, estremecendo sempre que a língua tocava as ulcerações na boca enquanto tentava formar as palavras.

Com isso, as desconfianças de Knef aumentaram. Ele decidiu investigar o assunto pessoalmente. Visitou a fábrica de rádio — mas houve pouca cooperação. "Pedi ao pessoal do rádio a fórmula do composto", recordou, "mas o pedido foi recusado." Afinal, a Lúmina era uma propriedade comercial altamente lucrativa, a empresa não podia compartilhar a fórmula secreta com qualquer um. No entanto, Knef foi informado de que não havia fósforo na composição, sendo lhe assegurado de que o trabalho na fábrica não poderia ter causado a doença.

Seus próprios testes pareceram corroborar a afirmação da empresa. "Pensei que pudesse haver fósforo na tinta, o que causaria o problema", disse ele mais tarde, "mas todos os testes que fiz falharam em demonstrá-lo." Eles ainda estavam no escuro.

E nada daquilo estava ajudando Mollie. A dor era excruciante. Sua boca havia se transformado em um amontoado de feridas; ela mal conseguia falar, quanto mais comer. Era terrível para suas irmãs testemunharem aquilo. "Era tanta agonia", relatou Quinta, que "eu esmorecia só de me lembrar."

Qualquer um que já tenha sofrido um abscesso dentário é capaz de imaginar parte do grau de sofrimento de Mollie. Agora, toda a mandíbula, o céu da boca e até a estrutura óssea dos ouvidos podiam ser considerados um único e imenso abscesso. Não havia jeito algum de ela trabalhar em tal condição. Mollie largou o emprego no ateliê de Orange, onde passara tantas horas felizes pintando mostradores, e ficou confinada em casa. Com certeza, um dia, e sem demora, os médicos seriam capazes de determinar o problema e iriam curá-la, e ela poderia dar seguimento a sua vida outra vez.

Mas a cura não veio. Em maio, o sr. Knef sugeriu que ela voltasse ao consultório para que ele pudesse examiná-la e constatar os progressos até então. Mollie entrou caminhando com dificuldade; o reumatismo nos quadris e pés havia piorado, e ela estava quase manca. Mas era a boca que dominava seus pensamentos, todo o tempo, e a consumia *por completo*. Não havia como fugir da agonia.

Ela mancou até a cadeira odontológica do sr. Knef e então se recostou. Devagar, abriu a boca para ele. Ele se inclinou e se preparou para investigar.

Quase não havia dentes agora, constatou; ulcerações vermelhas e em carne viva salpicavam todo o interior da boca. Mollie tentou comentar que sua mandíbula doía bastante, e Knef cutucou com delicadeza o osso da boca.

Para seu horror e choque, ainda que o toque tenha sido o mais delicado possível, parte da mandíbula quebrou nos dedos dele. Ele então a removeu "não por via cirúrgica, mas colocando os dedos dentro da boca dela e puxando a estrutura óssea".

Mais ou menos uma semana depois, a mandíbula inteira de Mollie foi removida da mesma maneira.

Mollie não aguentava mais — mas não houve alívio. Aos médicos só restava lhe oferecer analgésicos, que também pouco ajudavam. Todo o rosto sob os lindos cabelos castanhos volumosos era apenas dor, dor, *dor*. Mollie ficou anêmica, enfraquecendo ainda mais. E o sr. Knef, mesmo não sendo médico (nem proficiente naquele tipo de procedimento), voltou a fazer um exame de sífilis em 20 de junho — e desta vez o resultado foi positivo.

Mollie com certeza teria ficado arrasada se tomasse conhecimento do diagnóstico — naquela época, muitos médicos escondiam o diagnóstico de seus pacientes, e é muito provável que o sr. Knef tenha sido discreto, querendo que ela se concentrasse apenas na recuperação. Mas, se tivesse visto o laudo dos exames, Mollie teria ciência de que *definitivamente* não tinha como ser sífilis. No entanto, também não fazia ideia de qual poderia ser a causa real. De qualquer forma, ela deveria estar esbanjando saúde — não só era jovem, na casa dos 20 anos, como trabalhava com o maravilhoso rádio há anos, pelo amor de Deus. Em fevereiro daquele mesmo ano o jornal local declarara: "O rádio pode ser ingerido... pelo visto, nos próximos anos, pode ser que compremos comprimidos de rádio — acrescentando anos às nossas vidas!".

Mas, para Mollie, o tempo parecia estar acabando. Depois da perda da mandíbula, uma descoberta importante viera à tona. O sr. Knef sempre esperava que, ao extrair um dente ou um pedaço de osso infectado, o progresso da doença misteriosa poderia ser interrompido. Mas agora estava evidente que "sempre que um pedaço do osso afetado era retirado, em vez de uma interrupção do curso da necrose, havia uma aceleração". Ao longo do verão, o estado de Mollie foi se deteriorando ainda mais. Sua garganta estava dolorosamente irritada agora, embora ela não soubesse o motivo. Seu queixo às vezes sangrava de forma espontânea, e Edith colocava ataduras de algodão em seu rosto, tentando conter o fluxo.

Setembro de 1922. Em Newark, a ex-colega de Mollie, Edna Bolz, estava se preparando para o casamento. Seu futuro marido era Louis Hussman, um encanador de família alemã, de olhos azuis e cabelos escuros. Ele era quase "devoto" à noiva. Ela pôs na cama todos os apetrechos da cerimônia, com uma expectativa emocionada: o vestido de noiva, as meias, os sapatos. Está chegando a hora.

Está chegando a hora. São palavras de empolgação. Expectativa. E conforto — para aqueles que sofrem.

Está chegando a hora.

Em setembro de 1922, a infecção peculiar que atormentara Mollie Maggia por quase um ano havia se espalhado para os tecidos da garganta. A doença "foi devorando-a com lentidão até chegar na veia jugular". Em 12 de setembro, às cinco da tarde, sua boca foi inundada por sangue, de modo que a hemorragia veio tão rápido que Edith fora incapaz de detê--la. A boca de Mollie, já desprovida de dentes, sem o osso da mandíbula, sem palavras, cheia de sangue jorrando pelos lábios e escorrendo pelo rosto abatido e aflito. Foi demais. Ela morreu, contou sua irmã Quinta, uma "morte dolorosa e terrível".

Mollie tinha apenas 24 anos.

Sua família ficou sem chão; eles não sabiam como explicar uma perda tão inesperada. "Ela morreu e os médicos disseram que não sabiam a causa", recordou-se Albina.

A família tentou descobrir. Albina acrescentou: "Minha irmã mais velha foi ao consultório do sr. Knef. Depois que Mollie faleceu, nos disseram que ela morreu de sífilis".

Sífilis. Que segredinho vergonhoso e deplorável.

As contas médicas finais chegaram, endereçadas ao pai das meninas, Valerio, em um envelope com os simples dizeres "Para Amelia". Atendendo a pedidos, o médico da família conseguiu fazer um abatimento no valor cobrado. Mas, embora tenha sido um gesto bem-vindo, não seria capaz de trazer Mollie de volta.

Eles a enterraram em uma quinta-feira, em 14 de setembro de 1922, no cemitério Rosedale, em Orange, em um caixão de madeira com uma plaquinha de prata. A inscrição apenas dizia "Amelia Maggia".

Antes da despedida, familiares e amigos pegaram o traje fúnebre: o vestido branco, as meias, os sapatos de couro preto. Com gentileza, vestiram o corpo da jovem, e então Mollie foi deitada em seu caixão para descansar.

A família esperava que agora, enfim, ela encontrasse a paz.

KATE MOORE

RADIOATIVAS

6

OTTAWA, ILLINOIS
ESTADOS UNIDOS DA AMÉRICA
Setembro de 1922

DOIS DIAS DEPOIS DO FUNERAL DE MOLLIE, A CERCA DE 1200 QUILÔME-
tros de Orange, um pequeno anúncio apareceu no jornal local de uma
cidadezinha chamada Ottawa, em Illinois. "Precisa-se de moças", dizia.
E então a seguir: "Buscamos moças a partir de 18 anos para trabalho
delicado de pintura. Esta é a oferta de um ateliê, o trabalho é limpo e
saudável, ambiente agradável. Candidatas devem procurar a srta. Murray, no antigo prédio da escola, Columbus Street, 1022".

Parecia *maravilhoso*.

Ottawa era uma cidade bem pequena — 10816 habitantes — a uns 130
quilômetros a sudoeste de Chicago. No diretório da cidade, se autode-
nominava uma "verdadeira comunidade norte-americana", e tais dizeres eram levados ao pé da letra. Era o tipo de lugar no qual os bancos
se proclamavam locais "onde reina a cordialidade" e as empresas anunciavam sua localização com descrições como "a um quarteirão ao norte
do correio". Ottawa ficava no coração da zona rural de Illinois, cercada
por terras cultivadas e pelos céus impossivelmente vastos do Centro-
-Oeste. Era um lugar onde as pessoas eram felizes por seguirem suas
vidinhas: criavam suas famílias, trabalhavam com prazer, levavam uma
vida decente. A comunidade era muito unida e enfaticamente religiosa;
Ottawa era "uma [cidade] pequena com muitas igrejas", sendo que a
maioria dos habitantes era católica. "Os cidadãos de Ottawa", entoava

o diretório da cidade, "são liberais, prósperos e progressistas." A população perfeita, portanto, para aquela nova oportunidade no ramo da pintura de mostradores.

No entanto, não era a United States Radium Corporation que estava contratando, embora esta conhecesse sua concorrente muito bem. O empregador da vez era a Radium Dial Company; seu presidente era Joseph A. Kelly. Porém, ele ficava na sede em Chicago, assim como a srta. Murray, a superintendente do ateliê com quem as meninas deveriam se candidatar.

Lottie Murray, 44 anos, era uma funcionária muitíssimo leal, uma mulher esbelta e solteira, que trabalhava na empresa havia cinco anos, sempre migrando junto ao ateliê por várias localidades antes de se estabelecer em Ottawa. Uma de suas primeiras candidatas bem-sucedidas foi Catherine Wolfe, 19 anos, nascida e criada em Ottawa, paroquiana devota da Igreja de St. Columba, que ficava diagonalmente oposta ao ateliê. A despeito da tenra idade, Catherine já havia sofrido uns bons golpes da vida. Quando tinha apenas 6 anos, sua mãe Bridget falecera; apenas quatro anos depois, em 1913, seu pai Maurice morrera de "problemas pulmonares". Como resultado, aos 10 anos Catherine fora enviada para morar com a tia e o tio já idosos, Mary e Winchester Moody Biggart, dividindo a casa na East Superior Street, número 520.

Catherine era uma garota tímida e calada, singela até. Tinha uma cabeleira farta e muito preta, e pele muito pálida; era sempre muito elegante, com membros contidos, nada de gestos vistosos. O emprego no ateliê seria seu primeiro, pintando os mostradores de relógios e instrumentos para aeronaves. "Era um trabalho fascinante, e o salário era bom", contou entusiasmada, "mas todo traço tinha que ser feito bem certinho."

E só havia um jeito comprovado de conseguir a pontinha necessária nos "pincéis japoneses do tamanho de um lápis" utilizados pelas meninas de Ottawa. "A srta. Lottie Murray nos ensinou a afinar as pontinhas dos pincéis de pelo de camelo usando a pontinha da nossa língua", lembrou Catherine. "Primeiro mergulhávamos o pincel na água, depois no pó, e aí afinávamos as pontas das cerdas entre os dentes."

Era mais uma vez a sequência "lábio-tinta-pinta" — só que com um elenco totalmente novo.

Catherine foi ao ateliê acompanhada de uma amiga, Charlotte Nevins, uma mocinha de 16 anos. O anúncio pedia moças "a partir de 18 anos", mas ela não ia permitir que tal detalhe a detivesse: todas as suas amigas estavam lá, e por isso ela queria tanto ir. Charlotte era a caçula de seis irmãos, e talvez só estivesse ávida para crescer depressa. Era uma garota alegre e afetuosa que, assim como Catherine, era católica devota. Embora quase sempre fosse quietinha, sabia ser bem extrovertida quando necessário.

Charlotte não foi a única a ocultar a idade. Outra funcionária que fez a mesma coisa — embora a empresa com certeza soubesse a verdade — foi Mary Vicini, uma doce italianinha que tinha vindo para os Estados Unidos ainda bebê. Mary, que tinha apenas 13 anos em 1922, conseguiu engrossar a equipe tão cobiçada. A verdade era que os dedos ágeis das pré-adolescentes eram ideais para o delicado trabalho de pintura dos mostradores; os registros mostram que algumas tinham apenas 11 anos. Auxiliando a srta. Murray na análise das candidatas estavam o sr. e a sra. Reed. Rufus Reed era o superintendente-assistente, um nova-iorquino de 39 anos e corporativista até o último fio de cabelo. Alto e careca, era um homem gordo e usava óculos de armação escura. Ele era surdo, mas isso não atrapalhava seu trabalho; talvez a limitação fosse responsável por sua imensa gratidão à empresa, que o acolhera tão bem. Assim como a srta. Murray, Reed e a esposa, Mercedes, que trabalhava lá como instrutora, já estavam em seus cargos fazia anos.

Mercy Reed era famosa por suas demonstrações: "Ela comia o material luminoso com uma espátula para mostrar às meninas que era 'inofensivo'", lambendo-o diante delas. Charlotte Nevins se recordou: "Quando eu trabalhava no ateliê de pintura, eles sempre diziam que o rádio nunca me faria mal. Eles até nos incentivaram a pintar anéis nos nossos dedos, e a pintar botões e fivelas das roupas".

E as meninas fizeram conforme foram instruídas. Elas eram "um grupo alegre e animado" e treinavam a pintura com frequência, sobretudo nos campos da moda e da arte. Muitas levaram tinta para casa; uma delas até pintou as paredes para dar um toque na decoração. Pelo visto, a Radium Dial não demonstrava tanta preocupação quanto a USRC em relação ao desperdício de material: ex-funcionários relatam que o rádio era manuseado sem qualquer cuidado e, em contraste às meninas espanadas em Orange, "limpar-se depois era um procedimento voluntário, e poucas faziam uso das instalações para higiene".

E por que iriam se limpar quando podiam ir para casa brilhando feito anjos? "As garotas eram alvo de inveja naquela cidadezinha de Illinois quando saíam com os namorados à noite, com seus vestidos e chapéus, e às vezes até mãos e rostos, brilhando com a fosforescência da tinta luminosa", segundo o relato de um jornal. Uma jovem na cidade se recordou: "Eu *ansiava* poder trabalhar lá — era um emprego de elite para as classes desfavorecidas". Quando as pintoras de mostradores visitavam as boticas para comprar doces caseiros ou sorvetes, as jovens deixavam um rastro de pó brilhante. Catherine relatou: "Quando eu voltava para casa e lavava as mãos sob a penumbra, elas ficavam luminosas e espectrais. Minhas roupas penduradas no armário escuro emitiam um brilho fosforescente. Quando caminhava pela rua, *eu* resplandecia com o pó de rádio". As mulheres foram "comicamente apelidadas de garotas-fantasma".

Elas trabalhavam seis dias por semana, usando uma tinta branca, meio esverdeada, semelhante àquela utilizada em Orange, com ingredientes idênticos. "Era esperado que se dedicassem a trabalhar, trabalhar, trabalhar." As garotas faziam uma pausa para o almoço, mas a sra. Reed comia na própria bancada de pintura, e, embora várias meninas fossem almoçar em casa ou frequentassem cafeterias nas redondezas, a maioria optava por ficar no ateliê, seguindo o exemplo da instrutora. Nas palavras de Catherine: "Almoçávamos bem ao lado das bancadas de trabalho, perto dos pincéis e tintas luminosas; comíamos o mais rápido possível". Afinal: "Ganhávamos mais dinheiro assim".

As meninas declararam: "Estávamos muito felizes no trabalho", e a Radium Dial estava igualmente satisfeita, bem como seu principal cliente, a Westclox. O *Manual do Funcionário* dizia: "Esperamos que você trabalhe duro, e o salário será proporcional ao seu empenho... Se você não espera trabalhar com afinco e atenção, está no lugar errado".

Mas para Catherine, Charlotte e Mary aquele parecia o lugar mais do que certo.

KATE MOORE

RADIOATIVAS

7

NEWARK, NEW JERSEY
Novembro de 1922

"SRTA. IRENE RUDOLPH?"

Irene levantou-se com dificuldade quando ouviu seu nome ser chamado pelo sr. Barry e entrou se arrastando no consultório. Seu problema tinha começado nos pés, mas atualmente essa era a menor das suas preocupações; ela até conseguia lidar com eles se fizesse tudo bem devagar. A família dela, incluindo a prima Katherine Schaub, a ajudava bastante. Agora, era sua boca o verdadeiro problema.

Ela vinha frequentando o consultório do sr. Barry desde agosto, embora os problemas dentários tivessem se manifestado na primavera de 1922. Apesar de ter ido a vários dentistas, seu estado tinha piorado tanto que, em maio, ela tivera de pedir demissão do emprego em uma fábrica de espartilhos. Desempregada, com as despesas médicas cada vez mais altas, Irene logo se flagrou em uma situação financeira precária. Ela sempre fora ajuizada com dinheiro em sua época como pintora de mostradores, economizando bastante do belo salário, mas aquela doença misteriosa esgotara as suadas economias.

A cada consulta caríssima, Irene nutria esperanças por alguma melhora. Ao se acomodar na cadeira do sr. Barry, abriu a boca e rezou para que, desta vez, ele tivesse boas notícias.

Walter Barry, um dentista experiente de 42 anos, examinou a boca de Irene com uma confusão cada vez maior. Ele e o sócio, James Davidson, vinham cuidando daquele caso desde o verão. No entanto, todos os tratamentos, tais como a raspagem do osso bucal infeccionado e as extrações dentárias, pelo visto só fizeram aumentar o sofrimento da moça. O consultório de cirurgia dentária ficava no número 516 da Broad Street, quase em frente à Biblioteca Pública de Newark; no entanto, não parecia haver nenhum livro ou revista médica nas prateleiras da biblioteca, ou mesmo na deles, que contivesse a solução. Enquanto Barry examinava a boca extremamente ferida de Irene naquele dia 8 de novembro de 1922, ele notava o aumento do foco de infecção, as gengivas inflamadas e já desprovidas de dentes tomadas por um pus amarelo repugnante.

James Davidson tinha experiência no tratamento de mandíbula fosforosa, e agora ele e Barry estavam convencidos de que era esse o problema de Irene. "Logo comecei a questionar [Irene] a respeito de sua profissão", lembrou Barry. "Empenhei-me para verificar se havia fósforo no material que ela utilizava."

Inconscientemente, ele estava seguindo os mesmos passos do sr. Knef, que havia tratado Mollie Maggia — mas as duas investigações não se cruzaram, e Knef nem sequer tivera a oportunidade de divulgar sua descoberta: como a mandíbula de Mollie se deteriorava cada vez mais depressa, ele ia apenas removendo os pedaços. Agora o mesmo declínio acelerado afetava Irene.

Barry disse a sua paciente que, na opinião dele, ela vinha sofrendo de algum tipo de "doença ocupacional". Mas, conforme Katherine Schaub viera a observar mais tarde, "a palavra rádio nunca chegara a ser mencionada". O rádio já estava tão estabelecido como um elemento benéfico para a saúde que era quase inaceitável desacreditá-lo; as pessoas não questionavam. E assim, embora houvesse suspeita de que a tinta luminosa fosse a culpada pelo estado de Irene, o acusado número um era o fósforo.

Em dezembro, Irene piorou e foi internada. Estava bastante pálida e os médicos diagnosticaram anemia. E foi no hospital que ela decidiu que não iria ficar prostrada em uma cama, sofrendo em silêncio.

Embora os dentistas de Irene não tivessem cruzado suas pesquisas com os estudos do sr. Knef, a amizade entre as pintoras do ateliê formava uma rede muito mais forte. A essa altura, Irene já tinha ficado sabendo da morte de Mollie Maggia. Os fofoqueiros diziam que havia sido em decorrência de sífilis, mas as meninas que a conheciam achavam difícil acreditar nisso. Assim, enquanto estava no hospital, Irene contou ao médico sobre o caso de outra garota que apresentara sintomas *iguaizinhos aos dela* e que morrera alguns meses antes. Naquele inverno, a família Maggia vinha tentando seguir a vida sem Mollie, sua menina querida — Quinta anunciara uma nova gravidez e Albina estava esperançosa de logo poder anunciar boas-novas semelhantes. Para Irene, agora abatida no quarto do hospital, contudo, a morte de Mollie não eram águas passadas, e de algum modo era um fato ainda horrivelmente presente.

E então ela contou outra coisa ao médico. Outra garota, revelou, também estava doente.

Ela poderia estar se referindo a Helen Quinlan, que havia sido acometida por uma dor de garganta intensa e inchaço geral no rosto, inchaço este que deformara as feições da jovem. Helen também apresentara problemas em um dente e estava começando a mostrar sinais de anemia. Só que pelo visto ela não frequentava os mesmos círculos sociais de Irene; na verdade, Irene se referira a Hazel Vincent.

Desde que Hazel deixara a USRC, sua doença só fizera piorar. Disseram-lhe que o problema era anemia e periodontite. Seu médico também desconfiava de mandíbula fosforosa devido à secreção escura com "odor típico de alho" que escorria da boca e do nariz. O namoradinho de adolescência de Hazel, Theo, estava morrendo de preocupação com ela.

Na opinião de Irene, o caso de Hazel e o dela eram parecidos demais para serem considerados mera coincidência. Com precisão, ela estabeleceu os paralelos durante uma consulta com o dr. Allen no hospital, tentando fazê-lo enxergar que havia algo mais acontecendo ali. E, enquanto ouvia sua paciente, o médico constatava um diagnóstico. Todas as evidências apontavam para uma doença ocupacional. Em 26 de dezembro de 1922, Allen relatou o caso de Irene Rudolph como intoxicação por fósforo à Divisão de Higiene Industrial (um órgão ligado à segurança no trabalho dos Estados Unidos) e solicitou que fosse aberta uma investigação. As autoridades logo entraram em ação e, em poucos dias, um fiscal apareceu na fábrica de Orange para verificar as alegações de envenenamento industrial.

O fiscal foi escoltado até o ateliê de pintura por Harold Viedt, vice-presidente da USRC e responsável pelas operações. Juntos, eles observaram com discrição as meninas em sua labuta. Já não havia muitas delas ali — a pintura de mostradores em Orange havia se tornado quase uma ocupação sazonal, portanto as garotas não trabalhavam de forma contínua como antes. No entanto, o inspetor notou, com certa incredulidade, a prática universal de afinar os pincéis nos lábios. O fato foi questionado ao sr. Viedt, que foi sagaz ao abordar as preocupações. De acordo com os relatórios do fiscal, Viedt disse a ele que "estava cansado de avisar [às meninas] sobre aquela prática perigosa, mas não conseguia impedir que fizessem aquilo".

Caso as pintoras tivessem ouvido aquela conversa, sem dúvida ficariam chocadas. Tirando o único aviso que Sabin von Sochocky dera a Grace Fryer, de que afinar o pincel nos lábios a deixaria doente, nenhuma pintora do ateliê, incluindo as instrutoras e as meninas, relatara qualquer tipo de alerta, e com certeza nenhum que incluísse uma referência direta ao fato de que afinar as cerdas nos lábios era uma "prática perigosa". Pelo contrário, elas receberam inúmeras garantias de que era o exato oposto — isso quando a empresa se dignou a tentar cuidar dos processos internos, é claro. Em geral, era permitido que as garotas executassem o trabalho sem muita interferência. Não parecia haver preocupação com o modo *como* as mulheres pintavam, contanto que a tinta não fosse desperdiçada e as metas fossem cumpridas.

O fiscal continuou a observar as garotas. Uma delas, notou ele, uma mulher meio matrona e mais velha do que o restante, parecia estar mancando ao levar a bandeja de mostradores até a nova supervisora, Josephine Smith, que tinha sido promovida havia pouco tempo; a srta. Rooney estava saindo da empresa para se juntar à Luminite Corporation.

Sarah Maillefer *estava mesmo* mancando. Vai ver era coisa da idade avançada, era o que a própria supunha; Sarah "já" estava com 33 anos, e essas coisas de dores e incômodos eram esperadas conforme o envelhecimento chegava. Além disso, era exaustivo ser mãe e trabalhar fora. Ela não tinha energia nem para acompanhar a irmã Marguerite, quanto mais a filhinha de 11 anos. Na verdade, sentia-se abençoada, já que a empresa era tão compreensiva com sua limitação física: "Um supervisor da empresa lhe dava carona [de ida e volta] todos os dias por causa desse probleminha".

A fiscalização foi concluída com o funcionário do governo colhendo uma amostra de tinta para testes; ela foi enviada a John Roach, vice-comissário do Departamento do Trabalho de New Jersey, com a recomendação de que a equipe de Roach "fizesse um levantamento da planta da fábrica, pois ela está fora da nossa jurisdição". Foi então realizada nova fiscalização nas semanas subsequentes, e a inspetora Lillian Erskine se responsabilizou por entregar suas descobertas à Roach em 25 de janeiro.

Erskine adotou uma abordagem diferenciada em relação ao primeiro fiscal. Em sua investigação, ela conversou com uma autoridade em rádio e informou a Roach a "inexistência de relatos de ossos necrosados em decorrência de tratos com o rádio". Sendo assim, concluiu que: "Este caso [Irene Rudolph] e o segundo caso relatado [Hazel Vincent] provavelmente são uma coincidência acidental, resultantes de abcessos dentários e incompetência cirúrgica dos odontologistas".

Roach providenciou para que a tinta fosse testada pelo dr. Martin Szamatolski, um químico. Szamatolski era experiente e achava bastante improvável que houvesse fósforo na composição da tinta, já que jamais houvera a menor sugestão de seu uso dentre os ingredientes. Sem ter realizado um único teste, ele escreveu de maneira solene para Roach em 30 de janeiro de 1923: "Estou convicto de que o estado grave da mandíbula foi causado pela influência do rádio".

Era uma ideia radical, mas a sugestão inusitada de Szamatolski tinha fundamento científico. Em uma bibliografia de estudos com o rádio publicada pela própria USRC apenas quatro meses antes, havia um artigo intitulado "Perigos do rádio — efeitos nocivos". A bibliografia continha artigos datados já desde 1906 sobre os possíveis danos do rádio. Mais tarde, a empresa admitiu em um memorando interno que havia um número "considerável" de estudos que abordavam os riscos desde o início do século XX. Uma mulher morrera na Alemanha em 1912, após ser tratada com rádio; seu médico relatara que "sem sombra de dúvida" a causa fora envenenamento por rádio.

No entanto, havia o outro lado da moeda: toda a literatura *positiva* sobre o rádio. Já em 1914, os especialistas sabiam que o rádio se acumulava nos ossos dos usuários e que isso causava alterações no sangue. Tais alterações, no entanto, eram interpretadas como benéficas — ao que parecia, o rádio estimulava a medula óssea a produzir mais glóbulos vermelhos. Quando em forma de depósito no organismo, o rádio era o presente que concedia mais vida.

Mas, se tais publicações positivas fossem analisadas com mais critério, seria revelado um denominador comum: os pesquisadores, em geral, trabalhavam para empresas de rádio. Como o rádio era um elemento raro e misterioso, aqueles que o exploravam de forma comercial controlavam, em grau quase monopolizador, sua imagem e boa parte do conhecimento existente a respeito. Muitas dessas empresas publicavam periódicos temáticos dedicados ao rádio, os quais eram distribuídos de forma gratuita aos médicos, todos repletos de pesquisas otimistas. As corporações que lucravam com a medicina do rádio eram os principais editores e distribuidores da literatura positiva.

A opinião de Szamatolski, portanto, era uma voz solitária, desconhecida e hipotética contra o rugido exagerado de uma campanha ricamente financiada da literatura pró-rádio. O próprio Szamatolski, todavia, era tão consciencioso quanto letrado. Considerando que os testes exigiriam alguns meses, e atento ao fato de que o trabalho continuava em ritmo acelerado no ateliê de pintura de mostradores, ele teve o cuidado de acrescentar uma observação especial à sua carta de 30 de janeiro. Embora sua teoria radical ainda não tivesse sido comprovada, ele escreveu de forma muito clara: "Eu sugeriria que todo trabalhador receba um aviso por escrito sobre os perigos de permitir que o rádio entre em contato com a pele ou com o organismo, sobretudo por vias orais, e que haja o máximo de cuidado com a higiene". No entanto, por algum motivo, nada disso aconteceu. Talvez a mensagem nem sequer tenha sido passada adiante.

É provável que a empresa tenha escolhido ignorar o alerta.

Quando 1923 chegou e Szamatolski realizou alguns testes, Irene Rudolph, já tendo recebido alta do hospital, continuava a lidar com as mesmas úlceras e feridas horrorosas que haviam torturado Mollie Maggia. A anemia também se agravara, e o mesmo acontecera a Helen Quinlan. Agora ambas eram criaturas pálidas e fracas, desprovidas de energia, desprovidas de vida. Os médicos primeiro dedicaram o tratamento às enfermidades orais, depois à anemia — mas em nenhum dos casos houve melhora.

E elas não eram as únicas doentes. Desde que George Willis, o cofundador da empresa de rádio de Orange, fora demitido, as coisas também começaram a se deteriorar para ele. Aqueles momentos em que ele pegara os tubos de rádio com as mãos nuas e sem cuidado algum, todos os dias no trabalho, pareciam ter ocorrido há séculos — mas o tempo é relativo. Com uma meia-vida de 1600 anos, o rádio podia demorar um pouco para se fazer notar.

Conforme o passar dos meses desde sua saída da empresa, Willis foi ficando cada vez mais doente e, em setembro de 1922, no mesmo mês em que Mollie Maggia morrera, ele teve o polegar direito amputado; os exames revelaram que estava tomado por tumores malignos. Willis não manteve a doença em segredo; em vez disso, escolheu publicar suas descobertas. Em fevereiro de 1923, escreveu no *Journal of American Medical Association* (JAMA): "A reputação de inocuidade desfrutada pelo rádio pode, afinal, depender do fato de que, até então, poucas pessoas foram expostas a grandes quantidades da substância através de manuseio diário durante longos períodos... Há boas razões para temer que a negligência nas precauções possa resultar em ferimentos graves aos trabalhadores que manipulam o rádio".

Não há registros sobre a opinião de sua antiga empresa em relação ao artigo. Provavelmente foi considerado irrelevante: Willis já não trabalhava mais para eles; sendo assim, era desimportante. E eles não foram os únicos a ignorá-lo. Ninguém pareceu notar o pequeníssimo artigo na publicação especializada.

Por volta de abril de 1923, Szamatolski havia finalizado seus testes. Como ele suspeitava, não havia um único vestígio de fósforo na tinta luminosa.

"Tenho certeza", escreveu ele em 6 de abril de 1923, "de que a opinião expressa em minha carta anterior está correta. Qualquer problema que possa ter sido causado teve sua origem no rádio."

KATE MOORE

RADIOATIVAS

8

OTTAWA, ILLINOIS
1923

O RÁDIO, PENSAVAM AS GAROTAS DE OTTAWA, ERA UMA DAS MELHORES COI-sas de seu novo emprego. Muitas das mulheres profissionalmente ativas da cidade naquela época eram atendentes de loja, secretárias ou ope-rárias — já o trabalho no ateliê era diferenciado. Não à toa era o cargo mais popular da cidade.

Meninas de todas as classes sociais tentavam uma vaga, atraídas pelos encantos do rádio. Algumas das pintoras de mostradores "eram o que classifico como escória", dissera uma das colegas com muito mais do que uma pitadinha de censura. "[Uma das funcionárias] era a filhi-nha adorada de um médico proeminente — uma das melhores pessoas. Ela e uma amiga ficaram no cargo por apenas alguns dias." As mulheres abastadas queriam apenas ver como era ser uma das garotas espectrais: uma espécie de turismo voyeurístico. Talvez como consequência dessa procura por parte das jovens abastadas, "a sra. Reed deixou a sala [de treinamento dela] toda decorada, como uma salinha de jardim de infân-cia": as janelas tinham cortinas e havia flores em vasinhos de porcelana.

Inicialmente, a Radium Dial recrutara cinquenta garotas, mas por fim acabaria empregando por volta de duzentas. Fez-se necessário chamar mais meninas para dar conta da demanda: em 1923, a Westclox, princi-pal cliente da Radium Dial, detinha uma participação de 60% no mer-cado norte-americano de despertadores, cujo valor era em torno de 5,97 milhões de dólares. Havia tantas jovens ávidas por se tornar pintoras do ateliê que a empresa podia se dar ao luxo de escolher. "Era de praxe contratar cerca de dez meninas por vez e deixar que passassem por um período de experiência", lembrou um ex-funcionário. "Dessas dez, cinco eram mantidas no quadro definitivo."

Uma das que conseguiu a vaga foi Margaret Looney, cujo apelido na família era Peg. Ela era muito amiga de Catherine Wolfe: ambas frequentaram a mesma escola paroquial, e Peg também foi aluna da St. Columba, do outro lado da rua, assim como a maioria das funcionárias da Radium Dial.

Todo mundo conhecia a família Looney. Quando Peg começou a trabalhar na Radium Dial, em 1923, havia oito crianças no clã; esse número chegaria a dez. A família inteira morava em uma casinha apertada próxima aos trilhos da ferrovia, onde o barulho dos trens era tão frequente que ninguém se incomodava mais. "Era uma casa muito, muito pequena: um andar, estrutura de madeira [e] quatro cômodos, apenas", relatou Darlene, sobrinha de Peg. "Tinha dois quartos [e] o quarto principal, onde as crianças dormiam, tinha cobertores pendurados no teto para separar o lado das meninas e o dos meninos; ficavam de três a quatro filhos na mesma cama. Eles eram muito pobres, tão pobres quanto você pode imaginar."

Mas também eram muito unidos; e tinham de ser mesmo, morando tão grudados daquele jeito. Eles se divertiam para valer. Peg, uma ruiva sardenta, magrinha e baixinha, era conhecida por seus ataques de riso e, sendo a filha mais velha — tinha 17 anos —, era um modelo para os irmãos, que obedeciam à sua liderança. No verão, as crianças da família Looney andavam descalças porque não tinham dinheiro para comprar sapatos, mas isso não impedia as brincadeiras com os amigos do bairro.

Por conta de sua origem humilde, Peg ficou muito empolgada por conseguir um emprego bem remunerado como pintora de mostradores. Ela ganhava 17,50 dólares por semana — "um bom dinheiro para uma pobre descendente de imigrantes e com uma família grande" — e dava à mãe boa parte da remuneração. Aquele trabalho significou frear suas ambições de se tornar professora, mas ela ainda era jovem, haveria muito tempo depois para lecionar. Ela era uma garota muito inteligente, tão estudiosa que, no ensino médio, seu passatempo predileto era "tentar se esconder atrás do dicionário", o qual ela lia em qualquer "cantinho que estivesse batendo um solzinho gostoso". Peg tinha todo o talento necessário para se tornar professora um dia, mas ia passar um tempinho pintando mostradores de relógio para ajudar em casa.

Ela se divertia bastante no trabalho, pintando com as amigas. Assim como a maioria das novatas, Peg começara pintando os despertadores modelo *Big Ben* produzidos pela Westclox. Ele era "o galã" dos relógios, com um mostrador de cerca de dez centímetros de diâmetro, o que lhe conferia números bem grandões, ótimos para as meninas menos experientes pintarem. Conforme elas iam adquirindo habilidade, eram transferidas para os modelos *Baby Ben*, com visores menores, com mais ou menos cinco centímetros de diâmetro, e por fim migravam para os relógios de bolso: o *Pocket Ben* e o *Scotty*, com pouco mais de três centímetros de largura.

Peg segurava os mostradores enquanto traçava os números com cuidado usando a tinta branca, meio esverdeada, lambendo e mergulhando o pincel de pelos de camelo, tal como lhe fora ensinado. O mostrador de papel ficava sobre um disco fino de metal, frio ao tato. Tinha pequenas saliências na parte traseira, através das quais seria anexado o restante do relógio depois que a tinta secasse.

Sentada ao lado de Peg no ateliê estava outra novata: Marie Becker. Ela trabalhava na confeitaria no centro da cidade, mas, tal como comentara um de seus parentes, a Radium Dial "era o lugar que pagava melhor do que qualquer outro na cidade". A remuneração de Marie dobraria caso ela aceitasse o emprego no ateliê: por isso, acabou convencida. "Marie precisava da renda", testemunhou o familiar, "então foi por isso que ela começou a trabalhar lá."

Assim como Peg, Marie era oriunda de uma situação desprivilegiada. Depois que o pai morrera devido a um edema, a mãe se casara de novo, e, quando Marie completara 13 anos, o padrasto a obrigara a trabalhar. Desde então, ela tivera todo tipo de emprego: em confeitaria, em fábricas e como vendedora em uma lojinha de quinquilharias baratas. Marie obedecia aos mandos do padrasto sem pestanejar — tal como fazia em todas as situações na vida. "A postura dela diante das coisas era maravilhosa", elogiou um parente próximo. "Não me lembro de tê-la visto de mau humor uma única vez. Sabe aquelas pessoas estouradas ou rancorosas? Nunca vi Marie assim. Ela era o pacote completo. Muito risonha. Dava altas gargalhadas. E sua risada era contagiante."

Ela foi um sucesso instantâneo no ateliê de pintura. Marie era uma figura, cheia de opiniões e piadas sagazes. Ela era uma "magricelinha" piadista que, apesar da herança alemã, tinha um visual quase espanhol, com olhos escuros marcantes e longos cabelos castanhos, os quais às vezes prendia em um coque, às vezes arrematava com um cachinho pega-rapaz na testa. Ela se tornou grande amiga de Charlotte Nevins e sempre dizia que Peg Looney era sua melhor amiga.

No começo, no entanto, Marie não teve certeza se permaneceria no emprego. Em seu primeiro dia, ela foi ensinada a afinar o pincel nos lábios, e odiou aquilo; quando voltou para casa na hora do almoço, disse à mãe sem rodeios que não retornaria porque "não gostava nada dessa ideia de colocar o pincel na boca".

Mas foi uma relutância de curta duração, pois, embora não gostasse do trabalho, ela foi atraída de volta ao ateliê no dia seguinte: "Marie ficou por causa do dinheiro", contou um parente, sério. "Era muito difícil dizer não àquele salário alto."

Não que Marie visse a cor do dinheiro. "O pagamento ia todo para o padrasto", continuou o familiar. "Ele era muito rigoroso, um homem muito severo. Marie tinha de entregar o dinheiro todo a ele." Lógico que Marie odiava aquilo, e era bastante difícil para ela, pois a maioria das outras garotas do ateliê ficava com o que ganhava — e gastava nas roupas da última moda na T. Lucey & Bros, onde as garotas compravam "corpetes, luvas, rendas, fitas, artigos extravagantes e itens de costura".

Marie sonhava em gastar o salário em saltos altos, que amava. Um dia, ficou farta daquilo: chegou à conclusão de que era ela quem trabalhava duro pelo dinheiro, e não seu padrasto, por isso resolveu que, quando recebesse o pagamento da semana, iria direto a uma sapataria e gastaria o suado dinheirinho em um par de belíssimos sapatos: seu primeiro par de saltos. Foi bem isso o que ela fez — chegou até a pedir ao balconista que não se desse o trabalho de embrulhá-los, pois ia sair da loja calçando-os. "Aquilo era muito a cara de Marie!", exclamou um parente, de forma carinhosa. "Ela sabia que, se chegasse em casa usando os sapatos, não haveria nada que o padrasto pudesse fazer."

E ele não pôde fazer nada mesmo. Marie acabou entrando em um bate-boca com ele por não ter lhe entregado o cheque — e por fim acabou saindo de casa, aos 17 anos. Graças ao belo salário e a sua impetuosidade, ela pôde fazê-lo.

A recém-adquirida belicosidade de Marie era um sinal dos tempos. Afinal, eram os anos 1920, e mesmo em uma cidadezinha minúscula como Ottawa, a brisa da independência feminina e da busca por diversão agitava as calçadas, soprando os ventos da mudança. As pintoras do ateliê esbanjavam juventude e beleza, ansiosas para sair e ver o mundo.

E que hora para fazê-lo. "A censura era enorme [em Ottawa]", comentou um morador da cidade. "Havia muitos grupos de bebida e jogo." Mas não apenas isso: era também a época das *big bands*[*] e da diversão. As pintoras do ateliê estavam entre aqueles que dançavam ao som dos Twentieth Century Jazz Boys e, mais tarde, Benny Goodman. Em 1923, a febre do Charleston tomou os Estados Unidos de assalto, e as garotas da Radium Dial se puseram a requebrar sob o som dos melhores da época. O brilho luminoso do rádio em seus cabelos e vestidos esvoaçantes tornava as festas ainda mais especiais: "Muitas das meninas", recordou Catherine Wolfe, "iam trabalhar com seus melhores vestidos para que ficassem brilhando quando saíssem para as festas mais tarde".

Isso deu às meninas ainda mais motivos para investir nos melhores itens de moda: elas compravam os modelos mais recentes de chapéus, sapatos de salto com laçarotes, bolsas e colares de pérolas. E não era só depois do trabalho que a diversão imperava; no emprego, as meninas também se divertiam muito. Assim como em Orange, os chefes — o sr. e a sra. Reed, e a srta. Murray — trabalhavam no andar de baixo, dando rédeas para que as meninas fizessem farra no segundo andar. Na hora do almoço, todas elas iam para a câmara escura, munidas da tinta de rádio que sobrava e de uma ideia mirabolante para uma brincadeira nova.

"Costumávamos pintar as sobrancelhas, os lábios e os cílios [com restos da tinta de rádio] e depois ficávamos nos admirando no quartinho escuro", relatou Marie. As meninas sempre recebiam frascos de material novinho para o trabalho no turno da tarde, então tinham carta branca para usar a tinta excedente da manhã. Marie esfregava livremente a mistura brilhante em torno das narinas e nas sobrancelhas, e depois desenhava em si um bigode elaborado e um queixo engraçado. As garotas faziam caretas umas para as outras, achavam tudo hilário. Charlotte Nevins se lembrava de que elas "apagavam as luzes, e então [nós] olhávamos no espelho e desatávamos a rir. [A gente] brilhava no escuro!".

---

[*] Expressão da língua inglesa usada até hoje para se referir a grandes grupos instrumentais. Esse tipo de formação com muitos instrumentos de sopro foi muito popular dos anos 1920 aos anos 1950, período que ficou conhecido como a Era do Swing. É uma das formações musicais mais adotadas pelos artistas de jazz.

No entanto, apesar de toda a galhofa, era uma visão bem assustadora. No quarto escuro, não entrava nada da luz do dia. Não havia iluminação alguma, exceto pelo elemento brilhante que as meninas pintavam na pele. Elas mesmas ficavam invisíveis. Só dava para ver o rádio. Mas, como disse a própria Marie, tudo aquilo era "por mera diversão".

E então uma quantidade cada vez maior de meninas foi se juntando a elas na Radium Dial. Frances Glacinski, Ella Cruse, Mary Duffy, Ruth Thompson, Sadie Pray, Della Harveston e Inez Corcoran estavam entre elas; Inez sentava-se bem ao lado de Catherine Wolfe no ateliê. "Éramos um bando de garotas felizes e espevitadas", lembrou Charlotte Nevins com afeto. "As garotas mais brilhantes de Ottawa. [A gente tinha] nossa panelinha." E aquela panelinha trabalhava junto, dançava junto e fazia passeios ao longo do rio e de Starved Rock, um ponto turístico local.

Foram bons tempos, boníssimos. E tal como relatou o sobrinho de Catherine sobre aqueles dias felizes, "elas achavam que aquela felicidade não ia acabar nunca".

KATE MOORE

RADIOATIVAS

9

ORANGE, NEW JERSEY
Junho de 1923

EM ORANGE, A DÉCADA DE 1920 TAMBÉM ESTAVA SENDO ESFUZIANTE — MAS Grace Fryer não estava nem um pouco a fim de dançar. Era esquisito: ela vinha sentindo uma leve dor nas costas e nos pés; nada muito grave, mas o suficiente para causar desconforto ao andar. Dançar com certeza não estava em pauta, embora as meninas do banco estivessem dando suas festinhas.

Ela tentava não pensar no assunto. No ano anterior também fora acometida por dores misteriosas, mas que desapareceram de forma tão repentina quanto surgiram; com sorte, assim que aqueles incômodos mais recentes cessassem, seria de forma definitiva. Grace estava um caco: "Pensei que fosse só um sinal de reumatismo e não tomei nenhuma providência". Afinal, havia coisas muito mais importantes nas quais pensar além de um pezinho dolorido: Grace tinha sido promovida no emprego e agora era chefe do departamento.

No entanto, aquela dor nos pés não era sua única fonte de incômodo. Em janeiro, Grace fora ao dentista para exames de rotina; terminara com dois dentes extraídos e, embora ainda tivesse aguentado uma infecção que persistira por duas semanas, pelo visto o problema se resolvera. Só que agora, seis meses depois, surgira um buraco no mesmo local da extração, de onde vazava pus em abundância. Estava dolorido, fedorento e com um gosto horroroso. Grace tinha plano de saúde e, portanto, havia como bancar o tratamento para resolver a questão; os médicos, tinha certeza, dariam conta do recado.

Mas se Grace tivesse tomado conhecimento dos acontecimentos a apenas alguns quilômetros dali, em Newark, talvez não depositasse tanta fé nos médicos. Uma ex-colega de Grace, Irene Rudolph, ainda vinha pagando médico após médico para cuidar de sua saúde, porém, sem alívio algum. A essa altura, ela já havia enfrentado cirurgias e transfusões sanguíneas, tudo em vão. A decomposição na mandíbula de Irene estava corroendo-a viva, pouco a pouco.

Irene sentia-se enfraquecendo. Sua pulsação latejava aos ouvidos conforme o coração acelerava na tentativa de sorver mais oxigênio para o corpo já gravemente anêmico — embora o coração batesse cada vez mais depressa, a sensação era de que sua vida estava se esvaindo de forma inabalável.

Já para Helen Quinlan, em Orange, os batimentos cardíacos cessaram de uma vez só.

Ela morreu em 3 de junho de 1923, em casa, na North Jefferson Street; estava assistida por sua mãe, Nellie. Helen tinha 22 anos. De acordo com o atestado de óbito, ela perecera de angina de Vincent, ou gengivite ulcerativa necrosante aguda, doença bacteriana causadora de uma infecção agonizante e progressiva, cujo início se dá nas gengivas e se espalha para o tecido bucal e da garganta — causando inchaços e ulcerações —, até que esse tecido se desprenda por completo dos ossos, morto. Mais tarde, o médico dissera não ter recebido confirmações do diagnóstico por exames laboratoriais, mas que optara por registrar o fato na certidão de óbito mesmo assim.

O termo "angina" é derivado do latim *angere*, que significa "engasgar ou sufocar". E era essa a sensação quando a infecção chegava à garganta. Foi assim que Helen morreu, a garota cujas saias esvoaçavam ao vento, atraindo olhares masculinos e muita admiração diante de seu entusiasmo pela vida e pela liberdade. Helen tivera uma vida bastante curta, causando impacto em todos que a conheceram; e agora, sem mais nem menos, estava morta.

Seis semanas depois, Irene Rudolph a seguiu para o túmulo. Irene morreu em 15 de julho de 1923, ao meio-dia em ponto, no Newark General Hospital, onde dera entrada no dia anterior. Tinha 21 anos. No momento da morte, a necrose em sua mandíbula era considerada "total". A morte fora atribuída ao trabalho, mas a causa alegada fora envenenamento por fósforo, diagnóstico este considerado "inconsistente" pelo médico que a atendera.

Katherine Schaub, que vira sua prima perecer ao longo de todas as fases do que ela intitulara "uma doença terrível e misteriosa", estava revoltada e confusa, e dominada pelo luto, é claro. Katherine sabia que Irene havia conversado com o dr. Allen sobre os temores de a doença ter origem ocupacional, mas desde então a família não ouvira mais nada a respeito disso. Os nomes John Roach ou Szamatolski eram desconhecidos até então, bem como o veredicto do médico após os exames laboratoriais. Depois de analisar o relatório de Szamatolski e de outros dos dois inspetores, o Departamento do Trabalho nem sequer chegou a tomar qualquer atitude.

Nada foi feito.

Katherine era uma jovem inteligente e determinada. Se as autoridades não iam fazer nada, ela faria. Em 18 de julho, os Schaub enterraram Irene, cuja vida fora tão curta e triste, e no dia seguinte ao funeral, alimentada pela tristeza e pela perda despropositada, Katherine foi ao Departamento de Saúde na Franklin Street. Queria fazer uma denúncia, informou ao atendente. E assim contou tudo sobre Irene e sua morte trágica, e sobre como Mollie Maggia perecera da mesma maneira um ano antes. A resposta estava na United States Radium Corporation, ela fez questão de dizer, na Alden Street, em Orange.

"Ainda tem mais uma garota", relatou, "que está se queixando de problemas de saúde." E disse com todas as letras: "Elas são obrigadas a afinar os pincéis com os lábios". Aquela era a causa de tudo, de toda aquela agonia.

De todas as mortes.

Denúncia registrada, Katherine se foi, esperançosa e presumindo que agora fariam alguma coisa.

Fizeram um registro de sua visita. Mas o final do relatório dizia apenas: "Um supervisor [da fábrica] de nome Viedt disse que tais alegações eram inverídicas".

E foi isso.

As mortes de Helen e Irene não passaram incólumes por suas ex-colegas, pelo menos: "Muitas das garotas que conheci e com quem trabalhei na fábrica começaram a morrer em uma velocidade assustadora", observou Quinta McDonald. "Todas jovens, gozando de boa saúde. Era bem esquisito."

Naquele verão, no entanto, Quinta se vira atribulada com sua família e não tivera tempo para pensar muito mais no assunto. Em 25 de julho, ela dera à luz seu segundo filho, Robert. "Estávamos todos tão felizes", lembrou ao relatar aquela época. Agora ela e o marido James tinham a família perfeita: um menininho e uma menininha. Crianças adoradas pela tia Albina, que ainda tinha esperanças de ser abençoada por um filho.

Durante a gravidez, assim como muitas mulheres, Quinta sofrera com o inchaço nos tornozelos. Embora o parto de Helen tivesse sido tranquilo, o de Robert se revelara uma luta; fora bem complicado, a ponto de exigir uso de fórceps. Depois que o menino nascera, ela presumira que voltaria a ficar tudo bem; no entanto, desenvolvera uma dorzinha incômoda nas costas, e o inchaço nos tornozelos ainda perturbava. "Eu não parava de mancar", lembrou ela depois; o problema foi tratado com remédios caseiros. E então: "Certa noite, fui dormir normalmente [e] na manhã seguinte acordei com dores terríveis nos ossos". Ela chamou um médico, que indicou um tratamento para reumatismo. À época, ele cobrava 3 dólares por consulta domiciliar, e ela e James poderiam ter passado sem aquele gasto extra, considerando que agora tinham as despesas com o bebê recém-nascido, mas Quinta não aguentava mais.

Até o fim do ano, ela iria ao médico 82 vezes.

Conforme o verão de 1923 terminava, as queixas de Katherine Schaub, iniciadas em meados de julho, enfim começavam a ser investigadas por Lenore Young, uma agente de saúde de Orange. Ela dera uma olhada nos registros das meninas mortas e descobrira que Mollie Maggia falecera de sífilis; e Helen Quinlan, de gengivite ulcerativa necrosante aguda.

"Tentei entrar em contato com Viedt", acrescentou, "mas ele estava fora da cidade." E assim ela não tomou providência alguma. "Deixei o assunto morrer. [Ele] meio que foi negligenciado... No entanto, aquela história toda não saiu da minha cabeça."

Se as pintoras de mostradores tivessem se inteirado das preocupações de Lenore, tais palavras não teriam passado de um consolo roto para aquelas que continuavam a sofrer, incluindo Hazel Vincent. Hazel ainda vinha dando continuidade ao tratamento para piorreia e passando por seguidas extrações dentárias; seus dentes eram como velhos amigos morrendo, um a um, até sua boca chegar a um estado irreconhecível. A essa altura, ela não conseguia trabalhar mais, pois a dor era insuportável.

Para amigos e familiares, era intolerável assistir àquilo tudo. Para Theo, que sempre fora apaixonado por ela desde a adolescência, era como sentir o futuro se desintegrando em seus braços. Ele implorava a Hazel para que o deixasse pagar pelos médicos e dentistas, mas ela não estava disposta a aceitar dinheiro dele.

Só que ele não ia permitir tal recusa. Era a mulher que amava, afinal de contas. E se ela não ia aceitar a ajuda de um namorado... será que aceitaria de um marido? E assim, embora Hazel estivesse doente ao extremo, acabou se casando com Theo, pois ele acreditava que na posição oficial de cônjuge seria muito mais capaz de cuidar dela. Diante do altar, ele prometeu amá-la na saúde e na doença...

Mas aquela recém-casada não era a única garota do rádio a sofrer naquele outono. Em outubro de 1923, Marguerite Carlough, que continuava trabalhando no ateliê, desenvolveu uma intensa dor de dente que fez seu rosto inchar. E então, em novembro, outra jovem adoeceu.

"Comecei a ter problemas dentários", escreveu Katherine Schaub.

Katherine vira em primeira mão todo o sofrimento de Irene. E quando sentiu a própria boca doer, foi golpeada pelo pânico. Mas também foi corajosa; ela encarou a questão. Assim, em 17 de novembro, procurou o mesmo dentista que tratara Irene, para ver se ele seria capaz de compensar os esforços fracassados nos cuidados para com sua prima. O sr. Barry extraiu dois dentes; durante o procedimento, notou que tinham textura "pedregosa" e que se quebravam com facilidade. Ele registrou o seguinte na ficha: "A paciente trabalhava manipulando rádio em Orange, na mesma empresa que trabalhava a srta. Rudolph...". E então ele pediu a Katherine para retornar em breve para nova consulta.

Ela obedeceu — de novo e de novo. Após a extração dos dentes, a gengiva não cicatrizou, e ela passou a comparecer ao consultório do sr. Barry com frequência considerável: cinco vezes no mesmo mês, a um custo de 2 dólares a consulta; a extração custava 8 dólares. Katherine não era boba: "Eu ficava pensando em Irene", relatou, ansiosa, "e nos problemas que ela tivera na mandíbula... havia alguma relação entre o caso de Irene e o meu". Outro fato não lhe passou despercebido: "[Irene] teve necrose... e morreu".

A imaginação sempre fértil de Katherine, agora alimentada por tudo que vira Irene passar, logo se transformara em um filme que exibia repetida e silenciosamente seu suposto destino. Ela se viu "bastante abalada" e desenvolveu uma ansiedade que acabou por afetar sua saúde mental, um quadro que se agravou quando, em 16 de dezembro de 1923, Catherine O'Donnell, outra ex-colega de trabalho, veio a falecer. A *causa mortis* oficial foi pneumonia e gangrena pulmonar, mas Katherine não confiava naquele diagnóstico. Catherine O'Donnell agora era mais um fantasma a assombrar sua mente. Tinha sido enterrada no mesmo cemitério onde, seis meses antes, Irene fora posta para enfim descansar.

Havia tantas meninas doentes. Conforme o Natal se aproximava, Grace Fryer ia ficando consciente de que, embora sua mandíbula parecesse estar melhorando, a dor nas costas e pés piorava. "Meu pé estava rígido; eu não conseguia flexioná-lo", lembrou ela. "[Quando] eu andava, tinha que manter o pé bem achatado." No entanto, ela se manteve firme ao longo do outono e não buscou ajuda. "Não contei a ninguém [sobre o meu estado]."

Todavia, Grace não conseguiu enganar os próprios pais. Daniel e Grace Fryer viam a filha mais velha vivendo sua rotina — indo ao banco para trabalhar, ajudando em casa, brincando com os sobrinhos — e notavam que seu jeito de andar, outrora confiante e desimpedido, tinha mudado bastante. Agora ela mancava, embora tentasse fingir que não. Eles não podiam permitir que ela continuasse daquele jeito.

No fim de 1923, Grace, a filha, cedeu: "Minha situação estava um tanto perceptível e meus pais insistiram para que eu procurasse um médico". Obediente, ela marcou uma consulta no Hospital Ortopédico de Orange para 5 de janeiro de 1924.

Antes disso veio o Natal. E na véspera do Natal de 1923, Marguerite Carlough passou mal. Ao longo do outono ela se vira travando uma verdadeira luta, tentando continuar a trabalhar enquanto sentia a piora na saúde. O ato de afinar os pincéis com os lábios fora extinto em fins de 1923; Josephine Smith, a supervisora do ateliê, revelou: "Quando [a empresa] informou sobre a mudança no hábito de afinar os pincéis [com a boca], alegou para as meninas que os ácidos bucais prejudicavam a aderência da tinta".

Marguerite então passara a obedecer às novas ordens. No entanto, sua cabeça não estava no trabalho; ela não conseguia mais se concentrar como antes. Sentia fadiga extrema, estava pálida e fraca, e uma dorzinha de dente que se manifestara em outubro a estava enlouquecendo. Incapaz de comer, seu peso vinha baixando em ritmo alarmante; as roupas elegantes feitas sob medida agora estavam frouxas no corpo, inadequadas para sua estrutura agora esquelética.

Quando concluiu o expediente naquele 24 de dezembro, ela ainda não sabia, mas aquele seria seu último dia lá. Naquela mesma noite ela procurara um dentista. Havia dois dentes que a estavam martirizando, e foi aconselhada a fazer a dupla extração no mesmo dia. Marguerite consentiu.

Mas, quando os dentes foram arrancados, um pedaço do maxilar deteriorado também veio junto.

A partir daí, Marguerite não teve condições de retornar ao ateliê. Em vez disso, seguira para casa, para ficar com a irmã, Sarah, e a sobrinha [também] Marguerite, e para ficar com sua mãe e seu pai, para assim tentar contar o que havia acontecido. O dia de Natal foi uma ocasião sóbria e solene após aquela experiência desoladora — mas pelo menos estavam todos juntos. Dadas as ausências em outras casas de New Jersey naquele inverno, aquele era um motivo de gratidão.

Os Carlough, ou qualquer uma das pintoras de mostradores do ateliê, não tomaram conhecimento, mas naquele mesmo mês o Serviço de Saúde Pública dos Estados Unidos publicou um relatório oficial a respeito dos funcionários da empresa de rádio. Embora não houvesse relatos de lesões graves entre os empregados examinados, o relatório destacou dois casos de erosão cutânea e um de anemia dentre os nove técnicos estudados. Como resultado, fez-se uma recomendação formal à nação — a New Jersey e Illinois; a Connecticut, onde a Waterbury Clock Company desenvolvia os mostradores; e a todos os lugares onde o elemento reluzente era utilizado. De acordo com o relatório, não havia dúvidas de que era necessário desenvolver precauções de segurança durante o manuseio do rádio.

KATE MOORE

RADIOATIVAS

10

OTTAWA, ILLINOIS
1923

O SUPERVISOR DA RADIUM DIAL LIMPOU AS MÃOS NUAS NO AVENTAL: ELE estava coberto pela substância luminosa, as roupas duras. A única parte livre de pó em seu rosto era o queixo, naquele pedacinho onde escorria saliva de tanto mascar tabaco; ele gostava de ficar mastigando enquanto trabalhava — e não era o único. As garotas-pintoras mantinham doces em suas bancadas, beliscando em meio aos mostradores sem lavar as mãos, um hábito muito condizente com o desleixo típico da adolescência. Com o passar do tempo, muitas alunas do ensino médio de Ottawa foram engrossando o grupo; elas trabalhavam "nas férias de verão entre cada ano letivo, por umas poucas ou várias semanas", só para ganhar um dinheirinho.

Assim como em Orange, as meninas incentivavam amigas e familiares a se juntarem a elas no ateliê. A antiga escola era um prédio muito agradável para trabalhar: um grande edifício de tijolos vitorianos, com enormes janelas em arco e pé-direito alto. Frances Glacinski ficou muito empolgada quando sua irmã dois anos mais nova, Marguerite, foi trabalhar no segundo andar com Catherine, Charlotte, Marie, Peg e outras meninas. Marguerite era uma garota bonita e descrita como "graciosa"; ela e a irmã descendiam de poloneses. As meninas também acolheram Helen Munch, de 15 anos, uma jovem magra e negra que adorava batom vermelho e pintava as unhas combinando; era o tipo de pessoa "que não parava quieta".

A exceção àquelas adolescentes era Pearl Payne, uma mulher já casada que morava em Utica, cidade vizinha. Pearl tinha 23 anos quando começou a trabalhar na Radium Dial, uns bons oito anos mais velha que algumas das colegas. Tinha se casado em 1922 com Hobart Payne, um eletricista de óculos, alto e esbelto; ela o descrevia como um "bom marido". Era um sujeito piadista e que adorava crianças; os amigos diziam que era "um sujeito muito instruído".

Na verdade, sua esposa também era bastante inteligente. Pearl era a mais velha de treze filhos e, embora tivesse abandonado a escola aos 13 anos porque precisava trabalhar e ajudar a família, ela fizera a seguinte revelação: "Mesmo enquanto trabalhava, [eu] frequentei uma escola noturna e tive ajuda de uma professora particular, completando a sétima [e] a oitava série[s]. E cheguei a cursar um ano do ensino médio". E a educação formal não parara por aí: durante a guerra, ela conquistou o diploma de enfermagem e estava prontinha para iniciar a carreira em um hospital de Chicago, porém sua mãe adoecera de repente; Pearl então teve de abandonar tudo para cuidar de sua genitora. Agora que a mãe se recuperara, Pearl voltava ao mercado de trabalho — e foi assim que acabou no ramo de pintura de mostradores, que era mais bem remunerado do que a enfermagem.

Pearl e Catherine Wolfe se deram bem. Pearl era muito gentil; "Alguém incapaz de proferir uma indelicadeza que fosse", relatou seu sobrinho Randy. A personalidade de ambas as mulheres combinou com perfeição, e a experiência que ambas partilharam no cuidado de parentes — pois Catherine assumira a responsabilidade de cuidar de uma tia e um tio já idosos — só fizera aproximá-las mais. Catherine, três anos mais nova do que Pearl, a descrevia como "a amiga mais querida". Aliás, as duas mulheres eram até mesmo parecidas fisicamente: Pearl também tinha cabelos escuros e volumosos e pele clara, embora fosse dona de um rosto mais arredondado e fosse mais corpulenta do que Catherine, além de ter cabelos cacheados.

Pearl chegou a conviver com Charlotte Nevins por apenas alguns meses. No outono de 1923, depois de apenas treze meses como pintora de mostradores, Charlotte largou o emprego na Radium Dial para se tornar costureira. E assim como acontecia em Orange, sempre que uma garota saía, mais um punhado aparecia para substituí-la; e agora Olive West também se juntava ao ateliê, ficando amiga de Catherine e Pearl. Todas eram supervisionadas pelo superintendente-assistente, sr. Reed, substituto da srta.

Murray, com quem as meninas sempre partilhavam uma piada aqui e ali. Durante as ocasionais incursões dele no ateliê, as pintoras sempre brincavam com ele — e sempre havia uma réplica afetuosa mútua. Uma jovem relatou: "Eu [ia] me casar e [eu] me lembro de ter ido trabalhar naquela manhã, já com o vestido da cerimônia, e de ter dito ao supervisor Reed que estava deixando a empresa e que estava a caminho de me casar. Ele brincou e disse: 'Não volte, você não vai ter emprego aqui mais'". Mas ela concluiu: "Voltei ao trabalho em poucas semanas".

Como o sr. Reed era surdo, às vezes as meninas davam réplicas insolentes, já que ele não podia ouvi-las, mas era tudo feito de forma bem-humorada e elas gostavam de trabalhar com ele. "Nunca ouvi falar de nenhum tipo de conflito entre ele e as garotas, nunca", contou Jean, a irmã de Peg. "Todos ali eram gentis e bons uns com os outros."

Era uma atmosfera tão agradável que Peg Looney logo se flagrou apaixonada pelo trabalho e inclinada a esquecer sua ambição de se tornar professora. Ela era bastante conscienciosa e até mesmo chegava a levar mostradores para casa com a intenção de pintá-los com calma, desenhando os números com extremo cuidado naquela casinha apinhada ao lado dos trilhos da ferrovia que dividia com sua família numerosa.

"Ela cuidava muito bem da gente", contou Jean, pois Peg compartilhava seu dinheiro com todos. Outra irmã, Jane, se lembrou do dia em que Peg lhe comprou um lindo vestido azul-cobalto com arremate em renda branca: um presente generoso pela formatura de Jane no oitavo ano escolar. As irmãs todas concordavam a respeito de Peg: "Ela era tudo que você esperaria de uma irmã mais velha".

Peg não apenas levava o salário e o trabalho para casa, como também as brincadeiras que aprendia no ateliê. "Ela divertia os irmãos com jogos como 'Vamos brincar no escuro!'", revelou a sobrinha de Peg, Darlene. E lá no quarto escuro eles brilhavam, aquela fileirinha de crianças traquinas com bigodes de rádio, espíritos brilhantes detrás das mantas que pendiam pelo quarto para conferir um pouco de privacidade. Catherine, a irmã que mais se aproximava de Peg no quesito idade, ficava encantada com tudo que via e ansiava por um dia também estar no ateliê, embora isso nunca tenha chegado a acontecer. Todo mundo queria trabalhar lá.

Foi por isso que Pearl Payne ficou tão decepcionada quando — depois de apenas oito meses como pintora — precisou sair para voltar a cuidar da mãe. Só que ela era do tipo que não reclamava de nada, por isso apenas se despediu das amigas e voltou para Utica, onde permaneceu mesmo depois que a mãe se recuperou, para cuidar da casa. Assim, o ateliê foi recebendo cada vez menos atenção de seus pensamentos quando ela mirou no sonho seguinte: formar uma família com Hobart.

Isso significa que ela não estava presente quando, já em fins da década de 1920, a chefia da Radium Dial mandou fazer uma foto da empresa. Todas as meninas — havia pouco mais de cem delas presentes naquele dia — se colocaram diante da fachada para posar para a posteridade. Alguns homens também estavam lá, mas apenas o sr. Reed e os colegas da supervisão, não os executivos. Os homens se posicionaram sentados no chão, de pernas cruzadas, na frente das mulheres, o sr. Reed usando um chapéu branco liso e a habitual gravata-borboleta escura. As meninas posicionadas atrás dos homens, algumas sentadas em bancos, outras em pé nos degraus da velha escola: três fileiras de pintoras, um bando de garotas alegres como sempre. Muitas usavam os cabelos curtos no estilo das melindrosas, o corte da moda. E ostentavam vestidos de cintura baixa ornados com echarpes e colares de pérolas longos. "Usávamos nossos vestidos de festa na fábrica", disse Catherine Wolfe — e que belos vestidos eram!

Catherine estava sentada na primeira fileira, bem no centro da foto, logo à direita do sr. Reed e da srta. Murray. Talvez fosse um sinal de sua categoria de funcionária sênior; sendo uma das mais antigas na empresa, agora ela era uma funcionária de confiança que de vez em quando assumia funções acima do cargo de pintora. Naquele dia, ela usava um vestido escuro com a barra na altura das panturrilhas e um longo colar de miçangas pretas; pés e mãos cruzados de forma graciosa, como de hábito. Ela não era como Marie Becker, que gesticulava de um jeito atabalhoado entre uma piada e outra.

Agora, todas as garotas — as faladeiras e as caladas, as conscienciosas e as despreocupadas — posavam paradinhas para o fotógrafo. Algumas se abraçavam ou estavam de braços dados entre si. Todas bem juntinhas, encarando a câmera. E quando o obturador disparou, capturou todas elas, congeladas no tempo por apenas um segundo. As garotas da Radium Dial, posando diante do ateliê: eternamente jovens, felizes e gozando de boa saúde.

Pelo menos na foto.

KATE MOORE

RADIOATIVAS

11

NEWARK, NEW JERSEY
1924

O SR. BARRY NUNCA HAVIA ENFRENTADO UM MÊS DE JANEIRO TÃO ATRIBULADO. Seu consultório recebia uma paciente depois da outra, mãos pálidas tocando as bochechas emaciadas, um desconforto óbvio nos olhares questionadores das mulheres quando indagavam qual seria o problema com elas.

Talvez aquela em pior estado fosse Marguerite Carlough, que o procurara em 2 de janeiro com evidências de uma extração dentária recente, a qual desencadeara um processo de necrose mandibular, constatado também em tantas outras garotas. Katherine Schaub também estava de volta; a recém-casada Hazel Kuser fora atendida por um colega do sr. Barry, o sr. Davidson; Josephine Smith, a supervisora da fábrica de Orange, e sua irmã Genevieve também buscaram tratamento. Genevieve era a melhor amiga de Marguerite Carlough e estava bastante ansiosa pela colega.

Em todas as garotas, em graus variados, os dentistas constatavam a mesma condição: ossos sarapintados. E em todas encontravam uma doença que não sabiam como tratar, embora nunca permitissem que as garotas constatassem sua perplexidade diante do quadro; de qualquer modo, as pintoras de mostradores jamais teriam tido a audácia de questioná-los. "Eu sentia que ele [o sr. Barry] sabia o que estava fazendo", disse Katherine em depoimento posterior, "mas eu não questionava [por que eu não estava melhorando]." Além disso, Katherine ainda se encontrava muito fraca; ela mal conseguia completar os afazeres do dia a dia, quanto mais refletir sobre assuntos médicos complexos.

Para Barry, o grande número de casos agora provava sua argumentação anterior, de que era um problema ocupacional. Ele acreditava que o fósforo na tinta era o culpado; os sintomas eram tão semelhantes aos da mandíbula fosforosa, que não teria como ser outra coisa.

Apesar de sentirem a mandíbula dolorida, as irmãs Smith continuavam a trabalhar no ateliê em janeiro. Mas agora Barry lhes dava um ultimato: ou deveriam largar o emprego ou ele não mais iria tratá-las.

Josephine Smith o ignorou. No entanto, ao ver as condições das amigas, começou a tomar certas precauções no trabalho. Quando pesava o material para entregar à equipe, por exemplo, ela amarrava um lenço na boca e no nariz para evitar inalar o pó.

Provavelmente, devido ao fato de algumas das mulheres afetadas ainda estarem trabalhando na fábrica, logo os rumores das ameaças de Barry chegaram aos ouvidos da gerência da USRC — aquilo de certa forma era um aborrecimento. Os negócios estavam indo bem: o presidente da empresa, Arthur Roeder, havia firmado contratos com a Marinha e com a Força Aérea dos Estados Unidos, isso sem contar os muitos hospitais e médicos; agora a Lúmina já era considerada um ingrediente padrão de uso governamental. Mas era óbvio que havia o desejo de que nada interferisse em tantas oportunidades de negócios. Sendo assim, ao tomar conhecimento do falatório de Barry, já que sem dúvida previam um empecilho, a USRC se viu impelida a entrar em contato com a seguradora em janeiro de 1924, a fim de tranquilizá-la sobre a situação: "Há pouco tempo, houve rumores e comentários feitos por determinados indivíduos, sobretudo dentistas", escreveu, "dentre os quais se alega que o trabalho em nossas operações é perigoso e tem causado danos e problemas de saúde a uma de nossas ex-funcionárias [sem dúvida Marguerite Carlough], e que por esse motivo outras de nossas funcionárias estão sendo aconselhadas a abandonar a função".

Pode parecer surpreendente que as mortes de Mollie Maggia, Helen Quinlan, Irene Rudolph e Catherine O'Donnell não tenham sido citadas na carta. Acontece que todas as quatro mulheres haviam largado o emprego de pintoras bem antes de morrerem, algumas delas até mesmo anos antes, então pelo visto a empresa não estava preocupada, e era bem possível que estivesse até mesmo alheia a essas mortes. E se por acaso tivesse tomado conhecimento a respeito, apenas Irene tivera um diagnóstico associado ao ambiente ocupacional; como os médicos alegaram ter sido mandíbula fosforosa, e a empresa sabia não haver fósforo na composição da tinta, então seria fácil tomar as suspeitas como infundadas. Do ponto de vista dos executivos da USRC, Irene era órfã, seus pais haviam morrido jovens; com uma herança genética dessas, no fim das contas, ela presumivelmente nunca seria considerada apta para uma vida longa. Quanto às outras garotas, se alguém da empresa tivesse investigado as misteriosas mortes das ex-funcionárias, chegaria a tais conclusões: Catherine morrera oficialmente de pneumonia; Helen, de gengivite ulcerativa necrosante aguda; e quanto a Mollie Maggia... bem, todos sabiam que esta havia morrido de sífilis. Durante sua existência, a USRC empregara mais de mil mulheres; quatro mortes por mil estariam dentro das expectativas. Sendo assim, a empresa concluiu, cheia de confiança: "Não reconhecemos que exista qualquer tipo de risco na referida ocupação".

Mas, naquele momento, as ex-pintoras de mostradores que haviam passado pelo ateliê discordavam. Em 19 de janeiro, foi realizada uma reunião no consultório do dr. Barry com a presença de Katherine Schaub, das irmãs Smith e de Marguerite Carlough. As garotas expuseram suas condições idênticas ao dentista, que por sua vez estava cada vez mais preocupado. "Conversamos sobre o emprego na fábrica de rádio", recordou-se Katherine. "E [houve] algumas informações sobre doenças ocupacionais na indústria." As meninas concordaram que "havia alguma coisa acontecendo ali".

No entanto... o que poderiam fazer a respeito? Katherine já havia reclamado às autoridades e nada acontecera. Embora as evidências direcionassem para algum problema na empresa, ninguém sabia apontar a causa de tudo. E no mais, para aquelas mulheres, muito mais premente do que a causa, era encontrar a cura — ou pelo menos algum tipo de alívio. A saúde delas era a preocupação principal. Hazel Kuser, por exemplo, agora vivia basicamente sob o efeito de drogas paliativas, pois sua dor era excruciante. Marguerite Carlough procurara Barry na esperança de tratar a mandíbula, mas terminara decepcionada. "Eu me recusei a operar a paciente", disse Barry mais tarde, "devido à experiência anterior [com Irene Rudolph e Katherine Schaub], que me ensinou que, quando houvesse tentativa de procedimento cirúrgico, a condição ficaria muito pior em relação à consulta inicial." E assim, embora as garotas estivessem transtornadas com as dores nos dentes, ele se recusava a realizar qualquer extração. A única coisa que o sr. Barry podia fazer pelas mulheres apavoradas era mantê-las em observação.

Ele não conseguia enxergar alternativa. Chegara a solicitar ajuda de outros profissionais, pedindo opinião a um colega altamente qualificado de Newark, Harrison Martland. Mas, quando Martland examinou as meninas, também ficou intrigado. "Depois de examinar várias garotas no consultório odontológico", relatara Martland, "perdi o interesse no assunto."

As garotas estavam desamparadas.

Logo ali no fim da rua, no Hospital Ortopédico de Orange, Grace Fryer não estava tendo melhor sorte do que suas colegas. Tal como prometera aos pais, ela mantivera a consulta com o dr. Robert Humphries para examinar as costas e os pés doloridos. Humphries era o diretor do hospital, um "sujeito extremamente qualificado". Um canadense na casa dos 40 e poucos anos, Humphries ouviu com atenção as queixas de Grace e, em seguida, a diagnosticou com hipertrofia muscular e artrite crônica. Os pés dela ficaram imobilizados durante umas boas semanas, mas Humphries constatou com preocupação que a melhora havia sido insignificante.

Naquela primavera, Humphries acompanhava o tratamento de outra jovem, Jennie Stocker. Ele não fez conexão entre o caso dela e o de Grace Fryer. Jennie trabalhava em um banco, mas tinha sido pintora de mostradores até 1922, e ela e Grace chegaram a pintar mostradores juntas durante a guerra. Jennie apresentara "joelhos em um estado muito peculiar", o que intrigara Humphries desde que assumira o tratamento.

E tantos outros médicos de New Jersey ficaram intrigados naquele primeiro mês de 1924 — porém, não partilharam suas observações, e cada caso foi abordado de maneira isolada. Quando janeiro estava prestes a terminar, Theo e Hazel Kuser decidiram procurar tratamento em outro lugar. New Jersey ficava perto de Nova York, e ali haveria alguns dos melhores médicos e dentistas do mundo. Em 25 de janeiro, Hazel, suportando a dor com bravura, viajou à Big Apple para se tratar no consultório do dentista Theodore Blum.

Blum era um dos pioneiros em cirurgia bucal nos Estados Unidos, um especialista prestigiado e vanguardista no uso da radiologia para diagnósticos odontológicos. Seus honorários eram exorbitantes, mas Theo insistira para que fossem vê-lo mesmo assim. Poderiam usar parte do dinheiro reservado para a compra da nova mobília, pensou. Se aliviasse a dor de Hazel, se o sr. Blum conseguisse deter aquela deterioração infindável na boca da companheira, então tudo valeria a pena.

Theo Kuser era mecânico, e logicamente não era rico, nem sua família; o pai, que também se chamava Theo, era carteiro. E o velho Theo havia economizado para comprar uma casa para quando se aposentasse, mas agora oferecia parte das economias ao filho para o tratamento de Hazel. A oferta foi aceita com gratidão, e a consulta foi marcada com a devida urgência.

Blum era careca, usava bigode bem aparado, óculos e tinha a testa proeminente. Quando ele se apresentou a Hazel e começou a examiná-la, logo percebeu que nunca tinha visto tal condição. O rosto dela estava inchado, com "bolsas de pus", mas o mais desconcertante de tudo era o estado do maxilar: parecia "carcomido por traças". Havia buracos nele.

Mas o que poderia ter causado aquilo? Ponderava o sr. Blum.

Blum fazia jus a suas consultas caríssimas. Mais tarde, ele seria mais um a tentar descobrir a composição exata da tinta luminosa, porém sem sucesso. Por ora, ali no ato da consulta, providenciou o histórico médico e profissional de Hazel e concedeu-lhe um diagnóstico provisório: ela estava sofrendo de "intoxicação por substância radioativa". Ele a internou no Flower Hospital, em Nova York, para operar a mandíbula. Seria o primeiro, porém não o último, procedimento desse tipo que Hazel teria de tolerar.

No entanto, embora Blum tivesse oferecido um diagnóstico, além de um tratamento rápido e especializado, ele não ofereceu a única coisa pela qual Theo vinha ansiando: esperança. Esta era a única coisa que ele queria: saber se havia luz no fim do túnel, saber que eles iam vencer tudo aquilo e atravessar rumo a um novo e reluzente dia, e depois outro, e mais outro.

Em vez disso, Blum disse: "Há poucas chances de recuperação". Nem todo o dinheiro do mundo poderia salvar Hazel.

A agonia das garotas do rádio não passou despercebida na comunidade. Naquele mesmo mês, um morador dotado de muito espírito cívico escreveu ao Departamento do Trabalho a fim de expor suas preocupações em relação à empresa de Orange. Dessa vez, foi o chefe de John Roach, o delegado Andrew McBride, quem entrou em cena, interrogando a oficial de saúde Lenore Young a respeito das investigações realizadas no verão anterior. Ela pediu desculpas por ter parecido "negligente", então entrevistou as meninas afetadas e recomendou que o Serviço Público de Saúde fosse contatado.

No entanto, McBride não considerou as provas apresentadas suficientes para justificar a intervenção de uma instância superior. Era possível que seu raciocínio tinha cunho político, afinal, o Departamento do Trabalho era a favor do mercado. E, de acordo com a lei estadual, nem mesmo tinha autoridade para interditar um processo industrial, ainda que este fosse prejudicial à população. Como resultado de tais fatores, o Departamento concedera à USRC um verdadeiro atestado de saúde — e a partir daí parou de analisar as enfermidades das pintoras do ateliê. A decisão foi tomada mesmo enquanto surgiam cada vez mais mulheres com os mesmos sintomas.

Eis um impasse. Nenhum diagnóstico. Nenhuma pista sobre a causa. Ninguém levantando um único dedo para descobrir o que de fato estaria acontecendo naquele ateliê.

Mas o impasse terminou com uma fonte inesperada: a própria United States Radium Corporation.

À medida que mais e mais garotas foram adoecendo, a empresa também foi descobrindo que — em contraste a seus dias de glória durante a guerra — estava havendo uma "dificuldade considerável" para recrutar novas funcionárias: várias haviam pedido demissão e ninguém queria substituí-las; a produção estava suspensa. Quando Genevieve Smith — chocada com o estado deplorável de sua melhor amiga, Marguerite — também entregou a carta de demissão em 20 de fevereiro de 1924, foi a gota d'água. Viedt, o vice-presidente, recebeu ordens para descobrir por que Genevieve estava deixando a empresa, e ela citou o ultimato do sr. Barry; o dentista persistia com suas alegações bizarras.

A carência de mão de obra agora era uma grande preocupação para a USRC, mas ainda houve outro desenrolar que enfim fez com que os gestores da empresa parassem para descobrir e analisar o que vinha acontecendo com as ex-funcionárias. Por mais de três anos, Grace Vincent, a mãe de Hazel, testemunharia o sofrimento da filha. Hazel estava em constante agonia; nenhuma mãe suportaria presenciar aquilo. O sr. Blum dissera não haver mais esperanças, e a sra. Vincent não tinha mais nada a perder. Então um dia ela foi ao ateliê em Orange e deixou uma carta lá. Nela, disse à empresa "que estava prestes a entrar com [um] pedido de indenização em função da doença [de sua filha]".

E aquilo chamou a atenção.

Imediatamente, Viedt relatou a ameaça à sede em Nova York. Não muito tempo depois, os executivos da USRC decidiram dar início a uma investigação para determinar se havia algo de perigoso naquele trabalho. Os boatos e as suspeitas já persistiam havia um bom tempo; portanto, a empresa não podia mais protelar. Afinal de contas, agora a situação poderia representar prejuízo aos negócios.

KATE MOORE
RADIOATIVAS

12

COMO SINAL DA SERIEDADE COM QUE PRETENDIA ENFRENTAR A CRISE em suas operações, o presidente Arthur Roeder encarregou-se pessoalmente da investigação. Em março de 1924, ele procurou o dr. Cecil K. Drinker, professor de fisiologia da Escola de Saúde Pública de Harvard, e perguntou se este poderia conduzir um estudo na fábrica de Orange. Drinker era um médico conceituado e autoridade reconhecida em doenças ocupacionais; Roeder não ia se arriscar, por isso escolhera o melhor do ramo. E então escreveu para Drinker: "Devemos determinar definitiva e finalmente se a tinta é prejudicial, de alguma forma".

Para a satisfação de Roeder, Drinker achou a carta "muito interessante" e se ofereceu para encontrá-lo em abril a fim de que se aprofundassem no assunto. Roeder então relatou ao outro sobre os casos clínicos na cidade, um fatal — com certeza Irene Rudolph — e outro que apresentara "melhora significativa". Roeder enfatizou conscientemente uma informação sobre o segundo caso: "Fui informado de que a família dela trazia um histórico considerável de tuberculose".

Em resposta, Drinker replicou: "Estamos inclinados a pensar" — Drinker trabalhava em parceria com a esposa igualmente brilhante, a dra. Katherine Drinker, e mais outro médico, dr. Castle — "que ambas as ocorrências mencionadas foram meras coincidências".

No entanto, ele acrescentou: "Ao mesmo tempo, concordamos que não é seguro permitir qualquer condenação sem um exame completo". Em abril de 1924, o estudo teria seu início.

Não ficou muito claro a quem Roeder se referira ao citar o caso que apresentara "melhora significativa". Talvez fosse Marguerite Carlough, já que tinha sido a pintora a se demitir a menos tempo (embora ela ainda estivesse sofrendo horrores), mas também poderia ser Grace Fryer, que afinal estava colhendo os benefícios do tratamento médico caríssimo. O dr. Humphries ainda a examinava uma vez por semana para verificar as imobilizações nas costas e nos pés; agora, enfim, ele estava feliz em notar que o estado dela evoluía.

Humphries, no entanto, vinha cuidando apenas das questões ortopédicas de Grace — e agora era a mandíbula a principal fonte de dor. No mesmo mês em que Roeder escrevera a Drinker, Grace fora internada em um hospital em Nova York por uma semana; a última rodada de radiografias indicara um "processo infeccioso crônico na mandíbula", o que a levara a buscar tratamento com o dr. Francis McCaffrey, especialista que optara por uma intervenção cirúrgica, removendo parte do maxilar da jovem. Mas, tal como Knef e Barry tinham descoberto, uma vez que uma cirurgia era realizada, outra logo se mostrava necessária, e mais outra. "Eu estava sendo obrigada a ir ao hospital com tanta frequência", disse Grace em depoimento mais tarde, "que logo aquele lugar começou a virar minha segunda casa."

Grace — como muitas das ex-colegas — agora estava encurralada nesse círculo vicioso, com cada cirurgia incorrendo em mais uma despesa médica. E logo ela precisou engolir o orgulho e pedir dinheiro aos pais; os custos médicos crescentes arruinaram suas economias e a conta bancária da família.

Naquela primavera, a USRC também estava preocupada com dinheiro. O mês de abril parecia distante o suficiente para dar início à investigação de Drinker, considerando que era preciso focar nos atrasos aflitivos na produção da fábrica. Embora Viedt tivesse conseguido contratar mais seis garotas, não era o suficiente. Os executivos ainda precisavam lidar com a "situação psicológica e histérica" que agora se desencadeava no ateliê.

Assim, enquanto aguardava que Drinker pudesse dar início ao estudo, a empresa organizou exames particulares com a equipe de pintoras vigente, todos conduzidos pelo Instituto Life Extension*. As garotas foram examinadas em regime confidencial — mas os laudos foram compartilhados com a USRC. "Os indivíduos envolvidos", escrevera Viedt a Roeder, "não

---

* Organização fundada em 1913 com o objetivo filantrópico de prolongar a vida humana por meio da higiene e da prevenção de doenças.

sabem que temos estas cópias... as informações fornecidas aqui são extremamente confidenciais e eles podem se opor a este compartilhamento." Embora o instituto tenha constatado que algumas garotas estavam com infecções dentárias, foi concluído que as doenças "não refletiam nenhuma influência ocupacional específica". Roeder enviou uma carta para Viedt, contente, que os resultados "foram de fato como previ".

Viedt, no entanto, que estava mais envolvido com a parte operacional do ateliê, não ficou tão tranquilo assim: "Não estou tão otimista quanto você", escreveu ele ao chefe. "Ao mesmo tempo que o Instituto Life Extension emitiu um relatório, não acredito que este seja capaz de satisfazer nossas funcionárias; sendo assim, devemos aguardar pelo laudo definitivo do dr. Drinker para convencê-las de verdade de que não há substância prejudicial na tinta."

Roeder, então, acrescentou comentários. "Devemos criar uma atmosfera de competência", escreveu ele com fervor a Viedt. "Uma atmosfera de confiança é tão contagiosa quanto uma de alarmismo e dúvidas." E então aconselhou que "a ação mais importante é procurar Barry e talvez outros que tenham feito declarações [a partir] de conclusões precipitadas, aparentemente feitas sem cuidado ou fundamento".

Viedt reconhecia uma instrução quando ouvia uma: no fim de março de 1924, ele fez uma visita a Barry e a Davidson.

Os dentistas o receberam com frieza. Não tinham dúvida de que a condição aflitiva que viam em suas pacientes tinha algo a ver com o antigo emprego das garotas na USRC. Durante a visita de Viedt, os dois ficaram indignados com o que consideraram uma postura de puro sangue-frio.

"Você deveria fechar a fábrica", disse Davidson a Viedt, irritado. "Você já ganhou 5 milhões de dólares. Por que continuar a matar as pessoas por mais dinheiro?"

Viedt não teve resposta.

"Se tivesse jeito", continuou Davidson com amargura, "eu mesmo fecharia essa sua fábrica."

Os dentistas não foram os únicos levados aos limites da frustração depois de interagir com as garotas. Lenore Young, a oficial de saúde de Orange, após perceber que o Departamento do Trabalho não seguiria sua recomendação de buscar a intervenção do Serviço Público de Saúde, agora dava início a uma discreta investigação particular. Em 4 de abril de 1924, ela escreveu em tom confidencial a Katherine Wiley, secretária-executiva da Liga do Consumidor, organização nacional que lutava por melhores condições de trabalho para as mulheres. "As autoridades estão hesitando", confidenciou Young a Wiley. "[A Liga do Consumidor] deve ficar no pé deles para que tomem providências."

Wiley era uma empreendedora inteligente, responsável pela filial da Liga do Consumidor em New Jersey. Uma moça simples de 30 e poucos anos, cabelos escuros e feições pequenas demais para o rosto, Wiley era obstinada e motivada. Quando Young pedira sua ajuda, Wiley respondera imediatamente. Também recebera assistência de John Roach, do Departamento do Trabalho, que — sem o devido conhecimento do chefe, McBride — entregou a ela uma lista com os nomes das mulheres afetadas, para que a investigação pudesse ser conduzida.

E já não era sem tempo. Em 15 de abril de 1924, mais uma jovem perdeu a vida. Jennie Stocker — aquela dos joelhos em estado peculiar, a quem o dr. Humphries vinha tentando tratar sem sucesso — morreu de súbito após um curto período enferma, aos 20 anos de idade.

No dia seguinte à morte dela, Roeder manteve a reunião com Drinker. Ele mostrou as instalações da fábrica, depois todos foram ao ateliê e conversaram com várias mulheres, incluindo Marguerite Carlough. Era surpreendente que ela ainda estivesse ali no ateliê, e não apenas porque já não trabalhava pintando mostradores. Desde a véspera do Natal de 1923, ela estivera confinada em casa, exceto pelas visitas ao sr. Barry. É possível que a gestão da USRC tenha pedido a ela para comparecer para conhecer os Drinker, em sua determinação a dar fim aos boatos de que o trabalho de Marguerite fora responsável por deixá-la doente.

Ela estava acompanhada da irmã, Sarah Maillefer, que agora precisava de bengala para andar. Sarah seguia trabalhando como pintora; a família Carlough era pobre, e com Marguerite impossibilitada de trabalhar e as despesas médicas cada vez mais altas, eles precisavam de cada centavo possível. O problema de Sarah, é claro, era muito diferente do de Marguerite. Evidentemente, a perna coxa não tinha nenhuma relação com aquela doença horrorosa que estava destruindo a boca da irmã.

O dr. Cecil Drinker era um homem bonito, com fartos cabelos louros. Ele se apresentou a Marguerite demonstrando preocupação imediata pelo seu bem-estar. O rosto emaciado estava pálido, e ela segurava junto à bochecha um curativo de onde vazava pus; Marguerite se queixava de "dores nos ossos do rosto". Era nítido que estava gravemente doente.

Katherine Drinker se voltou para Roeder e disse que aquele passeio não poderia ser considerado uma pesquisa adequada. Era imperativo, insistiu, que os Drinker retornassem a Orange para fazer um estudo abrangente de toda a fábrica e seus funcionários. E assim, durante dois dias, de 7 a 8 de maio de 1924, foi realizado o estudo dos Drinker. Os cientistas, agora inteirados de toda a literatura a respeito do rádio, retornaram à fábrica com o colega, dr. Castle, e conduziram uma investigação detalhada. Juntos, os três médicos inspecionaram todos os aspectos da operação, o tempo todo acompanhados por Viedt.

Eles também foram apresentados ao químico responsável, Edwin Leman, e notaram que ele tinha "lesões graves" nas mãos. No entanto, ao mencioná-las, Leman "desprezou a possibilidade de maiores danos". Talvez ele estivesse sendo fiel à sugestão do presidente, de que os cabeças da corporação deveriam disseminar uma atmosfera de confiança.

Logo os Drinker perceberam que aquela postura despreocupada era "característica de todos os funcionários que detinham algum tipo de autoridade". Cecil Drinker escrevera mais tarde: "Aparentemente havia uma total falta de percepção dos perigos inerentes à substância que estava sendo fabricada". Roeder chegou a dizer que "nunca houve qualquer desenvolvimento de tumor maligno originado de lesões com o rádio; uma afirmação tão fácil de contestar que era ridículo".

No ateliê, os médicos davam continuidade aos exames completos nas funcionárias. Vinte e cinco delas foram selecionadas como amostragem; uma a uma, as pintoras batiam com nervosismo à porta do banheiro feminino, onde estava sendo feita a coleta de amostras, antes de serem convidadas a entrar. Sarah Maillefer foi uma das escolhidas. Obedecendo aos médicos, ela abriu a boca para que pudessem apalpar seus dentes; manteve-se imóvel enquanto eles sondavam com firmeza em torno do nariz e do pescoço; e ofereceu o braço para que pudessem coletar amostras de sangue. O exame continuou em uma câmara escura; lá, Katherine Drinker "examinou várias daquelas mulheres, algumas até com bastante intimidade, a fim de determinar em que grau de luminosidade seus corpos ficavam quando em ambiente suficientemente escuro".

Ah, aquela luminosidade. Aquele *brilho*. Katherine Drinker ficou impressionada. Enquanto as mulheres se despiam na câmara escura, ela testemunhava o pó pairando acima dos seios, nas roupas íntimas e na parte interna das coxas. Aquela poeirinha se espalhava por toda parte, tão íntima quanto o beijo de um amante, deixando seu rastro ao redor dos membros, bochechas, nuca e cintura das mulheres... Cada centímetro delas ficava marcado pelas partículas do pó, por sua dança leve que tocava a pele macia e escondida. Era espetacular — e um tanto aderente depois que se infiltrava nas roupas. Os Drinker notaram que o pó "persistia na pele", mesmo após lavagens vigorosas.

Os estudos não foram limitados às instalações da fábrica: os Drinker visitaram o sr. Barry e conheceram algumas das pintoras que apresentavam sintomas semelhantes entre si, incluindo Grace Fryer. No entanto, graças à atenção do dr. McCaffrey em Nova York, Grace era a exceção à regra; os Drinker ficaram satisfeitos ao notar que ela havia "se recuperado satisfatoriamente" de suas enfermidades.

Não dava para dizer o mesmo de Marguerite Carlough. Sem encontrar qualquer alívio nos tratamentos com o sr. Barry, ela começou a consultar com o sr. Knef, que também tratara Mollie Maggia. A aparência de Marguerite — que um dia fora fã de chapéus com penachos dramáticos e roupas chamativas — a essa altura já estava péssima. No entanto, o pior não estava do lado de fora, apesar da pele mortalmente pálida e do corpo esquálido, e sim por dentro, "com a [constante] descarga de pus em sua boca". Ela estava sofrendo muito.

Knef vinha fazendo o melhor possível por ela. "Pelo menos uma vez ao dia eu ia vê-la", relatara ele. O trajeto do escritório até a casa de Carlough na Main Street em Orange era de uns 25, trinta quilômetros; mesmo assim às vezes ele chegava a atendê-la de duas a seis vezes por dia. Em determinadas ocasiões, recorda-se "passei três dias e três noites seguidos com ela, sem intervalos". Aquele tipo de dedicação estava muito além do orçamento dos Carlough, por isso Knef estava trabalhando quase de graça. Muito gentil da parte dele, mas não significava que Marguerite vinha recebendo a atenção mais qualificada.

Todavia, Knef sabia mais do que a maioria dos médicos e dentistas a respeito daquela doença, ainda que não tivesse noção de todas as implicações de seu crescente conhecimento.

O sr. Knef era um profissional da saúde no sentido estrito da expressão. Quando o maxilar de Mollie Maggia se soltou de maneira tão chocante em seus dedos, ele ficou fascinado pela condição — então guardou aquele pedaço de osso deformado e estranhamente esburacado. De vez em quando, mesmo depois da morte dela, ele examinava a amostra, virando-a nas mãos, mas não chegava a conclusão alguma; de qualquer forma, ela havia morrido de sífilis, apesar de qualquer peculiaridade que houvesse em seus ossos. Em algum momento ele guardou o fragmento na gaveta da escrivaninha, o mesmo local onde deixava os negativos das radiografias, até que por fim se esqueceu do assunto.

E então, certo dia, os deveres rotineiros exigiram que ele desse uma olhadinha na gaveta apinhada de radiografias. O sr. Knef remexeu nas quinquilharias que guardava lá, procurando pelos negativos. Para seu espanto, quando encontrou as radiografias, os negativos não eram mais escuros. Em vez disso, estavam "embaçados", como se alguma substância tivesse sido entornada em cima deles.

Só que não havia nada naquela gaveta além de arquivos antigos e fragmentos de ossos esquecidos.

Ele examinou os dois lados das radiografias. Era inegável que os negativos estavam estragados. Era um recado, embora Knef não soubesse especificá-lo, porém o significado não estava claro.

Mollie Maggia ainda era uma vítima sem voz, mesmo depois de passado todo aquele tempo.

KATE MOORE

RADIOATIVAS

13

EMBORA KNEF NÃO SOUBESSE DIZER POR QUE OS NEGATIVOS FICARAM EMBA-çados, isso não invalidava sua dedicação aos pacientes, e Marguerite Carlough sempre seria grata pela atenção dele. Com uma centelha de esperança, ela dissera que "ultimamente vinha se sentindo um pouco melhor". Mas os médicos visitantes notaram que "era uma declaração que nada condizia com a aparência dela". Quando Katherine Wiley, da Liga do Consumidor, a encontrou, em maio de 1924, como parte da investigação independente, ficou chocada, descrevendo-a como "uma pobre doente que parecia quase diáfana de tão frágil". Era difícil testemunhar aquele nível de sofrimento em estado puro. Wiley escrevera posteriormente: "Depois de ver uma das vítimas, nunca mais vou conseguir descansar até ver uma atitude que assegure que algo assim nunca mais voltará a acontecer". Ela resolveu "se agarrar ao caso até que tomem providências em algum lugar".

E assim foi feito. Wiley entrevistou mais garotas, incluindo Josephine Smith, mas não a considerou "disposta a discutir o assunto, já que ainda era empregada da USRC". Wiley não deixou pedra sobre pedra, visitando também Katherine Schaub e Edith Mead, as quais cuidaram de Mollie Maggia ao longo daquela terrível doença. A enfermeira ainda levava a colega de república na memória. "A senhorita Mead deseja", escreveu Wiley, "fazer o possível para impedir que tal tragédia volte a acontecer a mais alguém."

Wiley tinha a mesma opinião. Ao ficar sabendo da reivindicação da mãe de Hazel por uma indenização, ela consultou um juiz para se aconselhar e saber como as famílias poderiam tomar medidas legais. Mas foi então que ela soube que a lei de New Jersey não favoreceria aquelas mulheres. A legislação estadual até que era pioneira; naquele mesmo mês de janeiro, por exemplo, havia sido promulgada uma nova lei para indenizar trabalhadores por doenças ocupacionais. Mas — e bote um belo "mas" nisso — apenas nove doenças constavam na lista de enfermidades indenizáveis, e as reclamações prescreviam em um prazo de cinco meses, ou seja, qualquer reclamação na justiça deveria ser apresentada em no máximo cinco meses após a constatação da lesão. Não apenas a "intoxicação por rádio" — se é que era isso mesmo que acometia as garotas — não constava na lista, como a maioria daquelas moças já havia saído da USRC há anos, algo muito distante dos referidos cinco meses. O juiz dissera a Wiley: "Quando o envenenamento por rádio for transformado em uma doença indenizável, se é que tal coisa existe mesmo, ainda assim a lei não abrangerá casos retroativos; sendo assim, no que diz respeito a essas garotas, nada poderá ser feito".

Todas as famílias se deparavam com a mesma dificuldade. Falida e desesperada, Marguerite Carlough também cogitava uma ação na justiça a fim de ao menos conseguir dinheiro para pagar pelo tratamento, mas nem ela nem a família de Hazel Kuser conseguiram encontrar um advogado disposto a aceitar o caso sem receber honorários antecipados. Conforme Wiley observou: "Elas não têm um tostão".

Em 19 de maio de 1924, Wiley retornou ao Departamento do Trabalho com os resultados da investigação. Levou os relatórios depressa aos superiores da instituição, especificamente para o delegado Andrew McBride, mas este ficou "furioso" ao descobrir que a Liga do Consumidor tinha metido o bedelho no assunto. E quando soube que Roach fornecera a Wiley os nomes das mulheres, ele deu pinotes de ódio. McBride convocou Roach para uma reunião e, segundo o relato de Wiley, "o repreendeu na minha presença [com uma] advertência severa". Wiley, porém, não se deixou intimidar nem um pouco com a ferocidade de McBride: enfiou-se no bate-boca. McBride, frustrado com aquela mulher irritante, perguntou o que ela queria que acontecesse.

"Quero uma investigação do Serviço de Saúde Pública dos Estados Unidos", disse ela de pronto.

"Coloque por escrito", respondeu ele, extenuado. E ela o fez... imediatamente.

Mesmo enquanto Wiley continuava a defender a causa daquelas mulheres, os acontecimentos continuavam a se desenrolar no cerne de todos os problemas: a United States Radium Corporation. Os Drinker estavam ocupados avaliando os resultados de todos os exames, e agora, em 3 de junho de 1924, entregavam à empresa um relatório completo e definitivo.

Quinze dias depois, em 18 de junho, Viedt escreveu para Roach no Departamento do Trabalho a fim de compartilhar o veredicto dos médicos. No entanto, Viedt não enviou o relatório completo, o qual era bastante longo, mas apenas uma tabela com os resultados dos exames médicos de cada funcionária, a qual mostrava que o hemograma de cada uma delas estava "praticamente normal". "Não creio", escreveu Viedt com presunção, "que esta tabela mostre uma condição diferente daquela que qualquer exame ocupacional de um funcionário-padrão de uma indústria mostraria." O Departamento concordou: a tabela demonstrava que "todas as garotas do setor estavam em perfeitas condições de saúde".

A empresa estava livre. E o presidente Roeder não perdeu tempo em divulgar as boas-novas. "Ele fica dizendo a todos", comentou um observador, "que está a salvo porque tem um relatório exonerando-o de qualquer responsabilidade possível na doença das garotas." De pronto, tal como Roeder já esperava, a situação na sede ficou mais tranquila: "Os boatos arrefeceram de forma considerável", celebrou um memorando interno.

Foi, portanto, um momento infeliz que bem naquela época o sr. Theodore Blum tenha implorado à usrc para ajudar sua paciente, Hazel Kuser. Desde que ela procurara Blum em janeiro, sua condição se deteriorara muito rápido, embora ela já tivesse encarado muitas cirurgias, duas transfusões sanguíneas e várias internações hospitalares. As faturas dos médicos estavam chegando mais depressa do que Theo Kuser e o pai dele conseguiam bancar. Embora os abonados médicos de Hazel, intrigados com a estranha condição da jovem, estivessem oferecendo uma quantidade significativa de tratamento gratuito, os valores das contas já estavam na casa dos milhares. Theo estava hipotecando tudo que tinha, ao mesmo tempo em que as economias de vida de seu pai caíam em um buraco negro financeiro, sendo engolidas assim que eram sacadas do banco.

A família não tinha como pagar pelos cuidados de que Hazel necessitava com tanta urgência, então Blum apelou diretamente para a usrc. Primeiro garantiu que não estava tentando jogar a culpa no colo da empresa — embora, a essa altura, Blum já estivesse disposto a afirmar que a doença sem dúvidas tinha sido causada pela tinta usada na pintura dos mostradores. "A questão aqui não é se sua empresa é ou não responsável", escreveu ele com cautela, "mas sinto que, se há dinheiro de sobra, você deve partilhá-lo de alguma forma." Ele não estava interessado em culpabilidade: era uma questão de vida ou morte.

A resposta da USRC foi imediata. Cheia de confiança em função dos relatórios dos Drinker, a empresa se recusou a ajudar do jeito que fosse; fazê-lo abriria "um precedente que não consideramos nada sábio". Cinco anos antes, os executivos tinham aprendido a lição ao oferecer uma compensação de 5 dólares por roupas estragadas nos varais; não iam cometer o mesmo erro de novo. Em vez disso, puseram-se a glorificar as conclusões do estudo recente: "Os resultados da investigação minuciosa [que fizemos] ante as enfermidades que você alega terem sido causadas pelo trabalho dela em nossa fábrica mostraram que não havia nada em nossas instalações que pudesse ser apontado como causa". A carta concluía, com certa dose de hipocrisia: "Lamentamos não poder ajudá-lo dessa maneira".

Blum ficou perplexo: "Eu estava apenas apelando ao senso de humanidade da diretoria da empresa para descobrir o que poderiam fazer para ajudar essa pobre criatura", escreveu ele de volta. "Devo admitir que estou surpreso por vocês terem falhado em enxergar o lado humano da situação."

Mas a USRC não deu a mínima para o escárnio. Eram inocentes — e tinham um relatório que provava isso.

KATE MOORE

RADIOATIVAS

14

KATHERINE SCHAUB MAL PODIA ESPERAR PELAS FÉRIAS NO VERÃO. OS ÚLTI-
mos doze meses tinham sido horríveis: sua prima Irene falecera em
julho, há quase um ano, e em novembro ela mesma começara a sofrer
com problemas dentários. Agora os médicos vinham tratando seu caso
como "problema nervoso", mas, por mais que tentasse não pensar na
situação, era muito difícil evitar. Recentemente, Katherine aceitara um
emprego em um escritório achando que ia ajudá-la a se distrair.

Mas, conforme o tempo revelou, Katherine se tornou uma profissional
volúvel, pulando de empresa em empresa, abandonando os empregos devido
a problemas de saúde ou nervosos, ou porque vivia em busca da próxima
distração-muito-necessária. Ela foi de uma empresa de rolamentos para
uma seguradora, migrou para uma empresa de veículos e refez o trajeto,
nunca passando muito tempo no mesmo lugar, sempre tendo de sair por
um motivo ou outro. De qualquer forma, não importava onde estivesse trabalhando, boa parte de sua renda era destinada para o tratamento médico.

E Katherine sabia que seu estado de espírito preocupava o pai, William.
Ele era tão bom para ela, sempre tentando levantar o ânimo ou pagar algumas das faturas do médico. Ele não ganhava muito — era zelador em uma
fábrica e a família morava no terceiro andar de um prédio velho —, mas
William ficava feliz por poder proporcionar o que fosse possível à filha,
caso contribuísse para qualquer melhoria na recuperação dela.

Naquele verão, Katherine planejava descansar muito. Ela contava
apenas 22 anos — idade que Irene jamais chegara a atingir, percebeu
com pesar — e precisava se lembrar de como era se sentir jovem. Todas
aquelas preocupações estavam minando suas energias.

No entanto, quando julho de 1924 chegou, Katherine observou: "Eu não tinha como viajar de férias. A situação da minha mandíbula estava causando uma ansiedade considerável e resolvi consultar um cirurgião dentista em Nova York; tive de usar o que tinha economizado a fim de tirar férias para fazer uma série de novas radiografias".

Por acaso — ou talvez não, considerando quão proeminente ele era em seu ramo — ela escolhera o sr. Blum, que também vinha cuidando de Hazel Kuser. Em maio, Katherine já tinha ido a um segundo dentista para nova extração dentária; e, como de praxe, um padrão nos últimos tempos, o alvéolo não cicatrizara. A infecção era agonizante: "A dor [que sofri]", relatou ela, "só podia ser comparada à dor do momento em que o dentista perfurava um nervo vivo hora após hora, dia após dia, mês após mês". Quando Blum a examinou em julho de 1924, recomendou que "o tratamento fosse feito quando ela estivesse em condições físicas de aguentá-lo"; até lá, Katherine teria de voltar para casa sem atendimento.

O pior de tudo era não saber o que havia de errado, pensava ela: "Não deixei que nenhum obstáculo me impedisse de tentar recuperar minha saúde perdida, mas até o momento tinha falhado", ponderou ela, desanimada. "Ninguém fora capaz de me ajudar."

Ao longo do verão, ela estivera no consultório de Blum repetidas vezes, não tinham sido bem as férias que planejara. Em uma das ocasiões, fora obrigada a marcar uma consulta de emergência depois de não suportar mais a dor lancinante no lado direito da cabeça. Já no consultório, ela afastou os cabelos loiros do rosto magro na tentativa de mostrar a Blum onde a dor se concentrava, no lado direito do crânio.

Blum apalpou de leve a mandíbula inchada. E, sob pressão, o pus jorrou da cavidade dentária. Katherine sentiu a explosão em sua boca e foi tomada pela náusea. "Por que tinha que sofrer tanto?", questionaria ela depois. "Nunca fiz mal a nenhuma criatura. O que fiz para merecer tal castigo?"

Em uma de suas visitas a Blum, ela encontrou Hazel, que prosseguia com o tratamento. Hazel estava irreconhecível; em alguns pacientes, aquela doença incitava inchaços faciais grotescos, bolas cheias de pus na mandíbula, e tudo indicava que o caso de Hazel se desenvolvera assim também. Acompanhada pela mãe, ela não estava em condições nem de conversar. Foi Grace Vincent, que agora era a voz da filha, quem contou a Katherine que Hazel já vinha consultando com Blum nos últimos seis meses.

Aquilo não era bem uma boa propaganda das habilidades do dentista. Antes mesmo de o verão terminar, Hazel seria levada às pressas para um hospital em Nova York, onde passaria três meses, longe da família e de Theo, que permaneceriam em Newark. Para pagar pela internação, Theo hipotecou a casa.

Hazel e Katherine não eram as únicas às voltas com consultas médicas. Em Orange, Quinta McDonald estava achando cada vez mais difícil dar conta dos filhos. Sua filha Helen estava com 4 anos e o bebê Robert acabara de completar 1 aninho. Seu grande problema era uma dor constante nos quadris, a qual irradiava por toda a perna direita. Agora o claudicar ia muito além de leves mancadinhas — estava mais para guinadas enquanto ela dividia o peso do corpo entre um pé e outro. Era a coisa mais esquisita, relatou ela: "Era como se uma perna estivesse mais curta do que a outra".

Mas ela devia estar alucinando. Ao longo de seus 24 anos de vida, os membros sempre foram proporcionais entre si; então por que isso mudaria assim de repente?

De qualquer modo, era debilitante, principalmente porque Robert já começava a engatinhar mais rápido pela casa e ela se revelava incapaz de acompanhá-lo. E assim Quinta marcou uma consulta com o dr. Humphries no Hospital Ortopédico de Orange, com certeza por recomendação de Grace Fryer. Em agosto de 1924, Humphries pediu algumas radiografias e se pôs a examiná-las. Durante o exame físico de Quinta, notou que ela "não conseguia movimentar os quadris em sua completude", por isso ele buscava por algum problema nessa articulação em específico.

Ah. Lá estava. Mas *o que* era?

Na radiografia havia uma "sombra branca", como Humphries a chamara. Era peculiar, mostrando "uma manchinha branca por todo o osso". Ele nunca tinha visto algo parecido. Como John Roach escrevera posteriormente, ao relatar aquelas doenças desconcertantes: "Toda a situação é aterradora, chocante... essa [força] estranha e destrutiva é opressiva demais para a ciência médica e cirúrgica".

Na verdade, havia uma pessoa que percebera com mais precisão o problema — isto é, além do químico Szamatolski, que há muito já havia identificado que "qualquer problema que possa ter sido causado teve sua origem no rádio". Em setembro de 1924, depois de tratar Hazel Kuser por oito meses, o sr. Blum deu uma palestra na American Dental Association sobre osteonecrose mandibular. Ele citou apenas o caso de Hazel, em uma breve nota de rodapé, e mesmo assim pode ser considerado o primeiro profissional a fazer menção na literatura médica sobre o que agora era intitulado "queixo de rádio". Ele não acreditava nas alegações de inocência da USRC; estimulado pela resposta tão fria quando implorara para que ajudassem sua paciente, ele agora prometia a Hazel "toda a assistência necessária caso fosse instaurada uma ação judicial contra a corporação".

Poderíamos achar que esse novo termo — queixo de rádio — e o diagnóstico inovador do dentista teriam sido capazes de capturar a imaginação da comunidade médica. Mas a verdade é que o fato passou despercebido — por outros dentistas; pelas pintoras dos mostradores, que não estavam a par das publicações científicas; e por médicos como o dr. Humphries em Orange.

Naquele verão de 1924, encarando as radiografias de Quinta McDonald, Humphries precisava oferecer logo um diagnóstico, mas estava perdido. Quinta relatou depois: "Disseram que eu tinha um quadril artrítico".

Humphries imobilizou a perna dela durante um mês, mas, diferentemente de Grace Fryer, não houve melhora. E assim, naquele verão, Quinta McDonald se viu toda engessada, do diafragma aos joelhos, com o objetivo de manter o corpo imóvel na esperança de que aquilo também restaurasse os problemas. "Ainda era possível andar pra lá e pra cá", relatou ela, "com a ajuda de uma bengala."

Mas mancar não era o ideal para a mãe de dois filhos pequenos. E assim foi ficando ainda mais difícil cuidar de Robert e Helen. É provável que a irmã de Quinta, Albina — que ainda não havia constituído família — tenha ajudado; as duas irmãs agora moravam a quinze minutos a pé uma da outra.

Para alívio de Quinta, o tratamento radical pareceu render frutos: "O gesso aliviou a dor e ajudou um pouco", recordou-se. No entanto, ela tentava não pensar no que estaria acontecendo debaixo do gesso, em suas suspeitas de que "uma perna estava começando a encolher e a ficar mais curta do que a outra". O gesso permaneceu por longos meses. Quando o verão se transformou em outono e Quinta sentiu certa evolução, ficou grata pelo fato de o tratamento do dr. Humphries parecer ter ajudado.

Era hora de agradecer. E no Dia de Ação de Graças propriamente dito, 27 de novembro, Hazel Kuser enfim recebeu alta do hospital em Nova York e se permitiu retornar a Newark para ficar com Theo e a mãe, Grace. Família reunida, era hora de tentar sorver a bênção pelo fato de que pelo menos agora ela estava em casa.

Mas Hazel não era mais a mesma pessoa. Tinha "sofrido tanto que sua cabeça não parecia boa". O pastor da congregação que ela frequentava, Karl Quimby, que vinha visitando a família para oferecer conforto espiritual, dissera: "A dor que ela sofreu era excruciante".

E talvez por isso — quando o importante era pensar no bem maior para Hazel — que a maior bênção de todas tenha se dado quando Hazel enfim faleceu, no dia 9 de dezembro de 1924, uma terça-feira. Ela morreu às três da madrugada, em casa, com o marido e a mãe ao lado. Tinha 25 anos. No momento da morte, seu corpo estava em estado tão deplorável que a família não permitiu que pessoas amigas o vissem no funeral.

Foi Theo quem notificou as autoridades sobre a morte da esposa; e foi Theo quem organizou o preparo do corpo deteriorado e o enterro, no dia 11 de dezembro, no cemitério de Rosedale. Eram as últimas coisas que ele poderia fazer por ela, pela mulher que amara desde que era menino.

Theo não queria pensar no futuro; no fato de a hipoteca da casa ter sido executada; no fato de seu pai ter se endividado para ajudar com as contas. Quando ela morreu, o pai de Theo havia gastado as economias da vida inteira. As dívidas da família — com hospitais, exames, ambulâncias, médicos, visitas domiciliares, remédios e transporte para Nova York — chegavam à casa dos 9 mil dólares. Eles estavam falidos, tudo tinha sido em vão.

Katherine Wiley, da Liga do Consumidor, que mantivera contato com a família enquanto continuava a apoiar a causa das pintoras do ateliê, também chegava ao seu limite. Frustrada com o fato de as autoridades não terem feito nada, ela agora seguia duas pistas. Primeiro, tinha escrito uma carta à dra. Alice Hamilton, cientista brilhante, apontada como fundadora da toxicologia industrial e com fama de sempre defender as vítimas de doenças ocupacionais; Hamilton tinha sido a primeira integrante do corpo docente da Universidade de Harvard, e o presidente do departamento era Cecil Drinker.

Hamilton desconhecia o relatório de Drinker na fábrica de Orange, pois, embora Roeder o estivesse usando para abrandar os temores dos funcionários e para justificar a recusa em ajudar as mulheres atingidas, Drinker ainda não o havia publicado oficialmente em nenhuma revista científica. Assim, ao receber a carta de Wiley, e inconsciente de quaisquer conflitos de interesses, Hamilton expressou com entusiasmo o desejo de que a Liga do Consumidor desse prosseguimento aos casos "energicamente... e estou disposta a cooperar de todas as formas possíveis". Nas palavras dela: "Pelo que ouvi, a postura da empresa foi bastante insensível". Ela também propôs encarregar-se de um estudo particular como "investigadora especial".

O segundo ataque de Wiley foi o contato com o sr. Frederick Hoffman, um estatístico de 59 anos especializado em doenças ocupacionais e que havia trabalhado para a seguradora Prudential Insurance Company. Depois de ler a carta de Wiley, Hoffman também começou a investigar; sua primeira escala, a pedido da própria Wiley, foi na casa de Marguerite Carlough.

Fazia quase um ano que Marguerite tinha ido àquela fatídica visita ao dentista na véspera de Natal. Quando Hoffman a visitou, em dezembro de 1924, a encontrou "em estado lamentável, agonizando entre a vida e a morte, aparentemente sem perspectivas positivas". Foi inevitável ficar emocionado diante do quadro. Antes que o ano terminasse, Hoffman, autoridade reconhecida em riscos ocupacionais, tomou providências enviando uma carta incisiva ao presidente Roeder na USRC: "Se os danos em questão fossem passíveis de indenização, duvido muito que sua empresa conseguisse escapar da responsabilidade", escreveu ele, enfático. E acrescentou: "Que esses danos tornar-se-ão indenizáveis no decorrer do tempo, na hipótese de novos casos surgirem, é evidente".

Um tiro de advertência tinha sido disparado — e as pintoras de Orange estavam determinadas em fazer daquele passo apenas o começo da jornada. Marguerite não conseguia parar de pensar no quanto se dedicara à empresa — e era assim que lhe retribuíam: abandonada, sem um centavo para aliviar o sofrimento. E não só ela; suas amigas sofriam do mesmo modo.

Embora já não se sentisse a mesma pessoa há muito tempo, Marguerite ainda se lembrava um pouco de seu eu do passado: uma jovem dinâmica, que gostava de usar roupas de cortes elegantes e lindas peças de chapelaria. Naquele inverno, quando as páginas do calendário foram viradas e o Ano Novo começou, ela reuniu toda a coragem e o pingo de força que lhe restava. Pediu ajuda à família, pois já estava fraca demais para fazer o necessário. Mas era importante. Ela ia tomar providências, mesmo que aquilo representasse seu último ato na Terra.

Contrariando todas as probabilidades, Marguerite Carlough encontrou um advogado que aceitou o caso. E, em 5 de fevereiro de 1925, ela entrou com uma ação contra a United States Radium Corporation no valor de 75 mil dólares.

A luta das pintoras do ateliê havia começado.

KATE MOORE

RADIOATIVAS

15

OTTAWA, ILLINOIS
1925

O PROCESSO ABERTO POR MARGUERITE CHEGOU AO NOTICIÁRIO DE NEWARK.
É improvável que as garotas da Radium Dial em Ottawa tenham ficado
sabendo, mas seus empregadores com certeza souberam. A indústria
do rádio era um laguinho e a Radium Dial era um dos maiores peixes.

Em 1925, o ateliê em Ottawa havia se transformado no maior produtor
de mostradores do país, fornecendo 4300 unidades ao dia. Os negócios
estavam em franca expansão, e a Radium Dial não queria arriscar frear
as operações, tal como acontecera com as afiliadas quando os rumores
começaram em New Jersey.

A Radium Dial agora concebia um plano-mestre para evitar enfrentar o
mesmo tipo de percalço. Foi inaugurado um segundo ateliê de pintura em
Streator, a 25 quilômetros ao sul de Ottawa, onde pouco se falava sobre os
efeitos do rádio. Ambas as fábricas funcionaram ao mesmo tempo durante
nove meses; mas, uma vez confirmado que os funcionários de Ottawa não
tomaram conhecimento dos rumores no Leste e que não havia risco de
dissidência, a empresa fechou o segundo ateliê; alguns funcionários foram
transferidos para Ottawa, outros apenas foram demitidos.

A Radium Dial também resolveu, assim como a USRC havia feito, submeter seus empregados a exames clínicos no fim daquele ano; foram
todos realizados por um médico ocupacional na casa de Reed, na Post
Street. Mas nem todas as mulheres foram examinadas; Catherine Wolfe
não estava entre elas. O que foi uma pena, porque ultimamente ela não

vinha se sentindo muito bem. Após dois anos trabalhando na Radium Dial, ela relatou o seguinte: "Comecei a sentir dores no tornozelo esquerdo, que depois se estenderam para o quadril". Vez ou outra, quando a dor se fazia notar, ela mancava um pouco.

Outra pintora que não passou por exames foi Della Harveston, que era parte do grupinho original com Catherine, Charlotte e Mary Vicini, Ella Cruse e Inez Corcoran. Della morrera no ano anterior, vítima de tuberculose.

Já a ruiva Peg Looney *foi* convocada pelo sr. Reed para os exames. No entanto, quando as colegas perguntaram sobre os resultados, ela dissera não fazer a mínima ideia. Em Orange, os resultados dos exames médicos foram compartilhados em segredo com a empresa, às costas das mulheres; em Ottawa, foram enviados diretamente para a diretoria, também sem passar pelo conhecimento das funcionárias. Nem Peg ou qualquer uma de suas colegas de trabalho receberam qualquer informação. No entanto, Peg não elucubrou muito e se acomodou em sua bancada no ateliê, pegando o pincel e lambendo os lábios em preparação para a pintura. Não estava nem um pouco preocupada, tinha certeza de que a empresa informaria caso houvesse algo de extraordinário.

Todas as meninas em Ottawa ainda afinavam os pincéis nos lábios, inconscientes de que a 1200 quilômetros dali a prática havia sido banida. No entanto, nos bastidores, na matriz da Radium Dial, os executivos, atentos ao processo de New Jersey, agora começaram a buscar um método alternativo para aplicar a tinta — só por precaução. Testaram camurça, mas acharam o tecido muito absorvente; esponjas de borracha, mas não deu muito certo. Rufus Fordyce, vice-presidente da Radium Dial, admitiu, no entanto, que não houve muito empenho para descobrir o melhor material para afinar os pincéis: "[Não foi feito] nenhum esforço extenuante", reconhecera ele mais tarde, "para encontrar e fornecer um método adequado para acabar com aquele procedimento com os lábios".

Por fim, a empresa acabou encarregando Reed de encontrar um método alternativo. Logo, ele cogitaria a ideia de adotar uma caneta de vidro, assim como aquela empregada na Swiss dial-painters, e começaria a elaborar variados projetos. Enquanto isso, as meninas de Ottawa continuavam. *Lábio... Tinta... Pinta.*

A diversão no ateliê também continuava. E agora havia rapazes na jogada, já que as jovens tinham entrado na fase da paquera. Na época da escola, a música favorita de Peg Looney era quase um hino da independência, "*I Ain't Nobody's Darling*"*, mas agora ela havia mudado de ideia: estava em um relacionamento com um sujeito muito inteligente chamado Chuck. Qualquer um com um mínimo de esperteza notaria que ele estava prestes a pedi-la em casamento.

Chuck era o apelido; o nome completo era muito mais pomposo: Charles Hackensmith. Era alto, lindo, musculoso, de ombros largos, com cabelos louros cacheados; em seu anuário do ensino médio, a frase que acompanhava a foto era: "E o atleta frio de mármore ganhou vida". No entanto, para ser namorado da astuta Peg Looney, você não podia ser só músculos e nada de cérebro, por isso Chuck era dos mais inteligentes: fora considerado um dos melhores alunos da escola no ensino médio e agora era universitário. "Ele era muito instruído", contou Jean, irmã de Peg. "Ele era tudo. Era muito elegante. Ótimo partido." Ele crescera em uma casa perto da residência de Peg e a numerosa família dela, e, embora agora estivesse morando em outra cidade por causa da faculdade, sempre vinha para casa nos fins de semana — e foi aí que o jovem casal se envolveu.

Na casa de Chuck havia um cômodo anexo onde ele dava festas e tocava discos em seu gramofone surrado. Quando os espectadores começavam a bater palmas e a beber *root beer* caseira (fabricada ilicitamente por causa da Lei Seca), a dança começava. Toda vez que Chuck abraçava Peg, não deixava nem um centímetro entre ambos: os corpos ficavam coladinhos ao som dos últimos sucessos do jazz. Chuck era muito sedutor; sabia que Peg era especial.

Todo mundo ia até o tal bangalô das festas; Marie Becker se divertia à beça lá. Sempre que sabia de uma reunião marcada, avisava todos os amigos, incentivando-os a comparecer. Marie estava paquerando Patrick Rossiter, um operário de nariz grande e feições angulosas, o qual conhecera no National Guard Armory enquanto patinava. Ele era "um intrépido", dizia a família dele. "Era chegado em uma diversão." Catherine Wolfe também frequentava as festas, como boa amiga de Peg; estava solteira na época. E as meninas da família Looney também compareciam — "A família inteira!", exclamava Jean. "E éramos dez!"

---

* "Eu não sou a gatinha de ninguém", em tradução livre.

Havia tanta coisa acontecendo em Ottawa naquela primavera de 1925, que a visita de um oficial do governo ao ateliê mal foi notada pelas garotas. Mas isso, é claro, era o que a Radium Dial queria. No encalço dos casos de New Jersey, foi lançada uma investigação nacional a respeito de venenos industriais, encabeçada pela Secretaria de Estatísticas Trabalhistas, cuja sede era na capital, Washington, DC. O escritório era administrado por Ethelbert Stewart; seu funcionário de apoio em campo era Swen Kjaer. E, quando Kjaer se encontrou com Rufus Fordyce, vice-presidente da Radium Dial, antes de inspecionar o ateliê de Ottawa, foi "solicitado a lidar com o assunto com cautela, para não alarmar os funcionários". Talvez, como resultado do alerta, apenas três meninas foram interrogadas.

Kjaer deu início à pesquisa em abril de 1925. Primeiro foi ao escritório da Radium Dial em Chicago, onde entrevistou Fordyce e alguns funcionários do laboratório; Kjaer notou que um deles apresentava lesões nos dedos. Os funcionários reconheceram que o rádio era um material perigoso de ser manuseado, "a menos que sejam fornecidas as devidas salvaguardas". Isso fez com que os homens dos laboratórios da Radium Dial se aparatassem devidamente: Kjaer observou que todos estavam "bem protegidos por aventais de chumbo" e que também recebiam folgas com regularidade para limitar a exposição ao material.

Em 20 de abril, Kjaer chegou à pequena cidade de Ottawa para a inspeção do ateliê. Sua primeira escala foi em uma conversa com a srta. Murray, a superintendente.

"Ora", disse Murray a ele, "[eu] nunca ouvi falar de nenhuma doença que minimamente pudesse ser causada pelo trabalho aqui." E ainda acrescentou: "Em vez de se provar prejudicial à saúde das meninas, [eu] conheço várias que ao que tudo indica se beneficiaram e com certeza apresentaram uma bela evolução no condicionamento".

Kjaer perguntou a ela sobre o hábito de afinar o pincel nos lábios. Ela disse que as meninas "tinham sido advertidas a não afinar a ponta dos pincéis na boca sem antes lavá-los com muito cuidado na água fornecida para esse fim". Mas a seguir admitiu: "Afinar o pincel nos lábios ainda é uma constante aqui".

Kjaer pôde constatar isso pessoalmente ao visitar o ateliê naquele mesmo dia. Todas as garotas estavam afinando as cerdas na boca; no entanto, notou ele, todas eram "saudáveis e cheias de vigor". Durante a inspeção, ele também notou que as garotas tinham água para limpeza dos pincéis — porém, mais tarde, quando Fordyce lhe forneceu uma fotografia do ateliê tirada em outro momento, Kjaer notou que a vasilha de água não aparecia nas bancadas.

Como parte da inspeção, Kjaer também entrevistou os dentistas de Ottawa a fim de descobrir se tinham encontrado alguma condição extraordinária na boca das pacientes. Em New Jersey, o sr. Barry e o sr. Davidson foram os primeiros a disparar o alarme; devia haver problemas em Ottawa também, pois parecia lógico que os dentistas fossem os primeiros a constatar condições adversas. Então Kjaer convocou três dentistas diferentes naquela tarde de abril, incluindo o dono da maior clínica odontológica da cidade, que já havia cuidado de várias meninas da fábrica; ele dissera a Kjaer não haver "evidências de desordem maligna". Porém, prometeu informar ao departamento imediatamente caso surgisse um diagnóstico suspeito. Os outros dentistas também deram às jovens um atestado de saúde perfeita. Inclusive demonstraram um esforço sobre-humano para assegurar que "parecia haver pouquíssimos problemas dentários dentre os funcionários da fábrica".

Kjaer gastou apenas três semanas em seu estudo de âmbito nacional — um período deveras curto, considerando o tamanho do país e a gravidade em potencial da situação — antes de ser interrompido de súbito. O chefe de Kjaer, Ethelbert Stewart, declarou posteriormente sobre aquela decisão: "A tinta de rádio chamou nossa atenção no mesmo período da campanha contra o fósforo branco; o fósforo era nosso foco e descobrimos que ele não era usado na composição da tinta luminosa". A investigação, no fim das contas, não passara de um desdobramento de um estudo mais amplo sobre envenenamento industrial.

No entanto, havia outra motivação oculta. Stewart confessara mais tarde: "Abandonei a investigação não porque estava convencido de que não havia problemas para além da United States Radium Corporation, mas porque os custos impossibilitaram a permanência do nosso órgão no caso".

Naquelas três semanas em campo, no entanto, Kjaer chegara a uma conclusão. O rádio, determinou ele, *era* perigoso.

Só que ninguém contara isso às garotas...

KATE MOORE

RADIOATIVAS

16

UNITED STATES RADIUM CORPORATION SEDE, CHURCH STREET 30, NOVA YORK

1925

ARTHUR ROEDER ESTAVA TENDO UM PÉSSIMO DIA. DESDE QUE MARGUERITE Carlough abrira o processo judicial contra a empresa, todos os dias eram péssimos. A publicidade para os negócios tinha sido horrenda — o nome da USRC estava na lama, já que aquela arrivistazinha acusava a empresa de tê-la "incapacitado totalmente para o trabalho" e de estar "gravemente doente". A cobertura da imprensa estava afetando o ramo de atividades; agora restavam apenas algumas pintoras no ateliê.

Roeder não sabia de tudo isso, mas o escândalo também vinha afetando o ateliê de pintura que sua empresa ajudara a montar na Waterbury Clock Company; depois de acompanhar as notícias locais do caso Carlough, a empresa de relógios proibira o ato de afinar os pincéis nos lábios.

Poderia ter havido outro motivo para isso, embora a fabricante de relógios jamais fosse admiti-lo. Em fevereiro de 1925, uma pintora chamada Frances Splettstocher morrera poucas semanas depois de adoecer sob uma dor excruciante; ela sofrera necrose da mandíbula, chegando a ficar com um buraco na bochecha. Sua morte não foi formalmente relacionada ao emprego, mas algumas das colegas fizeram a conexão. Uma garota de Waterbury disse que "ficou assustada quando Frances morreu e que não ia voltar a trabalhar no setor de pintura de mostradores por dinheiro nenhum".

O pai de Frances também trabalhara para a empresa. Embora tivesse "certeza" de que o trabalho de Frances a matara, ele "não se atreveu a fazer nenhuma queixa" por medo de ser demitido.

Oh, tão obedientes os funcionários.

Roeder estava enfrentando o caso Carlough junto aos advogados mais qualificados (e muito caros) da USRC. Eles logo deram entrada em uma liminar para invalidar a queixa, argumentando que o caso deveria ser apresentado à Secretaria de Indenizações Trabalhistas, onde de fato seria indeferido, já que a garota não sofria de nenhuma das nove doenças passíveis de cobertura indenizatória. Até então, no entanto, a manobra jurídica não estava funcionando — o juiz ordenara que o caso fosse levado a júri.

Da perspectiva de Roeder, a situação piorava a cada dia. A família de Hazel Kuser também ingressara na ação, reivindicando uma indenização de 15 mil dólares. Os advogados "de porta de cadeia" também procuraram a mãe de Helen Quinlan, Nellie — mas ela, acreditando nos laudos médicos sobre a morte da filha, não via razão para processo. Era um pequeno consolo.

Por sorte, pensou Roeder, a irmã da srta. Carlough, Sarah Maillefer, havia largado o emprego no ateliê bem quando o processo fora instaurado; porque de jeito nenhum que ela poderia continuar a trabalhar para eles. Ele pensou na sra. Maillefer por um instante. Viedt havia comentado como a saúde dela era frágil — manca por três anos, andando com a ajuda de uma bengala; e a empresa sempre respaldando a permanência dela no emprego. Bem, na opinião de Roeder, nenhuma fruta caía muito longe do pé — e se uma irmã estava doente, era provável que isso fosse algo hereditário.

Ele culpava o "movimento feminista" por todo aquele estardalhaço. Katherine Wiley vinha mandando cartas para ele desde o início do ano; a mulher tinha, julgava ele com reprovação, um "interesse incomum" pelo assunto. Viedt fizera o possível para mantê-la à deriva, mas não dera muito certo. Mesmo quando Roeder era lisonjeiro, dizendo que achava "perfeitamente sensato que a Liga do Consumidor se interessasse por relatos daquele tipo", Wiley não caía no papo furado. Com o passar do tempo, ela vinha se tornando mais do que um mero incômodo.

E havia também o estatístico Hoffman na jogada. Embora ele tivesse escrito a Roeder que "nada poderia estar mais distante de seus pensamentos do que levantar uma controvérsia sem objetivo algum", sua carta era bastante crítica à postura da USRC. Ele escrevera a Roeder mais uma vez para falar de Marguerite Carlough, dizendo que ela estava em uma "situação deveras lamentável". E chegara a instar Roeder ou algum representante da empresa a visitar Marguerite pessoalmente, mas claro que isso não iria acontecer.

Roeder não tinha problemas em lidar com aquelas cartas suplicantes — a USRC rejeitara sem remorsos o pedido de ajuda financeira de Blum; o que incomodava era a investigação de Hoffman. O sujeito estava planejando publicar o relatório assim que o concluísse — com certeza antes de sair na influente *American Medical Association* —, mas Roeder não conseguia enxergar como Hoffman, que não era médico nem possuía conhecimento especializado em rádio, conseguiria fazê-lo. Roeder considerara que "a apresentação de qualquer assunto diante de uma banca médica importante sempre era baseada em extensa pesquisa ou investigação, ou ambas as coisas". Na opinião dele, "tal investigação deveria ao menos abranger o país inteiro e dificilmente poderia ser considerada completa sem incluir a Suíça e partes da Alemanha e da França". O que Hoffman estaria pensando, tendo chegado a conclusões com base em meros estudos muito breves em algumas regiões dos Estados Unidos? (Como parte da pesquisa, Hoffman também visitara o ateliê da Radium Dial em Ottawa e algumas fábricas de mostradores em Long Island.) Se Hoffman tinha interesse em analisar o assunto de maneira completa, pensou Roeder, então com certeza deveria se comprometer com um trabalho intenso durante vários anos e ampliar o estudo em âmbito internacional antes de apresentar suas conclusões.

Mas, em vez disso, Hoffman se limitou a enviar questionários aos médicos e dentistas que atenderam as mulheres, e a realizar entrevistas com todas as afetadas. Mais tarde, Hoffman observou: "Ouvi a mesma história de todas elas. Faziam trabalho idêntico, sob condições idênticas... e acabaram por ter as mesmas sequelas". Apesar da brevidade da pesquisa, ele parecia determinado a publicá-la.

Oras, pensou Roeder, frustrado, Hoffman nem sequer havia visitado a fábrica de mostradores; muito embora, para ser justo, talvez isso tenha acontecido porque o próprio Roeder tentara impedir a investigação — a USRC não oferecera qualquer tipo de assistência. Em algum momento, Roeder tentou apazaguar Hoffman, escrevendo-lhe: "Temos a crença sincera de que a infecção a que você se refere não é causada pelo rádio. Se existe uma causa comum, acho que está fora de nossa empresa". Ainda assim, Hoffman deu continuidade ao estudo. Roeder não conseguia entender o porquê de tanta obstinação.

O presidente da USRC não detinha tal informação, mas talvez a persistência de Hoffman fosse em parte motivada pelo fato de que, agora, até o inventor da tinta reconhecia que os problemas de saúde das garotas eram relacionados ao trabalho. Em fevereiro de 1925, Sabin von Sochocky enviara uma carta a Hoffman para alertar que "a doença em questão é, sem dúvida, de natureza ocupacional".

Roeder suspirou e retornou à sua mesa para ler a correspondência, ajeitando os cabelos escuros — bem arrumados com pomada, como sempre — e ajeitando com cuidado a elegante gravata-borboleta. No entanto, sentiu o coração apertar quando percebeu o que tinha diante de si: uma nova carta da srta. Wiley.

"Caro sr. Roeder", escrevera ela sem rodeios. "Fiquei sabendo que o dr. Drinker fez uma investigação [na primavera passada]. Não tive notícias do resultado, mas tenho acompanhado com grande interesse o momento de sua publicação..."

Um olhar perturbado cruzou o rosto abundantemente arredondado de Arthur Roeder. A investigação de Drinker: mais um espinho que o espetava. Ele ficara tão ávido pela entrega do relatório dos médicos ocorrido em junho — eis ali, enfim, a prova científica, a confirmação incontestável daquela verdade à qual ele tanto se agarrava: que aquelas doenças e mortes sombrias não tinham em grau nenhum relação com sua empresa.

Mas em seguida ficara chocado ao ler a carta de apresentação que Cecil K. Drinker anexara ao relatório: "Acreditamos que o problema tenha ocorrido devido ao rádio", escrevera Drinker quase um ano atrás, em 3 de junho de 1924. "Em nossa opinião, seria injustificável que você lidasse com a situação através de qualquer outro método de ataque."

Bem, isso era... inesperado. Os Drinker *tinham* emitido uma opinião provisória no dia 29 de abril, após a pesquisa acadêmica inicial, alegando que "pelo visto, o rádio é a causa provável do problema". Mas isso fora antes mesmo de eles retornarem à fábrica, e Roeder tinha certeza de que uma pesquisa mais apurada provaria que era tudo um engano.

E conforme avançava ao final do relatório, a leitura não se tornava mais agradável. "Em nossa opinião, uma incidência tão grande de doenças incomuns dentre seus funcionários... não pode ser coincidência, mas deve ser decorrente de algum tipo de dano ósseo ocasionado pela função."

Os Drinker haviam analisado de forma metódica os ingredientes da tinta, classificando todos como não tóxicos, só que no caso do rádio declararam haver "ampla evidência" dos perigos da superexposição. "O único componente da tinta luminosa que pode causar danos", concluíram os Drinker, "deve ser o rádio."

Eles até ofereceram uma hipótese detalhada do que pensavam estar acontecendo no organismo das mulheres como consequência da exposição. O rádio, observaram no texto, possuía "natureza química semelhante" ao cálcio. Desse modo, o rádio, "se absorvido, pode apresentar preferência pelos ossos como ponto definitivo de fixação". O rádio era o que poderia ser intitulado "buscador de ossos", assim como o cálcio; e o corpo humano é programado para fornecer cálcio de forma direta aos ossos a fim de torná-los mais fortes... Em essência, o rádio se mascarava como o cálcio e, enganado, o organismo o depositava nos ossos. O rádio era um perseguidor silencioso, escondido sob a máscara, usando um disfarce para se enterrar bem fundo nos maxilares e dentes das mulheres.

Conforme Drinker constatara na literatura científica, desde o início do século o rádio já era conhecido por causar graves feridas na pele. Era por isso que trabalhadores expostos a grandes quantidades de rádio deveriam usar pesados aventais de chumbo e adotar pinças com ponta de marfim; por isso os funcionários do laboratório da Radium Dial deviam limitar a quantidade de tempo na presença do elemento químico. Era por isso que o sr. Von Sochocky não tinha mais a ponta do dedo indicador esquerdo; também por isso que o sr. Leman, o químico principal de sua antiga empresa, tinha lesões nas mãos; e era por isso também que o parceiro de Von Sochocky, Willis, não tinha mais um dos polegares. O simples impacto externo poderia matar um homem com facilidade, conforme observara Pierre Curie em 1903.

Esse era o efeito externo. Agora, imagine o impacto disso uma vez que o elemento estivesse astuciosamente escondido dentro de seus ossos.

"Uma vez depositado nos ossos", escreveu Drinker no relatório, "o rádio entra em posição de produzir danos eficazes, milhares de vezes maiores do que a mesma quantidade quando em contato externo."

Foi o rádio, espreitando nos ossos de Mollie Maggia, que fez a mandíbula da jovem se despedaçar. Foi o rádio, muito à vontade no organismo de Hazel Kuser, que devorara o crânio até os maxilares apresentarem buracos. Foi o rádio, lançando raios constantes, que estava lancetando a boca de Marguerite Carlough naquele exato momento.

Foi o rádio que matou Irene, Helen e muitas mais...

Foi o rádio o problema, disseram os Drinker.

Os médicos incluíram uma tabela com os resultados dos exames nas funcionárias, e uma análise crucial: "O hemograma [das funcionárias da USRC]", escreveram, "não estava totalmente normal. Essas mesmas descobertas foram observadas em relatórios anteriores emitidos pelo Instituto Life Extension; no entanto, o Instituto não pareceu ter consciência do significado nos laudos". Ao passo que algumas funcionárias registraram alterações marcantes no sangue, outros resultados foram considerados "quase normais". Mas nenhuma funcionária apresentara um hemograma perfeitamente normal, nem mesmo uma mulher que estava trabalhando na empresa há meras duas semanas.

Os Drinker comentaram o caso específico de Marguerite Carlough, a quem haviam entrevistado na primeira visita ao ateliê: a raiz de todos os problemas atuais de Roeder. E ali, por um momento, abandonaram o tom imparcial que caracterizava o restante do relatório técnico: "Cremos que é importante expressarmos nossa opinião", escreveram, "que a atual gravidade da enfermidade da srta. Carlough é resultado de seus anos de emprego na USRC". Seu desejo, disseram, era "chamar a atenção para o fato de que a garota precisa do melhor atendimento médico possível para sobreviver".

Quase um ano depois, e a USRC ainda não tinha levantado um dedo para ajudá-la.

O relatório foi concluído com uma série de recomendações de segurança, as quais Drinker descrevera como "precauções que devem ser tomadas de imediato". Desde que a história toda explodira na cara de Roeder, parecia não existir mais nada senão as tais recomendações de segurança. Há pouco tempo, ele havia instruído Viedt a colocar algumas delas em prática: "Isso é muito mais econômico", dissera ele ao seu vice em um memorando, "do que pagar 75 mil dólares em ações judiciais".

Ao terminar de ler, Roeder estava embasbacado com o relatório dos Drinker. Com certeza não poderia ser verdade. Foi preciso alguns dias para botar a cabeça no lugar e, ao longo de algumas semanas de junho de 1924, ele chegou a trocar outras cartas com o dr. Drinker. Parecendo se esquecer do brilhantismo indiscutível do médico — o exato atributo que levara Roeder a recrutá-lo —, agora Roeder se declarava "confuso" pelas conclusões do relatório e se dizia interessado em "absorver toda essa situação que o senhor descobriu". No entanto, talvez já prevendo uma oferta de Drinker para discutir o assunto mais além, Roeder enfatizou que estava muito ocupado para um encontro; a tal ponto que vinha "cogitando abrir mão de meus sábados de folga, os quais costumo passar na região costeira durante o verão" para poder passar mais tempo no trabalho.

Em 18 de junho de 1924, dia em que Harold Viedt escrevera ao Departamento do Trabalho para compartilhar o resumo do relatório de Drinker, o debate por cartas entre Roeder e Drinker continuava. Na correspondência do presidente da empresa na referida data, ele escreveu a Drinker com desdém: "Seu relatório preliminar é mera discussão, com conclusões provisórias, baseadas apenas em evidências, muitas das quais são apenas circunstanciais".

Obviamente, o médico respondeu: "Lamento que nosso relatório tenha soado como preliminar e circunstancial, e temo que qualquer tipo de reiteração não vá ser muito eficaz para alterar tal impressão". No entanto, ele voltou a reforçar: "Encontramos alterações no sangue de muitas de suas funcionárias, as quais não poderiam ser explicadas sob nenhuma outra circunstância".

Os dois então se embrenharam em uma disputa acalorada, com cartas indo e voltando. Roeder estava inflexível: "Ainda sinto que precisamos encontrar a causa".

Drinker estava surpreendentemente compreensivo em relação à postura do presidente da USRC. Ele escrevera a um camarada: "A infeliz situação econômica na qual ele se encontra sem dúvida dificulta qualquer outra postura diante do rádio senão a de que é uma substância benéfica e inofensiva com a qual todos devemos ter contato tanto quanto possível". E acrescentou: "Não me parece que [a empresa] possa ser responsabilizada" pelo que aconteceu às meninas.

O ponto de vista do médico pode ter sido, em parte, devido a sua especialidade: higiene industrial. Até 1922, o departamento que Drinker chefiava em Harvard era totalmente financiado por empresas; mesmo em 1924, muitas organizações comerciais ainda contribuíam de maneira financeira para projetos especiais. Ofender uma instituição de prestígio como a USRC não seria sábio. Como um médico do ramo industrial colocara certa vez: "Estamos na indústria para ajudar a executar algum plano singelo, bonzinho e social? Estamos na indústria para comprar a indulgência dos funcionários? Não. Estamos na indústria porque é um bom negócio".

Por fim, após uma troca conclusiva de pareceres entre Roeder e Drinker, durante a qual — talvez para ludibriar o médico — Roeder fizera questão de mencionar "o encerramento quase completo de nossas atividades na fábrica por falta de mercado", a situação se aquietou. O relatório completo nunca chegou a ser publicado; o Departamento do Trabalho ficou satisfeito com a versão apresentada pela USRC; as pintoras que ainda atuavam na empresa não estavam mais ouvindo os tais boatos histéricos e estavam de volta ao trabalho; e Arthur Roeder vinha conseguindo manter seus negócios, como sempre.

Até o momento.

Até Katherine Wiley meter o nariz onde não devia.

Sem o conhecimento de Roeder, Wiley e a médica a quem ela havia solicitado ajuda, a dra. Alice Hamilton (que trabalhava no mesmo departamento de Drinker), estavam agitando as coisas junto aos investigadores anteriores. Hamilton ficara sabendo que o relatório dos Drinker ainda não havia sido publicado porque Cecil Drinker acreditava que Roeder deveria dar seu consentimento primeiro, o que naturalmente não iria acontecer, pois a empresa vinha ocultando os verdadeiros resultados. Wiley considerou a postura de Drinker "dotada de um espírito muito antiético"; ela o chamou de "desonesto".

No entanto, as duas mulheres desenvolveram um plano magistral. Sem saber que a USRC já havia fornecido um resumo enganoso do relatório ao Departamento do Trabalho, elas conspiraram para pedir a John Roach para *solicitar* os resultados a Roeder. Tal movimento, julgaram, obrigaria Roeder a ceder, e traria o relatório à luz; afinal, ele não se negaria a obedecer a uma solicitação de órgão oficial.

Sendo assim, quando Roach revelou a Wiley que já tinha lido o relatório dos Drinker — e que as conclusões inocentavam a empresa —, Wiley ficou perplexa. E então informou o fato a Hamilton, que não apenas conhecia os Drinker pessoalmente, mas sabia que eles ficariam perturbados com a deturpação dos dados. Ela escreveu no mesmo instante a Katherine Drinker.

"Você acha", escreveu em uma inocência zombeteira, "que Roeder seria capaz de emitir um relatório forjado em seu nome?" Katherine Drinker respondeu de pronto; ela e o marido ficaram "muito indignados" com a ideia de que Roeder pudesse ter distorcido as descobertas; "ele provou ser um verdadeiro vilão," concluiu Katherine sentindo-se furiosa. Estimulado pela esposa, Cecil Drinker escreveu mais uma vez a Roeder — ainda assim, é preciso frisar, usando uma linguagem que lisonjeava e apaziguava o presidente — para sugerir a publicação do estudo completo, insistindo que "é de seu total interesse ver a publicação... sua postura deve ser capaz de convencer o público de que você fez tudo dentro do humanamente possível para resolver o problema em sua empresa".

Dado o pontapé inicial, Hamilton entrou em contato com Wiley, dizendo agora acreditar que a situação estava quase resolvida. Não havia dúvidas, disse ela, de que Arthur Roeder não seria "estúpido o bastante para recusar que o dr. Drinker publicasse o relatório".

Mas ela subestimara a audácia do presidente da USRC.

17

ARTHUR ROEDER NÃO TINHA CHEGADO AO TOPO DA UNITED STATES RADIUM Corporation à toa: era um empresário astuto e inescrupuloso. Também exímio negociador e hábil na manipulação de situações para obter vantagens. Para ele, valia a máxima: era sábio ser prudente e manter os amigos por perto, mas os inimigos deveriam ser mantidos mais perto ainda.

Em 2 de abril de 1925, ele convidou Frederick Hoffman a uma visita à unidade de Orange.

O estatístico, que tinha visitado o local duas ou três vezes, observara a ausência de avisos nas paredes para alertar sobre os perigos de afinar os pincéis nos lábios. E talvez Roeder tivesse visto suas anotações, ou talvez os acontecimentos subsequentes tenham sido apenas parte da implementação das medidas de segurança que o presidente instruíra a Viedt para colocar em prática. Durante a visita derradeira de Hoffman, na Sexta-feira Santa de 1925, Roeder chamou a atenção dele para as novas placas do ateliê, as quais solicitavam que as pintoras não colocassem os pincéis na boca. Hoffman aprovou: "Fiquei impressionado", comentou ele logo depois, "com a melhoria das condições".

Roeder sabia o que estava fazendo. Como o relacionamento entre ambos se encontrava em um ponto bastante cordial, ele aproveitou a vantagem: "Gostaria de conseguir persuadi-lo", escrevera Roeder a Hoffman, "a adiar a publicação de um artigo sobre 'necrose por rádio'". Ele queria que Hoffman, alegara, tivesse a "oportunidade de investigar o tema em detalhes".

Hoffman, por sua vez, reagiu com bom humor: "Expresso meus sinceros agradecimentos pela cortesia que me foi oferecida durante minha visita à empresa, bem como minha empatia pela posição difícil na qual o senhor se encontra". No entanto, Roeder chegara tarde demais. "Ao examinar meu arquivo, descobri que um resumo [do meu trabalho] fora enviado havia algum tempo à *American Medical Association* para que fosse incluído no Guia que já seguiu para impressão... Neste momento, o ensaio já não se encontra mais em minhas mãos." Hoffman também acrescentara que havia concordado em fornecer uma cópia do relatório à Secretaria de Estatísticas Trabalhistas — a agência governamental liderada por Ethelbert Stewart.

A nós, só resta imaginar a reação de Roeder a tal notícia — embora ele tivesse tentado abrandar as preocupações da Secretaria também. Quando Swen Kjaer entrevistara Roeder naquela primavera, questionando o caso de Marguerite Carlough, Roeder lhe respondera candidamente que "pensava que a doença não era relacionada a qualquer fator na empresa; parecia uma tentativa de fraudar algo [na companhia]".

Pelo menos Marguerite Carlough lhe dera um bom pretexto para enrolar John Roach, pois, quando Roach ficara sabendo que o relatório fornecido pela USRC não passava de engodo, ele logo solicitara uma cópia completa do estudo. Mas Roeder respondera que, por causa do processo aberto por Marguerite Carlough, "o assunto agora está em poder de nossos advogados em New Jersey, da Lindabury, Depue & Faulks; sendo assim, vou encaminhar seu pedido ao sr. Stryker, na firma de advocacia". Ele alegara a mesmíssima coisa quando Drinker solicitara a publicação do estudo completo: "Em vista da situação [legal], não tomei nenhuma providência para a publicação de seu artigo; no momento não estamos emitindo nenhum relatório, exceto sob orientação de nossos advogados".

Agora, no entanto, a situação começava a sair do controle de Roeder. Drinker estava começando a perder a paciência com aquele empacar contínuo do presidente da USRC, por isso escreveu diretamente a Roach para descobrir o que de fato a empresa dissera sobre seu estudo. Roach então lhe enviou a cópia de uma carta de Viedt de 18 de junho de 1924 — e Drinker ficou surpreso ao descobrir que, assim como Hamilton já havia aventado para sua esposa, a USRC havia mentido. "[Ambos] fomos enganados", declarara ele a Roach, "em nossas negociações com a United States Radium Corporation." Ele ficou tão chocado com aquele comportamento que marcou uma reunião com Roeder em Nova York com o intuito de confrontá-los.

Roeder, por sua vez, ainda vinha tentando acalmar as águas turbulentas. Quando Drinker lhe dissera com veemência que "pressentia que a conduta de sua empresa naquele caso não era digna de crédito", Roeder "assegurou [a ele] que desejava solucionar a situação e que tomaria providências imediatas para que [Roach] recebesse uma cópia completa do relatório original". Embora um pouco tranquilizado pela resposta, Drinker não estava de todo apaziguado. Sendo assim, acabou firmando um acordo com Roeder: enquanto este mantivesse sua palavra, Drinker prometera, "não vou tomar a iniciativa de publicar o artigo".

Era um bom negócio para Roeder: afinal de contas, era o fim do jogo com Roach, e se os dados não fossem publicados em larga escala, Marguerite Carlough jamais teria acesso ao relatório de especialistas capazes de vincular diretamente sua doença ao antigo emprego. Também era um ultimato — e o poderoso Arthur Roeder não era do tipo que se submetia à pressão dos empregados.

A verdade era que ele não parecia nem um pouco perturbado pelas tentativas de negociação de Drinker; apenas repassara as exigências do pesquisador a Stryker, o advogado da USRC. Roeder pagava honorários polpudos a Stryker; por isso confiaria nele para lidar com os desenrolares mais recentes. Enquanto isso, Roeder tinha mais um ás na manga. Drinker, pensou ele, não era o único especialista na cidade.

Era hora de procurar o dr. Frederick Flinn.

O dr. Flinn era especialista em higiene industrial, assim como Drinker. Também era professor-assistente de fisiologia no Instituto de Saúde Pública da Universidade de Columbia; antes, tinha sido diretor de diversas empresas de mineração. Era um sujeito sisudo, com 40 e tantos anos, cabelos ralos e óculos de armação de metal. Menos de dois dias depois de ser convocado a realizar pesquisas sobre os efeitos nocivos da tinta radioativa, ele se encontrou com Roeder, que concordou em financiar o estudo.

Mas aquela não era a primeira interação de Flinn com a USRC; ele havia trabalhado para a empresa no ano anterior, como parte da defesa na ação judicial por danos causados pela fumaça da fábrica de Orange, sobre a qual os moradores dos arredores ainda reclamavam, por sinal. A USRC provavelmente também estava familiarizada com o trabalho de

PARTE UM: COMPREENSÃO   125

Flinn junto à Ethyl Corporation* no início de 1925, quando o médico fora contratado para encontrar evidências de que o gás com chumbo era seguro.

Flinn dera o pontapé inicial na manhã seguinte, com um passeio pela fábrica de Orange — mas sua missão não terminava ali. Através dos contatos da USRC, Flinn obteve acesso às pintoras de outras filiais, incluindo a Waterbury Clock Company, as quais passaram por exames médicos. Para começar, Flinn disse: "Realizei os primeiros exames sem custo para as empresas". Mais tarde, porém, ele admitiu que foi, sim, pago pelas empresas que empregavam as garotas.

Uma das empresas de rádio para a qual ele trabalhara fora a Luminite Corporation, em Newark, onde ficara conhecendo Edna Bolz Hussman, com sua carinha de "boneca de Dresden", que havia trabalhado na fábrica de Orange durante a guerra. Desde seu casamento com Louis, em setembro de 1922, Edna prestara serviço para a Luminite apenas de forma intermitente, para complementar a renda e somar ao salário de Louis como encanador. Eles não precisavam de muito; não tinham filhos. Em vez disso, compartilhavam a casa com um cachorrinho terrier branco.

Edna estava na Luminite certo dia, quando o dr. Flinn perguntou se poderia examiná-la. Embora mais tarde Edna tivesse dito "não saber diretamente quem havia solicitado o exame" e que "não fora iniciativa dela", ela cedera mesmo assim. Flinn examinou a moça elegante com cuidado e colheu uma amostra de sangue.

Naquela época, Edna sofria de leves dores no joelho, mas não dava muita atenção a elas, e não se sabe se ela chegou a mencioná-las a Flinn. Ela talvez já tivesse ouvido os rumores sobre o processo aberto por Marguerite Carlough; sendo assim, deve ter sido um grande alívio quando Flinn dera o veredicto após os exames. "[Ele] me disse", relatou ela posteriormente, "que minha saúde estava perfeita."

Se ao menos suas ex-colegas fossem dotadas da mesma sorte. Katherine Schaub estava passando por um momento terrível. Ela descrevera aquele período como "um inverno muito deprimente". E agora vivia com o estômago embrulhado, tanto que não conseguia reter alimentos sólidos e precisara passar por uma cirurgia abdominal. A sensação era

---

* Empresa de aditivos para combustíveis com sede em Richmond, Virginia, nos Estados Unidos. Dentre vários produtos, a Ethyl Corporation distribui o chumbo-tretraetila, aditivo que aumenta a capacidade antidetonante do combustível.

de que ela estava pulando para lá e para cá, de dentista para médico, e ninguém oferecia resposta satisfatória. "Desde [minha] primeira visita [a um médico], tudo se resumiu a isso: médicos, médicos, médicos", dissera ela, frustrada. "Estar sob os cuidados de um médico qualificado e ainda assim não apresentar nenhum sinal de melhora era o mais desanimador de tudo." A doença estava afetando todos os aspectos de sua vida, pois, embora tentasse trabalhar, a dor agora impossibilitava seu envolvimento em qualquer modalidade de emprego.

Grace Fryer, no entanto, ainda se mantinha empregada no banco. Graças às atenções do dr. McCaffrey, a infecção na mandíbula parecia curada, mas ela ainda estava muito apreensiva com uma possível recaída. E embora a boca estivesse em boas condições, as dores nas costas ainda a atormentavam. Os tratamentos de imobilização do dr. Humphries não vinham surtindo qualquer efeito: "Consultei-me com todos os médicos famosos de Nova York e New Jersey", relatou ela — mas nenhum deles conseguiu determinar a causa de suas provações; e muitas vezes eles ainda pioravam a situação. No fim, os tratamentos quiropráticos de Grace "se tornaram tão dolorosos que fui obrigada a interrompê-los".

Em Orange, a amiga de Grace, Quinta McDonald, também não estava tendo melhor sorte. Em abril de 1925, ela enfim se livrou do molde de gesso que imobilizara seu corpo durante nove meses. Apesar dos esforços dos médicos, o estado de saúde dela havia piorado. Agora ela andava com ainda mais dificuldade. No fim do ano, o médico da família chegou a ser convocado noventa vezes: rendendo uma fatura de cerca de 270 dólares.

E o momento não poderia ser pior. Ela se vira incapaz de fazer o trajeto de quinze minutos até a casa da irmã, Albina, e no exato momento em que ela mais almejava sua presença. O trajeto que separava a casa de ambas na Highland Avenue tinha um declive acentuado em direção à estação ferroviária, e Quinta não conseguia mais descer a colina, nem mesmo usando bengala, muito menos fazer a subida de volta. Albina Larice, para o deleite de toda a família, estava grávida depois de quase quatro anos de tentativas. Eram ótimas notícias, e naquele momento as boas notícias vinham sendo parcas.

Enquanto a família Maggia tinha ao menos um motivo para comemorar naquela primavera, alguns metros adiante, ali na Main Street, os Carlough enfrentavam uma verdadeira batalha. Eles continuavam

PARTE UM: COMPREENSÃO   127

gastando o dinheiro que não tinham para cuidar de Marguerite; em maio de 1925, as despesas médicas atingiram 1312 dólares. Sarah Maillefer estava perturbada pelo estado de sua irmãzinha. Ela vivia tentando animar a caçula, sempre com palavras doces ou piadas para alegrá-la, mas a audição de Marguerite já estava muito prejudicada por causa da infecção nos ossos faciais, por isso ela precisava se esforçar muito para ouvir o que Sarah dizia. A dor era terrível: o maxilar inferior estava fraturado do lado direito e ela quase já não tinha dentes. A cabeça estava, por assim dizer, "extremamente apodrecida" — em todos os sentidos da palavra putrefação. Mas ela estava viva, ainda. A cabeça inteira estava apodrecendo, mas ela ainda estava viva.

O estado de saúde de Marguerite era tão ruim que, enfim, Josephine Smith deu um basta e resolveu abandonar o emprego. Era impossível ver o que acontecera a Marguerite e não se emocionar. Frederick Hoffman e o sr. Knef ainda lutavam ao lado dela. E, notando o declínio acelerado da paciente, eles agora buscavam ajuda de uma fonte um tanto improvável — o fundador da USRC, Sabin von Sochocky.

Von Sochocky não fazia mais parte da empresa. Não tinha quaisquer vínculos com a corporação e, se ainda restava alguma coisa, era pura amargura devido à maneira como fora dispensado. E talvez ele se sentisse responsável de alguma forma. Um dos aliados das garotas disse a respeito dele: "Sinto-me muito satisfeito por não haver qualquer tipo de parcialidade, apenas o desejo de auxiliar de algum jeito útil".

E era isso que Von Sochocky fazia agora: junto a Hoffman e Knef, o trio unia forças para levar Marguerite ao Hospital St. Mary's em Orange a fim de descobrir o que havia com ela. No ato da internação, a jovem estava anêmica e pesando apenas quarenta quilos; a pulsação estava "fraca, acelerada e irregular". Ela estava segurando as pontas, mas muito, muito mal.

Mais ou menos uma semana depois da internação, que em parte se concretizara graças à intervenção de Hoffman, o estatístico também prestou uma das contribuições fundamentais às pintoras do ateliê: ele leu o artigo sobre os problemas delas diante da American Medical Association — e aquele era o primeiro grande estudo a conectar as doenças das garotas ao emprego delas na fábrica; isto é, o primeiro a ser tornado público. Eis o parecer dele: "As mulheres foram sendo envenenadas de forma lenta como resultado da introdução de pequenas quantidades de substância radioativa em seus organismos".

Aquela "minuta" foi importante, pois a empresa — *todas* as empresas de rádio — acreditava(m) que a pintura dos mostradores era segura, afinal havia uma quantidade ínfima de rádio na tinta. Mas Hoffman percebeu que o problema não era a quantidade, mas sim o efeito cumulativo do contato com a tinta no corpo dia após dia, mostrador após mostrador. A quantidade de rádio na tinta podia até ser pequena, mas, quando ingerida todos os dias durante três, quatro ou cinco anos a fio, era o suficiente para causar danos — conforme os Drinker já haviam percebido, o rádio se revelava ainda mais potente quando sua ação era interna, pois se fixava diretamente nos ossos.

No início de 1914, os especialistas sabiam que o rádio podia se depositar nos ossos e causar alterações sanguíneas. As clínicas de rádio que pesquisavam tais efeitos pensavam que o rádio estimulava a medula óssea a produzir glóbulos vermelhos extras, o que seria bom para o corpo. E de certa forma estavam certos — era bem isso o que acontecia. Ironicamente, no início, o rádio melhorava a saúde daqueles que faziam uso dele; havia um *aumento* dos glóbulos vermelhos, algo que dava a ilusão de uma saúde de ferro.

Mas era só ilusão. A estimulação da medula óssea, responsável pela produção dos glóbulos vermelhos, logo se transformava em uma *supe-restimulação*. E o organismo não conseguia acompanhar. Ao final do relatório, Hoffman afirmou: "O efeito cumulativo era desastroso, destruindo os glóbulos vermelhos, causando anemia e outras doenças, dentre as quais se incluía a necrose". Ele concluiu enfaticamente: "Estamos lidando com uma doença ocupacional bastante nova, a qual exige máxima atenção", e então — talvez pensando no processo de Marguerite, que se arrastava devagar — acrescentou que a doença deveria ser submetida às leis de indenizações trabalhistas.

Era isso que Katherine Wiley vinha tentando fazer por meio de seu trabalho junto à Liga do Consumidor, estimular uma campanha para que a necrose por rádio fosse acrescentada à lista de doenças indenizáveis. Enquanto isso, a única esperança de Marguerite por justiça era a instância federal — mas era improvável que seu caso fosse avaliado antes do outono. Conforme Alice Hamilton notara com consternação: "Pode ser que a srta. Carlough não sobreviva até lá".

Hoffman continuou a apresentar suas descobertas. Ele observou que, embora tivesse procurado casos de envenenamento por rádio em outros ateliês nos Estados Unidos, "não havia nenhum caso em outra unidade".

Sem muita consciência, Hoffman agora revelava o porquê disso, porém sem captar a relevância da própria declaração. "O aspecto mais sinistro dessa calamidade", escreveu, "é que a doença parece ficar latente por muitos anos antes de manifestar suas tendências destrutivas."

Muitos anos. O ateliê da Radium Dial em Ottawa estava ativo há menos de três anos.

Hoffman e Von Sochocky, o qual ele consultara para a pesquisa, ficaram impressionados devido à ausência de outros casos. Para a USRC, havia evidências claras de por que as doenças das garotas não tinham origem ocupacional. Hoffman e Von Sochocky, no entanto, que estavam convencidos de que a pintura dos mostradores era a causa de todo o mal, fizeram o que qualquer cientista faria: buscaram a raiz do problema. E, quando Von Sochocky deu a Hoffman a fórmula ultrassecreta da tinta, eles acreditaram enfim terem encontrado a causa de tudo. "[Von Sochocky] me fez compreender", relatou Hoffman "que a diferença entre a pasta usada na unidade de Orange e a pasta usada em outros lugares era o mesotório."

Mesotório — o Rádio-228 — e não apenas rádio; pelo menos, não o Rádio-226 consumido pelas pessoas na forma de tônicos e pílulas. A resposta sem dúvidas estava ali. E então Hoffman, com base no trabalho do sr. Blum, comentou em seu artigo: "Pareceu-me mais apropriado adotar o termo necrose por rádio (mesotório)".

Concluindo, não era o *rádio* — não exatamente — o culpado.

No entanto, quando as notícias do relatório de Hoffman chegaram às manchetes, a indústria do rádio tratou de refutá-las. O rádio ainda era o elemento-maravilha, e diversos produtos ainda estavam sendo lançados o tempo todo — e um deles bem ali em Orange. No início de 1925, chegou ao mercado um tônico altamente radioativo chamado *Radithor*, produzido por William Bailey, do Bailey Radium Laboratories — também cliente da USRC. Ele e outros se manifestaram de forma pública contra as tentativas de vincular o rádio à morte das pintoras: "É lamentável", disse Bailey, "que o público [esteja sendo] colocado contra esse esplêndido agente curativo devido a declarações infundadas".

Mas, ao mesmo tempo que os homens do rádio foram rápidos em revidar o artigo de Hoffman, toda a notoriedade que o estudo atraíra basicamente se limitara a publicações especializadas, de nicho. O *Journal of the American Medical Association* não tinha muitos assinantes. E quem era Frederick Hoffman, no fim das contas? Ele não era médico, que são as pessoas que *realmente* sabem desses assuntos. Mesmo as pessoas que estavam do lado das garotas-pintoras tinham ciência da falta de autoridade dele. "Soa como uma enorme desventura", escreveu Alice Hamilton a Wiley, "que o sr. Hoffman tenha sido o responsável por tornar a situação pública. Ele não encabeça a confiança dos médicos, e seu trabalho não é meticuloso nem à prova de ataques."

As mulheres necessitavam de um herói. De um médico-alfa — alguém que não apenas pudesse dispor de autoridade, mas que fosse capaz de encontrar uma forma de diagnosticar as enfermidades de uma vez por todas. Blum tinha suas suspeitas, Barry também, mas nenhum deles conseguira comprovar que o rádio era a causa daquela agonia. Mais importante de tudo, eles precisavam de um médico que não estivesse no bolso da USRC.

Às vezes, Deus escreve certo por linhas tortas. Em 21 de maio de 1925, um bonde de Newark cruzava os trilhos da Market Street quando houve uma comoção a bordo. Os passageiros, que voltavam para casa na hora do rush, abriram espaço para um homem que desabara de repente. Gritavam para que lhe dessem espaço para respirar, para que o bonde interrompesse a viagem; um gentil transeunte parou para prestar socorro.

Mas fora tudo em vão. Poucos minutos depois de desmaiar, o homem falecera. Seu nome era George L. Warren. Em vida, ele tinha sido o médico do condado de Essex County — figura responsável pelo bem-estar de todos os residentes nas fronteiras do condado, o qual incluía Newark e Orange: as localidades onde as ex-pintoras de mostradores de relógios agora morriam sem parar.

Com o falecimento de Warren, o cargo ficou vago. O papel do médico do condado — aquele que viria a ser também o poderoso e principal médico legista da região — estava em aberto. E quem quer que o preenchesse, ou resolveria o caso ou estragaria tudo de vez.

PARTE UM: COMPREENSÃO   131

KATE MOORE

RADIOATIVAS

18

FOI UMA DECISÃO UNÂNIME. A BANCA PARABENIZOU O NOVO MÉDICO DO condado com apertos de mão firmes e muitos meneios de aprovação.

Dr. Harrison Martland, por favor, apresente-se.

Martland já havia demonstrado interesse nos casos das pintoras de mostradores, tendo até chegado a ser apresentado a algumas das pacientes de Barry. Por não ter sido capaz de determinar a causa dos sintomas, ele mesmo admitira ter "perdido o interesse" nelas, porém os casos permaneceram em sua cabeça. Dizem que, quando Hazel Kuser morreu, ele se esforçara para providenciar uma autópsia a fim de determinar a causa da morte, no entanto Theo ficara tão empenhado em fazer os arranjos finais para a esposa amada que o corpo acabara enterrado antes que Martland pudesse contatar as autoridades competentes.

Talvez Martland também tenha sido prejudicado por políticas territoriais. Antes, ele tinha autoridade para investigar problemas ocorridos apenas em Newark; mas, como a empresa de rádio e muitas das vítimas estavam em Orange, não era necessariamente de sua alçada examinar mais a fundo. Agora, no entanto, com mandato mais amplo conferido pelo novo cargo, ele tinha poderes para investigar além.

Martland era um homem de talentos extraordinários, formado pela Faculdade de Médicos e Cirurgiões de Nova York; era dono de um laboratório no Hospital da Cidade de Newark, onde também era chefe do setor de patologia. Embora tivesse esposa e dois filhos, era quase casado com o trabalho — "não fazia distinção entre os dias úteis e domingos" e trabalhava até tarde na maioria das noites. Tinha 41 anos, um homem "rotundo, mas de visual distinto" e papada. Seu cabelo, que era castanho-claro e já apresentava fios grisalhos nas têmporas, era penteado bem grudado no couro cabeludo; ele usava óculos circulares. Era do tipo que não usava paletó nem gravata, uma personalidade pitoresca que dirigia conversíveis e "se exercitava sob gaitas de foles escocesas em alto e bom som no fonógrafo" todas as manhãs. Todo mundo o chamava de Mart ou Marty, nunca Harrison, e com certeza nunca Harry. E, por acaso, também era um entusiasta de Sherlock Holmes.

O caso das garotas do rádio era um mistério digno de desafiar até o maior dos detetives médicos.

Martland levara a sério as novas responsabilidades. Como ele mesmo dissera: "Uma das principais funções de um legista é impedir a perda de vidas humanas na indústria". No entanto, um cínico diria que tal frase não tinha nada a ver com o motivo pelo qual ele se interessara pelos casos do rádio naquele momento. Um cínico diria que havia apenas uma razão para explicar por que um especialista de alto nível enfim tomara a frente na causa.

Em 7 de junho de 1925, o primeiro funcionário do gênero masculino da United States Radium Corporation morreu.

"O primeiro caso que me chamou a atenção", observara Martland mais tarde, "foi o sr. Leman."

O químico principal da USRC, aquele que havia "zombado" dos Drinker quando, no ano anterior, estes expressaram preocupação com as lesões escurecidas nas mãos dele, estava morto. Falecido aos 36 anos de anemia perniciosa, após poucas semanas de enfermidade. Sua morte se dera rápido demais para um caso normal de anemia, então Martland foi chamado para uma autópsia.

Ele desconfiava de envenenamento por rádio, mas as análises químicas do corpo de Leman não mostraram nenhum traço do elemento; estava claro que seria necessário requerer exames especializados. Agora Martland, assim como Knef e Hoffman tinham feito pouco tempo antes, procurava Sabin von Sochocky, uma autoridade em rádio, para que lhe prestasse assistência. E ele também pediu ajuda a outra pessoa. Onde poderia encontrar o especialista em rádio mais qualificado da cidade? Com certeza a United States Radium Corporation devia ter um contato, não?

Juntos, Martland, Von Sochocky e Howard Barker (da USRC) examinaram os tecidos e ossos de Leman no laboratório da fábrica de rádio. Em retribuição à ajuda, a USRC pediu a Martland que mantivesse suas conclusões em segredo.

Os exames foram um sucesso. Os médicos reduziram os ossos de Leman a cinzas e as colocaram em um eletrômetro*. A experiência deles fez história na medicina, pois foi a primeira vez que a radioatividade foi mensurada no corpo humano. Com o teste, foi possível determinar que Leman havia morrido de intoxicação por rádio; os restos mortais estavam saturados de radioatividade.

Enquanto trabalhavam juntos, Von Sochocky pediu a Martland que ajudasse as garotas-pintoras; Knef fez apelo semelhante. E assim, apenas um dia depois da morte de Leman, Martland se viu no Hospital de St. Mary fazendo uma visita a uma jovem corajosa chamada Marguerite Carlough.

Ela estava na cama do hospital, o rosto assustadoramente pálido cercado por uma cabeleira escura rala. Naquele momento, "seu palato estava tão desgastado que havia um buraco que nos permitia ver as vias nasais". Naquele dia também havia outra visitante para Marguerite: sua irmã Sarah Maillefer.

Sarah não era mais a figura matrona de outrora; vinha perdendo peso há mais ou menos um ano. Era tudo fruto de preocupação, pensava ela. Preocupação com Marguerite, que estava muito doente; preocupação com a filha, que agora tinha 14 anos. Como a maioria das mães, Sarah quase nunca se preocupava consigo.

Uma semana atrás, ela também percebera que qualquer esbarrão lhe causava hematomas. E era mais do que isso, para ser sincera: havia enormes manchas arroxeadas espalhadas por todo o corpo. Fora visitar Marguerite ainda que ela mesma não estivesse se sentindo tão bem, para não perder o dia de visitação, e subira as escadas mancando com sua bengala, mesmo se sentindo muito fraca. Ela também sentia dores nos dentes, mas era preciso colocar as coisas em perspectiva: veja só o caso de sua irmã, estava muito pior. Mesmo quando as gengivas começaram a sangrar, Sarah pensava apenas em Marguerite, que estava muito perto da morte.

Quando Martland conheceu as meninas Carlough, notou que, embora Marguerite estivesse em pior estado do que Sarah, isso não significava que Sarah estivesse bem. Quando ele a inquiriu, ela confessou que os hematomas vinham lhe causando dor intensa.

---

* Equipamento para medir o potencial elétrico de um material.

Martland então examinou Sarah e descobriu que ela estava muito anêmica. Ele mostrou à jovem os laudos dos exames e conversou sobre o problema na mandíbula. E então Sarah, talvez enfim preocupada com o significado daquele quadro, "rapidamente entrou em recaída" e teve que ser internada. Mas pelo menos ela não estava sozinha. Ela e Marguerite dividiam o quarto: duas irmãs juntas, encarando o que quer que estivesse por vir.

Os médicos acompanharam Sarah de perto, preocupados com o declínio de sua saúde. O lado esquerdo do rosto estava inchado, justamente os pontos onde havia gânglios, quentes e amolecidos. Sua temperatura corporal estava em torno de 39 °C — chegando a atingir 41 °C à noite —, e agora havia lesões evidentes na boca. Ao que tudo indicava, ela estava "profundamente malograda".

Martland queria fazer um teste com as duas mulheres para ver se o rádio era a causa das respectivas doenças — mas os únicos testes que ele conhecia, aqueles que havia realizado com Von Sochocky e Barker, exigiam cremação de ossos. Não era lá algo muito adequado para ser feito com pacientes vivos.

Foi Von Sochocky quem encontrou a resposta. Se as mulheres estavam de fato radioativas, bastava alguns testes para comprovar isso. Esses testes, os quais seriam inventados e aperfeiçoados ao longo do tempo por Martland e Von Sochocky, foram criados especificamente para avaliar o organismo das garotas-pintoras. Nenhum médico, até então, havia feito experimentos com pacientes vivos para esse fim. Mais tarde, Martland viria a descobrir que um especialista havia feito algo semelhante antes dele, mas ali, em junho de 1925, com o tempo correndo para Marguerite Carlough, ele foi um pioneiro, sem conhecer nada do trabalho do outro cientista. Ele era um homem de talentos extraordinários.

A dupla desenvolveu dois métodos: o teste de raios gama, o qual envolvia sentar o paciente diante de um eletroscópio para ler a radiação gama proveniente do esqueleto; e o método da expiração, no qual o paciente soprava através de uma série de frascos de um eletroscópio a fim de medir a quantidade de radônio[**] no organismo; se o rádio estivesse presente nos maxilares das meninas, o gás tóxico poderia ser exalado quando expirassem.

Os médicos levaram equipamentos ao hospital para testar Marguerite. Mas, quando chegaram, resolveram testar Sarah Maillefer primeiro.

[**] Gás nobre radioativo, incolor, inodoro e insípido. Sua alta concentração nos pulmões pode ser um indicativo de contaminação radioativa.

A internação não estava trazendo nenhum benefício a ela. Embora tivesse recebido uma transfusão sanguínea em 14 de junho, Sarah piorara tanto que precisara ser removida do quarto que dividia com a irmã. Quando Marguerite perguntara por Sarah, as enfermeiras esclareceram que ela havia sido "transferida para receber cuidados especiais".

De certa forma, era verdade. Os testes que Sarah estava prestes a fazer eram *de fato* especiais, pois ela foi a primeira garota-pintora a ser testada quanto à presença de rádio. A primeira que provaria se toda aquela conjectura estava correta.

Era o momento da verdade.

Em um quarto de hospital do St. Mary, Martland e Von Sochocky montaram o equipamento. Primeiro analisaram o corpo de Sarah. Quando ela estava na cama, Martland segurou o eletrômetro a cerca de quarenta centímetros acima do tórax da mulher para conferir o estado dos ossos. Um "vazamento normal" de radiação seria representado por dez subdivisões em sessenta minutos: o corpo de Sarah emitia catorze subdivisões em sessenta minutos. *Rádio.*

Em seguida, partiram para o teste respiratório; o resultado normal era de cinco subdivisões em trinta minutos. Esse exame não era tão fácil quanto apenas segurar um dispositivo de medição acima do corpo prostrado. Nesse, o paciente precisava colaborar.

E era muito difícil para Sarah, pois ela estava debilitada demais. "A paciente estava prestes a morrer, quase moribunda", lembra Martland. Para Sarah, era bem complicado respirar normalmente. "Ela mal conseguiu aguentar cinco minutos."

Sarah era uma guerreira. Não está claro se ela compreendia a finalidade daqueles exames; se àquela altura do campeonato era capaz de ao menos discernir o que ocorria ao redor. Mas, quando Martland pediu a ela para soprar na máquina, ela se esforçou tanto, tanto por ele. *Inspira... Expira... Inspira... Expira.* Ela se manteve firme, mesmo quando a pulsação disparou, as gengivas começaram a sangrar e a perna passou a doer sem parar. *Inspira... Expira... Inspira... Expira.* Sarah Maillefer respirou. E então se deitou nos travesseiros, exausta, acabada, e os médicos verificaram os resultados.

As subdivisões estavam em 15.4. A cada respiração, o rádio aparecia lá, transportado pelo ar, saindo da boca ferida, passando pelos dentes doloridos, um sussurro deslizando na língua. *Rádio.*

Sarah Maillefer era mesmo uma guerreira. Mas existem guerras impossíveis de serem vencidas. Os médicos a deixaram no hospital naquele dia, 16 de junho de 1925. Não presenciaram o aumento da septicemia; ou quando novos hematomas floresceram em seu corpo, ou quando os vasos sanguíneos estouraram sob a pele. A boca de Sarah não parava de sangrar; pus escorria das gengivas. Sua perna era uma fonte constante de dor. Tudo era uma fonte constante de dor. Ela não aguentava mais; começou a ficar "delirante" e perdeu a consciência.

Mas a situação não durou muito mais. Nas primeiras horas do dia 18 de junho, apenas uma semana depois de ter sido internada, Sarah Maillefer faleceu.

No mesmo dia, Martland realizou a autópsia; o laudo levaria algumas semanas para ficar pronto. Dessa vez ele não estava comprometido com nenhuma promessa de sigilo. Tanto que convocou a imprensa no dia em que Sarah morreu: "Neste momento não temos nada além do que minhas suspeitas", dissera ele. "Vamos pegar os ossos e alguns órgãos da sra. Maillefer, cremá-los e fazer extensos testes de laboratório com os instrumentos mais delicados disponíveis para detecção de substâncias radioativas." E então ele continuou, talvez provocando medo no coração das ex-colegas de trabalho de Sarah: "Se minhas suspeitas estiverem corretas, esse envenenamento é tão insidioso, e às vezes leva tanto tempo para se manifestar, que acho possível que isso já esteja acontecendo de maneira indetectável em todo o país há um bom tempo". Mas era hora de tudo ser resolvido, embora Martland estivesse evitando se precipitar: "Não temos nada definido, a não ser a teoria apresentada", reforçou. "Não vou declarar que existe uma 'intoxicação por rádio' comercial até que possamos comprová-la." Mas a implicação era que, *uma vez que pudessem comprovar...*

A imprensa ficou em polvorosa; a morte de Sarah chegou à capa do *New York Times*. No entanto, embora o mundo inteiro soubesse de sua morte, havia alguém que não sabia.

Sua irmã, Marguerite. Ela não via Sarah desde 15 de junho, quando houve a transferência de quarto. E perguntara várias vezes sobre o estado de saúde da irmã. Embora Marguerite tivesse chegado a ver o declínio de Sarah, com certeza ainda nutria esperanças. Sarah sempre fez questão de se mostrar forte quando Marguerite adoecera, mas seus males só tinham se agravado nos últimos dias.

As enfermeiras a despistavam quando Marguerite perguntava pela irmã mais velha. Mas, em 18 de junho, quando os jornais ficaram inundados pela notícia da morte de Sarah, Marguerite com inocência pedira para ler um jornal para se distrair.

"Não", disseram as enfermeiras no intuito de poupá-la.

"Por quê?", perguntara Marguerite. É claro que Marguerite Carlough perguntaria o porquê.

E assim ela foi avisada sobre a morte da irmã. "Dizem que ela recebeu a notícia com muita coragem — e lamentou não poder comparecer ao funeral." Estava doente demais para ir.

Foi o pai de Sarah, Stephen, quem contou às autoridades sobre a morte da filha; quem organizou o funeral; quem cuidou da filha adolescente, Marguerite. E foi ele quem viu o caixão de Sarah ser baixado na cova no cemitério Laurel Grove, pouco depois das 14h do sábado de 20 de junho.

Embora Sarah tivesse falecido aos 35 anos, para Stephen, era a morte de sua menininha do coração.

KATE MOORE
RADIOATIVAS

19

SARAH MAL HAVIA SIDO SEPULTADA E A USRC JÁ ESTAVA NEGANDO QUAL-quer parcela de culpa no episódio.

Viedt deu uma declaração à imprensa. Havia uma "pequena possibili-dade", disse ele, "de existir essa ameaça chamada 'intoxicação por rádio'". Ao falar do recém-empossado dr. Flinn, o médico da USRC, ele revelou: "Contratamos pessoas da maior confiabilidade e reputação para con-duzir uma investigação". Ele também disse à imprensa que Sarah havia sido examinada pelo Instituto Life Extension enquanto ainda trabalhava na USRC e, perpetuando a posição adotada em junho de 1924, quando a empresa optara por ignorar o relatório dos Drinker, insistiu que "nada foi encontrado em nossa empresa ou em nossos funcionários". Era, fri-sou ele, "um absurdo pensar que a mesma doença poderia ter causado tanto a morte do sr. Leman quanto a de Sarah Maillefer. Mesmo se exer-cesse sua função por cem anos, a srta. Maillefer não teria manipulado nem metade da quantidade de rádio que o sr. Leman manipulava em um ano. As porções manejadas por [Sarah] eram tão infinitesimais que, na opinião dos gestores da empresa, seu trabalho nem sequer poderia ser considerado de risco".

No entanto, as tais quantidades infinitesimais ainda deixavam ras-tro — algo que Martland estava descobrindo. A autópsia de Sarah foi realizada nove horas após a morte. Ela foi a primeira garota-pintora a passar por necropsia; a primeira garota do rádio a ter um especialista examinando cada centímetro de seu corpo em busca de pistas que expli-cassem as causas daquele declínio misterioso.

O legista fazia anotações enquanto examinava o cadáver, trabalhando da cabeça aos pés. Ele lhe abriu bem a boca, investigando lá dentro. Estava "cheia de sangue velho, escuro e coagulado". Inspecionou a perna esquerda dela, aquela que a fazia mancar há três anos; estava quatro centímetros mais curta do que a direita, observou o médico.

Ele pesou e mediu os órgãos internos, retirou ossos para exames específicos. Examinou dentro daqueles ossos, na medula óssea, onde estavam os centros de produção de sangue. Em um adulto saudável, a medula óssea em geral é amarela e gordurosa; Sarah tinha a "medula em tom vermelho-escuro ao longo de todo o comprimento".

Martland era um homem da medicina. Já tinha visto o uso de rádio no tratamento de câncer no hospital e sabia como funcionava. O rádio emitia três tipos de raios: alfa, beta e gama. O raio alfa era um raio curto e podia ser cortado por uma folha de papel. Já o raio beta tinha um poder de penetração um pouco mais intenso, podendo ser cortado por uma folha de chumbo. (A ciência moderna registra uma folha de alumínio.) E o raio gama era muito penetrante, e era "por causa do raio gama" que um especialista em rádio poderia dizer que "o rádio é mágico", pois a radiação gama era a responsável pela "utilidade médica" dele, sendo este capaz de viajar pelo organismo e ser direcionado a um tumor. Era por causa dos raios gama e beta que funcionários de laboratório se protegiam com aventais de chumbo; eles não precisavam se preocupar com os raios alfa, pois estes não eram prejudiciais, sendo incapazes de penetrar na pele. E era também por tal motivo que os raios alfa, responsáveis por 95% do total da composição de raios, eram "fisiológica e biologicamente mais irritantes do que os raios beta ou gama". Em outras palavras: o pior tipo de radiação.

Martland percebia agora que no corpo de Sarah Maillefer os raios alfa não haviam sido bloqueados, fosse por uma folha de papel ou pela pele — na verdade, não tinham sido bloqueados por nada. O rádio estava no cerne de seus ossos, muito próximo à medula, a qual então era constantemente bombardeada pelos raios dos depósitos radioativos. "A uma distância de aproximadamente 0,25 milímetro dos centros de formação do tecido sanguíneo."

Não havia como escapar daquele veneno de alta periculosidade.

Dado o poder extremo dos raios alfa — aquelas "forças intensas, poderosas e invisíveis, cujos usos ainda não compreendemos", conforme Von Sochocky descrevera certa vez —, Martland agora percebia que não fazia diferença se a quantidade de rádio manipulado por Sarah era "infinitesimal".

A partir dos testes, o médico estimou que o corpo dela continha 180 microgramas de rádio, uma quantidade minúscula. Mas era o suficiente. Era "um tipo de radiação nunca registrada em seres humanos".

Ele continuou a realizar testes. E agora descobria algo que ninguém jamais tinha avaliado com precisão até agora. Ele não fez o levantamento dos níveis de radioatividade apenas na mandíbula e nos dentes de Sarah — o ponto-chave da necrose em todas as garotas-pintoras —, ele o fez nos órgãos dela, nos ossos dela.

Estavam todos radioativos.

O baço estava radioativo; o fígado; a perna esquerda defeituosa. Ele encontrou radiação no corpo inteiro dela, sobretudo nos ossos, sendo que as pernas e a mandíbula detinham um grau de "radioatividade considerável" — eram as partes mais afetadas, tal como demonstravam os sintomas.

Foi uma descoberta extremamente importante. O dr. Humphries, em Orange, nunca relacionara os casos que testemunhara entre si porque as mulheres apresentavam diferentes queixas — por que ele acharia que as dores nas costas de Grace Fryer poderiam estar ligadas ao joelho manco de Jennie Stocker ou ao quadril artrítico de Quinta McDonald? Mas era a mesma coisa que estava afetando todas as garotas. Era rádio, indo diretamente para os ossos — no entanto, durante o trajeto ele parecia escolher, quase por um capricho, onde se estabelecer em maior grau. E assim algumas mulheres começavam a sentir as primeiras dores nos pés; em outras, se iniciava na mandíbula; e em outras, na coluna vertebral. O rádio enganara os médicos por completo. Mas a causa era a mesma em todas elas. Em todas elas, era o rádio.

Martland agora fazia um teste definitivo: "Então tirei da sra. Maillefer fragmentos do fêmur e de outros ossos, e os envolvi em filmes radiográficos. [Eu] amarrei [os filmes] em [vários pontos de] todos os ossos [delas] e os deixei em um quarto escuro, dentro de uma caixa". Ao realizar o mesmo experimento com ossos saudáveis, mantendo os filmes no local por três ou quatro meses, não houve qualquer sinal de impressão fotográfica nas chapas.

Mas, naquele caso, dentro de sessenta horas, os ossos de Sarah causaram exposição no filme: manchas brancas-nevoeiro contra o preto-ébano. Assim como acontecia com as meninas quando elas voltavam para casa brilhando pelas ruas de Orange depois do trabalho, seus ossos também deixavam uma imagem marcante: uma luz estranha e intensa contra a escuridão.

E a partir daquele estranho nevoeiro branco, Martland agora compreendia outro conceito essencial. Sarah estava morta — mas seus ossos permaneciam muito vivos: gravando impressões em chapas radiográficas, emitindo em larga escala uma radioatividade mensurável. Tudo aquilo se devia, obviamente, ao rádio. A vida de Sarah pode ter sido interrompida, mas o rádio dentro de seu corpo tinha meia-vida de 1600 anos. E continuaria a disparar raios dos ossos de Sarah durante séculos, muito tempo depois da morte dela. Mesmo que a tivesse matado, continuaria a bombardear seu corpo "todos os dias, todas as semanas, mês após mês, ano após ano".

E continua a bombardear seu corpo até hoje.

Martland fez uma pausa no trabalho, pensativo. Ele pensava não apenas em Sarah, mas também na irmã dela, Marguerite, e em todas as outras garotas que tinha visto no consultório de Barry. Pensava também em questões prementes, conforme ele viera a relatar mais tarde: "Não há nada à luz da ciência capaz de eliminar, alterar ou neutralizar tais depósitos [de rádio]".

"O rádio é indestrutível", concordara o sr. Knef. "Você pode submetê-lo à incineração durante dias, semanas ou meses sem que ele seja afetado." E então fez a conexão condenatória: "Se for esse o caso... como então podemos esperar que ele seja eliminado do corpo humano?".

Durante anos, as meninas buscaram um diagnóstico, alguém para lhes dizer qual era o problema. E acreditavam fielmente que, uma vez que conseguissem a resposta, os médicos seriam capazes de curá-las.

Mas agora Martland sabia que a intoxicação por rádio era totalmente incurável.

Após os resultados dos testes, Martland compartilhou a comprovação da causa da morte de Sarah. "Não resta a menor dúvida", escreveu, "de que ela morreu de anemia aguda subsequente à ingestão da tinta luminosa."

Como o caso de Sarah foi o primeiro testado de maneira adequada, tornou-se então fonte de notável interesse para os médicos. O médico da USRC, dr. Flinn, escreveu imediatamente para Martland: "Seria possível obter uma amostra de tecidos [da sra. Maillefer] para que eu possa compará-los aos de minhas cobaias [do laboratório], as quais espero dissecar dentro de algumas semanas?". O dr. Drinker foi outro que acompanhou o progresso do caso com grande interesse. Ele ainda não havia concluído sua batalha contra a USRC — afinal de contas, Arthur Roeder não cumprira sua palavra.

Foi o advogado da USRC, Josiah Stryker, quem lidou com o assunto delicado: o relatório dos Drinker e o Departamento do Trabalho. Ele *levara* o relatório a Roach, mas se recusara a liberar uma cópia: "O relatório vai ficar disponível [para você]", prometera ele alegremente a Roach, "quando você quiser [no meu escritório]". Stryker saiu com o relatório em mãos. E acrescentou: "Se o Departamento do Trabalho insistir em obter uma cópia, [eu] vou fornecer".

Bem, o Departamento insistira; mas, em vez de encaminhá-lo a Roach, a empresa acabara por enviá-lo a McBride, o chefe dele — o mesmo sujeito que ficara "furioso" quando a obstinada Katherine Wiley interviera nos casos das pintoras, e repreendera Roach como resultado.

Quando Drinker descobriu, ficou *furioso*. No dia em que Sarah Maillefer morreu, ele escreveu a Roeder: "Estou providenciando a publicação imediata do [meu] relatório". Drinker estava, como diz o ditado, disposto a pagar para ver. Mas Stryker foi rápido na resposta: publique *e vai ganhar um processo nas costas*.

No entanto, se Roeder e Stryker pensaram que Drinker se intimidaria, pensaram errado. Por acaso, um dos irmãos de Drinker era um excelente advogado corporativo. E ao ser consultado sobre o que achava da ameaça da empresa, sua resposta fora a seguinte: "Pode dizer a eles que processem e paguem para ver!". Então Drinker desafiou o blefe.

O relatório dos Drinker — apresentado pela primeira vez em 3 de junho de 1924 — enfim seria publicado em agosto de 1925, com uma data de impressão de 25 de maio, cinco dias antes da data em que Hoffman o lera pela primeira vez, a fim de conceder a Drinker o pioneirismo na descoberta da relação entre as doenças das garotas e a tinta radioativa. Mas, qualquer que fosse a data inserida, era fato que o relatório estava sendo publicado mais de um ano após ser enviado à USRC. Os comentaristas do caso disseram mais tarde: "Aquele relatório dos investigadores de Harvard era um documento científico de suma importância, não apenas para melhorar as condições na empresa, mas para familiarizar outros fabricantes que usavam a mesma fórmula de rádio a respeito de sua toxicidade e efeitos potencialmente letais. Tanto a ciência quanto a humanidade exigiam a publicação imediata do relatório... que, no entanto, fora abafado de maneira enérgica".

PARTE UM: COMPREENSÃO 143

A USRC tentara manter todos no escuro — o Departamento do Trabalho, a comunidade médica, as mulheres que havia condenado à morte. Mas a luz enfim se acendia. O movimento estava a favor da causa das mulheres, mesmo com toda a tentativa daqueles que apoiavam o uso do rádio de tirar o caso dos trilhos — e Martland, o ilustre clínico salvador das meninas, estava na linha de frente, ao passo que os pró-rádio tentavam minar sua credibilidade. William Bailey, o homem por trás do tônico Radithor, comentara em tom mordaz: "Médicos que nunca tiveram a menor experiência com rádio, e não sabem mais do que um mero estudante, têm tentado aparecer alegando [que o rádio tem] efeitos nocivos. Suas declarações são totalmente ridículas!"; Bailey ainda acrescentou que aceitaria de bom grado "tomar uma dose de todo o rádio usado na fábrica de mostradores em um mês".

A USRC também foi rápida em sua defesa, com um porta-voz dizendo com desdém: "O rádio, devido ao mistério que envolve grande parte de seus efeitos, é um assunto que estimula a imaginação, e talvez por esse motivo incita tanto alarido". Roeder deu peso ao debate, afirmando publicamente que muitas das garotas da fábrica estavam "fora de forma" quando começaram a pintar os mostradores e, como pretexto, vinham acusando a empresa injustamente de suas mazelas. E a USRC não se contentou em atacar apenas as vítimas do gênero feminino. Um porta-voz chegou a dizer que Leman, o químico que havia morrido, "não estava com a saúde plena quando começou a trabalhar com o rádio".

No entanto, o movimento que se iniciara e agora crescia — primeiro com o relatório de Hoffman, depois com o sacrifício de Sarah, e por fim com o relatório dos Drinker — já estava incontrolável. Até o delegado do Departamento do Trabalho, Andrew McBride, que antes parecera relutante em intervir, agora se deixava levar pela mudança. Ele fez uma visita pessoal ao ateliê em Orange e questionou o fato de as recomendações de segurança dos Drinker não estarem sendo postas em prática; e foi informado de que a empresa "não concordava com todas as recomendações, que muitas já haviam sido seguidas enquanto outras eram impraticáveis".

McBride não se deixou abalar. Sua nova postura era acreditar que "a vida humana é importante demais para ser negligenciada ou desperdiçada em uma condição em que é possível preservá-la". Assim, declarou que, se a USRC não seguisse as sugestões dos Drinker, ia "emitir ordens para fechar a empresa... Seria consentir ou fechar, não importasse a que custo".

Para aqueles que há muito vinham apoiando as garotas, foi uma reviravolta. Karl Quimby, o pastor que oferecera consolo espiritual a Hazel Kuser, ficou aliviado ao saber que finalmente uma autoridade estava dando atenção ao caso. E ao ver as descobertas do dr. Martland divulgadas na imprensa, ficou motivado a se manifestar através de uma carta: "Mal consigo expressar minha gratidão por seu gesto extraordinário. Desejo-lhe todo o sucesso e entrego os votos de gratidão de uma boa quantidade de pessoas".

Mas claro que a maior diferença se deu para as garotas-pintoras. Logo depois que Sarah faleceu, Martland levou seu equipamento de testes de volta ao hospital St. Mary. Era a vez de Marguerite Carlough ser examinada para que Martland descobrisse a quantidade de rádio que ele acreditava estar escondido nos ossos dela.

No dia em que ele a examinou, Marguerite se encontrava em "péssimas condições", sendo a boca, como sempre, a região mais afetada. Os raios alfa do rádio, Martland acreditava, agora estavam perfurando devagar aquelas cavidades da mandíbula. Apesar da dor, Marguerite colocou o tubo na boca e soprou. Assim como a irmã, ela não mediu esforços para respirar da maneira mais firme possível. *Inspira... Expira.* No momento em que Martland fez o teste, o nível normal deveria ser de 8,5 subdivisões em cinquenta minutos. (O número normal em geral dependia da umidade e de outros fatores.) Quando ele verificou os resultados de Marguerite, encontrou 99,7 subdivisões em cinquenta minutos.

Pelo menos, pensou ela, aquilo ajudaria no processo legal.

Marguerite tinha mais motivos do que nunca para vencer: após a morte da irmã, os Carlough acrescentaram as reivindicações de Sarah ao litígio. Agora a USRC lutava contra três casos: Marguerite, Hazel e Sarah. Marguerite era a única viva das três. Sendo assim, ela queria fazer o possível para ajudar; não apenas a si, mas também era um gesto por sua irmã. Era um motivo para viver, pelo qual lutar e pelo qual tolerar a dor. Durante sua internação no St. Mary, o advogado do caso, Isidor Kalitsch, da Kalitsch & Kalitsch, a inquiriu mesmo enquanto ela estava na cama, prestando testemunho formal para que — independentemente do que acontecesse — ele pudesse ter uma declaração para usar no processo.

No entanto, Hazel, Sarah e Marguerite não eram as únicas garotas afetadas. E isso era algo que Martland sabia, o que ele não sabia era como entrar em contato com as outras, para que mais e mais mulheres se manifestassem. Bem... Algumas entraram em contato por meio de dentistas e médicos, e outras vieram através de uma jovem chamada Katherine Wiley.

"Em meio às minhas dificuldades, no verão de 1925, a srta. Wiley ligou de novo para nossa casa. Dessa vez, interessada no meu próprio caso, pois ouvira dizer que eu estava doente", recordou Katherine Schaub. "[Ela] sugeriu que eu consultasse o legista do condado para obter um diagnóstico exato."

Àquela altura, Katherine já vinha sendo acometida por uma série de transtornos havia um bom tempo. Tinha testemunhado o desfecho de Irene; lera a respeito de Sarah. Ela não era burra. Sabia por que a senhorita Wiley telefonara e o que o dr. Martland já imaginava encontrar. Com pesar, ela dissera para sua irmã Josephine: "Provavelmente ele vai dizer que fui envenenada pelo rádio".

Ela simulou a situação em sua mente, como se experimentasse um vestido novo. Agora aquele diagnóstico era parte dela: era inescapável. Era uma situação peculiar, não só porque Katherine tinha melhorado naquele verão. Ela não parecia doente. A mandíbula não latejava; todas as infecções na boca haviam desaparecido. Logo depois da cirurgia, seu estômago tinha melhorado. "Seu estado físico geral era bom." Não era possível que ela estivesse acometida pelo mesmo problema que as outras garotas, não era possível; pois todas haviam morrido, e ela continuava ali, firme e forte. No entanto, só havia um jeito de ter certeza. Só havia um jeito de *saber*. Katherine Schaub marcou uma consulta com o médico do condado.

E não foi a única. Nos últimos tempos, Quinta McDonald vinha ficando cada vez mais preocupada com sua condição: os dentes, que ela sempre considerara seus melhores atributos, começaram a bambear e depois a cair de forma espontânea, direto na mão. Ironicamente, sua filha Helen perdera os dentes de leite na mesma época. "Até tolero a dor", declarara Quinta, "mas odeio perder os dentes. Os superiores estão tão frouxos que mal se seguram nas gengivas."

Diante dos novos problemas, Quinta começara a consultar com o sr. Knef, o mesmo dentista gentil que tratara sua irmã Mollie. Knef vinha trabalhando junto a Martland para cuidar de Marguerite também; e foi Knef quem providenciara para que Quinta fizesse os exames especiais com o dr. Martland. Quinta fora acompanhada pela velha amiga Grace Fryer, que agora não tinha mais problemas na mandíbula, aparentemente gozava de boa saúde — mas cujas costas doíam mais e mais a cada dia.

Elas foram chegando, uma a uma. Katherine. Quinta. Grace. Não estavam em estado calamitoso como Sarah, Marguerite ou o sr. Leman. Não estavam batendo à porta da morte. As garotas ficaram quietinhas enquanto Martland examinava seus corpos com o eletrômetro; foram solicitadas a soprar em um tubo; passaram por exames para constatar a anemia que revelaria o que estaria ocorrendo em seus ossos.

Para cada uma delas, ele disse a mesma coisa. "Ele me falou", lembrou Grace, "que meu organismo mostrava a presença de substâncias radioativas." "Ele me disse", relatou Quinta, "que meu problema era todo devido à [presença do] rádio."

Ele também lhes disse que não havia cura.

Foi necessário respirar fundo para receber tal notícia. *Inspira... Expira.*

"Quando descobri o que eu tinha", contou Grace, "soube que era incurável..." Ela parou de falar, mas por fim continuou. "Fiquei horrorizada... Eu olhava para pessoas que conhecia e dizia a mim mesma: 'Bem, nunca mais vou te ver'."

Todas foram acometidas pelo mesmo pensamento. Quinta, ao voltar para casa, para os filhos: *Nunca mais vou te ver*. Katherine, dando a notícia ao pai: *Nunca mais vou te ver.*

Para Katherine, no entanto, o diagnóstico também trouxe alívio. "Os médicos me disseram que [meus exames] constataram radioatividade positiva", lembrou ela, "e não fiquei tão apavorada quanto pensei que ficaria. Pelo menos a gente não ia mais tatear no escuro."

Em vez disso, havia luz. Brilhante e gloriosa. Reluzente e deslumbrante. Uma luz que guiava rumo ao futuro. "O diagnóstico do médico legista", comentou Katherine Schaub com sua perspicácia característica, "forneceu evidências legais perfeitas para um processo."

Por tempo demais aquelas mulheres tinham ficado à espera da verdade. Agora enfim a balança pendia em uma posição contra a USRC. As meninas estavam condenadas à morte; todavia, também lhe estavam sendo entregues as ferramentas para lutar — lutar por justiça.

O diagnóstico, Katherine Schaub dizia agora, "me deu *esperança*".

PARTE DOIS

PODER

20

HAVIA MUITO A SER FEITO. MESMO ANTES DE O VERÃO DESPONTAR, O DR. Martland emprestou sua voz à campanha de Katherine Wiley, que solicitava alterações na lei de indenizações trabalhistas nas indústrias. No entanto, a mudança legal era apenas parte do processo. Para as garotas, que agora compreendiam quão imperdoável a USRC tinha sido para com suas vidas, a verdadeira pergunta era: como os executivos da empresa foram capazes de considerá-las tão descartáveis? Por que o senso básico de humanidade não os levara a acabar com a prática de afinar os pincéis com os lábios?

Grace Fryer, por exemplo, teve um ataque colérico quando sua mente perspicaz ligou os pontos sobre os acontecimentos, pois agora ela se lembrava muito bem de um momento fugaz que selava a culpa da empresa.

"Não faça isso", dissera Sabin von Sochocky certa vez. "Você vai ficar doente."

Sete anos depois... aqui estava ela no Hospital da Cidade de Newark.

E agora se dava conta: Von Sochocky *sabia*. Ele soubera o tempo todo. Mas, se ele sabia, por que permitira que elas se matassem aos poucos enquanto pintavam cada mostrador?

Grace tivera a oportunidade de confrontá-lo em pessoa, pois quando Martland a convocara para o teste de radioatividade junto a Quinta em julho de 1925, ele não era o único médico presente. Von Sochocky ficara ao lado do equipamento técnico, calado, enquanto as meninas eram informadas por Martland que iriam morrer. E enquanto Grace ouvia as palavras sendo derramadas — "*todos os problemas que acometeram vocês... a presença de substâncias radioativas*" —, a lembrança daquele alerta invadiu sua mente.

Ainda abalada pelas notícias, Grace, não obstante, empinou o queixo com determinação arquetípica e olhou com firmeza para o ex-chefe.

"Por que não nos contou?", perguntou ela sem rodeios.

Von Sochocky provavelmente abaixara a cabeça. Ele gaguejou algo sobre estar "ciente dos riscos" e disse que "havia alertado a outros membros da corporação, porém sem sucesso". No início daquele ano, ele dissera a Hoffman que "vinha se esforçando para remediar a situação, mas que sempre era confrontado pelos funcionários encarregados do pessoal".

E agora ele dizia a Grace: "O assunto não estava na [minha] jurisdição, mas na do sr. Roeder. Como era objeto da supervisão dele, [eu] não podia fazer nada".

Bem, sem dúvida não havia nada que as meninas pudessem fazer agora sobre a condição fatal de suas enfermidades — e, da mesma forma, não havia nada que Von Sochocky pudesse fazer a respeito de si, pois ele também soprara nos equipamentos que ele e Martland tinham inventado naquele verão; talvez apenas por curiosidade, ou talvez com profunda desconfiança, pois não vinha se sentindo bem. E o ar expelido pelos pulmões de Von Sochocky, descobrira-se, continha mais radiação do que os de qualquer pessoa testada até o momento.

Desde o início, Grace suportou o diagnóstico com bravura. Era dona de um espírito impávido e se recusara a permitir que o prognóstico de Martland afetasse sua vida. Ela sempre amara viver e, se houvera alguma mudança, era que agora ela valorizava seus dias ainda mais. Então, guardou o diagnóstico no fundinho da mente e seguiu adiante. Não parou de trabalhar, não mudou os hábitos: continuou a nadar, a socializar com os amigos, a frequentar o cinema. "Não acredito em desistências", foram as palavras dela.

Quanto a Quinta, tal qual sua amiga Grace, dizem que ela recebeu a notícia com uma postura "resoluta e sorridente". Muito pior do que o próprio diagnóstico, sob o ponto de vista de uma mulher bondosa como Quinta, era ver o sofrimento das amigas. "Na maior parte do tempo, ela se preocupava porque as outras também estavam sofrendo", relatou a cunhada, Ethel Brelitz. Pelo menos ela teve o apoio inabalável do sr. Knef para auxiliá-la no tratamento; os dentes de Quinta foram piorando ao longo do verão e o apoio médico foi fundamental.

Assim que receberam a notícia sobre os respectivos diagnósticos, Grace, Quinta e Katherine Schaub ficaram esperançosas de poder entrar com uma ação judicial contra a USRC a fim de obter ajuda com as absurdas despesas médicas. Sabendo que Marguerite Carlough tivera sucesso no feito no início daquele ano, era esperado que o processo fosse ser mais simples. Isidor Kalitsch, advogado de Marguerite, foi a primeira procura óbvia para começar a luta por justiça; Quinta marcou a primeira reunião com ele. Um tanto apreensiva — pois nunca tinha feito nada parecido até então —, ela entrou mancando no escritório e descreveu seu caso. Ele ouviu com atenção, então deu más notícias: a ação dela era improcedente devido à prescrição do crime.

O novo grupo agora se deparava com um velho problema. O Departamento de Indenizações Trabalhistas — que seria a vara responsável por abrigar os processos, a pedido da USRC — determinava uma prescrição de cinco meses para pedidos de indenizações trabalhistas em New Jersey; Marguerite, que entrara com uma ação cerca de treze meses após sua saída da USRC, recorrera ao tribunal federal, que oferecia um prazo mais generoso para casos semelhantes: dois anos. Aquela condição era favorável para Marguerite, pois ela permanecera na empresa muito tempo depois de as outras meninas terem saído; por isso, quando adoecera, ela ainda era funcionária. Mas Quinta já não trabalhava para a USRC desde fevereiro de 1919. E agora tentava abrir um processo mais de seis anos depois: quatro anos de atraso, de acordo com a lei federal, embora os sintomas só tivessem começado a aparecer em 1923 e seu diagnóstico de intoxicação por rádio tivesse surgido meras semanas atrás.

Mas a lei não considerava o fato de que aquela nova doença levava vários anos para se manifestar. Lei é lei — e a lei dizia que nem Quinta, nem Grace, nem Katherine poderiam recorrer à justiça; ou, pelo menos, essa era a interpretação de Isidor Kalitsch. Coube a Quinta contar às outras o que lhe foi informado: "Nada poderia ser feito".

Foi uma notícia desoladora: "Quando percebo que estou pagando por algo [que] foi culpa de outra pessoa...", disse Grace Fryer. E agora ela tentava se aconselhar com outro advogado, Henry Gottfried, o qual já conhecia devido a outras transações, no entanto Gottfried informara que o caso iria requerer "uma quantia considerável em dinheiro para seguir adiante". Ele dissera não poder fazer nada, a menos que fosse pago adiantado. "[Mas] eu não tinha dinheiro!", lembrou-se Grace, frustrada. "[Afinal] eu era constantemente obrigada a procurar muitos médicos. Minha saúde ainda estava péssima, [mas] advogados não pareciam se interessar pelo assunto sem antes receber seus honorários."

Parte da relutância dos advogados também se devia, sem dúvida, ao poder da United States Radium Corporation. Não apenas as questões legais eram potencialmente intransponíveis, como o oponente das garotas no tribunal seria uma empresa muito rica e bem relacionada, com contatos no governo e recursos financeiros para prolongar a briga pelo tempo que fosse necessário. Nas palavras de Katherine Schaub: "Cada um dos outros advogados a quem recorri considerou inútil tentar cobrar os danos da empresa de rádio".

Outro problema era o status de novidade das doenças desencadeadas; dada a longevidade da indústria terapêutica do rádio, seria mesmo o rádio responsável pelos danos às garotas? Talvez, como Roeder dissera, elas estivessem tentando "impingir algo" à empresa.

E no momento os efeitos da supressão ao relatório dos Drinker pela USRC se fazia sentir. Graças ao encobrimento, os estudos sobre a conexão entre o rádio e as doenças das garotas estavam disponíveis há poucas semanas apenas. Nenhum dos advogados jamais ouvira falar em intoxicação por rádio. Ninguém sabia nada sobre o assunto — ninguém, exceto Harrison Martland.

Martland passou o verão inteiro em contato com as garotas, oferecendo toda a ajuda possível, e um dia Katherine Schaub compareceu ao laboratório dele para discutir algo muito importante. Ela sempre quisera ser escritora — bem, agora ela e Martland iam escrever algo juntos, embora o assunto fosse macabro. Com o tempo, aqueles registros iriam ganhar um nome.

A Lista das Condenadas.

Martland escreveu o título no verso de uma ficha de autópsia em branco. Desenhou algumas linhas a lápis para criar um quadro e, em seguida, pegou sua caneta-tinteiro e rabiscou com uma caligrafia fluida, na direção de Katherine:

1. Helen Quinlan
2. Srta. Mollie Magia [sic]
3. Srta. Irene Rudolph
4. Sra. Hazel Kuser
5. Sra. Maillefer
6. Srta. Marguerite Carlough...

A lista continuava. De modo lento e metódico, Katherine foi apresentando todos os nomes dos quais conseguira se lembrar: aquelas garotas que ela conhecia estavam doentes ou já tinham morrido, além de outras que ainda nem sequer apresentavam qualquer sintoma. Lembrou-se de mais ou menos cinquenta ex-funcionárias da USRC, cujos nomes foram todos informados a Martland.

Ao longo dos anos, dizia-se que o médico recuperava a lista de seus arquivos toda vez que ouvia sobre a morte de uma pintora de mostradores. Com um senso premonitório arrepiante, ele encontrava o nome da moça na lista, escrito lá no verão de 1925, e meticulosamente acrescentava um *F* vermelho ao lado do nome.

F de Falecida.

Naquela época Katherine estava gozando de relativa boa saúde. Mas, à medida que ia absorvendo as implicações do diagnóstico formal, descobria que não conseguia parar de pensar no prognóstico. *F de Falecida*. Ela já havia ficado tensa com a morte de Irene; agora, toda dor se transformava em algum sintoma que poderia levar à própria morte repentina. "Eu sei que vou morrer", dissera certa vez. Ela enfatizou, como se testasse a palavra: "Morrer. MORRER. Não parece certo". Quando se olhava no espelho, não era mais a mesma Katherine naquele reflexo: "O rosto dela, outrora muito bonito", escrevera um jornal à época, "agora está contraído e sofrido. O suspense e a preocupação minaram seu estado de espírito".

Essa era a questão principal. A *preocupação*. Isso a deixava com a "saúde mental muito precária". E a antiga empresa, sempre de olho em sua nêmese, mencionava o fato da forma mais pejorativa — eles se referiam a ela como "mentalmente perturbada".

"Quando você está doente e não consegue se locomover com facilidade", disse Katherine, "as coisas são diferentes. Seus amigos mudam. Eles são legais com você e tudo o mais, mas você já não é *um* deles. Às vezes fico tão desanimada que desejo... bem, desejo coisas desagradáveis."

Ela ficou "horrivelmente doente" e consultou um neurologista inúmeras vezes. Mas o dr. Beling não foi capaz de impedir sua espiral de pensamentos, nem de interromper aquele filme de garotas-fantasma ainda brincando na mente dela. Katherine sempre fora animada e sociável, mas agora sua irmã a descrevia da seguinte forma: "Ela não é mais a mesma. Seu jeito de ser mudou por completo".

Katherine parou de menstruar; não conseguia comer; suas feições pareciam mudadas, os olhos cada vez mais arregalados e semelhantes aos de insetos, como se brotassem das pontas de talos. Era isso que acontecia quando você encarava a própria morte. Ela murmurou: "Os piores momentos são à noite e nos dias chuvosos".

Antes de o ano terminar, Katherine Schaub seria confinada em um hospital devido a crises nervosas. Não era de admirar, dado o trauma da jovem em ver as amigas sofrendo; a surpresa era que outras pintoras não estavam sendo afligidas da mesma forma.

Os visitantes de Marguerite Carlough no hospital St. Mary não notaram muita evolução em seu estado. O sangue estava quase branco, e a contagem de hemácias estava em torno de 20%. (Uma leitura normal seria de 100%; o mínimo compatível com a vida.) Mas era a cabeça, o rosto que... as radiografias mostravam que o rádio havia corroído quase por completo a mandíbula, "a praticamente um toco". Assim como acontecera com Mollie Maggia, Knef se via impotente para interromper o apodrecimento.

Outra paciente internada no St. Mary naquele agosto de 1925 era Albina Maggia Larice — mas por razões muito mais felizes. Sua barriga floresceu com a gravidez; as bochechas estavam coradas de orgulho. Por quase quatro anos, ela e James vinham tentando ter um filho. A cada mês sem as tão ansiadas boas-novas, Albina se via com um amargor na boca, enquanto seu corpo a traía mais uma vez e de novo. No mês que vem será diferente, dizia ela a si mesma... mas o mês seguinte sempre trazia a mesma decepção ácida.

Agora não mais. Até que enfim, pensou Albina, contente, esfregando a mão amorosa sobre a barriga avolumada, ela estava se tornando mãe — ia tomar o filho nos braços, aconchegá-lo na cama à noite, protegê-lo de todos os males...

Quando as contrações começaram, ela foi para o St. Mary. Albina estava com as mãos na barriga, tentando não gritar. Era estranho, mas, de algum modo, mesmo que ela não soubesse de fato como aquilo *deveria* ser... de algum modo, não parecia estar indo bem. Só não parecia estar indo bem.

Os médicos a colocaram em um quarto e a deitaram na maca. Ela fez toda a força possível quando eles mandaram. Sentiu o bebê passar, sentiu quando o bebê nasceu. Seu filho. Ela o sentiu, mas Albina jamais ouviu o choro do menino.

Seu bebê era natimorto.

KATE MOORE
RADIOATIVAS

21

ALBINA LARICE NÃO SOFREU DAS MESMAS DORES LANCINANTES QUE SUA irmã Quinta: o quadril artrítico, os dentes bambos. Em certa ocasião, pouco antes de se casar com James, ela fora acometida por um joelho reumático, mas dissera: "Parou de doer, nunca mais me incomodou". No entanto, apenas duas semanas depois do parto do bebê natimorto no hospital St. Mary, como se seu corpo estivesse se estilhaçando, em sincronia ao estado de seu coração, uma dor intensa apareceu nos membros e a perna esquerda começou a encurtar. Em outubro de 1925, como o tratamento médico não trouxe alívio, Albina consultou o dr. Humphries no Hospital Ortopédico. E foi lá, quando entreouviu os médicos comentando sobre sua condição, que flagrou um deles dizendo que tinha a ver com o rádio.

Era choque depois de choque, problema depois de problema. "Estou *tão* infeliz", declarara Albina mais tarde.

Assim como fora feito com Quinta, os médicos também optaram por engessar Albina durante quatro meses, na esperança de que aquilo a ajudasse a melhorar. Mas Albina não sentiu benefício algum. "Eu sei", murmurou ela, desanimada, "que estou ficando cada vez mais fraca, e mais fraca, e mais fraca..."

No mesmo corredor em que Albina estava internada, havia outra pintora de mostradores. Edna Hussman, a garota apelidada de "boneca de Dresden", a qual vinha se consultando com médicos desde setembro de 1925, aparentemente devido a um reumatismo; quando os tratamentos não deram em nada, ela procurou Humphries.

O problema de Edna havia iniciado em julho. "Começou com dores no quadril", relatara ela posteriormente. "Quando andava, eu sentia pontadas e tropeçava demais. [Acontecia] quase toda vez que eu andava. Então eu saía mancando, me apoiando por todos os objetos possíveis pela casa; era o único jeito de conseguir me locomover."

Humphries, que notou que a perna esquerda de Edna estava dois centímetros e meio mais curta do que a direita, fez algumas radiografias. Edna chegara caminhando ao hospital, com a ajuda do marido, Louis, então ele não imaginou que pudesse ser tão grave. Mas, quando avaliou a radiografia, teve de repensar suas suspeitas: a perna de Edna estava quebrada. Ela quebrara a perna em um daqueles tropeços; no entanto, como na hora fora apenas um leve vacilo, e não uma queda, ela não percebera que havia sido tão sério.

Humphries, ao se recordar do caso de Edna: "Ela sofreu uma fratura espontânea do colo femoral [osso da coxa] — e, no geral, isso não ocorre em jovens. Nunca tinha visto uma jovem apresentar esse tipo de fratura de maneira espontânea".

Nunca — até agora.

"Naquela época", continuou Humphries, "sabíamos que ela trabalhava na empresa de rádio e estávamos começando a ficar atentos quando surgia algum caso incomum. [No entanto] as radiografias dela não mostraram sombra esbranquiçada, ou mesmo qualquer ocorrência além da fratura."

Não era intoxicação por rádio. Logo, respaldava o que o dr. Flinn dissera a Edna ao examiná-la. Embora ela não conseguisse mais andar, não muito tempo atrás Flinn lhe assegurara que a saúde dela estava perfeita. Então ela devia estar bem.

Devido ao resultado das radiografias, Humphries seguiu o protocolo para fraturas: "Eles me engessaram", relatou Edna, "e eu passei um ano inteiro com o gesso". Louis a levou de volta ao pequeno bangalô onde moravam, junto ao cachorrinho branco, e a vida continuou.

Flinn também continuou com o trabalho. Tinha encontrado uma verdadeira arca do tesouro de informações, fornecidas inconscientemente por Katherine Wiley. "Fui visitar o dr. Flinn", recordou Wiley mais tarde, "e o achei mais interessado. Ele disse que ficaria feliz se eu lhe desse os nomes e os endereços de todas as garotas doentes às quais tive acesso."

Wiley não sabia que Flinn estava trabalhando para a USRC, pois ele jamais divulgara o fato. Tampouco estava ciente de que a empresa "havia pedido ao dr. Flinn que examinasse as garotas e lhes fornecesse aconselhamento médico".

E assim, agora que Flinn tinha seu endereço residencial, em 7 de dezembro de 1925, Katherine Schaub recebeu uma carta.

"Prezada senhorita Schaub", escreveu o dr. Flinn no papel timbrado da Faculdade de Médicos e Cirurgiões de Nova York, "pergunto-me se a senhorita poderia fazer a gentileza de vir ao meu consultório, ou, se preferir, à minha casa em South Orange, para permitir que eu dê minha opinião imparcial [sic]."

Mas Katherine Schaub estava em um "estado nervoso terrível", sem nenhuma condição de ver o dr. Flinn. "Eu estava doente quando recebi a carta", lembrou ela, "eu estava de cama e não conseguia sair."

Ela escreveu de volta para explicar a situação, conforme lembrou Flinn: "Eu nunca respondi à carta [dela]", disse, "e falei ao meu auxiliar técnico que, se ela não estava disposta a ir à minha casa ou ao meu consultório, eu com certeza não iria lhe estender a mão; uma garota daquela classe social não gosta de ofertas de ajuda".

Mas Flinn não ficou incomodado por não poder examinar Katherine, pois tinha muitas outras vias para explorar; mais tarde, ele declarou cheio de orgulho: "[Eu] examinei quase todas as garotas que trabalhavam no setor". Com seus contatos na USRC, na Luminite e na Waterbury Clock Company — só para citar algumas das empresas que o contrataram —, ele agora tinha acesso sem precedentes às garotas-pintoras. No entanto, embora se gabasse, ele não parece ter examinado muitas das ex-funcionárias.

Porque, se o tivesse feito, poderia ter descoberto que uma segunda garota de Waterbury, Elizabeth Dunn, havia adoecido há pouco tempo. Ela havia largado o emprego de pintora de mostradores no início de 1925 (não ficou muito claro se foi antes ou depois de Flinn começar o estudo), depois que um simples escorregão na pista de dança lhe rendeu uma perna quebrada — o que poderia ser chamado de fratura espontânea. Se Flinn tivesse descoberto esse caso — ou a morte da ex-colega de trabalho, Frances Splettstocher —, teria a prova crucial de que as doenças das garotas-pintoras estavam indo muito além da fábrica de Orange e *eram* de cunho ocupacional.

Flinn também estava ocupado desacreditando o trabalho do dr. Martland. Em dezembro de 1925, Martland, um médico de sobrenome Conlon, e o dentista das garotas, dr. Knef, publicaram um estudo conjunto com base no contato com as pacientes naquele ano. Concluíram que era "uma forma até então não reconhecida de envenenamento ocupacional". Com o tempo, o artigo se tornou um exemplo clássico de mistério médico solucionado.

Em 1925, no entanto, como tal afirmação era pioneira, não foi demonstrado o mesmo respeito. As conclusões de Martland eram tão radicais que foram ferozmente contestadas, e não apenas por Flinn. James Ewing, especialista em medicina do rádio, chegou a comentar de modo ríspido em uma reunião da New York Pathological Society: "Estamos a um longo caminho de falar dos efeitos nocivos da terapia do rádio".

Ele até podia estar, mas Martland com certeza não estava. Martland frisou que o uso medicinal do rádio, fosse injetado ou ingerido, era perigoso, e declarou que "nenhuma das substâncias radioativas conhecidas produz resultados curativos".

Era um sinal vermelho para os figurões da indústria do rádio. Não se tratava apenas da morte de algumas pintoras de mostradores; Martland estava atacando um ramo bastante lucrativo: "O estudo original foi ridicularizado pela maioria das autoridades em rádio", recordou-se Martland tempos depois. "Tenho estado sob ataque constante devido a meus esforços para proteger o público e assegurar algum tipo de compensação às meninas mutiladas e à beira da morte. Os fabricantes de rádio têm estado bem ativos e ofensivos em seus esforços para me desacreditar."

E era por um bom motivo, no que dizia respeito às empresas de rádio. Uma carta da Radium Ore Revigator Company alegou que o artigo dos médicos "de imediato causou uma queda em nossas vendas [para] menos da metade em relação ao trimestre anterior".

No entanto, a dúvida não acometia apenas aqueles que dispunham de uma grande fatia financeira na defesa incondicional do rádio. Até mesmo a American Medical Association — que em 1914 incluía o rádio em sua lista de "Medicamentos Novos e Não Oficiais" — estava cética quanto às denúncias. Tudo isso fazia com que as reivindicações das meninas soassem cada vez mais suspeitas ante os advogados que eram contatados para oferecer auxílio no caso.

Essa recepção pública ao trabalho de Martland não poderia ter sido mais satisfatória para a USRC. Logo a empresa estaria entrando em combate com estudos médicos que ela mesma encomendara; o vice-presidente Barker escreveu um memorando com uma alegria quase indisfarçada:

"Nosso amigo Martland ainda [está] sustentando que estamos matando [as pintoras de mostradores] aos borbotões; o artigo [dele] é parte de sua agenda política. [No entanto] julgo que o relatório de Flinn será publicado em breve. As descobertas *dele* foram totalmente negativas e creio que seu relatório é um belo trabalho". E acrescentou: "Estou bastante inclinado a pensar que ele receberá um tanto de dinheiro para continuar seus estudos".

Flinn sem dúvida era uma cartada muito necessária naquele momento. Mas a USRC teria ficado chocada ao saber o que ele escrevera para o antigo pesquisador do caso, o dr. Drinker. "Embora eu não esteja dizendo isso em voz alta", escreveu Flinn, "não consigo evitar sentir que a tinta é a culpada pelas doenças das garotas."

Enquanto os cientistas brigavam publicamente pela causa das doenças, havia uma mulher que estava nas garras da comorbidade, ainda lutando com todas as forças. Marguerite Carlough estava "semimorta" há semanas. Na opinião de Hoffman, o caso dela era "o mais trágico já registrado". Com o sistema imunológico perigosamente comprometido, além de tudo ela ainda contraíra pneumonia. Mas conseguiu passar o Natal em casa, junto à sobrinha, à mãe e ao pai. Fazia dois anos desde aquela véspera de Natal em que foram feitas as primeiras extrações de dente e o problema disparara. Fazia seis meses que sua irmã Sarah tinha falecido.

Nas primeiras horas do dia 26 de dezembro de 1925, aos 24 anos, Marguerite acompanhou a irmã rumo àquela terra desconhecida. Ela morreu em casa, na Main Street, às três horas da manhã. Seus ossos, Martland relatara, deixaram "belas concentrações" nos filmes radiográficos nos quais foram envolvidos no *post mortem*.

Dois dias depois, pela segunda vez em seis meses, os pais colocavam uma filha para descansar na quietude pacífica do cemitério de Laurel Grove. No entanto, Marguerite não morrera de maneira tão pacífica assim: sendo a primeira pintora a entrar com um processo contra a USRC — a primeira a mostrar que era possível lutar contra a corporação que a matara —, ela deixou esta vida com um rugido.

Era um som que continuaria a ecoar por muito tempo depois: muito tempo depois da morte dela; muito tempo depois do sepultamento; muito tempo depois de os pais de Marguerite caminharem lentamente para casa depois do funeral para, em seguida, se isolarem do mundo.

22

TUDO QUE ELA QUERIA, PENSOU GRACE FRYER AO FOLHEAR O JORNAL LOCAL, era uma boa notícia. Naquele ano de 1926, havia só uma notícia boa até então. Para o deleite dela, e das outras pintoras de mostradores, a nova lei da senhorita Wiley havia sido promulgada: agora a necrose por rádio era formalmente uma doença passível de indenização. Em diversos aspectos, tinha sido muito mais fácil conquistar tal intuito comparado ao que Wiley previra de início.

Afora isso, no entanto, não estava sendo a melhor das primaveras. Os problemas na mandíbula de Grace retornaram — só lhe restavam três dentes na arcada inferior e ela agora precisava se consultar com o dr. McCaffrey três vezes por semana — ao mesmo tempo em que suas costas doíam muito. No entanto, já fazia um tempo que ela não ia a nenhum ortopedista; era muito caro. Ainda assim, apesar dos problemas, Grace seguia trabalhando todos os dias. Ela comentou em tom corriqueiro: "Sinto-me melhor quando estou trabalhando". De fato, dizia-se que ela acolhia a todos na agência bancária com muita alegria.

No entanto, havia mais um motivo para manter o emprego. Quinta observara que Grace continuava a trabalhar "para que não se tornasse um fardo para a família". As despesas médicas giravam em torno de 2 mil dólares e os pais de Grace com certeza não tinham condições de cobri-las. E ainda que ela direcionasse todos os seus ganhos, que eram cerca de 20 dólares semanais, para o tratamento médico, seriam necessários dois anos para pagar a dívida. Ela não fazia ideia de onde poderia conseguir o dinheiro... quer dizer, quase não fazia ideia; havia uma solução. A essa altura, ela havia passado quase um ano atrás de diversos advogados, quase sem apoio de ninguém. Após enfrentarem a recusa de um advogado depois do outro, as outras garotas pelo visto desistiram da empreitada.

Albina não estava nem um pouco bem. Nos últimos tempos, vinha se encontrando apenas com amigos íntimos e era incapaz de sair de casa por causa do travamento no quadril. James Larice fazia tudo ao seu alcance para botar um sorriso no rosto da esposa — "Ele me anima", dizia Albina, "e diz que sei levar tudo na esportiva" —, mas nem aquilo ajudava. "Sou um tremendo fardo", choramingava ela, abatida. Embora sua irmã Quinta estivesse levando a vida com resignação, a enfermidade dela também continuava a progredir: a "sombra branca" agora aparecia em ambas as pernas, e o sr. Knef não estava tendo sucesso na tentativa de preservação dos dentes.

Quanto a Katherine Schaub, ninguém mais a via pela cidade: ela permanecia em casa e se recusava a sair. "Enquanto outras garotas estão indo a festas e ao cinema, estão namorando e casando", relatara Katherine com pesar, "eu tenho que ficar aqui, vislumbrando a aproximação de uma morte dolorosa. Estou tão solitária." Ela saía de casa apenas para ir à igreja. Ao passo que Katherine não era muito religiosa antes, agora ela proclamava: "Você não faz ideia de como é reconfortante ir à missa". E como já não conseguia trabalhar, suas despesas médicas ficavam por conta dos familiares. Seu pai, William, que estava na casa dos 60 anos, fazia o máximo para ajudar, mas a irmã de Katherine confidenciara: "É muito difícil para o papai. Ele não dá conta de trabalhar no mesmo ritmo que antigamente".

Conforme o tempo passava, apesar de todas as despesas insustentáveis, as meninas começavam a duvidar que um processo judicial fosse o caminho certo a seguir. Talvez não fosse justo culpar a USRC, não é? E assim Katherine acabou procurando o dr. Flinn — e sua "opinião imparcial" era que "o rádio não tinha como e certamente não lhe causara dano algum". Katherine, de pronto, repassara a mensagem às outras mulheres, e isso as confundira. Tal como Albina dissera: "[Todas nós] achamos notável que, dos vários médicos que nos trataram, só um deles, o dr. Martland, [nos] disse que as [nossas] doenças se deviam a substâncias radioativas". Com as mulheres em péssimas condições de saúde e o novo questionamento sobre a culpabilidade da empresa, um processo judicial era a última coisa na qual elas queriam pensar naquele momento.

Bem, talvez a última coisa na qual as outras garotas queriam pensar, mas, para Grace Fryer, continuava sendo prioridade. Ainda lendo o jornal local, ela virava as páginas com vagar, absorta nos pensamentos. E então, para sua surpresa, percebeu uma notinha nas páginas internas. Quase incapaz de acreditar no que seus olhos viam, ela leu: "Acordos são fechados no caso das mortes por rádio".

O quê? E então devorou o restante da matéria rapidamente — e descobriu que a manchete não era nenhum tipo de isca de mau gosto. A USRC tinha mesmo feito um acordo extrajudicial em favor de Marguerite Carlough, Sarah Maillefer e Hazel Kuser. As mulheres haviam derrotado a corporação, foram indenizadas pelos atos da empresa. Grace mal conseguia acreditar. Aquilo era uma admissão de culpa, certo? Com certeza abria as portas para ela e as amigas entrarem com um processo, não é? Ela leu, empolgadíssima: "O sr. Carlough [o pai das garotas] recebeu 9 mil dólares pela morte de Marguerite Carlough e 3 mil dólares pela morte da srta. Maillefer, e o sr. Kuser recebeu 1 mil dólares pela morte [da esposa]".

Mas não era nenhuma fortuna. O acordo concedido a Theo Kuser mal cobria as dívidas de 8904 dólares que ele e seu pai fizeram para cuidar de Hazel, sobretudo depois que o sr. Kalitsch abocanhou 45% do valor em honorários. O advogado estava recebendo uma porcentagem acima do normal, mas as famílias não tinham muita escolha a não ser concordar, pois ele fora o único a aceitar o caso. No fim, Theo ficou com apenas 550 dólares, mas era melhor do que nada.

Grace se perguntava o que teria acontecido para fazer a USRC pagar tais indenizações, sendo que a empresa batalhara contra as mulheres por quase um ano e meio, sem sinal de que cederia um único centavo. Nos bastidores da USRC, havia muitas possíveis razões para explicar o desfecho — a começar pelas mulheres, especialmente as irmãs Carlough, que tinham um caso juridicamente forte nas mãos; a empresa poderia muito bem perder a ação diante de um júri empático. Mesmo olhando sob uma perspectiva legal básica, os casos eram promissores: as garotas haviam entrado com a ação no prazo de dois anos; havia a nova lei proposta por Katherine Wiley que sustentava as alegações de que as garotas tinham sido mortas por necrose causada por rádio; e havia também a questão do relatório dos Drinker. Sarah ainda era contratada da USRC na época em que a empresa optara por esconder o resultado do estudo; caso fosse descoberto que a empresa obtivera informações capazes de salvá-la — ou de ao menos atenuar os danos causados — e que se isentara das devidas providências, o fato soaria muito mal diante da opinião pública.

Aquilo foi um choque para incitar Grace a agir: *aquelas* eram as boas notícias pelas quais vinha aguardando. Ela então voltou a entrar em contato com o advogado Henry Gottfried e, apenas dois dias depois de ler sobre os acordos, as engrenagens de sua reivindicação começaram a girar. Em 6 de maio de 1926, a usrc recebeu a seguinte mensagem de Gottfried: "Prezados, caso não haja manifestação a respeito das reivindicações [da srta. Fryer] referente aos danos sofridos até segunda-feira, 10 de maio de 1926, serei obrigado a entrar com uma ação judicial".

A usrc, pontual como um reloginho, encaminhou sem demora o assunto a Stryker, que aparentemente pediu a Gottfried para lhes propor um valor. Em 8 de junho, Gottfried escreveu de volta para dizer que Grace estaria disposta a aceitar 5 mil dólares.

Não era nenhuma soma vultosa; serviria para cobrir as extensas despesas médicas já acumuladas até então, além de fornecer um pé de meia para pagar as novas contas que certamente viriam. Grace não era gananciosa e não queria dar início a um processo judicial escandaloso. Se a empresa apenas lhe fizesse uma oferta justa, ela estava preparada para aceitar e pronto.

A usrc levou apenas uma semana para responder: "Recebi sua carta do dia 8", dissera Stryker em 15 de junho, "e avaliamos sua sugestão. Não posso aconselhar meu cliente a acatá-la". A empresa "se recusava a fazer qualquer coisa pela senhorita Fryer sem um processo na justiça".

O coração de Grace ficou em frangalhos quando recebeu a notícia. Ela deve ter ficado confusa também, pois não apenas a usrc concordara em indenizar suas ex-colegas no mês anterior, como a senhorita Wiley havia implementado a lei que as favorecia. Será que isso não fazia diferença alguma?

Mas, agora transparecia, não fazia diferença mesmo. E aqui ficava claro o porquê de Wiley ter conseguido com tanta facilidade a aprovação da lei da necrose por rádio. Para começar, a lei não valia de forma retroativa; portanto, ninguém que tivesse sofrido danos antes de 1926 poderia reivindicar qualquer indenização. Além disso, como a nova emenda agora era parte de uma lei já existente, ela ganhava de forma automática um prazo de prescrição de cinco meses, período curto demais para a intoxicação por rádio apresentar seus efeitos em qualquer uma das garotas-pintoras. Por fim, e o mais importante, o texto abrangia *apenas* a necrose pelo

PARTE DOIS: PODER   165

rádio — especificamente a necrose mandibular do tipo agressiva sofrido por Mollie Maggia e Marguerite Carlough. Nenhuma das outras condições médicas decorrentes da intoxicação — a anemia arrasadora, as dores nas costas, o travamento dos quadris, a fratura nos ossos nas coxas e até mesmo os dentes bambos — eram indenizáveis. Wiley descobrira também que o novo projeto de lei "não era assim tão impopular" junto à Associação dos Produtores Industriais; e agora, de repente, o motivo daquilo ficava bem óbvio. A lei, da maneira como fora redigida, faria com que ninguém jamais recebesse qualquer tipo de indenização.

Wiley logo percebeu seu erro. Com ânimo renovado, a Liga do Consumidor deu início a uma campanha para inserir a *intoxicação* por rádio na literatura jurídica. Surpreendentemente, porém, a luta se arrastaria por muitíssimo tempo até que qualquer alteração fosse feita — tempo em demasia, tarde demais para ajudar Grace Fryer, desanimada ali em sua casa em Orange naquele junho de 1926.

Além disso, pode ter havido outro motivo para a USRC não se mostrar inclinada a um novo acordo: evidências sugerem que a empresa não estava indo tão bem nas finanças; um executivo descreveu que estavam "com a corda no pescoço". Parte do problema era encontrar funcionários; aqueles que ainda restavam se mostravam "tensos e inseguros", e estava cada vez mais difícil recrutar novatos. Antes do fim do ano, a USRC tentaria reduzir os prejuízos e acabaria por fechar a fábrica de Orange, colocando-a à venda. Mesmo assim, não foi um mero encerramento das atividades. A empresa apenas transferiu as operações para Nova York.

Grace Fryer também não considerava o caso por encerrado, embora a resposta da USRC tivesse sido um golpe duplo, pois, ao saber da recusa em fechar o acordo, Gottfried desistira de pegar o caso. Todavia, Grace estava mais determinada do que nunca a lutar; tinha puxado ao pai, e a filha de um líder sindical não iria recuar assim tão fácil da luta contra uma empresa que tinha culpa no cartório. "Nós, garotas, não devemos abandonar a esperança", dissera ela.

Ela então consultou pelo menos mais dois advogados, porém, para sua frustração, não obteve sucesso. Parte do problema era que sua ex-empregadora, conforme o planejado, agora começava a se beneficiar de publicações especializadas que diziam que a intoxicação por rádio *não* era a culpada pelas doenças das garotas. O estudo mais famoso, que seria publicado em dezembro de 1926, era de autoria de um tal dr. Flinn.

"Não existe risco industrial na pintura de mostradores luminosos", escreveu ele de forma clara. Flinn também afirmou que os problemas de saúde das garotas eram resultado de uma infecção bacteriana. Já Hoffman disse que o relatório tinha "mais achismo do que dados científicos".

No entanto, ia muito além do achismo: Flinn estava mentindo descaradamente, pois as conclusões publicadas não apenas contradiziam a opinião que ele mesmo havia relatado ao dr. Drinker — "não consigo evitar sentir que a tinta é a culpada pelas doenças das garotas" —, como em junho de 1926, seis meses *antes* de o estudo ser publicado, Flinn enfim descobrira dois casos de intoxicação por rádio na Waterbury Clock Company. Isso provava, de uma vez por todas, que não era uma infecção bacteriana cujo contágio se dera em um único ateliê: as garotas morreram por causa do trabalho.

Embora já tivesse conhecimento dos casos há muito tempo, Flinn não corrigira ou suspendera a publicação do relatório; pelo contrário, permitira a impressão deste, dando à USRC evidências especializadas que a favoreciam em sua contínua negação de responsabilidade nos casos. Algum tempo depois, Flinn disse que se arrependera da decisão. Mas, pelo seu comportamento no desenrolar da história, é de supor que ele não se arrependia *tanto* assim...

O relacionamento de Flinn com as garotas de Orange ainda não havia terminado, apesar da afirmação de que as doenças eram apenas uma simples infecção. Em julho de 1926, um mês após a USRC recusar a tentativa de acordo de Grace, Flinn deu um jeito de examinar a própria Grace; o *timing* provavelmente era uma coincidência. Flinn — acompanhado por outro homem que Grace não conhecia — colheu amostras sanguíneas e realizou uma radiografia na garota. Quando os resultados chegaram, ele pronunciou com um sorriso: "Seu exame de sangue está melhor do que o meu!".

"Ele me disse", recordou-se Grace posteriormente, "que minha saúde estava melhor do que a dele e que não havia nada de errado comigo."

Mas não era isso que o corpo de Grace vinha lhe dizendo.

As meninas estavam em maus lençóis naquele verão, a despeito das afirmações de Flinn alegando que Grace, Katherine e Edna Hussman gozavam de boa saúde. Quinta McDonald ainda vinha consultando com o sr. Knef por causa dos dentes frouxos; e agora era a vez de Knef marcar uma reunião com a empresa de rádio. Certa manhã, durante o verão de 1926, o dentista participou de um encontro com o conselho administrativo na sede da USRC em Nova York, no qual estiveram presentes o presidente, Roeder, e um dos vice-presidentes, Clarence B. Lee. Knef estava esgotado devido a sua dedicação no tratamento das garotas, e agora fazia à USRC uma oferta que, ele tinha esperanças, seria vista como irrecusável.

"Se vocês vão jogar comigo", disse Knef aos executivos reunidos, "então também vou jogar com vocês. Providenciem [para mim] uma lista com os nomes das garotas e ficarei de boca fechada enquanto for possível. Algumas sofrerão morte natural. Consigo segurar essas garotas por quatro ou cinco anos... Essas são minhas cartas na mesa. Preciso de algum tipo de compensação."

Mas Knef não estava esgotado no que dizia respeito à empatia por suas pacientes, é bom lembrar, mas sim porque queria ser remunerado por seu trabalho. Talvez o acordo fechado com Carlough tenha desencadeado a atitude dele; ele estava louco para receber por todo o tratamento gratuito que concedera até então: "Tirei tudo do meu próprio bolso!", exclamara ele, aborrecido. Seu apelo à empresa por pagamento talvez fosse justo o suficiente — afinal, a tinta deles causara as doenças que ele vinha tratando —, mas o artifício ao qual estava recorrendo, mentindo para as meninas, permitindo que morressem na ignorância para proteger a USRC, estava indo muito além de apenas receber o que lhe era devido. Toda aquela lealdade às garotas do rádio apenas evaporara.

"O que você nos propõe?", perguntaram os executivos, pelo visto intrigados.

"Eu disse ao sr. Roeder que desejo 10 mil dólares. Não creio que esteja pedindo demais."

A USRC avaliou a oferta com a atenção pertinente: "Tem certeza de que todas as garotas vão procurá-lo?".

"Acredito que a maioria virá até mim", respondeu Knef, confiante de que as mulheres o enxergavam como um amigo.

"E você diria a elas que [seus serviços] estavam sendo pagos pela nossa empresa?"

"Não vou revelar nada a elas sobre meu relacionamento com vocês", disse Knef com um sorriso.

Talvez estimulado pela maneira positiva com que a reunião vinha se desenrolando, Knef agora fazia uma nova sugestão. "Se desejarem", disse ele, inclinando-se sobre a mesa para enfatizar sua argumentação, "posso testemunhar nos tribunais... 'O senhor crê que esta garota tem problemas de saúde por causa da radioatividade?' Eu teria de dizer que não. Eu posso [dizer] qualquer coisa na qual eu queira acreditar; [a] lua é feita de queijo!"

"Você é capaz de jogar de qualquer um dos lados, não é?", questionaram os executivos.

"Eu poderia, se quisesse; isto é, se estiver trabalhando do lado de vocês. É comum que especialistas testemunhem para aqueles que os remuneram."

O dinheiro era de suma importância para Knef. E aqui, talvez, ele tenha cometido um erro fatal. Aquele dentista de Newark que passara a vida inteira trabalhando apenas na odontologia agora tentava botar banca diante de figurões da indústria. "Vou conseguir isso de um jeito ou outro", disse ele em tom de ameaça. "Vocês me querem como amigo ou como inimigo? Se eu não conseguir chegar a um acordo com vocês, vou processar essas pessoas [as garotas, no caso] e elas terão que processar [vocês] para conseguir o dinheiro. Um aviso: quando eu luto, sou feroz como um leão. Sou um homem *de grande valor* para alguém ter ao lado."

O argumento foi perfeito, ele deve ter pensado. E provavelmente sorrira ao proferir a frase seguinte, confiante de que havia fisgado a todos. "Vou ser o mais justo possível com vocês. Não estou aqui para extorqui-los, para arrancar até o último tostão ou coisa assim."

Os executivos então resumiram a situação: "A menos que paguemos 10 mil dólares, você está em posição de nos causar muitos problemas. Se pagarmos, você vai nos ajudar."

"Eu posso ajudar, sim", disse um ansioso Knef.

Outro diretor interveio: "O futuro em si [ou seja, Knef recebendo por tratamentos futuros das garotas e dissuadindo-as da ideia de abrir um processo] não é suficiente? Você precisa receber os 10 mil dólares?".

"Conforme eu já falei", reforçou Knef, pretensioso, "preciso receber uma compensação pelos casos."

E assim ele estragou tudo. Pode ser que não soubesse que a empresa já tinha o dr. Flinn na jogada, fazendo um excelente trabalho por eles. Roeder se levantou rapidamente, pronto para dispensar o dentista. "Sua proposta é imoral", declarou. "Não vamos nos envolver nisso."

"Imoral, é?", ecoou Knef. "Essa é a resposta definitiva?"

Aparentemente era.

E, quando aquela proposta viesse a público, a usrc poderia assumir a postura de bastião da moral por ter mandado Knef às favas.

A reunião durara exatos 55 minutos.

KATE MOORE

RADIOATIVAS

23

OTTAWA, ILLINOIS
1926

OS SINOS DA PARÓQUIA DE ST. COLUMBA REPICARAM ALEGREMENTE POR toda a cidade de Ottawa. Nos últimos tempos, conforme as pintoras de mostradores iam se casando, havia a impressão de que os matrimônios naquela igreja estavam sendo celebrados semana sim, semana não; muitas eram damas de honra umas das outras. Frances Glacinski se casou com Jo'n O'Connell, um operário; Mary Duffy, com um carpinteiro chamado Francis Robinson. Marie Becker ficou noiva de Patrick Rossiter; Mary Vicini se enamorou de Joseph Tonielli; e Peg Looney e Chuck Hackensmith por fim fizeram planos de se casar em junho de 1930. Charlotte Nevins — que já não trabalhava para a Radium Dial desde 1923 — também era uma das moças enamoradas; ela ainda mantinha contato com muitas garotas, e por isso tivera a oportunidade de contar com animação a respeito dos encantos de Albert Purcell. Eles tinham se conhecido no salão de baile *Aragon Ballroom*, em Chicago; Charlotte sabia como rodopiar nos passos do Charleston e, ao fazê-lo, chamou a atenção de Al, um operário do Canadá. "Eles eram melhores amigos", revelou um parente próximo; dentro de dois curtos anos, Charlotte Nevins se tornara a mais nova recém-casada da turma ao desfilar pela nave da paróquia St. Columba.

A igreja onde aqueles casamentos estavam sendo celebrados era um edifício de pedras brancas com telhado de ardósia cinza e um belo altar que causava inveja na região — era imitação de mármore e tomava todo o espaço disponível. A St. Columba era um tanto apertadinha, mas seu teto abobadado era altíssimo e o efeito arquitetônico era de tirar o fôlego. Uma das poucas garotas de fora daquele turbilhão de casamentos era Catherine Wolfe. No entanto, um jovem na igreja *chamara* sua atenção: o nome dele era Thomas Donohue.

Ele tinha 31 anos; e Catherine, 23. Tom era um sujeito diminuto, com sobrancelhas grossas e cabelos escuros; usava bigode e óculos de armação de metal. Ele fazia uma variedade de trabalhos, incluindo os de engenheiro e pintor, um paralelo bastante adequado a Catherine, pois as pintoras de mostradores normalmente estavam listadas como "artistas" no diretório da cidade, uma confirmação do glamour de seu trabalho. Mais tarde, Tom viria a trabalhar em uma fábrica de vidro, a Libbey-Owens, junto a Al Purcell e Patrick Rossiter, parceiros de Charlotte e Marie Becker, respectivamente.

Tom era um "homem comedido, que nunca falava muito". Talvez devido à sua educação, pois era oriundo de uma enorme família de imigrantes irlandeses. Um parente descrevera: "Ele era o sexto de sete filhos; nunca conseguia se manifestar muito". Toda a família tinha crescido na fazenda Donohue, localizada no município de Wallace, ao norte de Ottawa, um daqueles lugarezinhos com vista infindável para além dos campos férteis e céu infinito. Assim como Catherine, que rezava o terço todos os dias, Tom era muito religioso, tanto que frequentou uma escola católica para rapazes com a ideia de ingressar no sacerdócio, mas acabou não acontecendo. Tom frequentava a St. Columba, assim como Catherine; o avô dele havia doado um dos vitrais quando a igreja fora construída. Os Donohue não iam à cidade com tanta frequência, no entanto: "Naquela época, as pessoas não viajavam tanto quanto agora", comentou James, sobrinho de Tom. "Só pessoas influentes iam à cidade mais de uma vez na semana."

Tom Donohue não era uma pessoa influente; ele "não era extrovertido de forma alguma". Era igualzinho a Catherine. "Os dois eram muito calados", relatou a sobrinha do casal, Mary. "Muito tímidos."

Talvez em parte por isso, o casamento deles só tenha vindo a acontecer em 1932.

É possível que Catherine tenha falado de Tom à colega de bancada na *Radium Dial*, Inez Corcoran. Inez também tinha uma história de amor a compartilhar, pois estava noiva de Vincent Lloyd Vallat, dono de um posto de gasolina; o plano era que se casassem no fim daquele mesmo ano.

Mas nem todas as pintoras que se casavam largavam o emprego. Pelo visto o ateliê não queria perder as funcionárias mais qualificadas, e com isso a empresa se tornou pioneira na oferta de contratos de meio período para que mães pudessem trabalhar fora. "Eu cheguei a pedir demissão dez, doze vezes", lembrou uma das garotas. "Eles sempre me convenciam a voltar, porque levava muito tempo para treinar as novatas." Havia a necessidade de manter as melhores pintoras porque os negócios ainda estavam em plena expansão — e *como*. A Westclox atingira uma produção em torno de 1,5 milhão de relógios luminosos em 1926, e a Radium Dial era a responsável por pintar todos eles.

Os maridos recém-casados, por sua vez, começaram a notar algo estranho em seus lares quando as esposas chegavam em casa do trabalho. Um deles escreveu posteriormente: "Lembro-me de quando nos casamos e ela pendurava o guarda-pó no quarto: o tecido brilhava como a aurora boreal. Na primeira vez que vi, senti uma coisa estranha, como se fosse um espectro saltitando pela parede".

Como se houvesse mais alguém no cômodo com eles, à espreita e esperando pela hora certa de atacar.

Porém, não havia indício de que o período de prosperidade teria um fim. Nenhuma mulher de Ottawa adoeceu; uma funcionária teve "o rosto tomado por [uma] explosão de manchas", enquanto outra relatou "pedi demissão porque vinha sentindo muita indisposição estomacal", mas tais queixas não tinham nada a ver com o trabalho delas. Outra mulher, que deixara o ateliê no fim de 1925, alegou estar sentindo "dores terríveis, insuportáveis no quadril", mas tais dores acabaram sumindo. "Embora tivéssemos vários médicos na empresa", lembrou ela, "nunca houve um diagnóstico." Ela nunca mais voltou à Radium Dial, mas disse: "Tive muitas amigas que trabalharam lá por muitos anos sem qualquer efeito colateral".

Apesar da ausência de efeitos colaterais, no entanto, os executivos da empresa não ignoravam a desaceleração nos negócios sofrida pelos concorrentes em New Jersey — e sem dúvida houve preocupação ao terem notícia dos acordos que a USRC fora obrigada a pagar. A caneta de vidro inventada por Reed fora devidamente fornecida às operárias, embora sem nenhuma explicação sobre o porquê. As meninas não sabiam de nada do que estava acontecendo no Leste. A notícia sobre o caso de Marguerite Carlough estava escondidinha em um jornal local a quase 1300 quilômetros dali. O estudo fundamental do dr. Martland, publicado no ano anterior, fora intensamente debatido... mas apenas em publicações médicas especializadas. Embora suas descobertas tivessem sido relatadas pela imprensa geral de Nova York e New Jersey, elas mal agitaram a superfície dos Grandes Lagos do Centro-Oeste. As meninas de Ottawa não liam o *The New York Times*.

Para ser justo com a Radium Dial, portanto, ela não *precisava* implementar a mudança. As meninas não estavam largando os pincéis em protesto, e não era como se estivesse havendo algum tipo de pressão externa para modificar as práticas de trabalho. Assim, apesar da existência do estudo nacional de Swen Kjaer, o qual concluía que a pintura com tinta à base de rádio era perigosa, e, embora existissem estudos médicos agora publicados que corroborassem aquela opinião, nenhum órgão vinha intervindo no cenário nacional para impedir que trabalhadores para além de Orange fossem prejudicados.

Mas, embora a Radium Dial tenha adotado as canetas de vidro, cuja intenção era impedir que os pincéis fossem afinados nos lábios, elas não pareciam a ferramenta ideal. Talvez a empresa tenha fabricado o aparato às pressas, em meio ao pânico. Do ponto de vista das garotas, as tais canetas não eram essa beleza toda; Catherine Wolfe as considerou "esquisitas" e "desajeitadas de manipular". E como os pincéis não foram retirados quando as canetas foram adotadas, as pintoras continuaram a afinar as cerdas nos lábios para limpar os borrados — borrados estes que agora eram abundantes devido à falta de habilidade com a nova caneta.

As meninas admitiram: "No início, éramos bastante vigiadas; eles verificavam se não estávamos tentando voltar ao pincel", mas a vigilância não durou muito: "A pessoa responsável pela supervisão não era muito vigilante", relatou outra garota depois.

Usar pincéis em vez de canetas para pintar os mostradores deveria ser uma transgressão digna de demissão, mas não era uma regra respeitada. Uma garota relatou que ela e mais outras seis ou sete se atrasavam no cumprimento da meta devido à ineficiência das canetas de vidro, então certo dia elas decidiram compensar o atraso usando o pincel. Terminaram demitidas pelo sr. Reed, que as pegou no flagra, mas essa mesma garota que relatou o episódio "voltou em seguida e pediu desculpas; foi aceita de volta, e suas colegas fizeram o mesmo".

Gradualmente, poucos meses depois, as canetas de vidro foram caindo em desuso. Catherine Wolfe comentou: "A gente tinha a escolha de usar a caneta de vidro ou os pincéis japoneses, aquele que considerássemos mais eficiente". Bem, se *esse* era o critério, não havia dilema. No futuro, alguns comentaristas viriam a criticar as mulheres por voltarem ao pincel: "Aquelas que eram gananciosas", escreveu um deles, "e que lucravam com isso, iriam fazer da maneira mais rápida, e o jeito mais veloz de conseguir números perfeitos era utilizando a boca". Mas as meninas recebiam por unidade pintada, não havia salário, então o uso das canetas impactava muito para elas financeiramente.

E claro, elas não eram as únicas a lucrar com a escolha: a Radium Dial também se beneficiava. E, embora Reed tenha sido incumbido de inventar a caneta, uma vez que ficou nítido que não funcionava, a empresa relaxou as regras e permitiu que as meninas voltassem a afinar os pincéis nos lábios sem maiores intervenções. Afinal, com a produção da Westclox crescendo naquele ano de 1926, não era o momento ideal para a empresa insistir em um novo método de produção, ainda mais aquele tão ineficaz.

"A empresa deixou em nossas mãos a decisão de usar ou não as canetas de vidro", lembrou Catherine Wolfe. "Preferi o pincel, pois as outras opções eram esquisitas. Não pensei que fosse perigoso colocar o pincel na boca."

E assim, ela, Inez e Ella Cruse — mais uma das garotas do time original — ainda continuavam a seguir o velho ritual do lábio-tinta-pinta ao longo do ano de 1926. Catherine afinou o pincel nos lábios em todos os números que pintou, sem exceção.

No fim do ano, ela largou o pincel para uma despedida especial da amiga Inez, sua companheira de bancada; era o último dia da colega antes de um evento único. Na quarta-feira, 20 de outubro de 1926, Inez Corcoran se casou com Vincent Lloyd Vallat. O feliz casal se postou no altar e fez votos — votos que vislumbravam o futuro: uma caminhada conjunta por todos os sonhos, todos os dias, por todas as boas coisas que estavam por vir.

Suas vozes ecoaram nas paredes frias da igreja: "Até que a morte nos separe...".

KATE MOORE

RADIOATIVAS

24

ORANGE, NEW JERSEY
1927

GRACE FRYER ENTROU MANCANDO NO CONSULTÓRIO DO DR. HUMPHRIES, tentando não chorar de dor. Humphries ficou chocado ao constatar como ela havia mudado; já fazia um tempo que não a via. O dr. Martland pedira a ela que retornasse às consultas com Humphries, alegando que "seu estado era grave em função da coluna".

Tanto o dr. Martland quanto o sr. Hoffman já haviam tentado ajudá-la, pensou Grace enquanto Humphries a conduzia ao setor de radiologia para uma nova bateria de exames. Hoffman, pensava ela, havia sido muito gentil. Percebendo uma deterioração acentuada na saúde de Grace, ele escrevera ao presidente Roeder em nome dela, pedindo ajuda "em prol da justeza e da justiça".

Hoffman ficou bastante surpreso com a resposta da USRC: "O sr. Roeder não tem mais nenhuma relação com esta empresa".

Pelo visto, a USRC não gostara nem um pouco de ter sido colocada em uma posição em que teria de resolver pendengas judiciais. Os dedos de Roeder estavam em todas as manipulações questionáveis do relatório dos Drinker, e talvez fosse melhor que ele tomasse outros rumos. Ele renunciou ao cargo em julho de 1926. Embora não fosse mais o rosto público da empresa, permanecia como diretor do conselho.

Apesar de ter havido aquela mudança no comando, a postura da corporação em relação a seus ex-funcionários afetados pelo rádio não mudara em nada. O novo presidente, Clarence B. Lee, rejeitara sem hesitação o pedido de ajuda do dr. Hoffman. Este, quando escreveu a Grace para avisá-la da recusa, acrescentou: "Tome medidas legais imediatamente".

Bem, pensou Grace, ela estava *tentando* fazer isso. Apesar da saúde debilitada, a busca por um advogado continuava incessante, e ela ainda aguardava pela resposta de um novo empregador após a indicação do banco onde trabalhava. E nesse ínterim mantinha as consultas com Humphries a fim de descobrir qual seria o problema em suas costas.

É difícil imaginar como ela teria reagido às notícias que ele lhe dera. "As radiografias mostraram um esmagamento das vértebras", informara Humphries.

A coluna vertebral de Grace tinha sido destruída pelo rádio. Ao mesmo tempo, um dos pés apresentava uma "destruição completa" do osso afetado em função de "trituramento e desbaste". Deve ter sido angustiante aguentar tamanha dor.

"O rádio basicamente consome o osso", dissera Grace em uma entrevista, "com a mesma certeza com que o fogo consome a madeira."

Humphries não podia fazer nada além de tentar encontrar meios de tornar a rotina mais confortável para Grace; meios de ajudá-la a seguir a vida. E assim, em 29 de janeiro de 1927, ele imobilizou Grace Fryer, que então tinha 27 anos, com um colete de aço. O artefato ia dos ombros à cintura e a imobilização era assegurada por duas barras transversais; Grace precisava usá-lo todos os dias e só podia tirá-lo por meros dois minutos por vez. Era um cronograma de tratamento desgastante, mas não havia escolha senão seguir as ordens médicas. Algum tempo depois, ela confidenciou: "Mal consigo ficar de pé sem ele". Ela também usava uma imobilização em um dos pés, e em determinados dias sentia que aqueles suportes ortopédicos eram as únicas coisas que a mantinham firme, que ajudavam ela a continuar.

E Grace precisou daqueles apoios como nunca quando, em 24 de março, enfim ouviu o parecer dos advogados que ela havia contratado fazia pouco: "Lamentamos informar que o estatuto das limitações barrou seu direito de abrir uma ação contra a [USRC], pois já se passaram dois anos desde o vínculo empregatício [com eles]".

Era um novo beco sem saída.

Grace tinha apenas uma carta para jogar na mesa. "[O dr. Martland] concorda comigo", escrevera Hoffman, "que é da maior importância que você tome medidas legais de imediato. [Ele] sugere que você procure a firma de advocacia [Potter & Berry]."

Ela não tinha mais nada a perder; tinha tudo a ganhar. Grace Fryer, agora com 28 anos, coluna fraturada, um pé quebrado e a mandíbula em desintegração, marcou horário para a terça-feira, 3 de maio de 1927, para falar com os novos advogados. Talvez o tal Raymond H. Berry pudesse ajudar de um jeito que nenhum outro advogado fora capaz.

E só havia uma maneira de descobrir.

Grace se vestiu com esmero para o compromisso. Era hora de definir ou desistir. Ela precisara reformular todo o guarda-roupa depois que passara a usar o colete de aço. "É muito difícil", revelou, "usar roupas que não aparecem. Não posso mais usar os modelos de vestido que eu gostava."

Ela arrumou os cabelos escuros e curtos com habilidade, então se olhou no espelho. Estava acostumada a lidar todos os dias com clientes abastados no banco; sabia por experiência própria que a primeira impressão fazia muita diferença.

E tudo indicava que seus novos advogados em potencial também pensavam da mesma forma. A Potter & Berry, apesar de ser uma empresa relativamente pequena, tinha escritórios no *Military Park Building*, um dos primeiros arranha-céus de Newark; à época, era o edifício mais alto da cidade, tendo sido concluído no ano anterior. E o advogado que Grace conheceu no local, ela percebeu de imediato, era tão novo quanto aquele escritório.

Raymond Herst Berry era um jovem advogado que não devia estar nem na casa dos 30 anos. No entanto, seu rostinho de bebê — ele era dono de cabelos loiros e olhos azuis — escondia um cérebro tão afiado quanto uma lâmina. Ele havia se formado em Yale há não muito tempo e tinha graduação pela Blair Academy, tendo sido orador da turma; ele também já era sócio minoritário da empresa. Tinha sido estagiário na Lindabury, Depue & Faulks, representante legal da USRC, e talvez essa experiência tenha conferido ao jovem algum tipo de conhecimento interno. Berry colheu um longo depoimento de Grace. E pelo visto ela resolvera contar a novidade sobre o advogado às amigas; apenas três dias depois, Katherine Schaub também telefonou para Berry.

Mas ele não era de se precipitar. Como qualquer advogado, primeiro examinou as alegações das meninas. Daí foi ao laboratório de Martland e entrevistou Von Sochocky; e então convocou Grace e Katherine para retornar ao escritório no dia 7 de maio. Tinha conduzido a investigação inicial, disse a elas, e já vira o suficiente. E assim, Raymond Berry aceitou o caso. Berry era casado e tinha três filhas pequenas — com uma quarta já em gestação, programada para nascer no ano seguinte —, e talvez o fato de ter tantas mulheres em casa tenha influenciado sua decisão. Berry também chegara a se registrar para lutar na Primeira Guerra; e esse caso do rádio, percebia ele, seria uma guerra e tanto. No acordo com Katherine, Berry negociara o honorário-padrão da época, um terço da indenização recebida. Com Grace, no entanto, ela conseguira pechinchar para um quarto dos valores que recebesse.

O cérebro sagaz de Berry estava trabalhando com afinco no problema do estatuto-das-limitações, que impedia a abertura do processo. Sua teoria era a seguinte: as garotas só poderiam ter movido a ação depois que soubessem que a empresa era culpada. Como a empresa conduzira de forma ativa uma campanha para ludibriar as meninas, então a lei não deveria considerar o atraso que isso causara nos trâmites da defesa. Afinal de contas, após todos os desvios na investigação, as garotas só tomaram conhecimento da relação entre o rádio e as respectivas doenças a partir do diagnóstico formal de Martland, em julho de 1925. Na visão de Berry, portanto, o prazo legal de dois anos para abertura do processo só poderia começar a ser contado a partir daquele momento.

Era maio de 1927. Estavam em cima da hora.

Sem nenhum minuto a perder, Berry começou os preparativos para a ação judicial. O caso de Grace seria o primeiro; talvez por ela ter sido a primeira a chamá-lo, ou talvez porque estivesse mais forte do que Katherine no que dizia respeito à saúde mental. Ela também era — nas palavras de Hoffman — "uma pessoa muito respeitável e funcionária de uma das maiores empresas [de Newark]". Berry sabia muito bem que os advogados da USRC buscariam qualquer ponto fraco para atacar, e o bom caráter de Grace era um ponto favorável à defesa. Assim, em 18 de maio de 1927, foi registrada a queixa formal de Grace contra a empresa de rádio.

E foi uma leitura desagradável — para a USRC. Berry a acusava de colocar Grace em risco de forma "displicente e negligente", de modo que seu corpo "ficou impregnado por substâncias radioativas", as quais "atacavam de forma contínua, destruindo os tecidos da querelante... causando grande dor e sofrimento". E ele concluiu: "A querelante exige 125 mil dólares de indenização em primeira instância".

Seriam duas instâncias. No total, o processo aberto por Grace contra os ex-empregadores protelava uma indenização de 250 mil dólares.

Eles estavam levando o que mereciam.

Desde o início, o caso de Grace atraíra manchetes emocionantes que apoiavam a causa: COM O CORPO DESTRUÍDO, ELA PROCESSA EMPREGADOR: MULHER APARECE NOS TRIBUNAIS USANDO COLETE DE FERRO PARA SE MANTER DE PÉ, declarou o *Newark Evening News* depois da primeira aparição de Grace para dar entrada no processo. E tal cobertura jornalística — junto à rede de amizade das garotas — logo levou outras pintoras de mostradores a entrar em cena. Quinta McDonald foi uma delas, juntamente à irmã, Albina.

E com a aparição das casadas do grupo, Berry agora abria ações não apenas por elas, mas também por seus cônjuges. Tal como Berry relatara em um processo em prol do marido de Quinta: "James McDonald perdeu a força de trabalho de sua cônjuge e, no futuro, será privado do bem-estar e do amparo de uma união, e será impelido a gastar grandes somas no empenho para tratar e curar a esposa. O querelante James McDonald reclama indenização de 25 mil dólares".

Acrescentar os maridos às ações judiciais não foi um gesto excepcional — a verdade era que vinha se tornando cada vez mais impossível para Quinta ser a esposa e a mãe que ela tanto desejava. Ela admitiu: "Hoje em dia faço o trabalho doméstico que consigo. Claro, não dou conta de fazer muita coisa. Não consigo mais me abaixar". Dadas as limitações físicas, ela e James foram obrigados a contratar uma empregada doméstica — mais uma despesa.

A irmã de Quinta, Albina, também necessitava de ajuda com urgência. A perna esquerda agora estava dez centímetros mais curta do que a direita, deixando-a aleijada e acamada. Ela e James não tinham desistido do sonho de formar uma família, mas ela sofrera um aborto espontâneo, infortúnio que a deixara pior do que nunca. "A vida", disse Albina com olhar vidrado, "é vazia para mim e meu marido."

E havia mais uma pessoa sofrendo. Edna Hussman fora libertada do calvário de um ano sob o gesso, mas os problemas de saúde persistiam: a perna esquerda tinha encolhido sete centímetros; o ombro direito estava tão rígido que era impossível usar o braço; e o hemograma apresentou anemia. Quando a mãe faleceu, em dezembro de 1926, ela ficou ainda mais deprimida.

No entanto, Edna ainda nutria esperança. O médico da empresa, dr. Flinn, não tinha dito a ela certa vez que sua saúde estava perfeita? Ela tomava a medicação para anemia e seguia as ordens médicas. E então, em uma noite de maio de 1927, enquanto buscava remédios na escrivaninha, sob a penumbra, ela olhou para o espelho. A princípio, foi como se estivesse vendo o espírito de sua mãe, Minnie, voltando do túmulo para assombrá-la. Na calada da noite, na calada da escuridão, uma garota espectral brilhava no espelho.

Edna deu um grito e desmaiou, pois ali soube o que seus ossos reluzentes anunciavam, brilhando através da pele. Conhecia aquele brilho. Só tinha uma coisa na Terra capaz de fazê-la brilhar daquele jeito. *Rádio*.

Ela marcou uma consulta com o dr. Humphries e relatou o que tinha visto, relatou a intensidade de sua dor. E no Hospital Ortopédico de Orange disse: "Eu ouvi o dr. Humphries conversando com outro médico. Ele mencionou envenenamento por rádio. Foi quando fiquei sabendo".

Edna era uma "mulher serena e resignada". Em declaração posterior, ela falou: "Sou muito religiosa. Talvez por isso eu não esteja brava com ninguém pelo ocorrido". Mas isso não significava que ela não achava todo aquele cenário um tanto injusto. Ela continuou: "[Eu] sinto que alguém deveria ter nos alertado. Nenhuma de nós sabia que a tinta era perigosa; éramos apenas meninas: 15, 17 e 19 anos". Talvez a sensação inata de injustiça tenha sido o motivo pelo qual, em junho de 1927, apenas um mês depois de receber o diagnóstico, Edna e Louis Hussman tenham procurado Raymond Berry.

Agora eram cinco: cinco garotas clamando por justiça; cinco garotas lutando por uma causa. Grace, Katherine, Quinta, Albina e Edna. Os jornais enlouqueceram, inventando apelidos memoráveis para definir o novo quinteto. E assim, no verão de 1927, a ação na justiça foi oficializada.

Era dado início ao Caso das Cinco Condenadas.

KATE MOORE
RADIOATIVAS

25

OS EXECUTIVOS DA USRC, SERIA JUSTO DIZER, FORAM TOTALMENTE TOMA-dos de surpresa pelos cinco processos judiciais. Eles apelidaram o fato de "conspiração", elaborada pelo que intitularam "aparelhamento de Berry". A inabalável confiança anterior ao rejeitar todos os apelos se baseava no fato de que o estatuto das limitações os tornara invencíveis aos próprios olhos — mas agora, com a hábil interpretação da lei feita por Berry, viram-se atabalhoados para realizar a defesa.

Talvez fosse inevitável que transferissem a culpa às vítimas. As que-relantes, afirmou a empresa em resposta às reivindicações das garotas, eram "culpadas por negligência ao não exercerem os devidos cuida-dos e precauções para [sua] segurança". E a USRC foi mais longe ainda: negou que as garotas tivessem sido instruídas a afinar os pincéis nos lábios; negou que qualquer mulher no ateliê já o tivesse feito; negou que elas se sujassem com o pó do rádio. Uma atrás da outra, negação após negação, páginas e páginas de juridiquês. A empresa só assumiu uma coisa: "não houve alerta". Isso porque vinha "negando que o rádio fosse perigoso".

Tais negações (mentiras completas, podia-se dizer...) compunham a tréplica legal, mas esse era só o começo da tentativa de tomar as rédeas da situação. Sendo confrontada por uma disputa direta nos tribunais, a USRC revidava pelas costas das ex-funcionárias. A srta. Rooney, ex-su-pervisora da USRC e amiga de Edna Hussman, ficou surpresa quando um dos antigos chefes apareceu de repente na Luminite e pediu para terem uma palavrinha. No início, ela conversou de forma alegre com o visitante sobre as garotas que tinham trabalhado sob a administração dele, partilhando detalhes sobre o desempenho das jovens. O executivo, empolgado, observou que ela lhe dera "informações notáveis".

Parece que tanto a empresa quanto a ex-supervisora subestimavam por completo a força de vontade de Grace Fryer. "A srta. Rooney diz ter certeza de que Grace Fryer foi influenciada pelos advogados para abrir o processo", dizia um memorando da empresa. Mal sabiam que, se Grace não tivesse passado dois anos correndo atrás de um advogado, nada daquilo estaria acontecendo.

A empresa começou a desconfiar dos advogados e também de um ex-amigo, achando que todos estavam sendo traidores. "A srta. Rooney parece ter motivos para acreditar que o sr. [Von] Sochocky estava por trás de todos os casos", continuava o memorando. "Com certeza penso que devemos ficar a par do que [Von] Sochocky vem fazendo, bem como de seu paradeiro."

O executivo que conversara informalmente com a srta. Rooney não apareceu no local de trabalho dela para falar sobre as garotas pintoras nem uma nem duas vezes, e sim três vezes. E foi na terceira visita que ela percebeu o que estava acontecendo. "Nesta manhã a srta. Rooney alegou não ter mais nenhuma informação", observava o memorando final do executivo sobre aquele assunto. "Creio que ela esteja apenas se calando por temer prejudicar a amiga."

Mas o fato não se deu sem consequências; a empresa tinha conseguido o que precisava e havia outras fontes de informação disponíveis. Agora a empresa de rádio também vinha pagando por detetives particulares para seguir as cinco garotas, buscando por alguma informação que pudesse desaboná-las no tribunal. Berry talvez já desconfiasse que esse tipo de tática seria empregada, dada sua decisão de colocar Grace como figura central.

No entanto, apesar da inocência pura de Grace Fryer, ela não necessariamente passaria incólume. Havia um boato antigo — não era nem mesmo boato, era fato, preto no branco, escrito na certidão de óbito de Amelia Maggia. *Ela* havia morrido de sífilis, então como não pensar que as outras garotas, que já tinham trabalhado bem ao lado de uma garota do "tipo" de Amelia, também já não estivessem maculadas pela Doença do Cupido? Os rumores correram as ruas de Orange, colando às garotas como uma segunda pele, tal como já havia acontecido um dia com o pó do rádio. "Você sabe como o pessoal de cidades pequenas é fofoqueiro..." disse um parente de Grace.

A usrc também não havia se esquecido de que Grace um dia propusera um acordo de 5 mil dólares. Sendo assim, quando a empresa apresentara sua resposta legal a Berry, incluíra um parágrafo final com o seguinte: "Registremos um acordo com o baixíssimo valor proposto no início", escreveram os advogados da empresa. "Não permita que barganhemos. Dê-nos seu melhor lance."

Cumprindo suas funções, Berry mostrou a carta a Grace. Pode-se imaginar a resposta; Berry escreveu de volta para a equipe jurídica da usrc — que agora compreendia três firmas advocatícias em separado, inclusive as representantes das seguradoras da usrc, as quais teriam de pagar as indenizações caso as garotas saíssem vitoriosas — "Não é desejo [da srta. Fryer] realizar nenhuma negociação no que diz respeito a acordos. Em outras palavras: nos veremos nos tribunais".

Berry logo se dedicou a construir sua argumentação. Ele tratou de conhecer os aliados das garotas — Wiley, Hamilton, Hoffman, Martland, Humphries e Von Sochocky — e passou muito tempo lendo as anotações e entrevistando a todos. Wiley apresentou um relato sólido de tudo que ficara sabendo até então: "Embora suas funcionárias estivessem caindo doentes, a usrc nada fez. Na verdade, foi feito todo o possível para ocultar o problema e impossibilitar o alívio adequado às enfermas".

Ao saber sobre o encobrimento do relatório dos Drinker, Berry percebeu de imediato o impacto daquela farsa sobre o caso — e escreveu a Cecil Drinker para solicitar provas que pudessem ajudar as mulheres. No entanto, Drinker respondeu, por meio de sua secretária: "Ele não tem interesse em testemunhar". Berry passaria o verão inteiro tentando convencê-lo a mudar de ideia, mas, por fim, acabou sendo obrigado a emitir uma intimação formal.

Drinker não era o único médico indisposto a testemunhar. "Embora eu nutra extrema empatia para com as meninas", escrevera Martland, "não posso tomar partido em um processo civil." Martland não gostava de advogados e não queria se ver em meio a uma batalha legal; por mais que adorasse um mistério ao estilo Sherlock Holmes, ele não era fã do drama dos tribunais.

Como o testemunho de Martland não era certo — Berry ainda não tinha desistido de tentar convencê-lo —, foi dada a largada à procura de um especialista que pudesse fazer novos exames respiratórios com as garotas a fim de provar os resquícios de radioatividade em seus organismos. Mesmo após tanto esforço, Berry se vira em um beco sem saída. Ele até havia encontrado um especialista em Boston disposto a ajudar, mas as garotas não tinham condições físicas de viajar até lá.

Enquanto isso, no campo oposto, a USRC estava tranquila, pois Flinn ainda atuava como seu especialista; e não apenas para a empresa, conforme Berry logo descobriu.

Berry agora estava sabendo dos casos de intoxicação por rádio da Waterbury Clock Company. Em essência, a existência deles provava que a doença de suas clientes tinha origem ocupacional. Por conseguinte, Berry escreveu à Comissão de Indenizações Trabalhistas, em Connecticut, onde a Waterbury estava sediada, em busca de evidências úteis para usar no tribunal. Mas a resposta da comissão foi bastante inesperada: "Se alguém nesta região foi acometido por doença ocupacional", escreveu o delegado, "eu deveria ter [tomado] conhecimento, pois doenças ocupacionais são indenizáveis neste Estado há anos. Nenhuma reclamação foi registrada junto a mim. Assim como você, já ouvi vários rumores, mas não sei nada mais a respeito deles".

Era um enigma. A lei de Connecticut era muito mais favorável, pois permitia a abertura de ações trabalhistas até cinco anos após o desligamento da função, e esse seria um período suficiente para uma pintora de mostradores descobrir um possível envenenamento causado pelo rádio. Até então, pelo menos três pintoras haviam morrido em Waterbury e outras estavam doentes. *Nenhuma* família processara a empresa?

A resposta era não — e havia um bom motivo para isso: o dr. Frederick Flinn. Flinn tivera acesso às meninas da Waterbury praticamente quando elas começaram a adoecer. Tinha conseguido acesso privilegiado às funcionárias, e as garotas não apenas o conheciam, como confiavam nele. Quando ele lhes dissera que estavam todas gozando de perfeita saúde, acreditaram nele. E uma vez que a intoxicação por rádio fora descoberta, Flinn se mostrou "propenso a desempenhar um papel de duas caras: para as pintoras, ele era o médico especialista preocupado, enquanto para a empresa ele era aquele que persuadiria as pintoras a aceitarem acordos que explicitamente livrariam a empresa de qualquer responsabilidade ulterior".

E foi por isso que nenhum caso foi registrado junto à Comissão de Indenizações — quaisquer reclamações que pudessem ter sido levantadas foram resolvidas pela Waterbury com discrição. E havia uma razão óbvia para existir uma diferença na abordagem da Waterbury Clock Company em comparação à usrc — e a pista está no nome da empresa. Como a Waterbury era uma fabricante de relógios, e não um laboratório de rádio, aceitar fazer acordos — o que por sua vez já seria uma confissão tácita de que a tinta prejudicara as garotas — não afetaria as ramificações de seus negócios, pois os ganhos não provinham da venda do rádio *per se*. Sendo assim, quando funcionários começaram a morrer, a Waterbury apenas resolveu todos os casos que surgiram usando da habilidosa mediação do dr. Flinn. "Nessas negociações", escreveu um comentarista, "Flinn estava em vantagem. Ele sabia o que queria, e as mulheres com quem estava lidando eram invariavelmente jovens, ingênuas, vulneráveis, e não contavam com aconselhamento jurídico." Caso as mulheres da Waterbury tivessem recebido instruções de um advogado, poderiam ter descoberto o que Berry já sabia bem: que pela lei de Connecticut muitas delas poderiam ter encontrado justiça graças ao estatuto mais generoso de cinco anos para abertura de processos. Deve-se observar, no entanto, que o estatuto era de cinco anos apenas no ato da descoberta da intoxicação por rádio; após o surgimento dos casos das meninas, a lei fora reescrita e o prazo, reduzido.

Com a intervenção do médico, a empresa gastou em média 5600 dólares por mulher afetada, mas esse número está distorcido por causa de um punhado de acordos polpudos. A maioria das vítimas recebeu menos do que essa média; algumas receberam valores ofensivos, na casa dos dois dígitos, como no caso — chocante — em que a família de uma garota morta recebeu 43,75 dólares de indenização.

Com muito boa vontade, era possível dizer que Flinn fizera um favor às meninas da Waterbury. Ele sem dúvida enxergava por este viés: sua intervenção as "salvara" do aborrecimento de abrir um processo na justiça. Mas a empresa e Flinn tinham todas as cartas nas mãos — e Flinn continuava ativo naquilo que Martland apelidara de "acender uma vela para o santo e outra para o diabo". Embora Flinn agora estivesse sendo obrigado a reconhecer a existência do envenenamento por rádio, isso não significava que *todas* as meninas estariam perecendo disso. E assim, conforme Flinn continuava a realizar exames nas mulheres de Waterbury, ele também continuava a não encontrar nenhum caso positivo de intoxicação por rádio. *Nenhum* — nem em 1925, nem em 1926, nem em 1927. Apenas nos meses finais de 1928 ele admitiu, finalmente, que cinco meninas *poderiam* ter sido afetadas pelo rádio. Ele chegara a dizer a uma funcionária, Katherine Moore, em oito ocasiões distintas, que não havia um único vestígio de rádio no organismo dela. Mais tarde, ela viera a falecer em decorrência da intoxicação por rádio.

Berry, ao receber as informações da comissão, e sem saber nada sobre o trabalho de Flinn na Waterbury, ficou perplexo com a ausência de provas. Mas sua nova amiga, Alice Hamilton, logo ficou a par do que havia acontecido, e contou tudo a ele. Como Flinn resolvera todos os casos com muita discrição, é claro que não haveria evidências: zero divulgação; nenhum fiscal do Departamento do Trabalho batendo à porta da Waterbury; nenhum advogado envolvido — só um maço de notas passado sobre a mesa e um destinatário muito grato por ter recebido alguma coisa. Tudo por debaixo dos panos.

Nada daquilo favorecia Raymond Berry.

Desde o início, Berry sempre se mostrara muito interessado no dr. Flinn. Ele estava ciente dos atestados de boa saúde que dera às garotas — declarações essas que as confundiram e que, para algumas delas, minara toda a chance de abertura de um processo judicial. Sendo assim, em agosto de 1927, Berry decidiu se aprofundar um pouco mais na história do dr. Flinn. A investigação logo desencavou uma notícia chocante.

O dr. Flinn tinha feito uma série de exames nas garotas: coleta de sangue, análise de radiografias. Ele providenciava o tratamento médico e lhes escrevia cartas cujo cabeçalho constava o nome da Faculdade de Médicos e Cirurgiões de Nova York. "[Eu] entendia", disse o médico de Grace, dr. McCaffrey, que a examinara em colaboração a Flinn, "que o dr. Flinn era um médico formado."

Mas agora, quando Berry pedira às autoridades que investigassem quem de fato era Flinn, ele recebera a seguinte carta do Conselho de Medicina de New Jersey: "Não consta em nossos registros a emissão de licença em nome de Frederick B. Flinn para exercer medicina/cirurgia ou qualquer ramo da medicina/cirurgia".

Flinn não era médico. Seu diploma era em filosofia.

Ele era, em uma definição da Liga do Consumidor, "a fraude das fraudes".

KATE MOORE

RADIOATIVAS

26

OTTAWA, ILLINOIS
Agosto de 1927

ELLA CRUSE BATEU A PORTA DE TELA DE SUA CASA NA CLINTON STREET E desceu os poucos degraus da entrada. Despediu-se da mãe, Nellie, mas a voz já não demonstrava o mesmo ânimo antes.

Ella não sabia o que havia de errado. Sempre fora uma moça "forte e sadia", mas agora estava sempre cansada. Deu início à caminhada para o trabalho, como sempre se orientando pela torre da paróquia St. Columba, a cerca de dois quarteirões de casa. Ella e a família — a mãe Nellie, o pai James e o irmão caçula John — frequentavam com regularidade os cultos na igreja católica, assim como faziam quase todas as colegas de trabalho.

A resposta de Nellie à despedida da filha também foi desanimada, mas isso porque a mãe reprovava o trabalho de Ella como pintora de mostradores. "Eu nunca quis que Ella trabalhasse lá", dizia Nellie, balançando a cabeça, "mas [é] um ambiente limpo e são só um monte de garotas faceiras."

A Clinton Street ficava a apenas alguns quarteirões do ateliê, então mesmo naquele novo ritmo de lesma Ella não demorou a chegar. Ela subiu os degraus da escola junto a todas as outras garotas, prontas para trabalhar. Lá estava Catherine Wolfe, caminhando com seu leve mancar desenvolvido fazia pouco; Marie Becker, tagarelando — como sempre — em uma supervelocidade; Mary Vicini, Ruth Thompson e Sadie Pray. Peg Looney já estava à sua bancada quando Ella entrou no ateliê, conscienciosa como sempre. Ella cumprimentou a todas; era "uma jovem muito popular".

Em 1927, Mary Ellen Cruse (nome de batismo dado pelos pais) tinha 24 anos, a mesma idade de Catherine Wolfe. Seus reluzentes cabelos castanhos estavam modelados no ousado corte *bob* da moda, cujas pontas tocavam as maçãs do rosto, e era rematado por uma franjinha usada de tal forma que emoldurava a pele impecável. Ela usava as sobrancelhas cuidadosamente pinçadas e tinha um sorriso tímido que fazia saltar uma covinha na bochecha esquerda.

Ela se sentou junto à bancada de madeira e pegou o pincel. *Lábio... Tinta... Pinta.* Era uma rotina familiar agora, pois tinha começado a trabalhar ali aos 20 anos — cumpria uma carga de 25 dias por mês, oito horas diárias, sem férias remuneradas.

Rapaz, como ela precisava de férias agora. Estava cansada e desanimada, e vinha sentindo dores na mandíbula. Não fazia sentido; sua saúde no geral era ótima. Há cerca de seis meses havia procurado auxílio médico, mas, mesmo tendo ido a alguns especialistas diferentes, nenhum deles fora de muita ajuda. A mesma situação acontecera a Peg Looney: ela havia se submetido a uma extração dentária fazia pouco tempo, mas vinha tendo problemas com a cicatrização.

Ela olhou para cima quando ouviu o sr. Reed entrar na sala, avaliando enquanto ele andava de um lado a outro em uma das raras inspeções. Ultimamente, seu caminhar vinha carregado de certa arrogância — mas por que seria diferente? Agora ele dirigia o departamento: superintendente, enfim, desde que a srta. Murray falecera em decorrência de câncer em julho. Ela voltou sua atenção para o mostrador. Não havia tempo a perder.

No entanto, hoje em dia o trabalho vinha sendo desgastante. Durante todo o verão, ela se queixara de dores nas mãos e nas pernas, e era complicado manter a produtividade da pintura delicada quando os nozinhos dos dedos estavam tão doloridos. Ela respirou fundo e apoiou a cabeça nas mãos. Mas o gesto também a preocupou: havia um carocinho rígido sob o queixo. Ella não sabia o que era ou por que tinha aparecido de repente, mas lhe parecia muito peculiar.

Bem, pelo menos era sexta-feira. Ela se perguntava o que as garotas iriam fazer no fim de semana — talvez Chuck, o namorado de Peg, fosse dar uma festa no seu bangalô, ou haveria planos para assistir a um filme no *Roxy*. Ela afagou distraída a pequena espinha que surgira em sua pele normalmente imaculada uns dois dias antes; estava na bochecha esquerda, perto da covinha. Assim que a detectara, não resistira e a cutucara, fazendo o local inchar; sob as pontas dos dedos, sentia a dor e a rigidez. Com sorte, a pele estaria limpa antes da próxima festa.

Ella passara a manhã inteira tentando se concentrar no trabalho, mas estava achando cada vez mais difícil. Não haveria festas no fim de semana, com certeza. Na verdade, pensou ela de súbito, também não haveria trabalho. Já estava cansada — era o suficiente por hoje. Levou a bandeja de mostradores até o sr. Reed e disse que precisava ir para casa, pois estava passando mal. Levou menos de dez minutos para retornar à Clinton Street, sob os sinos de St. Columba anunciando que era meio-dia. Disse à mãe que não estava se sentindo bem e que talvez iria para a cama.

"No dia seguinte", lembrou Nellie, "fomos ao médico." Aquela pequena espinha havia inchado e Ella queria que fosse examinada. Mas não era nada sério, o médico manteve um tom tranquilo na conversa com ambas. Ella mencionara a ele que a mãe sempre tivera ressalvas por ela trabalhar na Radium Dial, e ele respondera com uma risada calorosa: "Isso é bobagem, não existe local mais higienizado do que aquele".

E então Ella e Nellie voltaram para casa na Clinton Street.

Ella bem que poderia ter deixado de ir à igreja no domingo; e com certeza não estava em condições para trabalhar na segunda-feira de manhã. Na terça-feira, 30 de agosto, Nellie voltou a procurar um médico com a filha; ele tentou drenar a espinha, mas não saiu secreção alguma. Ele então deixou como estava; aparentemente a causa do mal-estar de Ella era um mistério.

Até podia ser um mistério, mas *não era bem* o que Ella Cruse pensava ser. Aquela espinha, aquela espinhazinha, não parava de inchar. E estava bastante dolorosa. Nada do que Ella, Nellie ou mesmo o médico vinham fazendo era capaz de curar a ferida; era uma infecção incontrolável. O rosto de Ella ficou horrivelmente inchado; e ela também começou a apresentar febre.

"No dia seguinte", recordou-se Nellie, "[o médico] examinou o rosto dela [outra vez] e a mandou para o hospital."

Ella foi internada no Hospital da Cidade de Ottawa em 31 de agosto. E a "espinha" continuava a crescer — a um ponto em que já não podia mais ser chamada de espinha. Não era nem mesmo um furúnculo; era muito pior. O belo corte de cabelo de Ella ainda se destacava, na moda como sempre, mas a garota sob aqueles belos fios ficou irreconhecível em poucos dias. Uma septicemia se instalou e o lindo rosto e a cabeça da jovem escureceram.

"Ela sofreu as dores mais horríveis...", lembrou Nellie, horrorizada. "As dores mais terríveis que já vi *qualquer pessoa* sofrer."

Ella era a única filha moça de Nellie. A mãe manteve a vigília ao lado da cama enquanto os médicos permitiram, embora a pessoa deitada ali não se assemelhasse mais a sua filhinha. Mas ainda *era* Ella: ainda era sua menina, estava viva e precisava da mãe.

Meia-noite, 3 de setembro. A noite de sábado se transformou na manhã de domingo e o estado de Ella piorou. Enquanto estava deitada, o organismo tomado pela sepse, a cabeça inchada e escurecida, o rosto irreconhecível, o veneno em seu corpo mostrou-se implacável. Às 4h30 da madrugada de domingo do dia 4 de setembro, a jovem faleceu, de repente. Na semana anterior ela estava bem, pintando mostradores; tudo que tinha era uma espinha no rosto. Como é que definhara daquele jeito?

Os médicos preencheram o atestado de óbito. "Infecção por estreptococos" foi a causa da morte oficial. "Causa contributiva: infecção facial."

Em 6 de setembro, Nellie e James Cruse fizeram o trajeto familiar até a paróquia St. Columba para enterrar a filha. "A morte da srta. Cruse", relatou o jornal local, "foi um choque para todos os amigos e familiares."

Foi um choque. Deixou um buraco; um buraco na família, e que jamais poderia ser preenchido. Muitos anos depois, os pais da jovem disseram: "A vida nunca mais foi a mesma depois que Ella se foi".

O obituário de Ella mencionou apenas um detalhe no texto que lamentava pela jovem de Ottawa, a jovem que passara a maior parte da vida naquela cidade, rodeada de amigos, popular, dona de um corte de cabelo moderno e que vivera seus poucos dias sob a sombra do pináculo da igreja.

"Ela trabalhava na Radium Dial...", registrara o jornal.

KATE MOORE

RADIOATIVAS

27

NEWARK, NEW JERSEY
1927

A NOTÍCIA SOBRE A AUSÊNCIA DO DIPLOMA MÉDICO DE FLINN FOI CHO-cante para todos. Wiley, que estava atônito por ter sido enganado, o chamara de "vilão genuíno". Hamilton escrevera a Flinn impelindo-o a "pensar com muita seriedade na postura adotada". Mas Flinn não se abalou. Ele respondeu a Hamilton: "Aquilo ao qual você se refere como 'minha conduta recente' está para além do meu conhecimento". Pelo visto ele não se deixara perturbar pela descoberta de Berry sobre sua formação; aos próprios olhos, ele ainda era um especialista em higiene industrial — assim como Hoffman, um estatístico, também poderia ser denominado especialista nesse campo — e não havia feito nada de errado.

Hamilton ficou frustrada com a resposta simplista de Flinn. É "impossível lidar" com ele, exclamara ela. Enquanto isso, Berry denunciava Flinn às autoridades por exercício ilegal da medicina.

Aparte a questão de Flinn, Hamilton agora equipava Berry com aquela que seria uma arma secreta deveras importante: o contato pessoal com Walter Lippmann e o *World*. O *World* era o jornal mais poderoso dos Estados Unidos à época. Era um veículo que prometia "nunca carecer de empatia para com os desfavorecidos [e] sempre se dedicar ao bem-estar público", de modo que o caso das pintoras de mostradores era a causa popular perfeita para o jornal. Lippmann era um de seus principais articulistas; ele viria a se tornar editor do jornal em 1929, e mais tarde seria considerado um dos jornalistas mais influentes do século XX. Tê-lo no time das garotas era uma bela jogada.

Imediatamente, Berry teve um gostinho do que Lippmann era capaz de fazer. A USRC, como já era esperado, citara o estatuto das limitações em sua defesa; a argumentação era que os casos deveriam ser julgados antes que a culpa da empresa pudesse ao menos ser avaliada. Mas Lippmann foi rápido em fornecer a própria interpretação sobre aquela estratégia em uma declaração ao *World*, intitulando a tentativa da USRC de refugiar-se sob o estatuto de "intolerável" e "desprezível". "É quase impensável", escreveu ele, "que a corte não vá acolher a defesa das querelantes."

E ele estava certo, de certa forma; o tribunal refutara a argumentação da USRC. Em vez disso, os casos das meninas — que foram unificados a fim de evitar audiências redundantes — foram transferidos para o Tribunal de Chancelaria (uma espécie de Supremo Tribunal), onde seria apresentada a argumentação de cada parte, e a partir daí seria emitida a decisão sobre a interpretação de Berry a respeito do estatuto. Supondo que o caso fosse aceito, haveria um segundo julgamento, o qual determinaria a culpa da USRC. O Tribunal de Chancelaria era apelidado de "a Corte da Consciência do Rei": era ali que os casos sem resposta ante a interpretação restrita da lei clamavam por misericórdia. O julgamento estava marcado para 12 de janeiro de 1928.

Mas ainda havia muito o que fazer até lá. Berry enfim tinha encontrado um especialista para realizar novos exames de radioatividade nas garotas; Elizabeth Hughes era física e ex-assistente de Von Sochocky. Os exames estavam marcados para novembro de 1927. Berry sabia, no entanto, que o que quer que a sra. Hughes encontrasse, seria questionado no tribunal. E a USRC já havia alegado o seguinte: "Também gostaríamos de realizar exames físicos nas querelantes, com o *nosso* médico", e Berry previu que haveria certa disputa a respeito dos tais exames. Os resultados poderiam ser variáveis, sem dúvida; um dia úmido poderia distorcer os diagnósticos, e até médicos diferentes olhando os mesmos laudos poderiam interpretá-los de maneira adversa.

O problema de Berry, portanto, era igual ao que o dr. Martland enfrentara em 1925. Como *provar* que era o rádio que estava matando as pintoras de mostradores? Só havia um jeito de fazê-lo, e não era algo que Berry poderia pedir diretamente a suas clientes, pois o único jeito de extrair o rádio dos ossos da vítima — para demonstrar de forma incontestável sua presença ali — era reduzindo os ossos a cinzas. "O depósito [de rádio]", comentou Martland, "pode ser removido apenas pela cremação do osso e depois pela fervura das cinzas em ácido clorídrico."

Não: Grace, Edna, Katherine ou as irmãs Maggia não tinham como ajudar nesse quesito. A menos que...

A menos que eles tivessem acesso a uma das garotas da família Maggia. *Mollie*.

Era pouco mais de nove da manhã de 15 de outubro de 1927 quando os homens chegaram ao cemitério de Rosedale. Foram contornando as fileiras de túmulos até chegarem a uma sepultura. Ergueram uma tenda acima dela e removeram a lápide. E então se puseram a trabalhar para encontrar o caixão, revirando a terra úmida na cova até depararem com os pedaços da madeira que abrigava Amelia "Mollie" Maggia — a garota que, diziam, tinha morrido de sífilis. Os homens amarraram cordas no caixão e fizeram um reforço com correntes de metal. Foi preciso erguê-lo alguns centímetros para "livrá-lo da água que penetrara seu interior após as chuvas recentes". Então aguardaram a chegada da equipe. Berry havia combinado com a empresa de rádio que todos se encontrassem ali às 15h30.

Às 15h, os especialistas da empresa chegaram ao túmulo de Mollie.

Havia seis homens da USRC, incluindo o vice-presidente Barker e o onipresente dr. Flinn. Prudente, Berry providenciara a presença de um investigador especial para aquelas atividades matinais; e agora ele observava enquanto os homens da USRC se aproximavam da tenda. Às 15h30, bem no horário marcado, Berry foi até o túmulo acompanhado da sra. Hughes, do dr. Martland e de um séquito de médicos de Nova York, os quais conduziriam a autópsia. Havia treze funcionários autorizados ao todo, reunidos para testemunhar a exumação de Mollie.

Ali, acanhados entre médicos e advogados, estavam mais três homens: James McDonald e James Larice (cunhados de Mollie) e o pai dela, Valerio. A família não protestou quando Berry propusera a exumação. O corpo de Mollie poderia fornecer evidências perfeitas para a contenda na justiça. Mesmo depois de tantos anos, ela ainda poderia ajudar as irmãs.

Após a chegada da equipe de Berry, foram feitos os preparativos para enfim içar o caixão. Todo o grupo adentrou na tenda, que teve as portas fechadas. Os coveiros puxaram cordas e correntes. Devagar, Mollie foi sendo erguida até a superfície: "O revestimento já estava em más condições e se desmantelava com facilidade; o caixão também estava em vias de se desmanchar". Embora fosse um dia nublado de outono, o caixão parecia brilhar com uma luz artificial; havia "sinais inconfundíveis da presença do rádio — o interior do caixão brilhava com a luminescência suave dos compostos do rádio".

Alguém se abaixou sobre o caixão reluzente e arrancou uma placa prateada da madeira apodrecida. *Amelia Maggia*, dizia. A placa foi mostrada a Valerio para identificação. Ele assentiu: sim, estava certo. Tinha sido a placa escolhida pela família para homenagear a filha.

Assim que a identidade de Mollie foi confirmada, a tampa e as laterais do caixão foram removidas. E lá estava ela. Lá estava Mollie Maggia, de volta dos mortos, em seu vestidinho branco e sapatos de couro preto, como fora vestida no dia do enterro, em 1922.

"O corpo", observaram os presentes, "estava bem conservado."

Eles a removeram com cuidado do caixão, colocaram-na com cuidado em uma caixa de madeira e depois a levaram de carro a uma saleta nos arredores. Às 16h50, a autópsia começaria. Às 16h50, Amelia Maggia finalmente teria a oportunidade de falar.

Não existe dignidade na morte. Os médicos começaram pela arcada superior, a qual foi removida em vários pedaços; não havia necessidade de fazer isso com a arcada inferior, pois esta não estava mais presente, tendo sido retirada ainda em vida. Serraram espinha, cabeça, costelas. Rasparam os ossos com uma lâmina a fim de prepará-los para os passos seguintes. E lá estava, de algum modo, um tipo de cuidado ritualístico em suas tarefas constantes enquanto "lavavam [os ossos dela] em água quente, secavam e [os] reduziam a cinzas do branco mais cinzento". Alguns ossos foram colocados sobre filmes radiográficos; outros, foram carbonizados até se transformarem em cinzas, as quais foram testadas quanto à radioatividade.

Quando conferiram os filmes radiográficos, dias depois, *lá estava* a mensagem de Mollie do além-túmulo. Ela vinha tentando falar há tanto tempo — agora, enfim, havia alguém para lhe dar ouvidos. Seus ossos deixaram marcas brancas no filme ébano. Suas vértebras brilhavam na forma de luzes brancas verticais, como um regimento de palitos de fósforo queimando devagar até escurecer. Eram como fileiras de garotas-pintoras, voltando para casa após o trabalho. Ao mesmo tempo, as imagens do crânio, com o maxilar faltante, deixavam a boca com um aspecto artificialmente esticado, como se ela estivesse dando um berro — um clamor por justiça ao longo de todos aqueles anos. Em uma das cavidades oculares havia uma mancha escura, como se ela estivesse mirando o olhar, encarando de forma acusadora, expondo uma mentira que havia sujado seu nome.

De acordo com os legistas, não havia "nenhuma evidência de doença, e muito menos nenhuma evidência de sífilis".

Inocente.

"Cada pedacinho de tecido e osso testado", concluíram os médicos, "apresentava evidência de radioatividade."

Não era a Doença do Cupido, tal como os fofoqueiros acusaram. Era *rádio*.

As descobertas da autópsia foram amplamente divulgadas; a luta das garotas por justiça aos poucos ganhava fama. E era essa mesma publicidade que agora trazia uma nova garota ao escritório de Berry, embora ela não tenha fechado contrato com ele naquele momento.

Ella Eckert, amiga de Mollie Maggia, a garota efusiva e divertida de cabelos loiros encaracolados que morrera de rir em tantos piqueniques da empresa, agora buscava a firma advocatícia de Newark naquele outono de 1927. A saúde dela estava muito melhor em comparação a qualquer uma das cinco mulheres envolvidas no processo judicial; todavia, ela dissera a Berry: "Gastei pelo menos 200 dólares em radiografias, exames de sangue, remédios e assistência médica, tudo sem sucesso". Ela havia sofrido uma queda no trabalho, na Bamberger's, no ano anterior, e fora forçada a deixar o emprego, pois sofrera uma lesão no ombro que jamais cicatrizara. Berry notava que o braço dela estava "muito inchado, um volume que ia do ombro até a mão". Ela alegava estar sentindo muita dor e implorava para que ele a ajudasse.

E essa ajuda não serviria só a ela. A personalidade efusiva e divertida de Ella Eckert a levou a rumos considerados extremos para a época; ela teve um filho com um homem casado, que sumiu do mapa, e agora criava o menino sozinha. Por causa disso, não podia se dar ao luxo de ficar sem emprego ou adoecer: o filho precisava dela.

Berry sabia que seus caminhos voltariam a se cruzar; enquanto isso, o ritmo de trabalho só fazia acelerar. A data 14 de novembro de 1927 tinha sido importante: foi o dia de coleta dos primeiros depoimentos no julgamento das meninas. Berry convocara formalmente o dr. Drinker — e agora o médico, relutante, prestava testemunho sob juramento.

PARTE DOIS: PODER   195

Foi nessa conjuntura que Berry encontrou seu principal adversário: Edward A. Markley, advogado da companhia de seguros da empresa de rádio, que encabeçava a defesa da USRC. Markley tinha mais de 1,80 m de altura, cabelos e olhos castanhos emoldurados pelas armações dos óculos. Ele era o filho mais velho de uma família cujo pai havia sido juiz; era dotado de toda a autoconfiança e serenidade garantidas por tais atributos. Markley era seis anos mais velho do que Berry, com toda a experiência extra que isso implicava.

Assim que foi dado início à coleta de depoimentos, Berry percebeu que não seria uma viagem tranquila. Ele estava lutando pelo reconhecimento de todas as evidências apresentadas pelo dr. Drinker: as cartas ofensivas que Roeder enviara para justificar o abafamento do relatório dos Drinker; as falsas alegações da empresa ao Departamento do Trabalho. A cada pergunta, a cada prova apresentada, os advogados da USRC rebatiam.

"Protesto. A questão apresentada é irrelevante", dizia Markley.

"Protesto à declaração da testemunha sobre o que ela disse a Roeder."

Até mesmo Drinker chegou a ser silenciado pelos advogados.

"Gostaria de registrar uma declaração para definir minha posição em relação a tudo isso", começou o médico em tom calmo.

"Antes disso, nós protestamos", interveio Markley antes que Drinker pudesse prosseguir.

Os advogados consideraram as cartas apresentadas "uma confirmação escandalosa dos rumores" e fizeram uma série de questionamentos sagazes ao cientista pioneiro e seus colegas. A todos os três pesquisadores participantes do relatório dos Drinker foi apresentada a seguinte pergunta: "Você tem alguma experiência anterior na investigação de intoxicação por rádio?".

A resposta de todos, é claro, foi: "Nenhuma". Eis a implicação disso: como levar a sério a opinião de "especialistas" tão inexperientes no assunto? Apenas Katherine Drinker apontou o óbvio: "Esta é a primeira vez que a doença foi [diagnosticada]".

No entanto, Berry não ficou nem um pouco intimidado com a coisa toda. Ao apresentar o relatório dos Drinker, disse com notável irreverência: "Apresento a melhor evidência que temos, e será usado para o caso de o sr. Roeder ter 'perdido' o original".

Os advogados da USRC apenas responderam que "se o original for usado, é claro que estará sujeito às nossas objeções...".

O mês de janeiro iria se provar uma batalha difícil: sem sombra de dúvida. Antes de sua chegada, no entanto, um acontecimento inesperado pegou todos de surpresa. Berry estava preocupado com Ella Eckert, a jovem que o visitara no início do ano, pois ouvira falar que ela estava "moribunda" no Hospital Ortopédico havia semanas. E vinha apresentando os sintomas mais comuns de intoxicação por rádio: anemia, manchas brancas nos ossos. No entanto, apesar dos sinais reveladores, o dr. Martland comentou: "É um caso muito intrigante e não tão óbvio quanto os outros".

Em 13 de dezembro de 1927, Ella Eckert faleceu. Martland localizou o nome da jovem na Lista das Condenadas. *F de Falecida*.

Ela havia sido submetida a uma cirurgia no ombro inchado naquele mesmo dia. E ali também estava a solução para o mistério, pois quando os médicos a abriram, descobriram uma "formação calcária [adjunta] e permeada por toda a região do ombro". Tinha "tamanho considerável". Aquele tipo de inchaço era novo para Martland, para todos os médicos, na verdade. Até onde eles sabiam, nenhuma das garotas-pintoras havia apresentado sintoma parecido antes.

O rádio era um veneno inteligente. Ele mascarava seu trajeto dentro dos ossos das vítimas; enganava os médicos mais experientes. E como o serial killer inteligente que era, agora havia evoluído seu modus operandi. Ella desenvolvera o chamado sarcoma: um tumor ósseo maligno. Era a primeira pintora de que se tinha notícia a morrer por algo assim — mas não seria a última.

A morte de Ella chocou as cinco meninas envolvidas no processo judicial, pois seu declínio fora imensamente veloz. No entanto, isso também lhes deu mais inspiração para a luta adiante.

Em 12 de janeiro de 1928, começava o julgamento da década.

28

"MAL CONSEGUI DORMIR NA VÉSPERA... DA AUDIÊNCIA", ESCREVEU KATHE-
rine Schaub, "pois eu vinha esperando por este dia há eras, ao que parecia."

Ela não estava sozinha. Quando as cinco mulheres chegaram à corte naquele dia gelado de janeiro, se viram cercadas. Jornalistas se aglomeravam, flashes ofuscavam os olhos, e então elas entraram e se sentaram.

Berry estava na expectativa de que as meninas estariam prontas para o que as aguardava. Ele as preparara da melhor forma possível, convocando-as dois dias antes para rever os depoimentos. Ainda assim, a força mental daquelas mulheres era apenas parte da equação; e qualquer um podia perceber que a saúde delas estava degringolando. Os últimos seis meses não tinham sido gentis para com elas: "O estado de algumas delas estava de fato deplorável", escrevera Berry.

Ele estava mais preocupado com Albina Larice, que não conseguia esticar a perna esquerda mais do que uns dez centímetros; ela não dava conta nem de calçar a meia-calça e os sapatos sozinha, pois não aguentava se curvar. O prognóstico médico de Albina, junto ao de Edna Hussman, era considerado o pior. No entanto, não era a perda da saúde que a atormentava...

"Perdi dois filhos por causa das minhas condições físicas", lamentava Albina. Somente no outono anterior, Berry ficara sabendo através dos médicos que ela havia perdido um terceiro bebê; um bebê que, caso as coisas tivessem sido diferentes, poderia muito bem ter sobrevivido. Albina ficara muito encantada ao descobrir que estava grávida, porém sua felicidade durara pouco. Quando os médicos constataram suas condições de saúde, não permitiram o desenvolvimento da gestação. E então foi indicado um aborto "clinicamente induzido".

"Em algumas ocasiões fiquei tão desanimada", confidenciou Albina, "que pensei em ligar o gás e dar um fim a tudo isso."

O dr. Humphries disse que a intoxicação por rádio "destrói a vontade de viver [dos pacientes]". A Berry só restava nutrir a esperança de que, naquele dia, as mulheres encontrassem ânimo para lutar.

Edna Hussman foi a primeira a depor; Louis quase precisou carregar a esposa até o banco das testemunhas. Sua linda e loira Edna, caso olhada só de relance, apresentava o mesmo ar de modelo de sempre, posando com uma perna casualmente cruzada sobre a outra. Mas as aparências enganam: ela não conseguia mais separar as pernas, pois seus quadris haviam travado naquele "ângulo anormal". O braço direito também havia perdido mobilidade; ela não conseguira sequer levantá-lo para prestar o juramento.

O juiz responsável por supervisionar os trâmites era o vice-chanceler John Backes, um sujeito muito experiente, já na casa dos 60 e poucos anos de idade. Berry tinha esperanças de uma audiência dotada de empatia, pois o pai de Backes morrera após ser ferido por um maquinário de laminação. Backes usava um bigode farto e óculos; e olhou para Edna com gentileza enquanto ela se preparava para testemunhar.

Berry a incitou a falar devagar, do jeito que tinham ensaiado. Edna se concentrou nele, respondendo a perguntas simples sobre o local onde morava e sobre a vida como dona de casa, mas com os pormenores, que ela já havia revelado fora dos tribunais: "Não dou conta de cuidar da minha casinha". Ela explicou: "Faço o que posso, mas meu marido assume a maior parte das funções".

Edna estava esgotada: "A pior coisa é não conseguir dormir à noite por causa da dor nos quadris", revelou ela. E não ajudou muito quando, apenas oito perguntas depois, ao começar a descrever a natureza de seu trabalho na USRC, os advogados da corporação a interromperam, com a primeira de uma série de objeções. Berry já esperava por algo assim. Em 4 de janeiro, ele tomara um depoimento de três horas do sr. Barry, dentista de Newark, com os advogados da USRC presentes; na ocasião, eles também questionaram tudo. O histórico dentário de Irene Rudolph tinha uma anotação que dizia: "Recuperação? OK", e Barry explicou que aquilo significava que ela havia se recuperado da anestesia; os advogados, no entanto, alegaram com veemência: "Aqui não se refere sobre a 'recuperação' no tratamento?".

Eles fizeram a mesma pergunta de várias maneiras, pelo menos oito vezes antes de prosseguir.

Edna Hussman, no entanto, não tinha o mesmo traquejo profissional que o sr. Barry — era uma dona de casa de 26 anos com sérios problemas de locomoção, e as táticas agressivas dos advogados da USRC lhes eram bem desfavoráveis. Enquanto eles a intimidavam para que se lembrasse de datas e ou da frequência com que tropeçava, ela começou a sentir dores, e Backes interrompeu o interrogatório. "Qual a importância disso tudo?", perguntou ele. A empatia por Edna crescia à medida que ela continuava a testemunhar. "Eu estou sempre sofrendo", disse ela aos presentes no tribunal.

A inexperiência de Berry em audiências às vezes se fazia evidente. Embora fosse dono de uma mente brilhante, ele ainda estava nos estágios iniciais da carreira no que dizia respeito à atuação nos tribunais — no entanto, descobriu que o juiz estava disposto a colaborar. Quando Hoffman sentou-se no banco das testemunhas logo depois de Edna, Backes ajudou Berry a formular as perguntas ("O que ele fez para obter as informações e o que ficou sabendo a seguir?", incitou) e até entrou em cena em seu auxílio ao prever objeções.

No interrogatório de Hoffman, os advogados da USRC tentaram recorrer à mesma tática que usara com os Drinker.

"Aquela foi a primeira oportunidade de cogitar uma necrose por rádio?", perguntou Markley ao estatístico, a figura alta caminhando de um lado a outro enquanto disparava perguntas.

"Sim, senhor; um empreendimento inteiramente novo."

"Você não tinha conhecimento sobre o assunto, não é?"

"Ninguém mais tinha..." apontou Hoffman.

"Estou perguntando a você", provocou Markley com firmeza "peço que fale por si. [Aquela] foi a primeira vez que você teve qualquer contato com o assunto?"

"Sim, senhor", Hoffman fora obrigado a aquiescer.

Markley então tentou desacreditar o depoimento de Hoffman. "Eu afirmo, Meritíssimo", disse ele com um sorriso sarcástico condescendente, "que um mero estatístico não está qualificado para julgar a situação."

No entanto, Markley descobriu que Backes não ia engolir aquilo.

"Acho que vai um pouco além", replicou o juiz. "Acho que você o reprimiu um pouco."

Durante todo o julgamento, as cinco mulheres assistiram atentas ao desenrolar dos acontecimentos, os quais também estavam sendo acompanhados pelas testemunhas da USRC; o dr. Flinn "duas caras" estava sentado de frente para elas. Grace se mantinha calma, sabendo que seria a próxima a depor. "Grace tem estado tão acostumada a falar de doenças e declínio", escreveu uma jornalista a respeito da srta. Fryer, "que é capaz de relatar sobre as muitas mortes sem nem sequer piscar."

Ainda assim, deve ter havido algumas piscadelas quando um funcionário da corte a ajudou com ternura a chegar até o assento das testemunhas. Era isso, pensou Grace. Era a oportunidade de contar sua história.

Ela se acomodou na cadeira, um tanto desajeitada: o colete de metal machucava a pele e havia um curativo recém-colocado em sua mandíbula, após uma cirurgia recente. No entanto, agora a jovem esbelta de cabelos escuros arrumados e olhar inteligente se aprumava ao iniciar o testemunho: "Fomos instruídas a afinar o pincel com os lábios", disse ela.

"Todas [as garotas] faziam assim?", perguntou Backes.

"Todas que conheci faziam", respondeu Grace.

"Foi dito em alguma ocasião para que você não colocasse o pincel na boca?", perguntou Berry, indo logo ao cerne da questão.

"Só em uma ocasião", respondeu ela. "O sr. Von Sochocky estava passando e, quando me viu colocar o pincel nos lábios, disse-me para não fazer aquilo."

"E o que mais ele disse?"

"Ele disse que aquilo me faria adoecer."

As respostas foram concisas e informativas. Ela e Berry tinham feito um ensaio astuto, com perguntas sendo rebatidas de pronto, como planejado. No entanto, Berry também deu a ela espaço para descrever seu sofrimento, para que todos pudessem ouvir o que a USRC fizera.

"Minha mandíbula passou por dezessete curetagens", disse Grace sem rodeios, "e em cada uma delas pedaços do osso foram removidos. A maioria dos meus dentes foi extraída. A [minha] coluna está enfraquecendo e um osso no [meu] pé [está] totalmente destruído."

Era algo terrível para qualquer um ouvir; muitos dos presentes estavam em lágrimas. Não era de admirar que, ante um comentário espertalhão de Markley, o juiz tenha retrucado: "Se seu cliente for considerado culpado, o senhor irá lamentar imensamente", disse ele com severidade.

Aviso dado, Markley então abordou o interrogatório de Grace com certa cautela. Sem dúvida ele também percebia que ela não seria manipulada tão fácil. Não mesmo.

Mas o crucial para a argumentação da defesa da USRC, sobretudo naquela corte, era o estatuto de limitações e o que as meninas sabiam à época. Caso já houvesse informações anteriores a julho de 1925 de que a doença que as acometera era de origem ocupacional, o correto seria ter entrado com uma ação naquele momento. Sendo assim, Markley tentou forçar Grace a dizer que já sabia que o trabalho era o culpado pelo sofrimento dela.

"Em algum momento seu dentista disse que achava que o trabalho era o culpado por você adoecer?", perguntou o advogado enquanto caminhava pelo tribunal.

"Não, senhor."

A pergunta foi repetida.

"Decerto, não", disse Grace, sagaz. "Eu estava trabalhando para a Fidelity Union Trust Company quando fui vê-lo pela primeira vez."

Eles também a interrogaram sobre todos os advogados diferentes que ela consultara. E, quando chegaram ao nome de Berry, perguntaram: "[Ele] foi o primeiro advogado a assumir o caso?".

"Não, não foi o primeiro", respondeu Grace, encarando Berry. "Foi o único disposto a abrir um processo."

Katherine Schaub assistia ao desenrolar dos procedimentos com avidez. "Tudo estava indo esplendidamente bem, era o que eu pensava na hora", escreveu ela depois sobre o julgamento. Ela observou Quinta caminhar, mancando, até o banco das testemunhas; Katherine ficou satisfeita ao notar a preocupação do juiz diante da cena. "Percebo que você manca bastante", comentou Backes para Quinta antes de Berry fazer uma única pergunta. "Qual é o problema que aflige você?"

"Tenho problema no quadril, nos dois lados", respondeu Quinta. "Quanto aos tornozelos, não consigo usar sapatos durante muito tempo; [eu] sinto dores terríveis nos joelhos, em um dos braços e em parte do ombro."

Katherine ouvia com atenção. "No dia seguinte haveria uma nova audiência, e no terceiro dia mais outra", relatou ela, "e assim seria até que toda a apresentação do caso estivesse concluída. E então o júri daria o veredicto. E talvez eu pudesse enterrar e esquecer aquela história." Ainda meio que ouvindo Quinta, ela começou a imaginar sua vida depois de tudo, o quanto esperava ser feliz. Só mais uns dias de audiências naquele mês de janeiro, pensou ela, e aí estaria tudo finalizado — de um jeito ou de outro.

Mas não era para ser. "Fui despertada dos meus devaneios", contou ela "pelo som do martelo batendo na mesa. O meirinho deu os avisos do dia. A próxima audiência seria em abril [dia 25]. Minha vontade foi de desatar a chorar, mas lágrimas não cairiam bem naquele momento, eu sabia disso. Eu precisava reunir toda a coragem que tinha — e lutar."

Embora todo aquele atraso fosse irritante, por fim o tempo acabou passando rápido. Berry, que estava preocupado com a parca assistência médica que as garotas vinham recebendo, convenceu alguns médicos de Nova York a aceitarem a internação das mulheres em um hospital, e assim as cinco passaram um mês sob os cuidados deles. Os médicos acreditavam na existência de algum tratamento experimental que pudesse eliminar o rádio dos ossos das garotas.

"Um médico russo", recordou Grace, "achava que talvez pudesse nos ajudar com um tratamento à base de chumbo [tratamento este já adotado em casos de intoxicação por chumbo], mas ao que parece isso não foi capaz de eliminar o rádio do nosso organismo. Acho que nada jamais será." Talvez compreendendo a desesperança da situação, Grace convocou Berry e redigiu seu testamento, mesmo que não tivesse muito o que deixar para a família.

Apesar do insucesso no tratamento, muitas das meninas mantiveram a positividade. "Tenho enfrentado o inevitável sem vacilar", disse Quinta. "O que mais posso fazer? Não sei quando vou morrer. Tento não pensar na morte, que está cada vez mais perto de mim." A morte parecia mais longe de Quinta do que de algumas das outras garotas, no entanto, pois sua doença vinha progredindo mais devagar do que a de Albina, por exemplo; sendo assim, já era um hábito de Quinta "deixar de lado a comiseração para se preocupar com a situação da irmã".

Muitas das mulheres descobriram que sair de Newark e se entregar ao ambiente tranquilo de um hospital podia fazer grande diferença nas perspectivas futuras: "A única coisa que fiz desde que cheguei aqui foi tomar um banho", escreveu Katherine assim que a internação teve início. "E foi bom porque tive ajuda. É muito bom ter alguém para lhe dar assistência quando você está doente."

Havia mais um bônus por estar em Nova York. Conforme Katherine escreveu, elas enfim estavam "a salvo das intromissões [e] a salvo dos olhares indiscretos de palpiteiros indesejados".

Isso porque o onipresente palpiteiro indesejável dr. Flinn ficara insistindo em fazer contato, embora Berry tivesse descoberto sobre as investidas. Recentemente, Flinn dissera ao dr. Humphries — e o convencera — que era "realmente amigo das garotas". Já elas, por sua vez, agora cientes de que Flinn era um corporativista, foram direto a Berry assim que souberam dos intentos do outro; elas desconfiavam das "propostas clandestinas" de Flinn e, a pedido delas, Berry escrevera a Flinn para pedir a este que parasse de insistir naquilo que as meninas classificavam como assédio puro e simples. Flinn respondera que considerava Berry insolente e concluiu dizendo que não se daria o trabalho de responder às demais acusações falaciosas naquela carta.

No entanto, as garotas não conseguiram evitar o contato com Flinn, pois em 22 de abril, três dias antes do reinício do julgamento, foram convocadas pelos médicos da USRC para um exame obrigatório. Flinn, assim como outros especialistas, dentre eles o dr. Herman Schlundt (que era um "amigo muito querido" do vice-presidente Barker), conduziram os exames.

Grace estremeceu ao sentir a espetada da agulha para a coleta de sangue. Ela vivia com medo de qualquer coisa que pudesse resultar em cortes ou hematomas, pois sua pele vinha sofrendo de imensa dificuldade de cicatrização. Algumas das garotas-pintoras tinham a "pele fina como papel, capaz de se abrir com o arranhão de uma unha". Uma semana depois, Grace percebeu que sua preocupação não era infundada: no local onde os médicos a espetaram, uma mancha escura havia se formado ao redor da marca de punção.

Durante o exame, foram realizados testes de radioatividade, o equipamento posicionado intencionalmente "de modo que a mesa em si estivesse entre um bom pedaço do corpo da paciente e o equipamento". Flinn também "segurou o equipamento a mais ou menos um metro da paciente, permitindo que a radiação se dissipasse antes de chegar ao dispositivo". Como já era de se esperar, o veredicto da empresa foi que nenhuma das mulheres estava radioativa.

Mas o caso das garotas ainda não havia terminado. Em três dias, elas estariam de volta aos tribunais para a batalha de suas vidas.

29

KATHERINE SCHAUB FOI A PRIMEIRA.

"Subi os degraus até o banco das testemunhas, um a um" escreveu ela. "Eu me senti bem estranha ali, foi mais esquisito do que eu tinha previsto. Mas fiz o juramento."

Assim como Berry fizera com as outras garotas, ele também auxiliara Katherine em seu depoimento. Ela começou relatando sobre o dia 1º de fevereiro de 1917, um dia frio de inverno, e toda sua empolgação no primeiro dia de trabalho. "A senhorita lá no ateliê me instruiu, dizendo para afinar o pincel na boca", lembrou.

Berry a guiou ao longo de todo o calvário; ela contou sobre o quanto vinha ficando cada vez "mais ansiosa". Sem dúvida, os advogados da USRC enxergavam os problemas de saúde mental da jovem como uma fraqueza — e isso talvez explicava por que foram implacáveis durante o interrogatório.

Katherine havia acabado de relatar como afinava as cerdas dos pincéis nos lábios "às vezes quatro ou cinco vezes [por mostrador], talvez mais do que isso", quando Markley se levantou para fazer perguntas.

"Às vezes, mais", começou ele.

"Sim, senhor."

"Às vezes, menos."

"Sim, senhor."

"Às vezes você não colocava o pincel na boca, não é?", incitou, dando meia-volta para concluir a fala. Katherine provavelmente hesitara. "Você *não sabe* dizer?", provocou ele, incrédulo.

"Estou tentando me lembrar", respondeu Katherine com muita angústia.

"Dependeria do estado do seu pincel também, não é? [...] Os pincéis eram fornecidos pela empresa, não eram?"

"Eram fornecidos pela empresa, sim, senhor."

"Você poderia ter quantos pincéis quisesse."

"Não."

"Você deveria procurar [a supervisora] quando quisesse um pincel, não é?", perguntou ele, se aproximando.

"Sim, senhor", aquiesceu Katherine, "mas a gente não podia desperdiçá-los."

"É claro que não era esperado que houvesse desperdício, mas vocês recebiam um farto suprimento de pincéis, não é?"

As perguntas vinham rapidamente, incisivas. Markley não perdia o ritmo e já vinha com o próximo ataque de pronto, mesmo enquanto Katherine ainda gaguejava uma resposta.

Assim como fizeram com Grace, os advogados da USRC questionaram Katherine exaustivamente sobre seu tratamento odontológico e se naquele início da década de 1920 fora feita alguma conexão entre a doença e o emprego. Talvez fosse inevitável que, sob um interrogatório tão acalorado, Katherine tropeçasse em sua própria tensão. Ao se lembrar da reunião entre ela e algumas das outras garotas no consultório do sr. Barry, quando era cogitada a ideia de intoxicação por fósforo, ela revelou: "Houve algumas conversas sobre doenças de caráter industrial...".

Markley aproveitou a deixa:

"O que você quer dizer com 'houve algumas conversas'?"

Katherine percebeu o erro: "Eu não fiz parte dessas conversas de forma alguma", respondeu ela com pressa, mas ele não iria permitir a saída pela tangente, por isso trouxe à tona o caso de Irene, prima de Katherine, que havia morrido em 1923. "Você sabe que o sr. Barry chegou a dizer a ela que suspeitava de uma doença de caráter industrial, não é?"

"Bem, ele tinha uma ligeira desconfiança de que havia algo errado", admitiu Katherine, hesitante.

"Ele *disse* a você que tinha uma ligeira desconfiança?", incitou Markley.

"Ele nunca me disse isso diretamente... Só sei pelo que meus pais me contaram."

"E *quando* foi que seus pais falaram sobre isso?", aproveitou Markley, talvez na esperança de obter uma resposta que matasse o caso de vez.

"Bem, eu não sei", respondeu Katherine, de volta ao prumo. "Minha prima estava doente há tanto tempo e *não me lembro*."

Aquilo parecia infindável. Katherine estava extenuada — tanto que Backes, de olho naquela testemunha vulnerável em seu tribunal, interveio em determinado momento para perguntar a ela: "Você está cansada?".

Mas Katherine respondeu com firmeza: "Não, eu tento me sentar o mais ereta possível, pois minha coluna está um pouco fraca".

Ela teria ficado satisfeita ao notar que os repórteres ali presentes estavam anotando os detalhes de sua agonia ao longo do depoimento.

Assim como na audiência de janeiro, o tribunal estava lotado de jornalistas — até mais do que antes, pois a história daquelas mulheres estava começando a atingir território internacional. Algum tempo depois, os jornalistas viriam a publicar descrições comoventes de seus testemunhos, já que Katherine, Albina e Quinta foram chamadas para depor. A imprensa as apelidou de "irmandade pesarosamente sorridente" e disse que elas "mantinham uma postura de resignação quase alegre".

A postura das garotas era um contraste direto àqueles que acompanhavam o julgamento. "As [mulheres da plateia] ouviam com um estoicismo melancólico", relatou um jornal, "enquanto espectadores habitualmente insensíveis recorriam com frequência a lencinhos de papel para secar lágrimas que corriam sem pudor."

Como não chorar quando Berry conduziu Quinta McDonald pelo relato sobre o destino de suas amigas?

"Você era amiga de Irene Rudolph?", perguntou ele à moça.

"Sim, senhor, enquanto eu trabalhava na fábrica de rádio."

"Hazel Kuser?"

"Sim, senhor."

"Sarah Maillefer?"

"Sim, senhor."

"Marguerite Carlough?"

"Sim, senhor."

"Eleanor Eckert?"

"Sim, senhor."

"Todas essas pessoas citadas estão mortas?"

"Sim, senhor."

E pelo visto Grace sinalizara para Berry que também gostaria de relembrar alguns fatos, pois agora ela voltava ao banco das testemunhas. Minutos antes, ela estivera encarando do outro lado da sala os executivos da USRC e, com sua memória naturalmente aguçada, fora estimulada por um daqueles rostos.

"Senhorita Fryer", começou Berry após conversar com Grace por um breve momento, "você foi examinada no verão de 1926 pelo dr. Frederick Flinn, e havia outro médico, o qual você não conhecia, presente no exame. Você voltou a ver aquele médico assistente desde aquela época?"

"Sim, senhor."

"Ele está aqui neste tribunal hoje?"

Grace voltou a encarar os executivos. "Sim, senhor."

Berry apontou para o homem que ela especificara:

"É aquele cavalheiro ali, o sr. Barker?"

"Sim, senhor", disse Grace com segurança.

"Você sabe que ele é o vice-presidente da United States Radium Corporation?"

"Eu não sabia naquela época", respondeu ela intencionalmente.

Barker estivera presente no dia em que Flinn dissera a Grace que a saúde dela estava melhor do que a dele. Também estivera ao lado de Flinn quando este fornecera o diagnóstico, afirmando não haver nada de errado com ela. A presença de Barker por si só já demonstrava o quanto a USRC se envolvia nas atividades de Flinn: o vice-presidente em pessoa havia comparecido aos exames médicos das meninas.

Elizabeth Hughes, uma especialista em testes respiratórios contratada por Berry, seria a próxima a depor; ela afirmou que era notadamente sabido "que todos os funcionários deveriam receber proteção dos raios de rádio", pois "quase todos no ramo possuíam queimaduras nas mãos". As observações da imprensa sobre a sra. Hughes: "Ela demonstrou conhecimento profundo sobre o assunto e convenceu o vice-chanceler Backes, pelo menos, de que sabia muito bem do que estava falando".

Isso, é claro, era um anátema para os advogados da USRC. Eles rapidamente tentaram desacreditar Elizabeth Hughes, ainda que esta fosse dotada de vasta experiência.

"Qual é a sua ocupação agora?", perguntou Markley a ela, já sabendo a resposta.

"Dona de casa", disse ela, pois atualmente cuidava dos filhos pequenos.

E então Markley aproveitou para, pergunta após pergunta, sugerir que ela nada sabia a respeito do elemento químico rádio. Ele quase deu início a uma caçada, minando não apenas as qualificações dela, como também sua habilidade em interpretar os testes respiratórios, até acuá-la e praticamente obrigá-la a admitir que "não era capaz de definir o que seria uma quantidade considerável" de rádio.

"Muito bem", falou Markley, triunfante, "me darei por satisfeito se você disser que não sabe."

Mas nisso Backes interveio mais uma vez. "Quero saber o que a testemunha sabe", exclamou, "e não apenas ver sua satisfação por ela dizer que não sabe. Creio que ela disse um pouco mais do que sua construção de personagem deu a entender."

Quando o intervalo do almoço chegou, bem no meio do testemunho de Elizabeth, aquilo caiu como um alívio para ela e Berry. Depois do almoço, Markley voltou, ainda belicoso. O médico que havia conduzido a autópsia de Mollie Maggia estava no banco de testemunhas dando depoimento, relatando que o rádio a matara, e Markley tentou fazer com que o depoimento a respeito de Mollie fosse excluído dos autos, mas sem sucesso: "Desejo ouvi-lo", disse Backes.

"Quero chamar a atenção de Vossa Excelência", rosnou Markley, irritado com a decisão do juiz, "para o fato de que a certidão de óbito dessa garota atestou morte por *sífilis.*"

Markley tinha um bom motivo para lutar tão bravamente pela USRC. Depois de dar fim à dor de cabeça na fábrica de Orange, a empresa enfim voltava aos trilhos, em termos financeiros; poucos dias antes, um único pedido de um cliente rendera a ela 500 mil dólares. Os executivos não queriam perder o caso.

A última testemunha a depor no dia 25 de abril foi o dr. Humphries, médico de longa data das garotas. Ele foi peremptório ao descrever as doenças incomuns com que se deparara. De acordo com ele, "todas estas pacientes" foram acometidas por um mesmo quadro; e não só elas, mas outras mulheres que ele examinara também, incluindo Jennie Stocker. Finalmente Humphries resolvia o enigma do peculiar problema no joelho de Jennie. Ele agora declarava: "Acho que ela morreu de intoxicação por rádio".

O depoimento do médico foi longo e uma espécie de teste de resistência para as cinco garotas. Humphries recontou cada um dos casos em detalhes: o modo como elas chegaram a ele, com aquelas dores intrigantes; o modo como ele "adivinhou" como tratá-las e o modo como agora, hoje em dia, suas pacientes estavam todas com sequelas. Não eram as mesmas mulheres que ele vira na primeira consulta; embora elas estivessem tentando manter o ânimo, seus corpos traíam seu estado de espírito:

"Pensei que aqueles relatos horrorosos e torturantes jamais teriam fim", lembrou Katherine ao falar sobre o testemunho do dr. Humphries. No entanto, ela também se mostrou muito corajosa. "Precisava ser feito", continuou, "precisava ser dito; caso contrário, como poderíamos lutar pela justiça que nos era devida?"

E assim as mulheres continuaram a ouvi-lo. E ouviram muito bem quando, naquele tribunal público, Humphries assumiu sem rodeios: "Não creio que exista algo capaz de curá-las".

Os olhos de muitos jornalistas pousaram nas mulheres, já marejados. No entanto, as garotas do rádio aceitaram o anúncio de morte certa com estoicismo.

Mas, assim como os jornalistas, Backes parecia não aguentar mais. "Você espera que uma cura seja encontrada a qualquer momento?", questionou ele com urgência.

"Temos esperanças de encontrar a cura", concordou Humphries.

"A qualquer momento", pressionou o juiz mais uma vez.

"Sim, senhor", disse Humphries em tom direto, mas todos os apelos do juiz não seriam capazes de fazer a cura chegar de forma tão mágica. As garotas estavam destinadas a morrer.

A única dúvida era se elas teriam a merecida justiça antes que o fatídico fim chegasse.

No dia seguinte, o julgamento continuou com mais depoimentos de especialistas. Médicos renomados afirmaram que já era de conhecimento geral desde pelo menos 1912 que o rádio poderia ser nocivo. Berry anexou aos autos uma série de literatura médica — incluindo artigos publicados pela própria USRC — para respaldar a palavra dos depoentes.

Embora Markley tenha tentado enfraquecer o impacto da documentação da defesa reiterando os poderes curativos do rádio — tais como aqueles promovidos por um dos clientes da USRC, William Bailey, com seu tônico *Radithor* —, ficou evidente que havia brechas na argumentação. Quando ele citou um estudo pouco conhecido de um periódico obscuro e um dos médicos presentes admitiu nunca ter ouvido falar do autor, ainda questionou: "Quem é ele? Para quais entidades trabalha?"; a Markley restou apenas responder em tom defensivo: "Não estou aqui para ser interrogado".

Era um bom dia para Raymond Berry; os médicos não se abalaram nem um pouco com o interrogatório. Um deles chegou a descrever os usuários do rádio como "tolos", e disse que achava que os curativos à base de rádio "deveriam ser abolidos".

"[Mas eles] não são aprovados pelo Conselho de Farmácia?", indagaram os advogados da USRC.

"Creio que sim", respondeu o médico com leveza, "mas eles aceitam tantas coisas que essa aprovação não significa nada para mim, senhor."

Andrew McBride e John Roach, do Departamento do Trabalho, depuseram para falar sobre seu papel no caso; os presidentes da USRC, Clarence B. Lee e Arthur Roeder, também se sentaram no banco das testemunhas. Roeder confirmou ter estado no ateliê de pintura de mostradores em "inúmeras ocasiões", porém alegou: "Não me lembro de nenhum caso de operária colocando o pincel na boca". Ele também negou que Von Sochocky já tivesse lhe dito que a tinta era prejudicial; e complementou só ter sabido sobre qualquer possível risco "depois que tomamos conhecimento das primeiras queixas e casos".

"Qual foi o primeiro caso do qual você ouviu falar?", perguntou Berry.

"Não me lembro do nome da garota", respondeu Roeder com frieza. As pintoras não eram importantes o suficiente a ponto de Roeder se ater a detalhes tão insignificantes.

E então Berry chamou alguém muito especial para testemunhar por suas meninas: Harrison Martland — o brilhante médico responsável por inventar os exames capazes de comprovar a existência da intoxicação por rádio; o mesmo médico capaz de alcançar um intento no qual todos os médicos falharam: fornecer um diagnóstico às mulheres. Berry conseguira convencê-lo a testemunhar. E o legista-chefe da cidade era uma estrela; não havia definição melhor. "Seu depoimento firme e determinado se destacou conspicuamente", elogiaram os jornais; a imprensa se referia a Martland como a "testemunha-celebridade".

E assim Martland começou seu depoimento, explicando em detalhes as autópsias das irmãs Carlough, as quais confirmaram o envenenamento por rádio. Para as cinco garotas, foi um relato muito difícil de ser ouvido; Quinta considerou "excruciante". "Enquanto ouvia Martland", relatou uma reportagem, "ela chegou à beira do desmaio. Então, em um gesto de pura coragem, pareceu se recompor e demonstrou apenas leves traços de emoção ao longo do depoimento."

Martland era imbatível. Quando os advogados da USRC tentaram sugerir que o envenenamento por rádio não existia porque "de duzentas ou mais meninas, estas meninas [que nos processam] são as únicas a apresentarem problemas", Martland respondeu com franqueza: "Há outras treze ou catorze garotas já mortas e enterradas agora que, caso sejam exumadas, provavelmente apresentarão o mesmo diagnóstico".

"Peço que tal declaração seja considerada uma suposição infundada por parte do médico", protestou o advogado da USRC apressadamente.

"Mantido", respondeu Backes de pronto.

A empresa tentou argumentar que "não há outros casos relatados" além daqueles de Orange.

"Sim, existem outros casos relatados", replicou Martland.

"Há apenas um caso isolado, um ou dois...", replicou Markley, sacudindo a mão com desdém.

Mas Martland afirmara que os casos de Waterbury existiam, *sim*. Seu depoimento foi eficaz; Backes até se referira à tinta da USRC como "venenosa", algo que Markley rebateu, indignado: "Essa tinta é tudo menos venenosa!", exclamou.

Já quase no fim da audiência, Berry entrou em cena para redirecionar Martland. Quando Markley, previsivelmente, protestou mais uma vez, o juiz voltou a silenciá-lo. "Você tentou atenuar a opinião [de Martland]", disse o juiz a Markley. "A acusação [Berry] agora tenta restaurá-la, caso você tenha tido sucesso na empreitada."

Ele se voltou para Berry. "Prossiga."

Berry não podia estar mais feliz com o andamento do caso — e no dia seguinte ele daria a martelada derradeira no último prego do caixão da USRC. O sr. Von Sochocky iria depor, e Berry mal podia esperar para questioná-lo sobre o alerta dado à corporação sobre os perigos da tinta. Isso selaria o veredicto de uma vez por todas e com certeza favoreceria as garotas.

Na manhã seguinte, quando o depoimento de Von Sochocky estava prestes a terminar, Berry apresentou a pergunta matadora.

"Não é verdade", disse ele, os olhos brilhando ao voltar-se para o médico, "que você disse [que não impediu que os pincéis fossem afinados nos lábios] porque o assunto não dizia respeito ao seu setor, mas ao de Roeder?"

"Protesto, Meritíssimo", interrompeu logo Markley.

Mas, antes que o juiz pudesse decidir, o fundador da empresa respondeu: "De maneira nenhuma".

Tanto Markley quanto Berry o encararam, boquiabertos. E então Markley voltou à sua cadeira, confiante, cruzando as pernas compridas. "Muito bem", disse o advogado da USRC com toda a tranquilidade, gesticulando para que a testemunha continuasse.

"De maneira nenhuma", repetiu Von Sochocky.

Berry não estava acreditando naquilo, pois Grace e Quinta não apenas haviam contado a ele sobre o alerta de Von Sochocky, como Martland e Hoffman também confirmaram: e todos eles tinham ouvido aquilo da boca do médico. Por que ele estaria refugando agora? Talvez estivesse preocupado com as aparências, ou talvez tivesse acontecido mais alguma coisa. "Precisamos entender o que [Von] Sochocky está fazendo e o que pretende", dizia um memorando da USRC em julho. Talvez uma conversa a portas fechadas possa ter levado à mudança de tom do médico.

Berry também o interrogou a respeito do aviso a Grace. Talvez aqui, ao menos, ele conseguisse recobrar a tração desejada.

"Bem, sr. Berry", respondeu Von Sochocky, "não quero negar tal fato, mas não me lembro desse acontecimento com clareza... Há uma possibilidade de eu ter avisado a ela, o que seria perfeitamente natural em uma passagem pela fábrica e ao flagrar algo tão *incomum*, uma garota colocando um pincel nos lábios; é claro que eu diria ['Não faça isso']."

O relato soou peculiar até para os ouvidos de John Backes. "Qual motivo você teria para alertá-la?", perguntou o juiz.

"Condições insalubres", respondeu Von Sochocky prontamente.

"Você alertou esta jovem para não colocar os pincéis na boca", confirmou Backes sem rodeios. "Quero saber se naquele momento você estava apreensivo com o fato de que a tinta contendo rádio poderia prejudicá-la."

Mas o médico não se abalou. Sua escolha de palavras foi notável. "De maneira nenhuma", respondeu ele ao juiz. "[O perigo] era desconhecido para nós."

Berry ficou amargamente decepcionado. Em público, no tribunal, denunciou Von Sochocky como sendo uma "testemunha hostil". Grace Fryer, que recebera o alerta de Von Sochocky, deve ter pensado em uns belos adjetivos para ele.

Berry então deu a ela a chance de falar outra vez, e ela foi chamada logo após o testemunho de Von Sochocky — "não para desacreditar [o médico]", explicou Berry, "mas para relatar o que ele disse". Mas Markley protestou de pronto, e o juiz foi forçado a dar sustentação, visivelmente contrariado. "Anule a resposta", comentou Backes. "Essas regras de testemunhos foram inventadas para impedir que as pessoas digam a verdade."

Havia apenas mais algumas testemunhas restantes, dentre elas Katherine Wiley e o dr. Finn, que estavam lá como testemunhas remuneradas pela USRC. E então, às 11h30 de 27 de abril de 1928, Berry concluiu sua argumentação. Agora, pelo restante daquele dia e nos dias subsequentes, a United States Radium Corporation teria a oportunidade de apresentar seu lado da história e então — *então*, pensaram as garotas, cheias de esperança, imaginando como se sentiriam quando a hora chegasse — o veredicto seria dado.

Markley se levantou, o corpo esguio deixando o assento sem esforço. "Eu estava pensando", disse ele a John Backes com tranquilidade, "que poderíamos encurtar isto se tivermos tempo para uma deliberação?"

Houve um pequeno debate fora dos registros. Mais tarde, quando o juiz bateu o martelo, foi feito um pronunciamento.

"A audiência está adiada para o dia 24 de setembro."

Setembro seria dali a cinco meses. *Cinco meses.* E, botando as cartas na mesa, era um tempo que as garotas talvez não tivessem.

Adiar a sessão, exclamou Katherine Schaub, era um ato "desumano e insensível".

Mas era a manifestação da lei. Nada mais seria feito até setembro.

30

AS GAROTAS FICARAM ARRASADAS. ATÉ MESMO GRACE FRYER, QUE CONSE-guira segurar as pontas por tanto tempo, cedeu à pressão. Ela desabou "no sofá da sala de estar [e] se entregou às lágrimas até então reprimidas".

Sua mãe tentou consolá-la, acariciando as costas envoltas pelo colete de metal, tentando não machucar a pele fina. "Grace", disse ela, "esta é a primeira vez que você deixa de sorrir."

Mas as meninas não conseguiam acreditar no ocorrido. Markley dissera que "não valeria a pena começar a argumentação, já que havia apenas metade de um dia para apresentar dados", sendo assim, a sessão foi adiada para a data seguinte disponível — a intenção da USRC era apresentar aproximadamente trinta testemunhas técnicas. A série de reportagens publicadas no *Orange Daily Courier* ao longo daquela semana foi intitulada "Garota Sozinha"; bem, era bem assim que as cinco garotas-pintoras se sentiam.

Mas elas *não* estavam sozinhas: tinham Raymond Berry. E ele se dispôs a lutar imediatamente contra o adiamento das audiências, e, em uma decisão crucial, procurou dois advogados, Frank Bradner e Hervey Moore, que tinham uma audiência marcada para o fim de maio e se mostraram dispostos a abrir mão da vaga para que o caso das meninas fosse priorizado. Backes concordou com o novo agendamento e Berry deu as boas-novas às garotas.

Já a United States Radium Corporation não ficou nem um pouco satisfeita com a intervenção de Berry, e disse que seria "impossível" prosseguir em maio; seus depoentes "passariam meses no exterior e só estariam de volta após o verão".

Berry ficou indignado. "Tenho certeza de que você deve concordar", escreveu ele a Markley, "de que é uma ironia um tanto cruel permitir que as vítimas de envenenamento definhem e morram porque determinados profissionais estão se divertindo na Europa."

Apesar da intransigência da USRC, nas próprias palavras de Berry, "a batalha estava longe de terminar". Consciente de que a procrastinação da USRC era o mais puro cinismo — talvez a empresa quisesse mesmo que as garotas morressem antes de sair um veredicto —, Berry agora se baseava na saúde debilitada de suas clientes para lutar por elas, buscando quatro médicos diferentes para assinarem laudos juramentados: "Essas garotas estão piorando progressivamente. É muito possível que algumas das cinco, ou todas, estejam mortas em setembro de 1928".

Para as garotas, era algo chocante de ler. Humphries relatou que elas estavam "sob constante tensão mental". No entanto, era o tipo de movimento que Berry, por instinto, sabia que traria resultados — e ele estava certo. Por estar encarando tal injustiça, a imprensa estava em polvorosa. O aliado de Berry, Walter Lippmann, se posicionou de maneira magnífica, escrevendo no *World*: "Nós afirmamos seguramente que essa é uma das torturas jurídicas mais condenáveis das quais *jamais* tomamos conhecimento até hoje".

O influente editorial arrebanhou apoio imediato de todo o país. Um leitor escreveu ao *News*: "Abram os tribunais, anulem o adiamento, deem a essas cinco mulheres a chance de lutar!". Enquanto isso, Norman Thomas, um político socialista comumente apelidado de "a consciência dos Estados Unidos", declarou que o caso era um "exemplo vívido dos meios de um sistema capitalista indescritivelmente egoísta que não se importa com a vida de seus trabalhadores e busca apenas assegurar os próprios lucros".

"Em todos os cantos as pessoas perguntavam por que a justiça estava sendo negada àquelas cinco mulheres, que... praticamente tinham só mais um ano de vida", comentou Katherine Schaub, quase incrédula. "O que outrora tinha sido um caso impossível, ignorado e despercebido, agora reluzia aos olhos do público."

E o público estava hipnotizado. "Pessoas de todos os cantos do planeta enviavam cartas", lembrou Katherine.

Embora a maioria delas tivesse conteúdo positivo, outras pendiam para o lado oposto. "O rádio não é capaz de produzir os efeitos atribuídos a ele", escreveu um executivo de uma empresa de rádio com muita amargura a Quinta. "É patético que seus médicos e advogados sejam tão ignorantes." Alguns charlatães eram bem agressivos na abordagem. "Por mil dólares eu consigo curar todas vocês", ofereceu uma mulher, propondo um tratamento com "banhos científicos". "Caso o tratamento não seja bem-sucedido, não pedirei nada senão os 200 dólares que peço de sinal. Isso é caso de vida ou morte... É melhor agirem depressa, pois quando o veneno chegar ao coração, adeus, companheira."

Muitas cartas continham sugestões para a cura, as quais iam de leite fervido e pólvora a palavras mágicas e suco de ruibarbo. Uma outra carta sugeria o uso de um cobertor elétrico, com o fabricante logicamente prevendo uma oportunidade única de marketing: "Não queremos curá-las para ganhar dinheiro. A publicidade que isso daria ao nosso método já seria mais do que suficiente", assegurou a empresa.

As garotas estavam famosas. Inegável e genuinamente famosas. Berry, ele mesmo hábil em vislumbrar oportunidades, capitalizou aquilo de imediato. Ele conversou com as garotas sobre o desenvolvimento de um relacionamento com a imprensa, e todas toparam. E assim, conforme aquele mês de maio de 1928 avançava, com cada raiar do dia parecendo suscitar um pedido de justiça renovado por parte da imprensa, Berry deu um jeito de as meninas ficarem no centro do palco. Amigas íntimas, Quinta e Grace posaram para uma sessão de fotos e concederam uma entrevista conjunta; Grace usava uma linda blusinha com estampas de cerejas — e seu agora constante curativo no queixo —, enquanto Quinta usava um vestido claro com uma gola-laço. E as meninas, cada uma delas, se puseram a falar. Elas partilharam detalhes de suas vidas: descreveram como Quinta precisava ser levada para as consultas no hospital; como Albina havia perdido todos os filhos; como as pernas de Edna se cruzavam de forma irremediável. Elas permitiram que a personalidade de cada uma irradiasse para além do sofrimento — e o público ficou apaixonado por elas.

"Não fiquem escrevendo reportagens sobre nossa conduta alegre", pediu Quinta com um sorriso atrevido. "Eu não sou mártir nem santa." Grace comentou que "ainda estava vivendo e alimentando esperanças". "Estou enfrentando o destino", declarou, "com o espírito de uma guerreira."

Nem sempre eram entrevistas tranquilas. Quando os jornalistas perguntaram a Quinta sobre a morte de Mollie, ela precisou de uma pausa para se recompor. Katherine Schaub disse em uma entrevista: "Não pense que estou chorando porque estou desanimada — é porque meu quadril está doendo demais. Às vezes parece que tem uma faca furando a lateral do meu tronco".

No entanto, a tragédia e a dor eram parte do apelo ao público hipnotizado. A intoxicação por rádio — com sua devastação abortiva e sintomas desfigurantes — "parecia destruir a feminilidade em si". O público, chocado e abatido, acolheu as garotas no coração.

Berry logo percebeu o quanto toda aquela cobertura estava sendo de grande ajuda, porque Edward Markley estava uma arara. "Pessoalmente, não gosto da sua postura, e acima de tudo da notoriedade que a imprensa tem dado a esses casos devido a sua intervenção direta", escreveu um irritadíssimo advogado da USRC para Berry. "O aspecto ético de tentar favorecer seu lado nos jornais é questionável, para dizer o mínimo. Tenho confiança de que, em algum momento, você pagará o preço, seja neste mundo ou em outro."

Berry respondeu em poucas palavras: "Estou surpreso que logo *você* tenha suscitado questões éticas...", escreveu com candura.

Mas, apesar da opinião de Markley sobre a imprensa, era um fato que a USRC, empresa que ele representava, enfim estava ciente de que precisava apresentar seu lado da história ao público. E assim, conforme o previsto, a USRC recorreu ao dr. Flinn, que declarou aos jornais que os exames mostravam "não haver presença de rádio" nas mulheres; ele estava convencido de que os problemas de saúde delas eram de fundo emocional. Esta era uma resposta comum às doenças ocupacionais que acometiam as mulheres, todas quase sempre atribuídas à histeria feminina. O *World*, por sua vez, não se deixou ser totalmente convencido por Flinn. Lippmann escreveu que aquela declaração "parecia programada para apoiar a argumentação dos advogados [da USRC]". Ele continuou: "Não é do feitio deste jornal tentar pressionar o sistema jurídico. Mas isso é covarde, injusto e cruel".

Markley então se viu impotente no impedimento da crescente onda de apoio às mulheres. Quando foi pedido para comentar o desenrolar do caso, só lhe restou dizer que lamentava pelo fato de as garotas estarem sendo "exploradas por um jovem advogado de Newark". No entanto, as próprias pintoras com certeza não se sentiam assim. *Elas* estavam liderando a acusação para levar seus ex-empregadores à justiça. Enfim o mundo estava lhes dando atenção — e elas não iriam se calar.

"Quando eu morrer", disse Katherine Schaub à imprensa com uma ternura comovente, "só haverá lírios no meu caixão, e não rosas como eu gostaria. Se eu ganhar meus 250 mil dólares, será que posso ganhar um monte de rosas?"

"Muitas garotas que conheço não assumem sua enfermidade", continuou, "elas dizem que estão bem. Têm medo de perder o namorado e a tranquilidade. Elas sabem que as dores que sentem não têm nada a ver com reumatismo — Deus, que tolas, idiotas patéticas! Elas têm medo de serem marginalizadas."

Grace Fryer também estava jogando verdades na cara de todos. "Não dá para dizer que estou feliz", admitiu, "mas pelo menos não estou totalmente desgostosa. Pretendo aproveitar ao máximo a vida que me resta." E quando chegasse sua hora, Grace desejava doar seu corpo à ciência, para que os médicos pudessem encontrar uma cura; as outras meninas viriam a seguir o exemplo: "A única coisa que meu corpo me traz é dor", revelou Grace, "mas pode trazer uma vida mais longa ou alívio para outras pessoas caso ele esteja em poder da ciência. É só o que tenho a oferecer". Ela deu um sorriso determinado. "Compreende por que estou oferecendo meu corpo?"

Os jornalistas quase desmaiaram de emoção. "Não se trata de abandonar as esperanças", comentou um repórter após a promessa de Grace. "Grace tem esperança — não aquela esperança egoísta que talvez você ou eu possamos ter, mas a esperança de contribuir para a humanidade."

E com tamanha plataforma pública — e a compaixão dos espectadores —, a maré definitivamente estava a favor das mulheres; e foi nesse momento que o juiz Backes surgiu com uma interpretação inspirada do estatuto para Berry. Ele sugeriu que, como os ossos das meninas continham rádio, e o rádio ainda estava fazendo mal a elas, isso significava que elas ainda estavam sendo flageladas. "Sendo assim, o estatuto era renovado a cada novo momento de dor." Foi brilhante.

Se era um argumento aceitável do ponto de vista jurídico, com certeza ainda era preciso comprovar — mas Berry descobriu que, à luz da pressão pública, o judiciário estava disposto a apoiá-lo. Ignorando a possível resposta da USRC, o julgamento foi programado para prosseguir. Em fins de maio de 1928, o juiz Mountain escreveu a Berry: "Vou marcar a audiência para a próxima quinta-feira. Os advogados devem se preparar para prosseguir na referida manhã, sem falta".

Nada iria ficar no caminho da justiça — disso, Berry e as garotas tinham certeza. Levados por uma onda de apoio popular, pelo visto logo navegariam até a terra firme.

Berry estava em seu escritório, preparando-se para a nova audiência, quando o telefone tocou. Rose, a secretária, rapidamente transferiu a ligação.

O juiz Clark estava na linha.

31

O JUIZ WILLIAM CLARK ERA UM SUJEITO RESPEITADO. NASCIDO EM BERÇO DE ouro — era neto de um senador; a propriedade da família se chamava *Peachcroft* —, ele tinha 37 anos, cabelos ruivos, olhos cinzentos e nariz grande. Também fora ex-chefe de Berry, da época em que este era escriturário; Clark fora sócio na empresa de advocacia Lindabury, Depue & Faulks.

"Gabinete do juiz Clark", lia-se na agenda de Berry no dia 23 de maio de 1928, "conversar sobre o caso do rádio com ele." Seu ex-chefe tinha uma sugestão a lhe fazer.

"Não seria possível", Clark talvez tenha indagado com alguma sutileza, "fazer um acordo fora dos tribunais...?"

Berry não era a única parte com quem o juiz conversava. Em 29 de maio, Clark reuniu-se com o presidente Lee e com a equipe jurídica da USRC; Berry não foi convidado para aquele encontro. Quando um repórter questionou Berry sobre a reunião, ouviu a seguinte resposta: "Não estou ciente de nenhum acordo. E não estou nem mesmo cogitando fazer acordos extrajudiciais".

Embora ele tenha declarado ao repórter estar "mais determinado do que nunca a travar [a batalha] até seu amargo fim", intimamente ele começava a ter dúvidas. Não que se achasse incapaz de vencer; a questão era se o veredicto chegaria a tempo de beneficiar as garotas. Toda vez que ele as via, elas pareciam mais debilitadas do que antes; Humphries já havia informado que elas se encontravam "física e mentalmente incapazes" de comparecer à audiência vindoura. Até mesmo Grace Fryer, que normalmente era quase efervescente quando comparada às amigas, estava mais calada e menos efusiva. "Tenho evitado qualquer tipo de atividade manual por medo de ganhar arranhões. Até o menor ferimento já não cicatriza mais por causa do rádio", confidenciou ela. As meninas estavam se transformando em bonecas de porcelana, embrulhadas no invólucro dos cuidados médicos. Berry queria que lhes fosse feita justiça, mas, acima de tudo, queria que os últimos dias delas fossem dias bons. Talvez, pensou ele, fosse o caso de pensar na sugestão de Clark, contanto que qualquer acordo estabelecido fosse justo.

As reflexões de Berry não duraram mais do que dois dias, quando então Katherine Schaub desmaiou na igreja: "Dores abrasantes invadiram meu corpo!", choramingou ela. "Não dá mais. Eu não aguento viver nem mais um mês."

E aparentemente foi assim que Berry se decidiu: seria desumano não tentar firmar um acordo para as garotas caso lhes fosse ofertado. Todo processo jurídico poderia levar anos para findar e, como bem sabia Berry por meio das quatro declarações juramentadas em seus autos, talvez as mulheres não vivessem para ver setembro chegar.

Em 30 de maio, o juiz Clark foi anunciado como mediador não oficial. A medida provocou críticas consideráveis no meio jurídico, afinal um juiz estava intervindo em um caso sobre o qual não detinha jurisdição. Clark, no entanto, externou seu ressentimento. "Só porque sou juiz federal", perguntou retoricamente, "não posso ter um coração?" Suas motivações, alegou, eram totalmente humanitárias.

No dia seguinte, a USRC reuniu o conselho a fim de discutir as condições de um possível acordo. Agora o vice-presidente Barker declarava que "os diretores desejavam fazer o que era justo". Mas não deixou de acrescentar: "Negamos qualquer responsabilidade nos casos".

A empresa tinha excelentes motivos para fazer um acordo. Graças ao que ela classificou como "uma campanha publicitária planejada com habilidade" (sobre a qual foi dito — sem qualquer senso de ironia — que "o aspecto humano de mulheres condenadas à morte foi encenado com todo o apelo"), a onda de apoio ao caso das garotas foi esmagadora. Fazer um acordo extrajudicial não apenas faria com que o caso, juntamente a toda a publicidade negativa em torno dele, chegasse a um fim, como também abriria precedente para a empresa poder escolher *quando* travar suas batalhas na justiça. Inevitavelmente, haveria processos futuros abertos por outras pintoras de mostradores, e a empresa sem dúvida previa que a coisa poderia ser mais fácil dali a alguns anos, quando Grace Fryer e suas amigas não estivessem mais estampadas em todos os jornais. Um acordo cairia muito bem para a USRC.

E agora, com a USRC feliz por as engrenagens estarem girando rápido, foi marcada no gabinete do juiz Clark uma reunião entre Berry e os advogados da USRC para o dia seguinte, sexta-feira, 1º de junho, às 16h. Duas horas depois, na saída para pegar o trem noturno, Clark faria uma breve declaração para a imprensa alvoroçada que aguardava do lado de fora: "Não temos notícias definitivas, mas estou confiante de que o assunto será resolvido de uma vez por todas em reunião [na] segunda-feira".

Todo mundo parecia feliz — todo mundo, exceto as garotas. Elas não se impressionaram com a oferta. VÍTIMAS DO RÁDIO REJEITAM OFERTA EM DINHEIRO: FIM DA NEGOCIAÇÃO!, alardeava uma das manchetes. A USRC tinha oferecido 10 mil dólares para cada, mas só as despesas médicas das meninas e os custos do litígio já engoliriam quase o valor inteiro, restando apenas uma ninharia.

"Não vou pegar a primeira coisa que aparecer", exclamou Grace ferozmente. "Não vou abaixar a cabeça agora, depois de tudo que sofri." Quinta McDonald declarou: "Eu tenho dois filhos pequenos. Preciso garantir a subsistência deles para quando eu não estiver mais aqui".

Não, disseram as mulheres, *nós não vamos aceitar*. Grace, como sempre, parecia liderar a batalha: ela declarou que "recusar-se-ia sumariamente a aceitar a oferta da empresa". Em vez disso, depois de conversar com as outras garotas, Berry apresentou uma alternativa à USRC: uma indenização imediata de 15 mil dólares para cada mulher, mais uma pensão anual vitalícia de 600 dólares, a cobertura de despesas médicas passadas *e futuras,* e mais a cobertura de todas as custas judiciais. A USRC teria um fim de semana para refletir sobre o assunto.

A segunda-feira, 4 de junho, revelaria ser um dia agitado. Às 10h as negociações continuaram, com a imprensa mundial acampada em frente ao prédio onde ficava o gabinete do juiz Clark. Quando, depois de 45 minutos, os advogados saíram, precisaram escapulir pelos fundos para evitar o assédio dos jornalistas.

Eles estavam saindo para oficializar a documentação. Naquela tarde, Berry convocou cinco mulheres corajosas em seu escritório. Todas arrumadas para a ocasião: usavam belos chapéus clochê, enquanto Grace usava uma gola de pele de raposa. Até Albina compareceu à reunião extraordinária; ela mal tinha conseguido sair da cama no último mês. Mas melhores do que quaisquer trajes, mais deslumbrantes do que quaisquer joias, eram os sorrisos daquelas mulheres, pois tinham conseguido. Contrariando as probabilidades, depois de uma batalha notadamente árdua — travada enquanto elas se encontravam no estado de saúde mais frágil possível —, elas conseguiram fazer a USRC assumir as responsabilidades.

Os advogados da USRC passaram três horas com Berry e, nesse período, assinaram os documentos do acordo. A USRC conseguiu negociar para que a indenização imediata fosse de 10 mil dólares, mas concordou com *todas* as outras condições solicitadas. Foi uma conquista indubitavelmente extraordinária.

Os flashes das câmeras espocaram quando as mulheres posaram para uma foto para marcar o momento. Quinta, Edna, Albina, Katherine e Grace. Todas ali enfileiradas: o time dos sonhos. A "irmandade sorridente" — e, ao menos nesse dia, não era um sorriso triste, e sim radiante, com dentaduras e tudo, de puro deleite e orgulho, mais do que merecidos.

O anúncio formal referente ao acordo veio do próprio juiz Clark às 19h. A essa altura, uma multidão de cerca de trezentas pessoas já cercava o prédio; "todos os corredores e passagens para os elevadores estavam apinhados". Clark abriu caminho em meio à multidão para conseguir uma posição favorável, de onde poderia divulgar a notícia. Ele pigarreou e solicitou silêncio, o qual veio de pronto, sendo interrompido apenas pelo estalar dos flashes e pelo farfalhar das canetas nos bloquinhos de papel dos jornalistas. Uma vez que tinha toda a atenção da imprensa, Clark anunciou as cláusulas do acordo: "Podem dizer, se quiserem", acrescentou ele sem rodeios, "que o juiz fez um bom trabalho".

O acordo especificava que a USRC não admitia culpa alguma. Markley acrescentara deliberadamente: "[A empresa] não foi negligente e as reivindicações dos autos, ainda que fundamentadas, são barradas pelo estatuto das limitações. Somos da opinião de que a posição [legal da USRC] é indiscutível". Enquanto isso, a USRC também divulgava um comunicado, proclamando que sua motivação em fazer um acordo tinha caráter apenas "humanitário". A declaração foi concluída da seguinte forma: "[A USRC] espera que o tratamento fornecido a essas mulheres seja capaz de curá-las".

E ali estava mais uma cláusula crucial do acordo. A USRC insistira na criação de um comitê de três médicos para examinar as garotas com regularidade: um médico seria escolhido pelas próprias garotas, um pela empresa, e o terceiro seria selecionado por comum acordo entre as partes. "Caso quaisquer dois médicos desse conselho cheguem à conclusão de que as garotas não estão sofrendo mais qualquer tipo de intoxicação [pelo rádio], os pagamentos devem cessar", registrou Berry.

Os planos da USRC eram óbvios; não houve nem mesmo a tentativa de ocultar de Berry suas reais intenções. "Acredito piamente", escreveu Berry, "que a intenção da USRC, se possível, é descobrir uma situação que a permita interromper os pagamentos."

Berry ficou bastante desconfortável com aquela solicitação, porque embora soubesse que o juiz Clark era "um sujeito muito honrado", ele também vinha ouvindo rumores de que o ex-chefe "era amigo de alguns dos diretores [da USRC]". Pior do que isso, ele "possivelmente mantinha relações comerciais indiretas com ex-colegas de escola que agora eram diretores [de uma empresa com] participação majoritária na [USRC]", e Berry até mesmo ficou sabendo que Clark "é, ou era, até muito recentemente, acionista da USRC".

"Temo bastante por toda essa situação", declarou Berry, apreensivo.

No tribunal do condado de Essex, em Newark, os painéis decorativos elaborados fazem menção a quatro coisas: sabedoria, conhecimento, clemência... e poder. Nesse caso em especial, refletiu Berry, este último parecia cruelmente adequado.

O próprio Clark escreveu às mulheres: "Desejo expressar a vocês grande compaixão pessoal e sinceras esperanças de que serão encontrados meios de sanar as enfermidades que as acometem". E era para aquelas mulheres, no fim das contas, que o acordo tinha plena importância. Elas haviam saído por cima; jamais imaginaram que estariam vivas para ver esse dia.

"Fico feliz com o dinheiro", comentou Albina com um sorriso, "porque agora meu marido não vai ter que trabalhar tanto." Sua irmã, Quinta, acrescentou: "O acordo vai ser muito importante, não só para mim, mas para meus dois filhos pequenos e meu marido". Ela continuou: "Quero descansar depois dessa provação que passei. Gostaria de ir com eles a algum resort à beira-mar". Embora Quinta tenha se declarado "insatisfeita com as condições do acordo", ela arrematou: "Estou feliz por estar livre das preocupações com o processo e feliz com a ideia de receber o dinheiro imediatamente".

"Acho que o sr. Berry, meu advogado, fez um excelente trabalho", entusiasmou-se Edna, muito grata. "Estou feliz pelo acordo; não conseguiríamos aguardar por muito tempo mais. Significa que teremos muitas das coisas que desejamos, pelo tempo que pudermos apreciá-las."

Katherine disse: "Deus ouviu minhas preces".

Apenas Grace foi menos efusiva nas declarações. Ela disse estar "um tanto satisfeita": "Eu queria mais; no entanto, fico contente com o que conseguimos. Vai ajudar de muitas maneiras; vai aliviar parte da angústia mental". Ela ainda acrescentou, referindo-se à coragem de todas as garotas em instaurar o processo, antes de qualquer coisa, e pelo que conseguiram publicamente: "Isso não foi feito pensando em mim", disse Grace, "na verdade, estou pensando nas centenas de garotas a quem isso pode servir de exemplo".

"Veja bem, o que tudo isso proporcionou a nós, garotas... e a muitas que nem sequer chegamos a conhecer ainda."

KATE MOORE
RADIOATIVAS

32

OTTAWA, ILLINOIS
Junho de 1928

O ACORDO JUDICIAL FIRMADO EM NEW JERSEY CHEGOU ÀS MANCHETES internacionais e à primeira página do *Ottawa Daily Times*. MORTES DEVIDO À TINTA DE RÁDIO CHEGAM A 17!, vociferava o jornal. UM SALTO CHOCANTE NO NÚMERO DE VÍTIMAS DE ENVENENAMENTO POR RÁDIO.

As meninas do ateliê da Radium Dial estavam em choque. Não era como se não houvesse motivos para se preocupar; Ella Cruse tinha *morrido* no verão anterior, e várias ex-funcionárias não estavam bem: Mary Duffy Robinson; Inez Corcoran Vallat. O jornal de Ottawa, sobre o qual as garotas estavam debruçadas, já acometidas por um pânico crescente, dizia que a primeira manifestação de intoxicação por rádio era o enfraquecimento das gengivas e dentes. Peg Looney, cujas extrações dentárias realizadas no ano anterior ainda não tinham cicatrizado, foi tomada pela náusea.

"As garotas ficaram enlouquecidas", lembrou Catherine Wolfe. "Houve reuniões na fábrica que chegaram à beira de um motim. O medo nos deixava tão deprimidas, que mal conseguíamos trabalhar, mal conseguíamos mencionar nosso destino iminente."

O ateliê se tornou um lugar silencioso e taciturno: a velocidade do trabalho das garotas desacelerando, as mãos não mais levando pincéis à boca em ritmo alucinante. Considerando que elas mal conseguiam trabalhar, a produção decaiu e a Radium Dial resolveu intervir, convocando especialistas para realizar exames médicos.

Marie Becker Rossiter observava todos os procedimentos com afinco. Ela notara que "eles haviam separado as meninas. Algumas foram realocadas no andar de cima. Fizeram exames em ambos os grupos, porém de maneira separada". As mulheres não sabiam o porquê. Será que tinha a ver com os exames que a empresa realizara em 1925? Mas tais resultados nunca foram compartilhados com as garotas, então elas não sabiam dizer.

Isoladas nos respectivos grupos, as mulheres seguiram apreensivas ao encontro dos médicos. Realizaram exames respiratórios para detectar radiação, adotando a mesma metodologia desenvolvida pelos médicos de Newark; também houve radiografias e hemogramas.

Catherine Wolfe foi examinada; Peg Looney; Marie Rossiter; Helen Munch, que estava prestes a deixar a empresa para se casar, também soprou no bocal do equipamento. As garotas, certas de que a empresa estava trabalhando em prol de seus interesses, voltaram às bancadas e ficaram à espera dos resultados que, esperançosamente, lhes daria tranquilidade.

Mas os resultados dos exames nunca chegaram: "Quando solicitei um laudo", recordou-se Catherine, "disseram que era informação confidencial".

Ela e Marie conversaram a respeito. Não tinham o direito de saber? Marie, sempre decidida, determinou que elas não deveriam aceitar de braços cruzados. Tomada pelo medo e pela indignação, ela e Catherine confrontaram o sr. Reed.

O gerente ajeitou os óculos, um pouco desajeitado, e então fez um gesto expansivo: "Ora, minhas queridas meninas", disse-lhes em tom paternal, "se entregássemos os laudos a vocês, este lugar se tornaria uma balbúrdia!". Ele tinha um jeito quase brincalhão.

Mas a resposta claramente não tranquilizou as garotas, embora Catherine tenha dito em momento posterior: "Nenhuma de nós entendeu o que ele queria dizer". Reed, notando a insegurança das jovens, continuou: "Não existe intoxicação por rádio". Ele reforçou sua argumentação: "Não tem história nenhuma de envenenamento por rádio!".

"As funcionárias estão em perigo?", Marie exigiu saber.

"Vocês não têm nada com que se preocupar", repetiu o superintendente. "É seguro."

Todavia, as meninas continuaram a devorar o jornal todos os dias, deparando-se com novas histórias de terror que lhes davam arrepios.

E então, três dias após o anúncio do acordo feito em New Jersey, com as tensões no ateliê ainda nas alturas, foi publicado um grande artigo na página três do jornal local, o qual respaldava totalmente aquilo que o sr. Reed lhes dissera. As mulheres todas assinalaram aquele fato entre si e continuaram a ler, ficando cada vez mais aliviadas.

Era um anúncio de página inteira encomendado pela Radium Dial Company, e ali, enfim, as garotas tomavam conhecimento dos resultados dos recentes exames. "Temos realizado a intervalos frequentes... exames médicos completos e minuciosos... comandados por especialistas técnicos familiarizados com as doenças e os sintomas do chamado envenenamento por 'rádio'", dizia o comunicado da corporação. "Nada nem mesmo semelhante a tais sintomas ou doenças foi detectado nos indivíduos examinados."

Graças a Deus. Os resultados eram transparentes. *Elas não iam morrer*. E a empresa as tranquilizou ainda mais: "Se os laudos fossem desfavoráveis, ou se tivéssemos motivos para acreditar que quaisquer condições da função estivessem colocando em risco a saúde de nossos funcionários, teríamos logo suspendido as operações. A saúde de [nossos] funcionários é prioridade para os gestores [da empresa]". O anúncio continuava:

> Em virtude da ampla circulação de relatos de envenenamento [por rádio]... é hora de chamar a atenção para um fato importante e que até então tem ganhado apenas menções ocasionais no noticiário... Todos os dolorosos casos da assim chamada intoxicação por "rádio" relatados na Costa Leste ocorreram em estabelecimentos que usavam tinta luminosa à base de mesotório... A Radium Dial [usa] só rádio puro.

Foi *por isso* que Reed disse que "não tinha história nenhuma de envenenamento por rádio", percebiam as meninas agora. E por isso o rádio era seguro, porque não foi o *rádio* que adoeceu as mulheres na Costa Leste, foi o mesotório.

A Radium Dial, para respaldar tal alegação, citou o trabalho do "especialista" Frederick Hoffman, que continuava a disseminar sua crença de longa data de que o mesotório era o culpado — crença mantida por ele mesmo depois de o dr. Martland ter discordado, mesmo após Von Sochocky mudar de ideia, e mesmo depois de Raymond Berry lhe escrever após ler declarações à imprensa que diziam o seguinte: "Os exames aferiram que há mais rádio do que mesotório afetando as garotas [de New Jersey]". Mas aparentemente Hoffman ignorara todas essas objeções à sua teoria.

Agora, em Ottawa, Reed imprimia com orgulho informativos com a declaração da empresa, colando-os nas paredes dos ateliês e deliberadamente chamando a atenção das meninas para eles. "Ele disse que deveríamos prestar atenção especial àquele reclame", lembrou Catherine.

E ele continuou a tranquilizar as garotas: "O rádio vai lhes garantir bochechas coradas!", dissera ele a Marie com um sorriso; e, ao voltar-se para Marguerite Glacinski, falou em tom irreverente: "O rádio deixará todas vocês muito bonitas!".

As mulheres continuaram a acompanhar as notícias no jornal — mas só as boas notícias. A Radium Dial repetiu a propaganda no veículo durante vários dias, e o próprio jornal publicou um editorial em apoio ao grande empregador da comunidade, dizendo que a corporação estava "sempre alerta" à saúde de seus funcionários. A cidade inteira estava feliz. A Radium Dial era aclamada como uma das principais indústrias de Ottawa; seria uma pena perder um bom negócio daqueles, mas, graças aos cuidados da empresa, ninguém precisava ficar alarmado.

À luz dos acontecimentos, as garotas retornaram ao trabalho, o pânico arrefecendo. "Elas se entregaram à labuta, obedecendo às ordens", contou um parente de Marie, "e fim da história. Elas nunca [mais] questionaram."

"As garotas", lembrou uma pessoa que morou na cidade à época, "eram 'boas moças católicas', todas criadas para jamais desafiar qualquer tipo de autoridade." E o que havia para desafiar, afinal? Os resultados dos exames tinham sido favoráveis e a tinta não continha o mortal mesotório. Eram fatos — impressos no jornal, afixados no quadro de avisos da empresa — tão certos quanto o nascer do sol que tingia todas as manhãs do alvorecer de Illinois. De volta ao ateliê, a velha rotina se renovava. *Lábio... Tinta...*

Só uma família, aparentemente, não estava convencida pela empresa.

Assim, no dia seguinte à publicação do anúncio publicitário no *Ottawa Daily Times*, a família de Ella Cruse abriu um processo contra a Radium Dial.

33

ORANGE, NEW JERSEY
Verão de 1928

PARA AQUELAS CINCO PINTORAS DE MOSTRADORES DE NEW JERSEY QUE triunfaram sobre sua antiga empregadora, a vida estava indo bem. Com a indenização, Katherine deu 2 mil dólares a seu pai, William, para pagar a hipoteca: "Para mim, não houve felicidade maior do que deixar meus familiares felizes", declarou ela. "Fiquei tão feliz em ver meu pai... livre daquelas preocupações."

Quanto a ela mesma, a vida seria "como a Cinderela no baile", declarou. "Era o meu dia." A escritora em ascensão comprou uma máquina de escrever, além de esbanjar-se em roupas novas: vestidos de seda e lingerie. "Comprei um modelo de casaco que eu sempre quis", entusiasmou-se, "e um chapéu de feltro marrom para combinar."

Edna, que sempre fora fã de música, investiu em um piano e, também, em um aparelho de rádio. Muitas das mulheres compraram automóveis para facilitar o deslocamento. No entanto, elas também foram financeiramente sagazes, investindo em imóveis e aplicações.

"Nem um centavo [do dinheiro] entrou nesta casa", informou Grace a um repórter. "Para mim, dinheiro não significa luxo. Significa segurança. Os 10 mil dólares estão investidos de forma segura."

"Para quê?", perguntou o jornalista.

Grace sorriu de forma enigmática ao responder:

"Para o futuro!"

E o dinheiro não era o único fator de ânimo, pois muitos dos médicos que elas vinham consultando agora ofereciam esperança. Von Sochocky anunciara o seguinte: "Na minha opinião, as meninas vão viver muito mais do que elas mesmas acreditam". Até Martland, observando que já havia um intervalo de anos sem mortes decorrentes dos mesmos problemas sofridos por Mollie Maggia e Marguerite Carlough, teorizou que agora havia "dois tipos de casos das garotas-pintoras, os iniciais e os tardios. Os iniciais eram marcados por anemia grave e necrose da mandíbula... Os tardios não apresentavam quadro de anemia e infecção na mandíbula (ou permitiam a recuperação)". Martland cogitava que a desaceleração do mesotório explicava a diferença; as garotas eram violentamente atacadas nos primeiros sete anos, mas no momento em que o mesotório avançava para o estágio seguinte da meia-vida, o ataque diminuía o suficiente para poupá-las; era quase como se a intoxicação fosse uma onda aumentando de tamanho e as mulheres conseguissem sair do mar em segurança bem no momento em que as águas faziam aquele breve recuo antes do golpe. Embora o rádio ainda estivesse bombardeando seus ossos, era uma substância bem menos agressiva do que o mesotório. Martland agora postulava que, se os casos tardios "foram capazes de sobreviver aos sintomas iniciais, então teriam boa chance de tolerar completamente o envenenamento por rádio" — embora os ossos sempre fossem permanecer repletos de buracos. "Sou da opinião de que as garotas que estamos vendo agora, ao passo que podem ficar aleijadas de forma permanente, têm uma chance considerável de derrotar a doença", declarou.

Tal prognóstico, por mais sombrio que parecesse, dava às mulheres a mercadoria mais valiosa de todas: *tempo*. "Pode ser que alguém encontre uma cura para nós, ainda que de última hora", sugeriu Grace cheia de ânimo.

No verão seguinte, a maioria das garotas resolveu viajar. Albina e James partiram rumo ao "sonho de uma vida": uma viagem de carro pelo Canadá. Louis Hussman levou a esposa a "uma viagem longa e despreocupada"; Edna escrevera para Berry: "Estamos em um chalé com vista para o lago, desfrutando da bela paisagem". Enquanto Quinta e James McDonald optaram por não ir muito longe e fizeram alguns passeios ao Asbury Park, foi uma opção não sair do país; Quinta sabia que o dinheiro era para garantir o bem-estar dos filhos, independentemente do que acontecesse a ela.

Mas, qualquer que fosse o modo escolhido para aproveitar o verão, as garotas sabiam que podiam ficar tranquilas porque a ajuda também viria para outras mulheres infligidas pelas mesmas angústias; à luz da imensa publicidade causada pelo caso, foi marcada para o fim daquele ano uma conferência nacional sobre envenenamento por rádio. Além disso, Swen Kjaer tinha dado início a um estudo de âmbito federal muito mais detalhado sobre intoxicação por rádio. "Não há dúvida de que se trata de uma doença ocupacional e de que deve haver nova investigação", comentou Ethelbert Stewart, chefe de Kjaer. Quando perguntado por que algumas empresas ainda insistiam em usar o antigo método de pintura de mostradores com pincéis, sendo que já havia outras invenções no mercado, ele respondeu com astúcia: "Os novos métodos provavelmente se provaram lentos demais para garantir a maior lucratividade aos fabricantes".

Katherine Schaub, que tinha passado o verão inteiro longe de Newark, usufruindo da "verdadeira vida no campo", estava se sentindo muito melhor e declarou que aquele período foi "esplêndido". "Férias como jamais tive." "Amei ficar sentada na varanda, tomando sol", escreveu ela, sonhadora, "e ficar admirando os bosques e colinas adiante."

Enquanto estava sentada naquela varanda, ela também escrevera a Berry a fim de agradecer por tudo que ele fizera: "Eu mesma sei que, do ponto de vista humanitário, seria difícil encontrar outro como você... para você, nada era demasiado... e pensar que o resultado foi um tremendo sucesso me surpreende". Ela também escreveu a Martland, assim como as outras meninas o fizeram, dizendo apenas: "Escrevo esta carta para expressar meus sinceros agradecimentos por seu imenso socorro a fim de nos garantir um final feliz".

Um final feliz... se ao menos pudesse sê-lo mesmo. Nos bastidores, Berry temia que o "final feliz" de Katherine fosse tão fictício quanto um conto de fadas. "Acho que ainda não acabou, de maneira alguma", escreveu ele a um sócio, "e que a verdadeira batalha só foi adiada."

Logo após o acordo, a usrc entrou em modo de contenção de danos para aquilo que apelidou de "assim chamado envenenamento por rádio"; a empresa ainda negava a existência de qualquer risco e parecia confiante que a junta médica designada para examinar as garotas logo daria a todas as cinco um atestado de boa saúde. A corporação não perdeu tempo ao selecionar dois médicos capazes de emitir tal laudo; um era James Ewing, especialista em medicina do rádio e que já havia se manifestado contra Martland — um médico amigo de Berry chegara a alertar: "Devemos ficar de olho [nele]" — e o outro, com uma pauta condizente, era Lloyd Craver. Ambos eram consultores de um hospital "intimamente aliado ao uso do rádio", mas Berry considerou "impossível" tirá-los da jogada. O médico indicado pelas garotas seria Edward Krumbhaar. Martland escreveu: "O estrago está feito e Berry precisa buscar o melhor resultado possível".

No outono de 1928, as garotas foram convocadas para o primeiro exame do comitê, em um hospital em Nova York. Como dois daqueles médicos negavam sumariamente a existência de intoxicação por rádio, era necessário se perguntar o que eles estariam pensando das mulheres doentes ali bem sob seu nariz. Katherine estava "visivelmente coxa e corcunda"; Grace tinha uma "limitação nítida de movimentos no cotovelo esquerdo" e o que restava de seu maxilar estava "exposto" na região da boca. Quinta estava envolta em gesso; as pernas de Edna se cruzavam irrevogavelmente. No entanto, enquanto aquelas mulheres se despiam e eram submetidas a exames invasivos realizados por sujeitos que lhes eram desconhecidos, talvez o estado de Albina fosse o mais chocante. Krumbhaar dissera em outro momento: "A sra. Larice tinha uma limitação de movimento em ambas as articulações do quadril, de modo que foi quase impossível para o dr. Craver realizar o exame vaginal".

Os médicos realizaram também o exame respiratório, dois deles convencidos de que aquilo inocentaria a USRC. No entanto, os resultados, como Ewing viera a relatar "se provaram positivos, para nossa surpresa". Mas, em vez de tomar aquilo como comprovação de que as garotas estavam dizendo a verdade, ele continuou: "A dúvida agora é se as pacientes estão cometendo algum tipo de fraude... Para tornar estes exames confiáveis, achamos necessário realizá-los em algum hotel, onde as pacientes possam se despir por completo". Elas teriam de enfrentar aquilo tudo de novo.

Em novembro, as cinco mulheres foram ao Hotel Marselha para exames mais aprofundados. Desta vez, apenas Craver estava presente; mas não estava no comando. O responsável pela liderança era o dr. Schlundt — "amigo íntimo" do vice-presidente Barker e que nos exames respiratórios realizados em abril já havia declarado ausência de radioatividade nas mulheres. Barker também estava presente e "assistido"; e havia mais um médico, dr. G. Failla.

As meninas perceberam de cara que não era um exame imparcial, mas que recurso teriam para impedir aquele teatro? Afinal de contas, os procedimentos médicos eram parte do acordo firmado; sendo assim, elas foram obrigadas a se despir e a passar pelos exames com os homens da empresa observando cada gesto bem de pertinho.

Assim que elas deixaram o hotel, Grace Fryer telefonou para Berry. Ela era — como em muitos aspectos sempre fora — a peça vital e líder do grupo. E agora levava os protestos coletivos a Berry.

E o advogado, por sua vez, ficou indignado. Ele escreveu de imediato à USRC para informar que via os acontecimentos do hotel sob "grande desconfiança" e que acreditava que a presença de Barker e Schlundt "constituía em violação do acordo", pois os exames realizados pelo comitê deveriam ser de caráter apartidário. No entanto, o dr. Failla declarou enfaticamente: "Todas as cinco pacientes apresentam radioatividade".

Foi um verdadeiro golpe para a USRC, pois parecia que todos os dias ela tomava um novo processo nas costas; o desejo era que as famosas garotas-pintoras estivessem livres de qualquer contaminação por rádio para articular uma nova defesa. O próprio Berry havia sido contratado para um dos novos processos, em nome de Mae Cubberley Canfield, a pintora que ensinara Katherine Schaub. Assim como as outras, Mae perdera os dentes e fora acometida por infecções nas gengivas; sua mandíbula também "estava esquisita... como se houvesse um sibilar dentro dela" e ela também vinha sofrendo de paralisações intermitentes do lado direito do corpo.

Berry venceu uma batalha naquela nova guerra quando o juiz no caso de Mae determinou que o dr. Flinn não poderia ser o responsável pelos exames dela para a USRC; eles teriam de nomear um médico graduado. Foi uma pequena vitória, pois todas as queixas que Berry fizera às autoridades a respeito de Flinn até então tinham dado em nada. E a impunidade fizera o charlatão sentir-se livre para botar a boca no trombone: Flinn chegou a dizer que a "alimentação inadequada" das garotas era a culpada por sua "tendência a armazenar rádio nos ossos".

Ninguém sabia qual alimentação Von Sochocky seguia, mas, inadequada ou não, em novembro daquele ano ele perdeu a batalha contra o rádio que circulava em seu organismo. Martland prestou uma homenagem: "Sem seu auxílio e sugestões valiosos, teríamos sido bastante prejudicados em nossa investigação". Isso era verdade, pois sem a ajuda de Von Sochocky na invenção dos testes, talvez o envenenamento por rádio nunca viesse a ser clinicamente comprovado. Mas, é claro, sem a tinta luminosa inventada pelo próprio Von Sochocky, as meninas teriam tido vidas muito diferentes...

Já para as garotas, era impossível esquecer a atitude de Von Sochocky nos tribunais, a qual elas enxergaram como traição. Talvez por isso a morte do cientista tivesse lhes incitado uma espécie de *schadenfreude*[*]. Um jornal descreveu a tinta à base de rádio como "um autêntico Frankenstein em um tubo de ensaio, que se virou contra o próprio criador"; Martland acrescentou: "Ele pereceu de uma morte horrível".

Isso significava também que Von Sochocky não esteve presente na conferência nacional para estudos do rádio em dezembro de 1928. Todos os principais profissionais da área de pesquisa estavam lá: Hamilton, Wiley, Martland, Humphries, Roach, Ethelbert Stewart, Flinn, Schlundt e os executivos das empresas de rádio.

Ninguém convidou as garotas-pintoras.

Era uma conferência organizada de forma voluntária por atuantes no ramo, em uma tentativa de recuperar o controle da situação. O cirurgião geral que presidia o encontro reconheceu que "qualquer coisa que elaborarmos aqui é mera sugestão, mas sem qualquer efeito deliberativo". O chefe de Wiley mais tarde classificaria o evento como "um engodo".

As questões foram debatidas. Stewart fez um discurso passional à indústria do rádio: "O relógio luminoso é uma moda passageira. Por que manter a produção de algo tão inútil; de algo que traz consigo, a despeito de tudo que vocês possam fazer, um elemento tão perigoso? Eu definitivamente espero que vocês concordem que isso não vale o preço a pagar".

Mas as empresas discordaram; uma delas disse que 85% dos negócios vinham dos mostradores luminosos — era uma indústria lucrativa demais para ser abandonada. Os executivos argumentaram que apenas os casos de New Jersey tinham vindo à luz, então não era um problema nacional; e com Flinn tendo silenciado as garotas de Waterbury, só restou a Stewart contra-atacar com um único caso formalmente documentado fora da USRC, cuja existência foi comprovada por meio do processo de

---

[*] Palavra alemã que caracteriza a satisfação que sentimos quando um desafeto sofre algum tipo de infortúnio.

Ella Cruse em Illinois — no entanto, o diagnóstico dela não passava de uma suspeita sem qualquer validação. A ausência de evidências de um problema endêmico significava que os apoiadores das meninas estavam impotentes para levar adiante qualquer proposta, ainda que o chefe de Wiley tenha classificado a coisa toda como um "assassinato a sangue--frio na indústria".

A conferência não confirmou a existência de intoxicação por rádio ou mesmo que o rádio representava algum perigo; só serviu para pactuar que havia a necessidade de realizar mais estudos, e que isso seria feito por meio de dois comitês — embora não haja qualquer registro de que esses comitês um dia tivessem chegado a se reunir. Quando as histórias das garotas de New Jersey viraram notícia velha, ninguém mais se propôs a defender a causa das pintoras. "O que a The Radium Corporation está fazendo é um jogo", escreveu Berry, frustrado. E, ao que parecia, as empresas de rádio estavam saindo vitoriosas.

Naquela conferência nacional para estudos do rádio havia outros dois representantes dignos de menção: Joseph Kelly e Rufus Fordyce, da Radium Dial — os mesmos executivos que há pouco tempo haviam assinado o comunicado publicado no jornal de *Ottawa*. Pelo visto eles se reservaram a apenas ouvir o debate, sem jamais contribuir. E com certeza escutaram quando um especialista disse: "Meu conselho aos fabricantes de relógios hoje seria aposentar o pincel porque é possível pintar de outra maneira". Eles com certeza também escutaram quando foram discutidos os casos de morte e as deficiências adquiridas das garotas de New Jersey. E escutaram quando foi dito que a indústria estava se esquivando das responsabilidades.

E então eles foram embora para casa.

KATE MOORE

RADIOATIVAS

34

OTTAWA, ILLINOIS
1929

EM 26 DE FEVEREIRO DE 1929, O INVESTIGADOR DAS INTOXICAÇÕES POR rádio, Swen Kjaer, se dirigiu ao tribunal do condado de LaSalle, na cidadezinha de Ottawa. Ficou surpreso com a tranquilidade do lugar; hoje seria o dia da audiência do caso Ella Cruse e, dada a cacofonia causada pelos processos de rádio na Costa Leste, ele vinha esperando um pouco mais de confusão. No entanto, tudo estava vazio; não havia uma mosca na cidade sonolenta.

Dentro do tribunal, durante a audiência, o ambiente também estava livre de tumultos. Nada de multidões de jornalistas, nenhuma testemunha-celebridade, nenhum advogado duelando. O único movimento era do advogado da família Cruse, George Weeks, que apenas se levantara para solicitar um adiamento da audiência. Com o impulso dado pelos processos de New Jersey, Kjaer estava surpreso pela ausência de pressão do advogado.

Mais tarde, quando Kjaer questionou a postura de Weeks, descobriu o motivo. Weeks precisara solicitar uma série de adiamentos porque não sabia nada sobre intoxicação por rádio — e não conseguira encontrar nenhum médico em Ottawa capaz de auxiliá-lo. A família estava reivindicando 3750 dólares, que não era uma quantia gananciosa, mas, naquele ritmo, não veriam um centavo. Weeks não conseguia encontrar ninguém para lhe explicar direito o que era envenenamento por rádio, muito menos se havia sido a causa da morte de Ella. Os pais dela foram informados de que o único jeito de conseguir provas seria exumando o corpo para nova autópsia, mas os custos do procedimento giravam em torno de 200 dólares, dinheiro que eles não tinham. O caso era inviável.

Kjaer continuou sua peregrinação pela cidade. Procurou os médicos e dentistas que haviam prometido alertá-lo caso algumas das garotas-pintoras apresentasse sintomas de intoxicação por rádio. Tal como antes, não havia nenhum caso registrado.

Ele também visitou o ateliê da Radium Dial. Ainda estava movimentado, cheio de mulheres pintando mostradores. Conheceu o gerente e pediu para ver os laudos dos exames realizados pela empresa. A Radium Dial agora vinha monitorando seus funcionários com regularidade — embora as meninas tivessem notado, tal como antes, que elas eram separadas em grupos em todas as vezes. Catherine Wolfe até mesmo se lembrou: "Só fui [chamada para] me apresentar em um exame físico uma vez [em 1928], enquanto outras meninas que aparentavam ter boa saúde vinham sendo examinadas com certa regularidade".

Catherine não estava com uma saúde muito boa; ela ainda mancava, e havia começado a sofrer desmaios. Preocupada, pediu ao sr. Reed para consultar com o médico da empresa outra vez, mas ele negou. Ela então se convenceu de que estava se preocupando por besteira. A empresa lhe garantira que todos os exames especializados comprovavam sua boa saúde, e até prometera fechar o ateliê caso houvesse algum risco; além disso, a produção estava maior a cada dia. Com o passar do tempo, depois do furor ocorrido em New Jersey, as encomendas voltaram a subir, chegando a 1,1 milhão de relógios por ano. Os negócios estavam de volta aos trilhos.

No entanto, a inspeção que Kjaer realizara na Radium Dial vinha lhe causando inquietação. Dois funcionários do laboratório de Chicago apresentaram alterações sanguíneas, demonstrando que as precauções da empresa ainda eram insuficientes. As garotas também continuavam a fazer as refeições no ateliê sem lavar as mãos. Kjaer concluiu: "Eram necessárias mais medidas para proteger os funcionários".

Kjaer então conheceu Joseph Kelly; o presidente assegurou que a "intenção" da corporação era "ajudá-los de todas as maneiras possíveis". Tendo visto os laudos dos exames médicos, Kjaer agora queria discutir a situação de duas funcionárias; uma delas era Ella Cruse. Kjaer declarou: "Sinto que este caso não pode ser excluído [da minha investigação]". Ele solicitou mais informações sobre as duas garotas.

No entanto, quando Kelly lhe enviou os dados, estes eram compostos apenas pelas datas em que as moças trabalharam no local — informações que mal serviam para esclarecer qualquer coisa. Kjaer tinha pouco tempo para concluir o relatório, então não pressionou muito mais; achou já estar com informações o suficiente para prosseguir, no fim das contas.

E assim, em seu relatório, o qual nunca foi visto pelas garotas da Radium Dial, ele escreveu:

> Uma pintora, ML, sexo feminino, 24 anos, funcionária do ateliê em Illinois, foi considerada radioativa em 1925 após exame eletroscópico. Em 1928, novo teste foi realizado, e ela ainda apresentava sinais de radiação... Não foi possível obter informações completas, e a empresa se recusa a classificar os episódios como envenenamento por rádio; no entanto, os exames parecem muito claros.

ML. *Margaret Looney.* A Radium Dial dissera a ela que sua "saúde se encontrava em padrões excelentes". Foi-lhe dito que os exames não apresentavam nada digno de preocupação.

Ela não tinha ideia do que estava por vir.

Peg Looney sorriu para Chuck Hackensmith da carrocinha de metal vermelho onde estava sentada. Um tanto envergonhada, ela agradeceu pela ajuda.

Em resposta, Chuck, lançou um sorriso áureo sobre o ombro musculoso e agarrou os guidões da carroça. "E lá vamos nós..." provavelmente foi a frase cantarolada por ele com a verve típica para sua noiva. *E então o atleta de mármore frio saltou à vida...*

"Nos estágios finais, quando Peg já se sentia nauseada demais para andar, Chuck a colocava em uma carroça e passeava com ela pela vizinhança", recordou-se Darlene, sobrinha de Peg. A irmã de Peg, Jean, acrescentou: "Ele a colocava na carrocinha vermelha e a levava para tudo que é lado".

Mas, por mais largo que fosse o sorriso de Chuck ao puxar aquela carroça, por mais determinado que ele estivesse em exibir uma expressão de bravura ante todos os infortúnios, era impossível esconder o que sentia de fato. "No fundo, ele estava arrasado com a situação toda", lembrou Darlene com pesar.

Toda a família partilhava do mesmo sentimento, pois, no verão de 1929, a ruiva Peg Looney não estava nada bem. As extrações dentárias nunca cicatrizadas eram apenas o começo; ela desenvolvera anemia e, a seguir, uma dor se instalara em seus quadris, de modo que agora ela mal conseguia andar — daí a necessidade de usar a carrocinha vermelha que Chuck comprara para levá-la ao bangalô ou ao parque estadual Starved Rock. Ele era muito bom para ela e a amava com toda a intensidade. O casamento estava marcado para junho seguinte.

Só que Chuck e sua carrocinha vermelha não tinham como se fazer presentes o tempo todo. Quando Peg ia para o ateliê de rádio, precisava fazer o trajeto a pé. Sua irmã Jean se recorda do jeito como ela e todos os irmãos da família Looney ficaram alertas em um dia que Peg voltou do trabalho.

"Estávamos todos sentados na varanda prestando atenção, porque ela estava caminhando de um jeito péssimo", disse Jean. "[Era uma luta] fazer o trajeto para casa. Corríamos para encontrá-la, cada um de nós oferecia o braço para ela se apoiar."

Quando chegava em casa, amparada pelos irmãos, Peg não dava conta de ajudar a mãe nas tarefas domésticas como antes. Ela precisava se deitar e descansar. E a mãe ficava muito mal ao constatar o declínio da filha; Peg estava definhando, e a família testemunhava, horrorizada, quando ela tirava dentes e partes da mandíbula de dentro da boca. Por fim, seus pais juntaram dinheiro para levá-la a um médico em Chicago. Peg foi diagnosticada com alvéolos na mandíbula e aconselhada a trocar de emprego.

Talvez Peg planejasse procurar um novo emprego quando estivesse se sentindo melhor. No entanto, ela era uma garota inteligente, sabia que *não* estava melhorando nada. Embora os médicos de Ottawa parecessem desorientados — um deles, que a tratara em junho de 1929, apenas pusera uma bolsa de gelo em seu peito —, a própria Peg parecia adivinhar o que estava acontecendo. "Ela sabia que sua hora estava chegando", lembrou a mãe da jovem com tristeza. "Dava para vê-la morrendo devagar. Não havia nada que pudéssemos fazer."

"Bem, mãe", dizia Peg. "Minha hora está quase chegando."

E não eram só os quadris ou dentes que vinham lhe causando dores excruciantes: eram as pernas, o crânio, as costelas, os pulsos, os tornozelos... Mas, embora estivesse doente há meses, todos os dias Peg ainda ia ao trabalho para pintar os mostradores. Mesmo próxima do fim, ela seguia sendo aquela garota responsável.

A Radium Dial — alertada por Kjaer de que Peg era um caso especial, no qual o governo estava interessado — vinha vigiando de perto sua funcionária. Eles sabiam que os exames dela haviam acusado positivo para radioatividade em 1925 e em 1928; sabiam por meio dos exames feitos dentro da empresa quais eram os problemas que a acometiam. E assim, quando Peg desmaiou no ateliê em 6 de agosto de 1929, o sr. Reed tomou providências para que ela fosse internada no hospital do médico da empresa.

"A família não teve voz alguma na situação", contou Darlene, sobrinha de Peg. "Fomos quase excluídos. Sempre foi estranho para mim. Que tipo de empresa tinha um médico próprio? Não fazia o menor sentido."

"A Radium Dial provavelmente pagou todas as contas", acrescentou. "Não tínhamos dinheiro para despesas médicas vultosas; isso é certo."

Foi tão solitário para Peg ficar naquele hospital distante, longe de sua casinha próxima aos trilhos da ferrovia. A garota que tinha nove irmãos e que dormia junto a todos em um quartinho minúsculo, três em cada cama, estava totalmente sozinha. Seus irmãos não tiveram autorização para visitá-la. Uma das irmãs, Jane, esteve no hospital uma vez, mas os médicos não autorizaram sua entrada no quarto.

Peg apresentou sintomas de difteria e logo foi colocada em quarentena. Debilitada, também contraiu pneumonia. A Radium Dial, em uma demonstração de preocupação, ficou atenta ao seu progresso; ao seu declínio.

Às 14h10 de 14 de agosto de 1929, Margaret Looney faleceu. A garota que iria se casar com Chuck no ano seguinte, que adorava ler o dicionário, que sonhava em ser professora e era conhecida pelos ataques de riso tinha ido embora deste mundo.

A família de Peg, embora estivesse obrigatoriamente isolada dela, por acaso se encontrava no hospital na hora do falecimento. Um dos presentes era o cunhado de Peg, Jack White, que era casado com Catherine (uma das irmãs de Peg), um sujeito grandalhão que trabalhava lubrificando vagões para a ferrovia. Ele era o tipo de pessoa que se impunha para fazer a coisa certa. E foi por isso que, quando pessoas ligadas à Radium Dial chegaram no meio da madrugada e tentaram levar o corpo de Peg para agilizar o enterro, Jack protestou com veemência.

"*Não*", disse ele com firmeza. "Vocês não vão levar [o corpo dela]. Ela é uma boa moça católica e vai ter direito a um funeral católico, e a uma missa."

"Acho que foi bom ele estar lá", comentou Darlene astutamente, "porque não sei se o restante da família — em meio a todos aqueles acontecimentos — teria determinação para enfrentar a empresa e o médico. Mas Jack foi mais enérgico e disse a eles: "Vocês não vão levá-la".

Houve tentativa de discussão, é claro. "Eles queriam resolver tudo rápido... dando um fim ao corpo", continuou Darlene. "Seria um belo acobertamento." Mas Jack foi firme e não permitiu que levassem Peg.

A Radium Dial tinha perdido aquela batalha, mas não desistira. Havia a preocupação de que a morte de Peg fosse atribuída a intoxicação por rádio, o que por sua vez assustaria todas as meninas no ateliê e talvez incitaria a abertura de inúmeros processos judiciais. Os executivos precisavam assumir o controle da situação. Qual seria a postura da família, perguntaram eles, sobre fazer uma autópsia em Peg?

A família Looney já desconfiava, pelos comentários do médico de Chicago, de que a morte de Peg poderia ser oriunda de doença ocupacional. E concordaram prontamente com uma necropsia, sob a condição de que o médico da família estivesse presente; afinal de contas, havia o desejo de descobrir a verdade. A ressalva imposta era essencial: depois das maquinações da madrugada da Radium Dial, não era possível estabelecer qualquer relação de confiança.

A empresa concordou sem problemas. Sim, sim, disseram, tudo bem. A que horas?

Quando o médico da família compareceu no horário marcado, maleta na mão, descobriu que a autópsia havia sido realizada uma hora antes de sua chegada.

Ele não estivera presente para ver as múltiplas marcas de fraturas nas costelas de Peg, nem a forma como "os ossos achatados do crânio [dela] apresentavam inúmeras áreas 'finas' e 'buracos'". Ele não teve a oportunidade de examinar a necrose por rádio "em abundância" no crânio, na pelve e em pelo menos outros dezesseis ossos. Ele também não pôde testemunhar as mudanças generalizadas no esqueleto, as quais eram evidentes em todo o corpo maltratado de Peg.

Ele não pôde estar presente para ver como o médico da empresa "removeu por ressecção *post mortem*" os restos da mandíbula de Peg Looney.

O médico da empresa também levou os ossos embora. Sumiu com as evidências decisivas. A família não recebeu cópia do laudo, mas a Radium Dial, sim. Era um registro incrivelmente íntimo dos últimos momentos de Peg para ser disponibilizado para a corporação daquele jeito. Aquele documento dizia a eles como ela era por dentro: o peso dos órgãos, sua aparência; se ela estava "normal" ou não. No que dizia respeito à medula óssea e aos dentes, de acordo com o médico da Radium Dial, *ela certamente estava normal*.

"Os dentes estão em excelentes condições", dizia o laudo oficial da autópsia. "Não há evidências de quaisquer alterações ósseas destrutivas na arcada superior ou inferior."

O atestado de óbito estava devidamente assinado: difteria tinha sido a causa da morte.

A família pode não ter recebido uma cópia do laudo, mas a Radium Dial fez questão de enviar um resumo dele ao jornal local. E assim, no obituário de Peg Looney, foram incluídas as seguintes informações a pedido da empresa:

> As condições físicas da jovem se mostraram intrigantes durante determinado período. Ela trabalhava no ateliê da Radium Dial e havia rumores de que seu estado fora induzido por intoxicação por rádio. Para que não houvesse dúvidas quanto à causa da morte [foi realizada] uma autópsia... Dr. Aaron Arkin... disse que sem dúvida a morte foi causada por difteria. Não havia sinal visível de envenenamento por rádio.

Havia também um comentário final curioso, talvez inserido em um comunicado à imprensa por algum executivo munido da brilhante ideia de tentar ganhar apoio da comunidade local. "Os pais da srta. Looney pareceram muito satisfeitos com o resultado da necropsia", dizia a nota.

Eles não ficaram "muito satisfeitos". Estavam arrasados com a morte da filha.

"Aquela perda acabou com a minha mãe", disse Jean. "Ela nunca mais foi a mesma depois que Peg morreu. Ficou em um estado tenebroso. Costumávamos ir ao cemitério o tempo todo, de manhã cedinho, empurrando um velho cortador de grama para manter o gramado em volta do túmulo bem aparado; ficava a alguns quilômetros de casa. Sempre íamos a pé."

Quanto a Chuck, perder sua amada Peg foi algo que ele jamais viria a superar. É claro que ele seguiu a vida em algum momento, e seguiu os sonhos que outrora partilhara com ela. Tornou-se professor universitário e publicou livros; Peg, sem dúvida, teria adorado lê-los. Casou-se e teve filhos. E manteve contato com a família Looney por mais de quarenta anos. Sua esposa confidenciou à mãe de Peg que, todos os anos, sempre que o aniversário de nascimento ou de morte de Peg se aproximava, Chuck ficava mais calado e retraído.

"A esposa dele sabia", disse Darlene com sinceridade, "que ele estava pensando em Peg."

KATE MOORE

RADIOATIVAS

35

ORANGE, NEW JERSEY
1929

KATHERINE SCHAUB REABOTOOU A BLUSA DEPOIS DO EXAME MÉDICO E ficou aguardando pelo dr. Craver; ele a pedira para vir porque queria conversar algo importante. Para a surpresa dela, ele propôs que a USRC parasse de pagar suas despesas médicas; no acordo que tinham feito, a empresa cobriria tudo pelo restante da vida de Katherine. Ele queria que ela, em vez disso, aceitasse uma indenização única.

Menos de um ano depois de selado o acordo de New Jersey, a United States Radium Corporation estava tentando revogá-lo.

A ideia de pagar uma quantia única foi do vice-presidente Barker, mas contou com total apoio dos médicos da empresa. O dr. Ewing considerava as disposições atuais "insatisfatórias", pois "essas mulheres não vão morrer". Em seu laboratório, Craver agora tentava convencer Katherine sob "o forte argumento de que a empresa estaria em falência" para induzi-la a aceitar — só que a USRC não estava falindo; qualquer coisa menos isso. Tal inverdade, Berry dissera mais tarde quando Katherine lhe contara, cheia de ansiedade, sobre a proposta do médico, era "puramente um 'ardil' para forçar algum acordo".

Constatar que as mulheres continuavam vivas um ano depois parece ter sido um obstáculo financeiro, pois aquelas mulheres, sequeladas e ainda com muita dor, precisavam ir a médicos com regularidade, bem como comprar medicações paliativas. Da perspectiva da USRC, era demais; todas as contas sempre eram questionadas. As garotas, advertiu Ewing em tom ameaçador, deveriam ser "cautelosas ao presumir que todas as despesas nas quais incorressem seriam cobertas pela USRC".

Havia a expectativa de que a banca médica anunciaria em breve que as mulheres não vinham sofrendo de intoxicação por rádio, isentando assim a empresa de responsabilidades. E Ewing, a quem Berry descrevera como dono de uma "postura hostil", ansiava por tal diagnóstico. Mas, para a frustração de Ewing, embora as mulheres estivessem sendo submetidas a exames regulares, elas descobriam que cada novo resultado apresentava índices duplicados em relação aos anteriores.

Berry queria que o conselho médico emitisse uma declaração formal de que as meninas estavam de fato intoxicadas pelo rádio: seria uma prova cabal de que as pintoras, como grupo, estavam sendo afetadas, e também era uma evidência que Berry e outros poderiam usar nos processos judiciais vindouros para as amigas das meninas. Mas Ewing se recusou a fazê-lo. "Não é nosso desejo que tais descobertas sejam usadas em qualquer outro caso", escreveu ele de forma sucinta.

Quanto às garotas, elas estavam fazendo o possível para aguentar toda aquela situação. Vinham sendo submetidas a uma dolorosa série de exames e tratamentos experimentais. Os médicos tentaram sais de Epsom, que só serviram para lhes causar náuseas, além de irrigações no cólon e avaliações semanais da coluna e das excreções. Os exames quase sempre eram feitos no hospital onde Ewing e Craver clinicavam, o que significava que as mulheres debilitadas precisavam viajar a Nova York. Louis Hussman dissera a Berry que era "muito difícil para Edna ir tão longe sem sofrer consequências; na última vez que ela fora a Nova York, teve de ficar de cama ao retornar para casa".

Os lindos cabelos loiros de Edna agora estavam brancos como a neve. Todas as garotas pareciam muito mais velhas, com a pele curiosamente flácida ao redor do queixo bem ali onde o maxilar agora era inexistente. Apenas Grace parecia melhor em relação ao ano anterior. Embora já tivesse passado por 25 cirurgias na mandíbula, nenhuma delas foi capaz de eliminar seu hábito de sorrir; diziam que era a mais feliz das cinco, de longe. Quando o acordo com a USRC foi firmado, ela disse com determinação: "As pessoas estão me perguntando se vou parar de trabalhar: não pretendo. Vou continuar no meu emprego enquanto puder porque gosto dele". Ela ainda se deslocava todos os dias, e o banco era muito compreensivo em relação às folgas necessárias nos dias dos exames.

Mas, embora os exames fossem frequentes, as meninas nunca tomavam conhecimento dos resultados. "Os médicos não [me] dizem nada", reclamou Katherine. "Gostaria de saber se estou melhorando." Em muitos aspectos, Katherine *estava* melhor, pois agora morava em uma casa de campo situada no topo de uma colina, a trinta quilômetros de Newark, a qual ela apelidara de "a joia do Leste". De acordo com ela, aquela paisagem a inspirava a se curar, ali podia desfrutar das "malvas, rosas silvestres, peônias e da luz do sol". O dinheiro também fora de grande auxílio para Albina; naquele verão, ela era "a imagem do contentamento". Seus prazeres agora eram ouvir rádio, criar peixinhos dourados, ir ao cinema e fazer curtas viagens ao interior, muitas vezes com Quinta.

No momento, porém, Quinta estava internada; vinha tendo muita dificuldade para se sentar e a visitação era limitada aos familiares. Isso não significava apenas estar indisponível para viagens; seu estado também a impossibilitou de comparecer ao tribunal em favor de Mae Canfield, diferentemente de como as outras quatro mulheres puderam fazer no verão de 1929. Quinta, no entanto, pediu a Berry para representá-la.

Era uma audiência preliminar. Enquanto trabalhava no caso de Mae, Berry começava a perceber a astúcia absoluta da USRC ao firmar o acordo no ano anterior. E desta vez estava ainda mais difícil construir uma argumentação; os Drinker, Kjaer e Martland agora se recusaram a testemunhar, e não havia mais aquela disputa entre os jornalistas para pressionar os réus.

Para ajudar Mae, as cinco garotas renunciaram ao direito de confidencialidade que tinham como paciente; elas queriam que o comitê de médicos adotasse seus casos como exemplo, com o objetivo primordial de provar a existência da intoxicação por rádio. Mas Markley não só se opôs a qualquer referência às cinco garotas — tanto aos diagnósticos médicos como ao acordo realizado no ano anterior —, alegando que elas "não tinham nenhuma relação com este caso", como os médicos indicados pela empresa também se recusaram a fornecer qualquer tipo de prova.

No entanto, conforme Katherine escrevera certa vez, Raymond Berry era uma pessoa sem igual. Ele não se deixou intimidar e convocou Craver e Ewing para a audiência mesmo assim; ambos ficaram "furiosos". Embora Ewing tenha testemunhado sob juramento que as garotas tinham ficado felizes por ele conversar sobre os respectivos casos, ele se recusou a abordar quaisquer questões referentes à confidencialidade do paciente.

Já o dr. Krumbhaar, o aliado das garotas no conselho, depôs de bom grado. E, embora Markley tenha ameaçado processá-lo caso ele testemunhasse, Berry ofereceu total apoio ao dr. Krumbhaar para evitar uma possível desistência. A habilidade do jovem advogado tanto em lidar com as testemunhas como em expor sua argumentação estava ficando cada vez maior; agora ele tinha todos os dados e experiência para dificultar bastante a vida da United States Radium Corporation: com certeza era a maior pedra no sapato deles. Os executivos haviam presumido que, quando resolvessem os primeiros cinco casos, Berry sairia de cena. Agora percebiam que estavam muito enganados.

Terça-feira Negra, foi assim que intitularam o dia 29 de outubro de 1929, o dia em que um pesadelo financeiro abalou Wall Street e as "fortunas de papel... derreteram como a geada sob o sol".

"Wall Street", escreveu uma testemunha da queda da bolsa naquele dia, "era uma rua de esperanças perdidas, de uma apreensão curiosamente silenciosa e de uma espécie de hipnose estática."

Mais de cem quarteirões ao norte de onde a economia dos Estados Unidos ruía, estava Quinta McDonald, em seu quarto no New York Memorial Hospital. Ali também havia uma apreensão silenciosa e marasmo; no entanto, Quinta prometera a si, a esperança seria algo que *nunca* findaria.

Ela havia sido internada em setembro "em estado crítico", mas um mês depois ainda lutava — e como lutava! Para amigos e familiares, foi algo incrível de testemunhar. "Ela era uma guerreira", disse a cunhada de Quinta, Ethel, que cuidava das crianças enquanto a mãe delas estava no hospital. "Toda vez que eu perguntava a ela como estava, Quinta sempre respondia 'muito bem'. Ela jamais vislumbrou a morte."

"A única coisa na qual ela pensava era em viver para os filhos", comentou James, o marido de Quinta. "Pensar neles dava a ela coragem para lutar pela própria vida."

Agora estava tudo bem entre a família McDonald, mas o ano anterior havia sido turbulento. Embora James tivesse recebido 400 dólares no acordo realizado em 1928, tal soma foi ofuscada pela nova riqueza da esposa — e pelo visto a diferença o deixou bem aborrecido. Desempregado àquela época, James acabou gastando dinheiro em bares clandestinos ao longo do verão, enquanto Quinta investiu a parte dela em um fundo fiduciário para as crianças. Certa noite, em setembro de 1928, o ressentimento dele atingiu o auge. Quando Quinta se recusou a atender aos pedidos dele por dinheiro, James a agrediu de forma bastante violenta e ameaçou ligar o gás da casa para matá-la, já que ela permanecia indefesa sob as imobilizações de gesso. Ele acabou preso. Quinta, no entanto, optou por não prestar queixa; não era a primeira vez que apanhava. Com a ajuda de Berry, ela abriu um processo de divórcio litigioso, mas tudo indica que James a convenceu a desistir e eles deram fim à ação. "Meu marido tenta ser corajoso", disse ela certa vez. "Mas isso é mais difícil para os homens do que para as mulheres."

Agora, no outono de 1929, era a vez de Quinta demonstrar coragem. "Nestas últimas três semanas", relatara Ethel no início de novembro, "ela não tem conseguido se mexer. Ao ponto de as pessoas terem de lhe dar comida na boca." Mas, em uma reviravolta que surpreendeu até mesmo os médicos, Quinta começava a vencer sua luta desesperada.

É bem provável que sua recuperação tenha sido inspirada por Grace e Albina, que estavam se saindo muito bem. Certa noite, Grace visitou Quinta no hospital e logo a seguir concedeu uma breve entrevista aos jornalistas que aguardavam na porta, revelando com orgulho que não precisava mais usar o colete que imobilizava suas costas. "Os médicos dizem que tenho um ótimo sistema imunológico e é por isso que estou assim, tão bem", declarou, e então acrescentou em tom de brincadeira: "Fiquei bem o suficiente para sair da cama e votar em Hoover*, sendo que eu deveria estar internada!". Quinta também esperava voltar a ficar de pé em breve — ou pelo menos ficar bem o suficiente para retornar para casa. Ela vinha melhorando com muita rapidez, tanto que James chegou a arrumar a casa toda na expectativa de seu retorno, para a família poder comemorar o Dia de Ação de Graças e o décimo aniversário de Helen, a filha deles, todos positivamente focados em seu regresso.

---

* Em 1928, os Estados Unidos tiveram sua 36ª eleição presidencial quadrienal, realizada em 6 de novembro de 1928. Herbert Hoove, o secretário de comércio representante do Partido Republicano, derrotou o candidato democrata, o governador Al Smith, de Nova York. Hoover foi o último republicano a vencer uma eleição presidencial até 1952.

"A cada vez que [nós] a encontramos", contou Grace com empolgação, "ela tem se mostrado mais forte. E hoje ela estava bem parecida com o que sempre foi. Há muito tempo ela não ficava tão bem." Quinta pedira a Grace para comprar os presentes de Natal das crianças; estava determinada a tornar aquelas comemorações de fim de ano inesquecíveis.

Em 6 de dezembro, podia-se dizer que Quinta estava altiva. James a visitou na noite daquela sexta-feira e eles conversaram sobre o Natal; a expectativa era que ela fosse estar em casa para aproveitar as festividades com a família. Mas, no meio da conversa, ela deu um suspiro.

"Estou cansada", disse.

James não se surpreendeu com a confissão. Abaixou-se para dar um beijo na esposa, tomando o cuidado para não tocar em sua perna sensível. Quinta tinha um inchaço de tamanho considerável no alto da coxa, que causava muita dor. Os dois olharam para o relógio da enfermaria; não era o fim do horário de visitas.

"Você se importaria de ir embora um pouco mais cedo?", foi a pergunta dela, dizem.

Ele aquiesceu, partindo sem maiores presságios.

Aquele inchaço na perna de Quinta... Se Martland tivesse visto, com certeza teria reconhecido. Era um tumor maligno — o mesmo tipo de tumor ósseo que matara Ella Eckert em um dia frio de dezembro quase dois anos atrás.

Pouco antes das 14h, em 7 de dezembro de 1929, Quinta McDonald entrou em coma. O hospital ligou para James, que saiu de casa imediatamente, dirigindo o mais rápido possível; ele chegou a ser parado pela polícia duas vezes por ultrapassar a velocidade permitida, mas foi liberado ao explicar o motivo da pressa. No entanto, seus esforços foram em vão. Quando James chegou ao Memorial Hospital, "as lágrimas escorrendo pelo rosto", era tarde demais. Quinta McDonald estava morta. Ele oscilou entre a cólera e a depressão antes de se resignar ao luto.

"Estou de coração partido", declarou. E acrescentou baixinho: "Que bom que ela enfim encontrou a paz".

As amigas de Quinta ficaram arrasadas. Tinham se tornado um grupo muito unido: as cinco contra a empresa; contra o mundo. Quinta foi a primeira delas a cair. Albina desmaiou ao saber da notícia; Katherine Schaub também ficou bastante abalada. Katherine não quis comparecer ao funeral, e voltou para a casa de campo "para esquecer e continuar

[seus] estudos". Estava fazendo um curso de literatura por correspondência na Universidade de Columbia; planejava escrever um livro sobre suas experiências. "Durante um bom tempo, consegui focar totalmente nas aulas e na escrita", relatou ela.

Já para as garotas que permaneceram em Orange, não houve como se entregar ao esquecimento. De certa forma, elas *queriam* se lembrar: se lembrar de Quinta. Na terça-feira, 10 de dezembro, Edna, Albina e Grace chegaram à Igreja de St. Venantius para o funeral. A variação do estado de cada uma ficou nítida para os jornalistas presentes: Grace "caminhava rapidamente e sem ajuda", enquanto Edna "parecia a mais afetada pela doença". Para Albina, aquela era a segunda irmã perdida para a intoxicação; sendo assim, comparecer ao velório seria um tanto árduo. Contudo, ela estava determinada a prestar condolências. Havia um longo lance de escadas até a porta da igreja, mas Albina enfrentou cada degrau, embora estivesse "fisicamente a ponto de desmaiar". Porém, tudo era mais importante do que seu bem-estar. Aquele esforço era por Quinta.

A missa de corpo presente foi breve. Helen e Robert, os filhos dos McDonald, "ficaram o tempo todo próximos do pai, ambos jovens demais para compreender a perda, porém sentindo o baque". Nas semanas seguintes, chegaria o Natal, que fora inesquecível.

Imediatamente após a missa, a família e os amigos íntimos seguiram para o cemitério Rosedale, onde Quinta se juntaria a sua irmã Mollie para o descanso eterno. Foi um enterro simples, sem muito estardalhaço, como seria bem do gosto dela.

Quinta também teria gostado de mais uma coisa: que sua morte fosse útil às amigas. "Sendo assim", disse Ethel com tristeza, "ela haveria de deixar um presente de despedida para as outras vítimas." E foi então que Martland conduziu uma autópsia e descobriu que Quinta tinha falecido em decorrência do mesmo tumor raro que matara Ella Eckert. O de Quinta não se instalara no ombro, mas era quase igual; a única diferença era que o rádio tinha escolhido um alvo diferente em seus ossos. Martland disse o seguinte sobre a nova ameaça: "Os ossos das vítimas, na verdade, morriam antes".

Era de pensar que, ao saber da morte de Quinta — a mulher cujos médicos da empresa professaram que não iria morrer — a United States Radium Corporation finalmente iria ceder. Ledo engano. Logo após a chegada do ano novo, Berry conseguiu firmar um acordo de 8 mil dólares em prol de Mae Canfield; no entanto, a USRC fez questão de anexar uma cláusula pétrea. A indenização só seria concedida se o próprio Berry fosse incorporado ao acordo. Ele conhecia muito bem o estilo da USRC — e estava se tornando hábil nos tribunais — para não desconfiar daquilo.

E assim, Raymond Berry, defensor jurídico, o primeiro e único advogado a atender ao pedido de ajuda de Grace, se viu forçado a assinar seu nome na seguinte declaração: "Concordo em não fazer parte, direta ou indiretamente, de quaisquer outras ações contra a United States Radium Corporation, nem prestar assistência a quaisquer indivíduos em quaisquer ações contra a referida Empresa, nem para fornecer dados ou informações a quaisquer desses indivíduos em questão contra a referida Empresa".

Era o fim da linha para Berry. Ele lutara avidamente, uma imensa pedra no sapato da poderosa corporação. Mas agora, com precisão cirúrgica, eles o tiravam de cena, em um exílio definitivo.

A USRC já havia perdido dois acordos; no entanto, estava ganhando a guerra.

KATE MOORE

RADIOATIVAS

36

OTTAWA, ILLINOIS
1930

CATHERINE WOLFE DEU UM SUSPIRO E PASSOU AS MÃOS NO ROSTO E PELOS cabelos curtos e escuros, extenuada. Ficou observando preguiçosamente as nuvens de poeira de rádio ao seu redor na bancada, agitadas pelo suspiro de descontentamento. Então, com muita relutância, voltou a pesar a tinta para as meninas. Catherine não era mais pintora de mostradores em tempo integral; a mudança de cargo fora determinada pela chefia do ateliê.

Eles tinham mesmo sido legais com ela, pensou Catherine; o sr. Reed fora tão compreensivo. Certo dia, no ano anterior, ele falou que desejava vê-la, então disse que, por notar sua saúde debilitada, ela deveria tirar umas férias de seis semanas. A Radium Dial sabia que ela estava doente e, tal como haviam feito com Margaret Looney, Catherine também estava sendo vigiada de perto.

No entanto, as férias não foram de grande ajuda. E então, em algum momento, Catherine foi trocada de cargo. Agora sua função, além de fazer a pesagem, também envolvia raspar o composto de rádio dos pratos das meninas, o que muitas vezes era feito usando as unhas. Como era de esperar, suas mãos desnudas sempre ficavam "intensamente luminosas" e, como Catherine tinha o hábito de passá-las pelos cabelos a todo momento, sua cabeça também ganhava aquele mesmo brilho. Em realidade, pensava ela toda vez que se olhava no espelho em um banheiro mal iluminado, a nova função a deixava ainda mais coberta de rádio do que a anterior.

Não era tão divertido quanto pintar, mas então, mais uma vez, a Radium Dial era diferente: a maior parte da turma de Catherine já havia deixado o emprego, e só ela, Marie Rossiter e Marguerite Glacinski permaneciam. Catherine tentava enxergar seu novo papel ali como uma espécie de promoção: o rádio era muito valioso, e ser a funcionária escolhida para distribuí-lo e evitar os desperdícios era uma conquista e tanto. Após oito anos de casa, ela era uma das funcionárias mais confiáveis.

Mesmo assim, Catherine sabia que algumas garotas fofocavam sobre o motivo de sua mudança de função. "Creio eu", disse uma das colegas, "que ela foi transferida da pintura por ser incompetente."

Não tão incompetente assim, já que ela ainda pintava alguns mostradores, pensou Catherine na defensiva. Toda semana parecia haver algum pedido emergencial que exigia mais um par de mãos. Então Catherine afinava o pincel nos lábios, mergulhava no pó e pintava; todas as meninas ainda faziam daquele jeito na Radium Dial, pois nunca houve mudança nas instruções.

De repente, houve uma movimentação no ateliê; Catherine olhou para cima e flagrou as meninas preparando-se para os exames médicos. Ela também se levantou para se juntar a elas, mas o sr. Reed a interceptou. "Fui excluída do exame", lembrou. "O sr. Reed me disse para não ir."

Ela já havia pedido ao sr. Reed, pessoalmente e várias vezes, para ser examinada pelos médicos da empresa, mas por algum motivo nunca era aceita. Sendo assim, ela foi a um médico particular, que diagnosticou seu mancar como fruto de reumatismo. Catherine se achava jovem demais para esse tipo de coisa; tinha só 27 anos. "Eu sabia que era alguma doença, só não sabia qual", disse, frustrada.

Pelo menos, pensou ela, dando mais um suspiro pesado, nada daquilo fora capaz de dissuadir Tom Donohue. Ela deu um sorrisinho ao pensar nele. Logo, logo eles iriam se casar, ela sabia disso. Catherine se permitiu devanear um pouco. Talvez formassem uma família — embora fosse difícil presumir os desígnios de Deus. Marie Rossiter já havia perdido dois bebês; e agora tinha acabado de descobrir estar grávida pela terceira vez, e Catherine vinha rezando fervorosamente para que o bebê sobrevivesse.

Charlotte Purcell e o marido Al também vinham passando por maus bocados. Em agosto do ano anterior eles tiveram um filho, Donald (apelidado de Buddy), mas o bebê nasceu prematuro, de sete meses, pesando apenas um quilo e meio. Os médicos o mantiveram na incubadora por seis semanas; por fim, o pequeno guerreiro venceu a batalha.

Enquanto Catherine estava sentada sozinha à bancada, as outras garotas tendo saído para o exame médico, foi tomada por grande decepção devido à rejeição do sr. Reed aos seus apelos. Talvez fosse o caso de fazer o que Inez Vallat também fez, pensou casualmente. Inez procurara a Mayo Clinic em Minnesota devido a fortes dores de cabeça e travamento dos quadris. Embora só tivesse 23 anos, Inez estava incapacitada de trabalhar; tinha perdido quase dez quilos ao longo do ano anterior e estava magra feito um palito quando Catherine a vira na igreja. Mais preocupante ainda: seus dentes tinham começado a bambear e a boca estava tomada por infecções; Inez precisava manter uma bandagem no queixo o tempo todo porque não parava de escorrer pus.

Era bem parecido com o que Peg Looney sofrera, embora esta tivesse morrido de difteria. Pobre Peg. Catherine ainda sentia uma saudade dolorosa da amiga. E possivelmente não sabia, mas a família de Peg tinha consultado um advogado para abrir um processo contra a Radium Dial, tal como os pais de Ella Cruse haviam feito. (O caso Cruse, a propósito, estava estagnado.)

"A família achava que a certidão de óbito estava errada", disse a irmã de Peg, abusando do eufemismo.

O advogado deles era um sujeito chamado O'Meara. Houve apenas uma única audiência em 1930, mas não dera resultado; talvez O'Meara tenha esbarrado nos mesmos obstáculos que George Weeks. "Estávamos desamparadas", lembrou Jean, a irmã de Peg.

"Ninguém estava disposto a fazer *coisa alguma* a respeito do nosso caso", acrescentou a sobrinha, Darlene. "Não creio que nenhum dos advogados quisesse encarar a empresa. A impressão que minha família tinha era a de que não havia a quem pedir ajuda. Era como se ninguém quisesse nos ouvir; como se o assunto fosse desimportante."

Jean acrescentou: "Por fim, meu pai disse: 'Não há jeito de vencê-los. Não faz sentido tentar'".

"Meu avô quase desistiu", confessou Darlene, "depois de se dar conta de que Peg estava morta e que não havia mais nada que pudesse ser feito para enquadrar a empresa."

"Esqueça essa história", era o que Michael Looney dizia, com amargura. "Toda essa confusão não vale o nosso esforço."

Não havia nada que ele pudesse fazer.

Também não havia nada que os médicos pudessem fazer por Mary Vicini Tonielli. Ela havia largado o emprego na Radium Dial assim que adoecera; pensava estar sofrendo de dor no ciático, mas, ao apalpar as costas, percebeu um caroço na coluna. "O médico disse que era um tumor", recordou-se posteriormente Alphonse, irmão de Mary.

Mary foi operada no outono de 1929. Mas, dezesseis semanas depois, não apresentou evolução alguma. Alphonse revelou: "Ela sofreu horrores durante quatro meses. Nunca mais teve paz".

Em 22 de fevereiro de 1930, Mary Tonielli morreu; tinha 21 anos. Joseph, que havia se casado com ela menos de dois anos antes, a enterrou no cemitério Ottawa Avenue.

"Pensamos logo no envenenamento por rádio", disse Alphonse com pesar. "Mas o marido dela e os mais velhos não quiseram saber de investigar. Estavam arrasados demais pela perda."

37

ORANGE, NEW JERSEY
1930

KATHERINE SCHAUB DEITOU A BENGALA COM CUIDADO NO PEQUENO DEGRAU à sua frente; agora ela só conseguia andar com a ajuda da bengala ou de muletas. Tinha sido obrigada a retornar para Newark: tendo gastado somas vultosas na tentativa de recuperar a saúde, ela agora dependia da indenização anual de 600 dólares garantida no acordo, a qual era insuficiente para manter a casa no campo. Odiava ter de voltar à cidade, pois ali sentia sua saúde definhar.

Começou a subir o pequeno degrau, porém se desequilibrou e levou um tombo feio, pousando de joelhos. Teria sido doloroso para qualquer um, mas Katherine era uma garota do rádio: seus ossos eram frágeis feito porcelana. Sabia que tinha fraturado um osso; no entanto, quando o dr. Humphries examinou as radiografias, vieram notícias piores do que o osso quebrado.

Katherine Schaub tinha um tumor no joelho.

Ela passou dez longas semanas internada enquanto era tratada com radiação ionizante. Ajudou a reduzir o inchaço, mas Katherine estava totalmente desanimada. Imobilizada com gesso há meses, em algum momento lhe foi dito que o osso "não cicatrizou como deveria" e que, a partir de então ela teria de usar uma escora de metal. "Senti um bolo na garganta", lembrou Katherine, "quando o médico prendeu aquele aparelho esquisito na minha perna... Chorei um pouco, mas minha fé serviu de consolo."

Mas, apesar do consolo de sua fé, ela achou o prognóstico profundamente deprimente. E aquele velho filme dos anos anteriores voltou a rodar em sua mente, agora com um elenco cada vez maior de garotas-fantasma. Se antes Katherine ficava aliviada ao tomar sol, agora ela dizia estar "tendo dificuldade com a luz e o sol que batem aqui no telhado". "Minha cabeça estava tomada por medo... eu não conseguia dizer se era psicológico ou algo genuíno... Não conseguia suportar a luz nos meus olhos; lá pelas 16h, eu já estava um desastre." Talvez por esse motivo ela tenha começado a desenvolver o que chamou de "gosto pelo álcool".

Como sempre, o comitê de médicos estava a postos para ajudar, mas agora Katherine vinha recusando os tratamentos sugeridos por Ewing e Craver. "Dizem que você só conhece uma pessoa quando passa a conviver direto com ela", escreveu uma assertiva Katherine. "Convivo com o rádio há dez anos e acho que já o conheço um bocadinho. Quanto ao tratamento [sugerido], acho que é pura bobagem." Ela não iria se curvar às exigências deles.

Ewing e Craver ficaram frustrados — e não apenas pela teimosia de Katherine, mas pela ousadia crescente de todas as quatro mulheres restantes. "As relações ali estavam longe de serem satisfatórias", escreveu Krumbhaar. "É difícil convencê-las a consultar conosco, e elas estão resistentes ao tratamento."

E ao tentarem impor suas vontades, as mulheres também estavam se metendo em um jogo perigoso; o comitê médico detinha o controle da verba para os tratamentos delas. Não demorou muito até Grace descobrir que não poderia mais ligar para o dr. McCaffrey; por carta, o comitê também levantou preocupações em relação ao dr. Humphries: "Embora [Humphries] detenha a confiança das mulheres, pode ser que, considerando todas as circunstâncias, seja melhor que os cuidados delas fiquem a cargo de outra pessoa".

A USRC estava "questionando" todas as contas, embora estivesse sob boa saúde financeira. Mesmo com a quebra da bolsa de Wall Street, o uso de mostradores luminosos não diminuíra, e a USRC também fornecia rádio para os tônicos e outros medicamentos da Radithor; a mania do rádio continuava após um breve hiato ocorrido no período em que as histórias das garotas estamparam as manchetes.

O ano de 1930 voou com fluidez para 1931. E naquele réveillon Katherine ainda estava no hospital, embora o tumor estivesse diminuindo graças a Humphries; atualmente tinha 45 centímetros. Em fevereiro, ela ainda não conseguia andar direito, mas tudo indicava que havia superado a pior parte.

PARTE DOIS: PODER   259

A primavera de 1931 também encontrou uma Grace Fryer de bom humor — em parte porque ela fizera uma nova amizade durante as consultas no hospital. Por obra do acaso, o famoso aviador Charles Lindbergh estava trabalhando no andar de cima e, de vez em quando, ele a visitava. Palavras de Art, irmão de Grace, que a levava às consultas: "Minha impressão era que aquelas visitas ocasionais faziam minha irmã se sentir mil vezes melhor, ainda que por pouco tempo. Vê-la animada talvez seja uma das melhores sensações na minha vida".

Grace ainda estava determinada a se manter o mais otimista possível. Tudo bem que precisara voltar a usar o colete de metal, mas ainda assim ela não ia permitir que o aparato se tornasse um empecilho. "Eu trabalho, brinco e 'danço' um pouquinho", dizia ela. "Faço viagens de trailer. E até consigo nadar — só que fico na água apenas dois minutos por vez. Não consigo ficar sem o colete por mais tempo do que isso."

No hospital em Orange, no entanto, não havia nenhuma distração disponível para aquela paciente que acabara de adentrar na cadeira de rodas. Irene Corby La Porte, que havia trabalhado com Grace durante a Primeira Guerra, agora acompanhava as amigas até o consultório do dr. Humphries.

Foi no verão de 1930 que Irene percebeu haver algo errado. Ela e o marido, Vincent, ansiando por formar família — Irene já havia sofrido três abortos espontâneos até então — estavam fazendo amor em um chalé em Shark River Hills. Só que Irene sentiu um incômodo. Havia um inchaço em sua vagina, o qual interferia nas relações sexuais.

Vincent então a levou ao dr. Humphries, que diagnosticou um tumor do tamanho de uma noz. Apesar dos esforços do médico, o declínio de Irene foi rápido. "Toda uma perna e a lateral do corpo começaram a inchar velozmente, e isso lhe causou uma paralisia", relembrou a irmã da jovem. "A cada minuto ela ficava pior."

Irene foi internada, mas por volta de março de 1931 os médicos a desenganaram, alegando que não havia mais o que fazer senão receitar paliativos para a dor. A essa altura, a região no alto da coxa de Irene estava quatro vezes maior do que o normal, não era possível evitar o crescimento do tumor dentro dela. Os médicos descobriram que "mal eram capazes de realizar um exame ginecológico porque o tumor estava bloqueando a entrada dos genitais"; Irene sentia muita dificuldade para urinar e a dor era descrita como "tremenda".

Em abril, o dr. Martland foi chamado. "Encontrei uma paciente acamada, extremamente emaciada e com um tumor imenso", lembrou ele. O diagnóstico foi imediato e infalível.

"Ele disse que sem sombra de dúvida", relatou Vincent La Porte com a voz embargada, "o problema era [intoxicação por rádio] e que a paciente teria cerca de um mês e meio de vida."

Eles não contaram a Irene, a fim de poupá-la, embora ela não fosse boba. "Ela sempre dizia: 'Eu sei que estou morrendo de envenenamento por rádio'", lembrou um dos médicos. "Eu a convenci de que não estava; de que ela iria melhorar. Faz parte da diplomacia médica não revelar um prognóstico fatal."

Martland, por sua vez, não perdeu tempo, esclarecendo ao mundo sobre a evolução do modus operandi do rádio. Já tinha visto casos suficientes para saber que aqueles tumores latentes — que permitiam à vítima levar uma vida saudável durante anos após a exposição ao rádio antes de entrarem em cena de forma terrível e assumirem o controle do organismo — eram a fase seguinte do envenenamento. Ele acrescentou: "Quando descrevi a doença pela primeira vez, era claro que havia uma forte tendência a culpar o mesotório, sobretudo por parte de alguns dos interessados na produção e uso terapêutico do rádio... Nos casos autopsiados recentemente, o mesotório havia desaparecido, enquanto o rádio persistia". Sendo assim, Martland só conseguiu chegar a uma conclusão: "Agora sou da opinião de que a radioatividade normal do corpo humano não deve ser aumentada; [fazer isto] é perigoso". E devia ser mesmo, pois a cada semana uma das garotas pintoras apresentava um novo tumor em algum novo local — coluna, perna, joelho, quadril, olho...

A família de Irene não conseguia acreditar na velocidade com que ela estava sendo engolida por eles. Mas ela ainda carregava a coragem dentro de si. Em 4 de maio de 1931, enquanto estava morrendo no hospital, Irene entrou com uma ação para pedir indenização à USRC; estava disposta a fazer um acordo.

Mas a empresa não queria mais saber de acordos. Agora que havia se livrado de Berry, a companhia não estava lá muito preocupada com os possíveis novos adversários.

Apenas um mês depois, em 16 de junho de 1931, após se embrenhar em uma batalha muito difícil, e a qual estava destinada a nunca vencer, Irene faleceu. Na época de sua morte, Martland disse que o tumor havia se transformado em uma "enorme cultura de tumores". Tanto, continuou ele, que "era possível retirar aquela massa inteira sem desmantelar a paciente. Era maior do que duas bolas de futebol". Foi assim que Irene La Porte pereceu.

Seu marido, Vincent, perdeu a cabeça. No início foi tomado por uma fúria que chegava a queimar, de tanta dor e tristeza, mas com o passar do tempo aquilo foi se transformando em desejo de vingança gélido e duro como um diamante. Vincent La Porte continuaria a lutar por sua esposa. Continuaria a lutar nos tribunais — em 1931, 1932, 1933 e além.

O caso de Irene La Porte contra a USRC seria o carro-chefe do julgamento para todas as meninas de Orange. Vincent não tinha noção disso quando deu entrada na ação, mas aquela luta ainda iria levar anos. A USRC não tinha pressa.

Mas e daí?... nem ele tinha.

Martland deu uma declaração final sobre os tumores; sobre as bombas-relógio insidiosas que, agora ele sabia, estavam escondidas dentro de todas e quaisquer garotas-pintoras que um dia já tivessem levado aqueles pincéis aos lábios.

"Creio que antes de tudo acabar, os dados serão assustadores."

KATE MOORE

RADIOATIVAS

38

OTTAWA, ILLINOIS
Agosto de 1931

CATHERINE WOLFE FEZ UMA PAUSA DURANTE O TRAJETO PARA O TRABA-lho, parando na esquina da East Superior Street para recuperar o fôlego. De sua casa até o ateliê, era uma caminhada de sete minutos, mas atualmente vinha demandando muito, muito mais tempo. Enquanto mancava pela Columbus Street, a visão da igreja branca lhe dava um mínimo de força; aquela paróquia era como sua segunda casa. Ali ela fora batizada e crismada; ali ela comungava; ali ela se casaria um dia...

Sua vida tinha muitas bênçãos, pensou para se animar enquanto caminhava, enumerando-as como continhas de um terço. Veja só sua saúde: afinal, apesar de estar mancando, Catherine gozava de boa saúde de modo geral. E tinha Tom Donohue em sua vida: a expectativa era que se casassem em janeiro de 1932. E ainda havia as bênçãos na vida de suas amigas: Marie dera à luz um menino saudável, Bill; e Charlotte a uma menina, Patricia, que felizmente não nasceu prematura. E havia seu emprego. Seis milhões de norte-americanos estavam desempregados: Catherine ganhava 15 dólares semanais e era grata por cada centavo.

E agora enfim ela chegava ao prédio da Radium Dial. Da velha turma agora só restava Marguerite Glacinski para dizer "oi". Enquanto Catherine ia bastante desajeitada para seu lugar à bancada, sentia os olhares das outras garotas. Seu mancar, percebeu, estava "estimulando fofoquinhas", mas o sr. Reed jamais criticara a qualidade do seu trabalho; sendo assim, ela não deveria se deixar intimidar pela falação às suas costas.

Tinha acabado de começar a pesar o material quando as garotas que se sentavam mais perto da janela informaram que o sr. Kelly e o sr. Fordyce estavam chegando para uma visita: o presidente e o vice-presidente da empresa tinham vindo de Chicago. As garotas ajeitaram as blusas e Catherine passou a mão pelos cabelos escuros, tensa, antes de se levantar e sair mancando até o almoxarifado.

Ela estava a meio caminho quando o sr. Reed e os executivos entraram no ateliê. O sr. Reed começou a falar sobre vários aspectos do trabalho, mas Catherine pressentia estranhamente que os visitantes estavam com os olhares voltados apenas para ela. Ela pegou o material que precisava e retornou devagar ao seu lugar à bancada. O sr. Reed e os outros homens ainda estavam lá, em uma reunião sussurrada e inaudível. Catherine se sentia inexplicavelmente ansiosa e se voltou para as janelas iluminadas pelo sol de agosto.

A luz do sol foi bloqueada por uma sombra.

"Sr. Reed?", perguntou Catherine, erguendo o olhar do trabalho.

Ele queria que ela fosse ao escritório; ela então obedeceu, em passadas tortuosamente lentas. O sr. Kelly e o sr. Fordyce também acompanharam os dois. Ela mexeu nos cabelos de novo.

"Lamento, Catherine", disse o sr. Reed de repente. Catherine o fitou, confusa.

"Lamento muito, mas temos que dispensar você."

Catherine sentiu a boca secar, o queixo caindo de surpresa. *Por quê?* Perguntava-se. Era seu trabalho? Será que tinha feito alguma coisa errada?

O sr. Reed deve ter notado o questionamento nos olhos da jovem.

"Seu trabalho é satisfatório", admitiu, "o problema é você estar *mancando* desse jeito."

Ela olhou de um funcionário a outro.

"Seu mancar está estimulando boatos", continuou o sr. Reed. "Todo mundo está comentando. E isso não está passando uma impressão muito boa para a empresa."

Catherine baixou a cabeça, embora não soubesse se por vergonha, raiva ou mágoa.

"Sentimos que...", o sr. Reed parou por um momento, fazendo contato visual com os chefes, os quais assentiram em um gesto de endosso; estavam todos juntos naquele barco. "Sentimos que é nosso dever permitir sua saída."

Catherine estava atordoada. Chocada, magoada. "Simplesmente me dispensaram", recordou-se mais tarde. "Disseram-me para ir embora."

Ela saiu do escritório, deixando os homens do rádio. Pegou a bolsa e desceu, ainda mancando, pelas escadarias que levavam ao térreo. Tudo ao redor era familiaridade pura — durante nove anos, seis dias por semana, ela frequentara aquele ateliê. Por um segundo as paredes da antiga escola pareceram ressoar com as risadas das garotas que ela conhecera: Charlotte e Marie; Inez e Pearl; Mary; Ella; Peg.

Ninguém estava rindo agora.

Catherine Wolfe, demitida por estar doente, abriu a porta de vidro da entrada do ateliê. Eram seis degraus até a calçada, e ao descer cada um deles ela sentiu uma pontada horrível no quadril. Nove anos dedicados a eles. Não significaram nada.

Ninguém ficara ali para vê-la partir. Os mesmos sujeitos que a despediram deram continuidade às tarefas como se nada tivesse acontecido, o sr. Reed sem dúvida animado com a presença de Kelly e Fordyce; ele era um corporativista nato, por isso a oportunidade de ficar colado aos chefes não deveria ser desperdiçada. As garotas estavam ocupadas demais, pintando, para largar os pincéis. Ao descer o último degrau, Catherine pensou nelas, muito familiarizada com o que todas estavam fazendo lá dentro. *Lábio... Tinta... Pinta.*

Ninguém se dispusera a vê-la partir. No entanto, a Radium Dial subestimara Catherine Wolfe.

A empresa tinha acabado de cometer um erro enorme.

39

ORANGE, NEW JERSEY
Fevereiro de 1933

KATHERINE SCHAUB MORDEU O LÁBIO COM FORÇA PARA SEGURAR O CHORO, apertando os olhos de tanta dor.

"Prontinho", deve ter sido a fala da enfermeira naquele tom tranquilizador depois de trocar o curativo em seu joelho.

Katherine abriu os olhos com cautela, não queria olhar para a própria perna. Ao longo de todo o ano anterior, os médicos se esforçaram para controlar o tumor: tinha 45 centímetros, disseram; 47 e meio; 49. A redução inicial se revertera. Na última semana, o tumor ósseo rompera a pele fina como papel; agora, a extremidade inferior do fêmur saía pela ferida. Ela tentava pensar em coisas felizes. Antes de ser internada, tinha passado um tempinho em uma clínica particular, Mountain View Rest, para controlar as crises nervosas, e foi maravilhoso. Também havia terminado de escrever suas memórias; um trecho chegou até a ser publicado em uma revista de cunho político-social. Ela, Katherine Schaub, era uma autora publicada: tudo que sempre desejara. "Foi-me concedido [um] presente inestimável — encontrei a felicidade", escreveu ela com um prazer sereno.

Se ao menos pudesse ter ficado naquela região montanhosa; sentia-se tão mais disposta lá. Só que como sua saúde piorara e era preciso pegar táxis até Orange com regularidade para ver o dr. Humphries, o conselho médico vinha se recusando a cobrir as despesas de transporte. A verdade é que eles já estavam fartos das despesas das garotas.

Em fevereiro de 1932, Katherine, Grace, Edna e Albina receberam uma carta um tanto direta do dr. Ewing: "Informamos que a Comissão não aprovará nenhuma despesa para quaisquer serviços que não tenham sido especificamente aprovados pelo dr. Craver. A Comissão considera que as despesas devem ser avaliadas com mais critério". O conselho agora se recusava a cobrir medicamentos "cuja utilidade não nos pareça relevante", bem como consultas médicas rotineiras e enfermeiros domiciliares; sendo que este último era um serviço no qual as mulheres vinham se fiando cada vez mais devido à necessidade de ajuda para fazer a higiene pessoal e se vestir. O conselho alegava estar agindo para "evitar essa 'exploração' da empresa de rádio".

Mas é claro que a decisão do comitê gerou consequências. No caso de Katherine, ela ficou ainda mais determinada a não se submeter aos experimentos deles: "Já sofri o suficiente... Não acho que deveria estar à mercê desses médicos de Nova York". Já os ditos médicos se queixavam abertamente dela pelas costas: "[Ela é] uma das pacientes mais difíceis de lidar", reclamou um. "Realmente não sei o que fazer com essa mulher bastante histérica."

A desconfiança de Katherine ante a postura dos médicos parece tê-la deixado apreensiva para aceitar qualquer modelo de aconselhamento terapêutico. O dr. Humphries recomendou a amputação da perna, a qual ela recusou. "Não consegui nenhum progresso com ela", escreveu Humphries, "e duvido muito que vá conseguir." Katherine sabia ser teimosa como uma mula quando queria; e talvez esse tenha sido um dos motivos pelo qual ela fora uma das cinco garotas a vencer uma ação judicial contra a USRC, para começo de conversa.

A carta de Ewing mencionava "a situação precária dos negócios" como motivo para os cortes nas despesas médicas. Inevitavelmente, à medida que a economia desmoronava, as vendas de relógios de rádio também caíam, junto a todo o resto. Mas não era só isso que estava sugando os dólares da conta bancária da USRC. Era o caso de Eben Byers.

A história esteve em todos os jornais em março de 1932. Byers era um industrial e playboy de renome mundial; sujeito rico que corria a cavalo e morava em uma "mansão magnífica": enfim, um figurão famoso e importante. Quando Byers sofreu um ferimento em 1927, seu médico prescreveu Radithor; Byers ficou tão impressionado com o produto, que consumiu milhares de garrafas.

Quando a história chegou ao noticiário, as manchetes diziam: A ÁGUA DE RÁDIO FUNCIONOU BEM... ATÉ SUA MANDÍBULA CAIR. Byers morreu de envenenamento por rádio em 30 de março de 1932, mas, antes de morrer, forneceu provas à Comissão Federal do Comércio* (FTC) de que o Radithor fora o responsável por matá-lo.

As autoridades reagiram com muito mais entusiasmo no caso de Byers do que no das garotas-pintoras. Em dezembro de 1931, a FTC emitiu uma liminar para que a Radithor interrompesse as atividades; a US Food and Drug Administration** também viria a fazer uma intervenção, declarando ilegais os medicamentos com rádio. E finalmente a American Medical Association removeu o rádio para uso interno de sua lista de "Medicamentos novos e não oficiais", na qual a substância surpreendentemente permanecera mesmo após a descoberta da morte das pintoras. Pelo visto, os consumidores ricos eram muito mais dignos de proteção do que aquelas moças da classe trabalhadora; afinal de contas, a pintura dos mostradores ainda era uma atividade vigente, mesmo em 1933.

Katherine lera as histórias sobre Byers, pesarosa pela vítima, mas também tomada por um sentimento de vingança avassalador. O rádio *era* um veneno. As garotas sabiam disso em seu íntimo, mas, até o caso Byers vir à tona, a opinião pública já havia pendido de lado [ficando a favor do rádio]. Com quatro das famosas garotas do rádio ainda vivas — quase cinco anos depois da conclusão judicial do acordo —, houve uma série de rumores de que o processo delas não passara de um esquema fraudulento para extorquir a USRC.

Para a USRC, o caso Byers era um desastre. A USRC era fornecedora do rádio para muitos dos produtos que agora haviam sido proibidos. A indústria do rádio entrou em colapso. Pode ser que não houvesse qualquer relação com isso, mas, em agosto de 1932, não tendo conseguido encontrar um comprador para a antiga fábrica em Orange, a USRC mandou demoli-la. O ateliê das pintoras foi o último prédio a cair.

---

* Agência independente do governo dos Estados Unidos cuja principal missão é a aplicação da lei civil antitruste, bem como a promoção da proteção ao consumidor.

** Agência federal do Departamento de Saúde e Serviços Humanos dos Estados Unidos, responsável pela regulamentação de alimentos e medicamentos para consumo geral. Seria uma versão da Anvisa (Agência Nacional de Vigilância Sanitária) no Brasil.

Já as garotas foram tomadas por sentimentos conflitantes ao vê-lo ir ao chão. Era uma espécie de triunfo agridoce; só que, para elas, apagar o ateliê e tudo que ele lhes causara não era tão simples quanto cobrir o local com asfalto. Em fevereiro de 1933, deitada na cama do hospital, Katherine Schaub se viu obrigada a encarar o que o rádio havia feito com ela. Sua perna estava destruída. Por fim, após pensar muito no assunto, ela optou pela amputação.

Foi uma decisão em nome do futuro. "É minha ambição continuar a escrever", disse ela. E poderia fazê-lo, pensou, com ou sem uma perna.

Mas Humphries tinha más notícias. "A amputação é impossível agora", disse ele. Katherine e a perna tinham piorado, e a situação era grave demais para permitir uma cirurgia de grande porte. Assim, o estado de Katherine piorou mais uma vez. Em 18 de fevereiro de 1933, às 21h, Katherine Schaub faleceu, aos 30 anos.

Dois dias antes do funeral, talvez com a cabeça nas nuvens por causa do luto, seu amado pai, William, caiu de um lance de escada em casa, em Newark. Embora logo tenha sido levado ao hospital, não resistiu, e assim, apenas uma semana depois da morte de Katherine, pai e filha se juntaram do outro lado. O funeral dele se deu na mesma igreja que o velório de Katherine, e ambos foram sepultados no cemitério Holy Sepulchre. Ficaram juntos, por fim, ao término da longa jornada de Katherine — de sua "aventura", como ela mesma gostava de dizer.

Katherine Schaub tinha só 14 anos quando começara a trabalhar na empresa de rádio em um dia de fevereiro, muitos anos atrás. Seu sonho era escrever e aproveitar seu potencial ao máximo — e ela publicou seu trabalho e tirou proveito de todo o talento que possuía; o detalhe é que seu destino não foi literal àquele com o qual sonhara ainda menina. Ao encarar a USRC, ela se tornou um exemplo lendário sobre a importância de reivindicarmos nossos direitos.

KATE MOORE
RADIOATIVAS

40

PODERIA SER PIOR, PENSOU GRACE FRYER, PODERIA SER MUITO PIOR.
Recentemente, em julho de 1933, Grace ficara acamada, incapaz de se locomover. Mas, como ela mesma dizia, poderia ser muito pior. "Eu me sinto melhor quando estou em casa", comentava ela com alegria. "Acho que é porque minha casa é a coisa da qual mais gosto."

Edna, amiga de Grace, partilhava do mesmo sentimento. "Estar em casa sempre faz com que eu melhore. Tenho dias bons e ruins, mas consigo tolerá-los quando estou em casa."

Edna estava se saindo muito bem, considerando todas as circunstâncias. Apesar de estar com o andar cruzado, ela ainda conseguia se movimentar com a ajuda da bengala, visitando amigos e até marcando reuniões para jogar bridge. Ela também começara a fazer crochê; era algo que dava conta de fazer por horas a fio sem se levantar da poltrona. Embora sua coluna estivesse afetada pelo rádio, ela mantinha o bom humor e até acreditava que viveria "mais alguns bons anos". A postura otimista de Edna estava em parte associada a Louis: "Ele me ajuda tanto, tanto", dizia ela com serenidade.

Certa vez, Edna declarou que nunca pensava em sua doença como algo fatal. "De que adiantaria?", questionava. Preferia deixar as coisas nas mãos do destino.

Albina Larice, por sua vez, flagrou-se surpresa com o próprio desfecho. A expectativa geral era de que ela fosse morrer antes de todas as outras; mas cá estava ela, seis anos depois, ainda viva. Katherine Schaub tinha morrido, assim como a irmã caçula de Albina, Quinta — mas ela ainda estava aqui. Era um tanto peculiar e confuso.

Assim como Edna, Albina também estava com a coluna fragilizada, por isso precisava usar um corselete de aço, no entanto ela ainda conseguia claudicar para lá e para cá com seus passinhos de camundongo, contanto que tivesse uma bengala de apoio. Embora estivesse com só 37 anos, seus cabelos estavam totalmente brancos — assim como os de Edna. Albina era conhecida por ser menos esfuziante do que Edna, mas era compreensível, pois suas perdas foram maiores. Três filhos. Duas irmãs. Um placar terrível, trágico.

Mas, graças às atenções do marido, James, ela estava muito mais feliz do que antes, quando apenas ficava sentada na cama pensando em como dar cabo à sua meia-vida. "Sei que dizem não haver esperança de cura, mas estou tentando manter a esperança de que tem jeito", disse Albina com seu jeito tímido.

Por volta de setembro de 1933, Grace estava agarrada à mesma esperança; só que sua expectativa parecia desaparecer a cada dia. Embora a mãe tivesse tentado mantê-la em casa pelo máximo de tempo possível, em algum momento Grace acabou tendo de ser internada no hospital sob os cuidados do dr. Humphries.

Ele estava preocupado com o tumor em pleno desenvolvimento na perna dela.

"Não tenho muito mais tempo de vida", dissera Grace certa vez. "Nunca se soube de alguém que já tenha se recuperado desse problema. Então, é claro, também não vou sarar. Mas por que me preocupar?"

"Não era a morte que Grace temia", dissera sua mãe. "Na verdade, seu pavor era em relação ao sofrimento — o sofrimento eterno —, os anos de suplício. Ela foi corajosa até o fim."

Fim este que veio em 27 de outubro de 1933. Grace morreu às 8h, um horário de certo modo conveniente, visto que os médicos diurnos começavam o plantão. Isso significava que o dr. Martland poderia assistir à autópsia, conduzindo assim uma avaliação final cuidadosa daquela paciente tão especial. O atestado de óbito de Grace registrou como causa mortis "sarcoma de rádio após envenenamento industrial". Era um fato, preto no branco: a indústria do rádio tinha matado Grace. A USRC tinha matado Grace.

Grace foi enterrada no Restland Memorial Park, o túmulo marcado por uma lápide com uma lacuna abaixo de seu nome. Quando sua mãe viera a falecer, catorze anos depois, o nome foi incluído junto ao da filha, e assim ambas puderam descansar em paz.

A morte de Grace foi divulgada pelos jornais locais. A família forneceu uma foto para acompanhar a nota — uma foto anterior ao envenenamento. Grace estava eternamente jovem: os lábios hidratados e brilhantes; os olhos penetrantes, como se ela pudesse enxergar a alma das pessoas. Usava um tradicional colar de pérolas, blusa com detalhe em renda na gola. Linda, esplendorosa e imaculada, e era assim que seria para sempre lembrada por aqueles que a amavam.

"A família toda ficou arrasada", lembrou o sobrinho, Art, nascido depois da morte de Grace. Era filho do irmão caçula de Grace, também chamado Art, que a acompanhava às consultas no hospital. "Meu pai não gostava de tocar no assunto. Mas acho que foi algo que afetou a vida inteira dele. Era a irmã mais velha, uma garota linda."

E Grace Fryer não era apenas linda. Era muito inteligente. Astuta. Determinada, ousada, forte e especial.

Mas o velho Art falara, sim, de Grace, uma vez, quando o neto lhe pedira para fazê-lo. "Jamais vou esquecê-la", disse ele. "*Nunca*."

E Grace Fryer de fato jamais foi esquecida. Ela ainda é lembrada até hoje — neste momento você está sendo lembrado da existência dela. Como pintora de mostradores, ela brilhou de forma gloriosa com o pó do rádio; mas, como mulher, ela brilha ao longo da história, com uma glória ainda mais reluzente: mais forte do que os ossos que se partiram dentro de seu corpo; mais poderosa do que o rádio que a matou ou do que a empresa que mentiu descaradamente; Grace vive mais do que jamais viveu na Terra, pois agora vive nos corações e na memória daqueles que a conhecem por meio de sua história.

Grace Fryer: a garota que lutou quando toda esperança parecia perdida; a mulher que defendeu o que era certo, mesmo enquanto seu mundo desabava. Grace Fryer, que inspirou tantas pessoas a defenderem seus direitos.

Ela foi enterrada no Restland Memorial Park. Mas, mesmo depois de posta para descansar, sua história não chegara a um fim, pois seu espírito vivia, a mais de 1200 km de distância dali, nas mulheres que vieram depois dela. Quando Grace morreu, nenhuma empresa de rádio foi considerada culpada pela morte de seus funcionários. Nenhuma empresa foi responsabilizada. Agora, enquanto Grace dormia pacificamente, outras pegariam sua tocha. Outras seguiriam seus passos. Outras iriam se embrenhar na batalha. Por uma indenização. Por reconhecimento.

Por justiça.

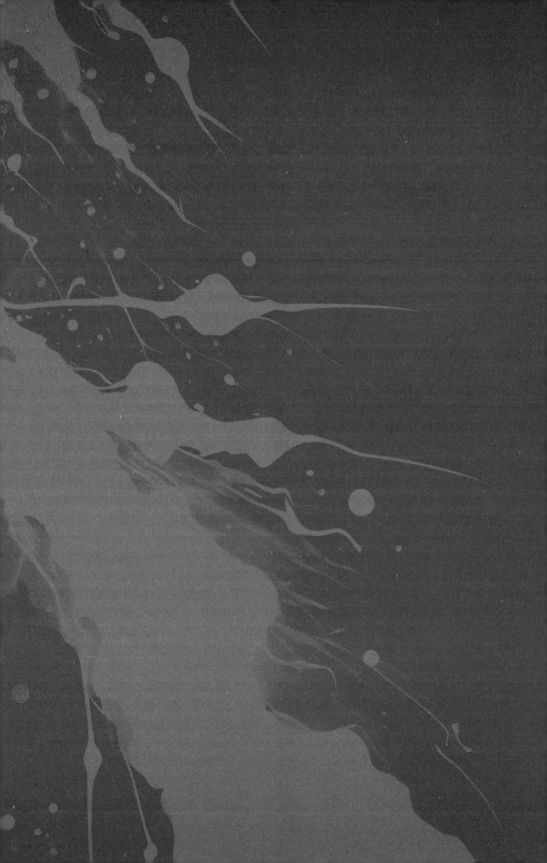

PARTE TRÊS

JUSTIÇA

KATE MOORE

RADIOATIVAS

41

OTTAWA, ILLINOIS
1933

OS EXECUTIVOS DA RADIUM DIAL COMPANY CONFIRMARAM QUE TINHAM conhecimento sobre o envenenamento por rádio desde pelo menos 1925, ou seja, quase três anos depois da inauguração do ateliê em Ottawa. Foi o mesmo ano em que Marguerite Carlough abriu o primeiro processo judicial em New Jersey e que Martland idealizou exames diagnósticos da radioatividade no corpo humano. Os executivos tinham lido os estudos de Kjaer, comparecido à conferência de rádio e tomado conhecimento da história de Eben Byers: eles *sabiam* que o rádio era perigoso.

Mas em 1928, quando funcionárias descobriram sobre os casos de New Jersey, a empresa mentiu. Foi publicado no jornal um anúncio de página inteira: as garotas estão bem, seus exames médicos comprovam; a tinta é segura, pois é "apenas rádio puro". Quando Peg Looney morreu, a companhia continuou a mentir. Não foi constatada "nenhuma indicação de envenenamento por rádio"; mas isso só se deu porque o maxilar de Peg não estava presente, tendo sido removido após sua morte.

Com tais garantias estampadas nos jornais, é óbvio que a Radium Dial recebera o apoio da cidade. Afinal de contas, os executivos juraram que fechariam o ateliê caso houvesse *qualquer* perigo comprovado. Não era de admirar que a cidade inteira estivesse respaldando aquelas afirmações; afinal, era uma corporação que cuidava tão bem dos funcionários e que demonstrava disposição para enaltecer os seres humanos, e não os lucros. Provavelmente era muito, *muito* seguro trabalhar lá, era o que todos deviam pensar.

Oito anos depois do processo de Marguerite, a Radium Dial ainda operava todos os dias na pequena cidade de Ottawa.

Ah, não, disse o médico, Catherine Wolfe Donohue com certeza *não* estava doente por causa do rádio. Ela saiu mancando do consultório, a causa de sua enfermidade ainda uma incógnita, voltando devagarinho para sua casa na East Superior Street. Não estava sozinha; empurrava um carrinho com Tommy, seu bebê, nascido em abril de 1933, pouco mais de um ano depois do matrimônio com Tom Donohue. "Deus com certeza me abençoou", dissera Catherine, "com um marido maravilhoso e [uma] criança encantadora."

Ela e Tom se casaram em 23 de janeiro de 1932 na paróquia St. Columba. Foi uma cerimônia modesta, com apenas 22 convidados; o tio e a tia de Catherine já haviam falecido na época, e a família de Tom não aprovava a união. Mary, sobrinha de Catherine, recorda-se: "Todos os familiares de Tom foram contra o casamento porque não viam com bons olhos o estado de saúde da minha tia". Mas Tom Donohue era apaixonado por Catherine Wolfe, e foi uma união fundamentada puramente no amor; ele quis se casar com ela independentemente da opinião dos parentes.

No momento da troca dos votos, os Donohue já se mostravam mais afeitos à ideia: Matthew, o irmão de Tom, aceitou ser padrinho, e sua irmã gêmea, Marie, também resolveu comparecer. O jornal local citou a cerimônia como "uma das mais bonitas da estação". Quando Catherine entrou mancando pela nave para selar a união com Tom, usando um vestido de crepe verde e segurando um buquê de rosas de jardim, sentiu-se feliz como nunca, mesmo claudicante — sentimento superado só quando o casal foi abençoado pela chegada de Tommy. Se não fosse pela saúde debilitada, Catherine seria a pessoa mais feliz do mundo.

A consulta mais recente havia sido com o terceiro médico procurado por ela; no entanto, ele foi tão pouco esclarecedor quanto os outros. "Eles pareciam estar se baseando em meros palpites", comentou um parente de uma das garotas-pintoras sobre os médicos da cidade. "Eles não faziam ideia [de qual era o problema] — sobretudo os médicos de Ottawa."

Era fato que os médicos locais não eram os mais bem informados, talvez devido ao isolamento da cidadezinha. Parte do desconhecimento pelo visto se devia à ignorância, embora a essa altura o dr. Martland já tivesse publicado uma infinidade de artigos sobre envenenamento por rádio. Por exemplo, um médico de Ottawa — e por acaso antigo médico de Peg Looney — declarara havia pouco: "Nunca chegou ao meu conhecimento de que o uso da tinta luminosa poderia de algum modo ser responsável pelo desenvolvimento de tumores".

Quer tenham sido informados ou não, os médicos de Ottawa agora enxergavam uma série de particularidades nas ex-funcionárias da Radium Dial. Sadie Pray apresentara um grande caroço preto na testa; ela falecera em dezembro de 1931 — de pneumonia, segundo o atestado de óbito; Ruth Thompson teria supostamente morrido de tuberculose. Os médicos achavam que o fato de todas as garotas terem trabalhado na Radium Dial era mera coincidência, nada além disso; afinal, cada uma delas perecera em decorrência de enfermidades diferentes, e os sintomas variavam tanto que com certeza não teria como existir relação entre eles.

Catherine seguiu empurrando o carrinho de bebê até em casa, desanimada, e entrou na residência número 520 da East Superior Street, a qual fora deixada de herança pelo tio após a morte dele em 1931; era uma casa de ripas brancas com dois andares independentes, telhado pontiagudo e varanda coberta. Ficava em uma rua residencial tranquila. "Não era uma casa grande", lembrou James, sobrinho de Catherine. Tinha uma cozinha compacta e uma sala de jantar modesta, onde Tom gostava de ler livros à noite; a sala era mobiliada com um sofá azul e uma mesa redonda de carvalho. Era a perfeita casa de família. "Gostávamos tanto de ficar em casa com Tommy", lembrou Tom com um sorriso afetuoso.

Quando Catherine acomodou Tommy no tapete e ficou observando-o brincar, lembrou-se da consulta médica. Ciente da morte das pintoras de mostradores na Costa Leste, ela perguntara ao médico se sua doença poderia ter algo a ver com envenenamento por rádio; mas ele dissera claramente que achava que não. Ele — assim como todos os outros — "afirmara várias vezes não ter informações a respeito de envenenamento por rádio para poder diagnosticar o caso dela". Talvez os médicos estivessem influenciados pelos jornais: era impossível que alguma garota de Ottawa estivesse sofrendo de intoxicação pelo rádio, pois a tinta fabricada pela Radium Dial não era perigosa.

Toda vez que ia à igreja, Catherine ficava ciente do ateliê da Radium Dial bem ali do outro lado da rua. O lugar estava muito mais silencioso hoje em dia; a desaceleração econômica pegara a cidadezinha de Ottawa — pegara de jeito, aliás, já que Illinois era um grande estado agrícola. Muitas das pintoras de mostradores acabaram demitidas. E as que ficaram não perpetuaram o hábito de afinar as cerdas dos pincéis nos lábios, talvez devido à repercussão do caso Eben Byers. Algumas estavam usando os dedos, em vez disso; o que fez dobrar a quantidade de tinta manuseada por cada uma das mulheres. Mas, dadas as dificuldades financeiras, a pintura seria feita do jeito que fosse possível: todas as pessoas sortudas o suficiente para manter um emprego naquele período complicado eram extremamente leais aos seus empregadores. E havia o sentimento de que toda a cidade precisava apoiar esses empregadores; naqueles tempos difíceis, eram cada vez mais escassas as vagas de trabalho.

Embora a maioria das garotas do time original tivesse sido dispensada ou pedido demissão, a amizade entre elas não enfraquecera. Dentre as vizinhas próximas de Catherine estavam Marie Rossiter e Charlotte Purcell; elas saíam juntas e, sempre que se encontravam, conversavam. Falavam sobre a mandíbula sensível de Catherine, sobre o cotovelo dolorido de Charlotte, sobre as pernas feridas de Marie. Marie e Charlotte também tinham procurado vários médicos. Em uma dessas discussões sobre os diferentes diagnósticos recebidos, as garotas perceberam que todos reagiam do mesmo jeito. E tal percepção não era exclusiva delas: a mãe de Mary Robinson comentara que os médicos chegaram a "escarnecer" quando ela mencionou o envenenamento por rádio como uma possível causa da doença da filha.

Assim como acontecera em Orange, doenças misteriosas estavam flagelando as meninas de Ottawa — só que ali não tinha nenhum dr. Martland com suas descobertas médicas pioneiras, nem mesmo um sr. Barry e sua familiaridade com a mandíbula fosforosa. Os sintomas que acometiam as garotas eram uma novidade naquela cidadezinha.

Contudo... o investigador Swen Kjaer *tinha* ido a Ottawa. Ele procurara os dentistas e médicos locais — e não fora apenas uma visita, mas duas. E explicara o que vinha procurando, e descrevera os sinais óbvios de envenenamento por rádio. Mas, pelo visto, os médicos não ligaram os pontos, nem informaram ao Departamento de Estatísticas Trabalhistas sobre aqueles casos curiosos, tal como haviam prometido fazer.

Um lapso? Ou era aquilo que algumas das mulheres agora começavam a temer: que "nenhum dos médicos vai admitir os casos"? Um parente de uma das pintoras pensava exatamente isso: "Eles não queriam que algo atingisse a Radium Dial", disse ele.

"Foram todos comprados", afirmou outro.

"Era bem complicado", lembrou Mary, uma sobrinha de Catherine. "Só me lembro que ninguém parecia saber direito qual era o problema com elas. Mas a gente sabia que tinha algo errado; muito errado."

KATE MOORE

RADIOATIVAS

42

CHARLOTTE PURCELL PEGOU OS SACOS PESADOS DE COMPRAS E SEGUIU para casa. Já estava calculando quantas refeições conseguiria fazer render com a comida que comprara. Os tempos estavam difíceis e todo mundo estava apertando o cinto.

Os jornais estavam inundados por más notícias naquele fevereiro de 1934: o país vivia o pior momento financeiro de sua história. Para Charlotte e Al, que agora tinham três filhos para sustentar, a situação estava precária. Ela fez uma pausa na caminhada para descansar, esfregando o braço esquerdo com delicadeza. Tinha começado a sentir um incômodo no ano anterior, que então se transformara em uma dor contínua e dolorida. "Os médicos recomendaram usar toalhas quentes no local", recordou Al, marido de Charlotte.

As toalhas quentes, no entanto, não surtiram efeito algum. Charlotte se concentrou na ponta dos dedos, esfregando o braço devagar. Sim, pensou ela, o inchaço de fato estava maior. Examinou o volume na dobra do braço. Era só um pequeno edema, mas parecia estar aumentando. Ela iria mostrar para Al mais tarde, pensou, para ver o que ele diria.

De repente, Charlotte gritou de dor. A bolsa que ela segurava no braço esquerdo caiu no chão, derramando os mantimentos na calçada. Sentiu uma "dor intensa, como uma faca atravessando seu cotovelo". Mordeu o lábio, esfregando de novo o local dolorido, e então se abaixou para recolher as compras. Aquilo já vinha acontecendo com cada vez mais frequência; sempre que segurava algo, deixava cair. E aquele tipo de incômodo era a última coisa da qual precisava naquele momento.

Seu filho mais velho tinha 4 anos, o do meio 3 e o caçula, 1 ano e meio. Precisava ficar boa para cuidar deles.

Talvez uma oração ajudasse. Naquele domingo, ela se sentou no banco da paróquia St. Columba e, com a devoção habitual, abaixou a cabeça para rezar. Então houve uma leve comoção nas fileiras mais adiante, e Charlotte esticou o pescoço para ver o que era, daí flagrou Catherine em sua luta de sempre; a rigidez nas pernas já era uma constante, então se ajoelhar para as preces vinha sendo um problema. Catherine mal conseguia dobrar as pernas sobre a madeira sólida do genuflexório. Tom a abraçava, tentava ajudá-la; estava desassossegado diante do estado de sua mulher.

Tom se encontrava em um constante "frenesi de ansiedade". Catherine ainda dava conta de se ajoelhar e de se locomover, mas em determinados dias era muito difícil. Ela dizia que eles não tinham condições financeiras para conseguir tratamentos médicos mais adequados, mas Tom achava que algo precisava ser feito. Afinal, a casa deles era própria. Sempre haveria a opção de hipotecá-la; isso geraria capital imediato para as despesas médicas.

Tom ajudou a mulher a se levantar, sem nenhuma pressa. Ela estava ofegante devido ao esforço, arquejando dolorosamente enquanto forçava seus membros a se endireitarem. Sim, já tinha passado da hora de resolver aquilo. Se os médicos em Ottawa não tinham capacidade para ajudar, então Tom estava determinado a encontrar alguém que pudesse fazê-lo.

Ele então seguiu para Chicago, a cidade mais próxima. Ficava a quase 140 quilômetros de Ottawa, mas Tom foi, ida e volta, e ao retornar trouxe um médico consigo: Charles Loffler. Considerado um "profissional respeitável" e especialista em doenças sanguíneas, Loffler tinha cara de bonzinho e orelhas de abano. Ele examinou Catherine pela primeira vez em 10 de março de 1934, no escritório onde ela trabalhava em Ottawa. Apesar da vasta experiência, no início Loffler ficou intrigado com os sintomas presenciados, porém seguro de que descobriria a causa de tudo. Ele colheu uma amostra de sangue e, ao examiná-la em Chicago, constatou "níveis de toxicidade".

No sábado seguinte, ele retornou a Ottawa — e descobriu que Catherine havia piorado de forma significativa naquele ínterim. Ela ficou tão doente que foi obrigada a abandonar o emprego, e isso bem no momento em que as contas do médico foram às alturas — por fim, a fatura de Loffler chegaria a 605 dólares. Loffler vinha fazendo o possível para abrandar a anemia e a dor crescentes, ao mesmo tempo em que continuava a investigar o diagnóstico.

Enquanto isso, o caroço no cotovelo de Charlotte Purcell atingira o tamanho de uma bola de golfe. Ela sentia uma "dor terrível" ao longo de todo o braço; e à noite era pior, o incômodo a deixava insone, assustada e confusa. Ela e Al também chegaram a viajar a Chicago, assim como seu vizinho Tom Donohue fizera com a esposa, mas o resultado que conseguiram se limitou a "quinze especialistas intrigados".

Catherine então comentou com Charlotte a respeito do dr. Loffler, de modo que, quando ele retornou a Ottawa, Charlotte aproveitou para consultá-lo — e pelo visto ela convencera muitas das ex-colegas a fazerem a mesma coisa. "Charlotte reuniu todas elas", comentou um familiar. "Ela foi meio incisiva na questão." As meninas praticamente formavam uma panelinha no trabalho, e as que sobreviveram jamais se esqueceram dos laços de irmandade. Por fim, Loffler montou uma clínica informal para as mulheres em um hotel da cidade.

Helen Munch também apareceu para uma consulta, agora divorciada porque, segundo ela mesma, seu marido rompera o casamento por causa da doença. Ela alegou estar com a sensação de que suas pernas estavam "ocas... como se o ar estivesse correndo dentro delas". Embora fosse uma mulher "muito ativa e agitada", agora ela relatava, cheia de tristeza: "Por causa de tudo isso, tenho que ficar quieta, parada. Eu *nunca* quis ficar parada".

Olive West Witt, uma mulher de estilo maternal e cabelos escuros, estava perturbada. "Vou lhe dizer como me sinto", começou ela. "Tenho apenas 36 anos, mas vivo como uma velhota de 75 anos." Inez Vallat também chegara mancando ao hotel; desde fevereiro anterior, um lado do rosto necessitava de drenagem constante devido ao pus, e os quadris estavam tão travados que ela quase "não conseguia mexê-los nem para a frente, nem para trás". Marie Rossiter contou ao médico como "adorava dançar, mas não conseguia mais por causa dos tornozelos e dos ossos das pernas". Charlotte também persuadiu as irmãs Glacinski, Frances e Marguerite a comparecerem à consulta. "Charlotte nunca foi adepta da autocomiseração", disse um parente. "Ela assumia tudo e tomava conta [de todo mundo]."

Embora Loffler tenha ido a Ottawa em todos os fins de semana de março e abril de 1934, ele ainda não conseguia apresentar um diagnóstico. Em 10 de abril, Charlotte já estava farta de esperar. Aquela massa crescente em seu braço estava insuportável. "Por fim, a levamos até Chicago, para consultar com o dr. Marshall Davison", recorda-se Al, o marido dela.

E foi lá, no Cook County Hospital, que o dr. Davison apresentou uma escolha a Charlotte. Para que ela sobrevivesse, disse ele, só havia uma opção. Seu braço teria de ser amputado.

Charlotte tinha 28 anos e tinha três filhos menores de 5 anos. No entanto, que escolha havia? Ela escolheu viver.

O braço foi amputado na altura do ombro. "Não teve jeito de adaptar uma prótese ou algo parecido, pois não sobrou pedaço do membro onde prender", relatou um familiar algum tempo depois. Não havia mais braço. Seu membro superior, que sempre estivera lá, coçando o nariz, carregando compras, segurando um mostrador de relógio, agora não existia mais. Já os médicos ficaram perplexos com o braço em si. Com todo aquele fascínio frio típico dos cientistas, após a cirurgia eles conservaram o braço de Charlotte em formaldeído, pois estava em um estado singular.

Para os Purcell, foi um alívio estranho. "O dr. Davison diz que temos sorte por ela ainda estar conosco", disse Al Purcell sobriamente.

No entanto, Charlotte ficou "desamparada". Antes da cirurgia, ela retirara a aliança de casamento da mão esquerda, pela última vez. Agora usava o anel na mão direita, e sempre pedia a Al que prendesse a manga esquerda de sua roupa com um alfinete para cobrir o ombro sem braço. "Meu marido agora é minhas mãos", disse ela.

Charlotte e Al só esperavam que um sacrifício tão grande compensasse. Só que ainda havia um problema: "Ela ainda sente", observou Al, "aquela dor terrível na mão e no braço inexistentes". A garota-fantasma tinha dores fantasmas no membro que nem pertencia mais ao seu corpo.

"Existe a possibilidade de recorrência no lado direito", alertou Al. "Ainda não sabemos direito."

Só o tempo diria.

KATE MOORE

RADIOATIVAS

43

FOI ENTREGUE PELO CORREIO NO NÚMERO 520 DA EAST SUPERIOR STREET um envelope normal, endereçado ao sr. Thomas Donohue. Não parecia nada de mais; no entanto, as notícias dentro dele eram tudo, menos "nada de mais". Depois de examinar aquela documentação com afinco, incluindo radiografias da mandíbula, o dr. Loffler agora tinha a confirmação. Catherine Donohue estava sofrendo de envenenamento por rádio.

"Tom ficou arrasado", lembrou a sobrinha Mary. "Muito arrasado. Não sei como ele conseguiu manter a sanidade."

"Depois disso", disse o próprio Tom, "passei a assumir mais os cuidados [com Tommy] quando [Catherine] não dava conta."

A própria Catherine nunca falou publicamente sobre seus sentimentos naquele dia. Ela deve ter se entregado às orações, assim como muitas de suas companheiras de angústia. "Eu acredito fielmente", escreveu uma de suas amigas, "que foram as orações que me deram forças."

No entanto, poucos dias depois de Catherine e Tom terem recebido aquela carta de Chicago, até mesmo o consolo das orações foi abalado pelos avanços da doença. Na quarta-feira, 25 de abril de 1934, ela foi mancando pelo curto trajeto até a paróquia St. Columba — mas se flagrou incapaz de se ajoelhar na igreja. Seus quadris estavam tão travados que ela não conseguia mais dobrar as pernas; para Catherine, uma pessoa tão devota, foi bastante aflitivo. Na mesma época, Charlotte Purcell recebeu alta do hospital, "o primeiro retorno para casa sem o braço". Os médicos haviam confirmado o papel do rádio no episódio — e Tom Donohue achava que alguém deveria informar a Radium Dial.

Ottawa era um lugar pequeno. O sr. e a sra. Reed, o superintendente e a supervisora da empresa, não frequentavam a paróquia St. Columba, mas sempre passavam perto da igreja quando iam para o trabalho.

"Eu o vi na rua", lembrou Tom ao esbarrar com Reed. "E aí falei para ele que as mulheres estavam muito mal e que os médicos tinham descoberto que era por causa da tinta que elas usavam."

Mas o sr. Reed se recusou a assumir qualquer responsabilidade. Ele renegou os casos mesmo depois de ter visto Charlotte e o marido perto do ateliê, quando então o flagraram de saída, descendo as escadas. Al estava "furioso" com os acontecimentos, mesmo assim Reed se limitou a ignorar as reclamações.

O dr. Loffler também tentou se comunicar com a Radium Dial. Buscando alguém acima do sr. Reed, ele telefonou para Fordyce, o vice-presidente. "Eu disse a ele que, a partir dos casos que eu tinha examinado, seria sensato investigar todos os [outros] casos."

Para Rufus Fordyce, o telefonema de Loffler não fora de todo inesperado. Afinal de contas, a empresa detinha os resultados dos testes de radioatividade de todas as mulheres da Radium Dial, aqueles realizados lá em 1928. Das 67 meninas testadas naquele dia, 34 apresentaram suspeita ou positivo para radioatividade. Trinta e quatro mulheres: *mais da metade da equipe de pintoras*.

À época, a empresa emitiu o seguinte comunicado à imprensa: "Jamais detectamos nada, nem mesmo remotamente, que pudesse ser associado aos sintomas [de intoxicação por rádio]". Tal declaração não foi um erro de cálculo, causado por uma possível interpretação equivocada dos dados. Os números eram claros: a maioria das funcionárias apresentava radiação — um sinal revelador de envenenamento por rádio. Mas, embora o sopro das mulheres nos equipamentos tivesse revelado a verdade, a Radium Dial mentira deliberada e descaradamente.

A Radium Dial ainda tinha os nomes das mulheres em sua lista secreta de resultados, cada nome acompanhado por um número que identificava os níveis de radioatividade individualmente. Eis aquelas que apresentavam o número 1 para o resultado positivo: Margaret Looney, Mary Tonielli... Marie Rossiter. Catherine Wolfe e Helen Munch estavam na categoria de casos "muito suspeitos".

Por quase seis anos, a Radium Dial soubera que as mulheres estavam radioativas. No entanto, "as descobertas foram ocultadas com cuidado pela empresa, que temia que os negócios fossem prejudicados caso os fatos se tornassem públicos... as vítimas não foram informadas sobre sua condição, nem sobre a causa, pois também havia o temor de que aquilo causasse pânico entre os funcionários".

Ou seja: quando Loffler telefonou, Fordyce já estava preparado. E mesmo assim se recusou a tomar providências.

No entanto, Catherine, Charlotte e todas as outras garotas estavam determinadas a fazer a Radium Dial pagar. Em muitos aspectos, não havia escolha: Catherine já havia gastado uma quantia absurda em um esforço vão para se curar, e ela e Tom estavam quebrados.

Foi Loffler quem ajudou as mulheres a darem o passo seguinte, apresentando-as a um conhecido seu: o estenógrafo de um advogado de Chicago chamado Jay Cook. Cook havia trabalhado na Comissão Industrial de Illinois, sendo responsável por supervisionar todos os casos de indenização no ramo industrial, e ele concordara em representá-las praticamente *pro bono*.

Embora as mulheres jamais tivessem chegado a contatá-lo pessoalmente, ele dera conselhos valiosos. Assim como tantos advogados de New Jersey antes dele, Cook percebera de imediato que o caso das garotas era complexo e que um acordo antecipado poderia ser vantajoso para elas. As meninas revelaram a ele sobre os rumores de que sua ex-colega Mary Robinson havia sido indenizada depois de ter um braço amputado no início daquele ano. "O pessoal da Radium Dial deu dinheiro a ela", confirmou a mãe de Mary. "Eles mandaram para Francis, marido dela. Não muito, talvez não mais do que uns 100 dólares no total."

Talvez não fosse muito mesmo, mas era uma brecha que abria precedente para que algum tipo de auxílio financeiro fosse conseguido. E havia mais um motivo para abordar a Radium Dial o quanto antes: o prazo de prescrição. De acordo com as leis de Illinois, na primeira instância do diagnóstico, as mulheres precisavam avisar à Radium Dial sobre sua condição; tal notificação deveria então servir como estímulo para a empresa agir legalmente no que dizia respeito à prestação de assistência médica e pagamento de indenização, uma vez que as mulheres haviam sofrido lesão ocupacional.

Charlotte e Catherine foram responsáveis por comandar o grupo, assim como vinham fazendo desde o início. A única expectativa era que a Radium Dial agisse de forma justa. Com a ajuda de Jay Cook e o apoio dos respectivos maridos, as mulheres elaboraram um plano. Em 1º de maio de 1934, Catherine escreveu uma carta em nome de todas elas, e então Al Purcell telefonou para o ateliê, para que Catherine pudesse lê-la para o gerente. Imediatamente a seguir, Tom pegou a carta e a enviou pelo correio. A Radium Dial estava sendo notificada oficialmente. Agora, só restava às mulheres aguardar.

E elas aguardaram... e aguardaram... e aguardaram. Até o dia 8 de maio, não haviam recebido qualquer resposta: nem uma palavra.

Seguindo o conselho de Cook, as mulheres agora iriam agir pessoalmente — e assim seguiram para a Radium Dial para confrontar seu antigo gerente, o sr. Reed.

Catherine já havia feito aquele mesmo trajeto inúmeras vezes. Ela virava à direita ao sair de casa, então ia caminhando para a Columbus Street, virava à esquerda e andava por mais um quarteirão até a Radium Dial. Só que no dia a dia a realização daquele trajeto jamais tivera o mesmo gosto de agora. Ela estava tensa, mas sabia que precisava se impor — e ajudar todas as meninas; havia um acordo tácito de que ela e Charlotte seriam as "porta-vozes das outras mulheres".

Charlotte caminhava devagar ao lado de Catherine, acompanhando o passo coxo da amiga. Era tão esquisito caminhar agora, pensou Charlotte; não tinha percebido até então o quanto seus braços eram importantes para manter o equilíbrio do corpo. Só que agora, de um dos lados de seu corpo só havia o ar.

Mas Charlotte não era de ficar se lamentando. "Ela nunca foi de ficar cultivando a autocomiseração, nunca", disse um parente. Embora logo após a amputação Charlotte tenha dito "não ser mais capaz de realizar serviços domésticos", ela já estava encontrando maneiras de lidar com a situação: já conseguia abrir e fechar os alfinetes da fralda do bebê com a boca; descobrira que era possível lavar a frigideira segurando o cabo sob o queixo. Mas claro, era Al quem dava conta do restante depois.

Só que Al não estava ali agora para ajudar. Eram só elas duas: Catherine e Charlotte. Ambas caminhavam lado a lado, tão diferentes da época em que começaram a trabalhar no ateliê. Catherine subiu mancando os seis degraus da entrada, tentando ficar o mais ereta possível. Elas adentraram e encontraram o sr. Reed.

"Recebi uma carta do meu médico, que tem cuidado de mim há semanas", disse Catherine formalmente a ele. Ela falava com "impostação" e suas palavras eram firmes. "Ele chegou à conclusão definitiva de que meu sangue apresenta substância radioativa." Ela gesticulou para Charlotte, a fim de incluí-la: "Estamos sofrendo de envenenamento por rádio".

Pronto: era um fato. Difícil de ser verbalizado, mas era a mais pura verdade. Ela fez uma pausa para ver se haveria alguma reação, porém o sujeito que fora seu supervisor durante nove anos nem sequer chegou a esboçar qualquer reação.

"Depois de buscar aconselhamento legal", continuou Catherine, apesar do silêncio do sr. Reed, "[meus advogados] recomendaram que eu solicitasse uma indenização e cuidados médicos à empresa. Sabemos que temos direito a uma reparação."

O sr. Reed deu uma olhada em suas ex-funcionárias. Catherine havia subido as escadas do ateliê com esforço hercúleo; Charlotte não tinha um dos braços.

"Eu não acho", disse ele com calma, "que haja algo de errado com vocês."

As mulheres ficaram chocadas.

"Não vejo absolutamente nada", insistiu ele.

"Ele apenas se recusou a pelo menos avaliar nosso pedido de indenização", lembrou Catherine, furiosa.

Ela então o informou sobre o estado de saúde das outras mulheres; porém, nem assim ele arrefeceu. Reed não cedeu nem mesmo quando, dois dias depois, Mary Robinson veio a falecer.

A morte dela foi muito importante para o contexto daquele momento. "O caso de Mary foi o primeiro assumidamente classificado como envenenamento por rádio", relembrou a mãe dela, Susie. "[Os médicos] enviaram uma amostra de osso para um laboratório de Nova York. Confirmaram que tinha sido intoxicação por rádio. Sendo assim, os médicos de Ottawa não poderiam negar o diagnóstico."

Só que Susie não contara com a teimosia dos médicos de Ottawa. Só porque "aqueles petulantes" de Nova York e Chicago estavam dizendo que as meninas de Ottawa estavam intoxicadas pelo rádio, isso não tornava o diagnóstico uma verdade absoluta — não aos olhos deles, pelo menos. E assim os médicos de Ottawa permaneceram céticos e "se recusaram veementemente a admitir que o envenenamento por rádio era a causa da enfermidade e da morte de todas aquelas mulheres". Quando a certidão de óbito de Mary foi assinada, o médico responsável respondeu "não" à pergunta: "A doença do falecido estava, de algum modo, relacionada ao seu ambiente de trabalho?".

Embora os médicos locais não estivessem convencidos, as mulheres estavam, sem dúvida alguma. À luz da recusa da Radium Dial em ajudá-las, no verão de 1934 um grupo de pintoras — dentre elas Catherine, Charlotte, Marie e Inez Vallat — entrou com uma ação pedindo 50 mil dólares para cada. Jay Cook achava que havia chances de ganhar: a lei de Illinois era bastante progressiva, e um ato pioneiro aprovado em 1911 há tempos vinha incitando as empresas a protegerem seus funcionários.

Mas nem todos ficaram satisfeitos com aquela possibilidade de a Radium Dial sofrer as consequências. A cidade "se ressentiu amargamente das acusações daquelas mulheres, que estavam 'golpeando' a comunidade". Ottawa era uma cidadezinha muito unida e folclórica, porém as garotas logo perceberam que, quando toda aquela união se voltava contra você, a coisa ficava *difícil*. "Digamos que as gentilezas cessaram", comentou um familiar de Marie, sem economizar no eufemismo.

Afinal, a Radium Dial era um empregador muito necessário. Com o país enfrentando a pior depressão econômica da história — o que alguns agora vinham chamando de Grande Depressão —, as comunidades estavam ávidas por proteger ainda mais as empresas capazes de lhes proporcionar empregos e salários. As mulheres então se viram desacreditadas, ignoradas e até evitadas quando se manifestavam sobre as respectivas doenças e sua causa.

Dia após dia, a fila de ex-colegas de trabalho e de amigos que as rejeitavam só fazia aumentar. "Quanto a Margaret Looney, [a mim] pareceu que ela já estava com um pé na cova!", exclamou um funcionário da Radium Dial sem rodeios. "As [garotas] que as pessoas pensam ter morrido por causa do rádio e que estavam em péssimo estado, já estavam mal quando foram contratadas."

"Alguns nos evitavam como se tivéssemos contraído a peste", comentou Olive Witt, amiga de Catherine. Catherine morava a apenas alguns passos da Division Street* em Ottawa, e aquele nome era dolorosamente pitoresco dada a forma como as mulheres tinham dividido a cidade — e

* Rua da Divisão, em tradução livre.

tal reprovação vinha desde os estratos sociais mais altos, cujos "interesses comerciais, políticos e religiosos" se opunham à abertura do processo judicial.

Em seu lar na East Superior, no entanto, Catherine ignorava tudo que acontecia no mundo exterior. Porque ali dentro só interessava seu mundinho: as quatro paredes da casinha de madeira, seu quarto, o vestido frouxo no corpo... seu corpo propriamente dito. De repente ela ficou imóvel, como se estivesse escutando algo mais. E então sentiu outra vez.

Ela reconhecia aquela sensação. Sabia o que era.

Catherine Wolfe Donohue estava grávida.

KATE MOORE

RADIOATIVAS

44

O TRATAMENTO DE CATHERINE COM O DR. LOFFLER FOI INTERROMPIDO imediatamente. Nada de injeções para a anemia severa, nada de sedativos analgésicos; tudo aquilo poderia fazer mal ao bebê. E não havia nenhuma possibilidade de aceitarem um aborto. Catherine e Tom eram católicos devotos e jamais cogitariam isso. Essa criança era uma bênção de Deus.

Todavia, Catherine continuou a se consultar com Loffler; ele era o único médico no qual ela confiava. Porém, era caríssimo. As despesas médicas cada vez maiores eram demais para Tom, embora ele fizesse o possível para não deixar sua preocupação transparecer.

À medida que as pessoas nos arredores de Ottawa iam tomando conhecimento do processo aberto pelas pintoras, a censura diante das atitudes delas aumentava. Ainda assim, para cada cidadão resistente à ação na justiça, havia mulheres para quem todo aquele falatório trazia muito alívio, pois fornecia uma solução para um assunto há muito sem resposta.

"Chegou ao meu conhecimento", escreveu Pearl Payne, "que as ex-funcionárias da Radium Dial estavam morrendo muito jovens e de causas misteriosas. Somei dois e dois... E cheguei à conclusão de que *eu* estava sofrendo os efeitos da contaminação por rádio."

Pearl trabalhara pintando mostradores por apenas oito meses no início dos anos 1920. Ela não era moradora de Ottawa, e sim de LaSalle, a vinte quilômetros dali: uma distância razoável quando não se tem carro, o que era o padrão na década de 1930. Pearl saiu da Radium Dial para cuidar da mãe e depois se concentrou em formar família com o marido, Hobart. Ela ficou muito empolgada quando a primeira filhinha deles nasceu, Pearl Charlotte, em 1928.

Mas, para o desespero de Pearl Payne, o ano seguinte foi uma sucessão de problemas. Ela começou a tropeçar com frequência em suas caminhadas e passou praticamente todo o ano de 1929 adoentada. Em 1930, foi submetida a uma cirurgia abdominal para remover um tumor; depois, a cabeça começou a inchar até atingir o dobro do tamanho normal — e jamais arrefeceu. "Ela apresentava grandes nódulos pretos atrás das orelhas", lembra o marido. Chamaram um especialista. Ele realizou "uma drenagem" nas orelhas de Pearl, fazendo cortes por dentro e por fora, e esse procedimento era feito em intervalos de poucos dias. Embora tenha ajudado a reduzir o inchaço, Pearl relatou: "Um lado do meu rosto estava paralisado". Com o tempo, a paralisia foi embora, mas então surgiu outro problema.

Pearl começou a apresentar um sangramento vaginal contínuo. Mais um tumor foi removido e foi preciso realizar uma "curetagem" uterina, que era a raspagem do tecido danificado. Aquilo, no entanto, não ajudou em muita coisa. Pearl apresentou novo sangramento, que durou 87 dias seguidos. "Quando começou", recordou ela, "o médico ficou perplexo e falou que provavelmente havia sido um aborto espontâneo." Ele persistiu na argumentação enquanto Pearl continuava a sangrar, tendo de passar por nova curetagem. "Eu sabia que não era um aborto, pois não vinha fazendo nada que pudesse justificar uma gravidez", disse ela, frustrada com o diagnóstico. O problema parecia ter origem nos tumores que cresciam dentro dela — crescendo bem no local onde seus filhos deveriam estar sendo gestados.

O estado de saúde dela era grave. Pearl tolerou "cinco anos de consultas médicas constantes, seis cirurgias e nove internações". Em determinado momento, sentiu-se impelida a escrever para Hobart do leito de morte, acreditando que o fim estava próximo. "Meu grande amor", escreveu ela:

> Eu te amo e estou deitada aqui pensando em você, desejando estar em seus braços. Lamento por ter ficado impaciente com você em muitos momentos, e peço desculpas, de coração. Por favor, me perdoe, pois já tenho estado angustiada e doente há muito tempo. Sob toda esta dor eu te amei muito profundamente.
>
> Ore por mim todos os dias para que eu melhore. Se isso não acontecer, não se entregue ao luto, pois devemos ceder à vontade do

Senhor... Cuide bem da nossa menina, ensine-a a amar e a lembrar--se de mim e, acima de tudo, a ser uma mocinha bondosa e virtuosa. Diga a ela que eu a amei imensamente.

A pressão emocional era insuportável. Pearl nunca sabia se aquele dia seria o último; com o tempo, a doença começou a afetar tanto o corpo quanto a mente. "Não consigo aproveitar a vida como uma mulher normal", escreveu em tom desanimado.

Os médicos diziam que ela "pertencia a uma classe de mulheres cujas enfermidades eram desconhecidas pela categoria médica". Ela era tratada para malária, anemia e outras doenças. As suposições dos médicos eram bastante frustrantes para Pearl, pois ela era enfermeira formada: sabia que nenhuma daquelas teorias estava correta, mas também não sabia dizer qual seria a verdadeira causa de tudo.

Em abril de 1933, Pearl ficou desesperada. "Avisei ao meu médico [sobre o novo sangramento]", recorda-se, "e ele recomendou a histerectomia. Passei vários dias deitada na cama, tentando decidir o que fazer." A remoção total do útero significaria o fim dos sonhos de ter mais filhos. Não, pensou ela, não, ainda não. Precisava de mais tempo; de mais esperança.

Entrou em contato com outros profissionais, fez novos tratamentos na expectativa de obter um resultado diferente. Mas foi tudo em vão. "[Em] julho de 1933", escreveu Pearl, estarrecida, "eu estava esterilizada."

Ela ficou arrasada. "Fui atacada por problemas cardíacos e queda na imunidade", lembrou. Ao ler sobre os casos de envenenamento por rádio em Ottawa, percebeu que sua condição poderia ser fatal, mas pelo menos agora tinha uma explicação.

"Eu acreditava que o rádio havia aderido ao tecido de certos órgãos, fazendo com que fossem destruídos pelo desenvolvimento de tumores."

Ela então resolveu entrar em contato com sua velha amiga Catherine Donohue. As duas, que tinham personalidades muito semelhantes, agora estavam extremamente próximas. Não muito depois, Pearl se juntou à luta por justiça. O processo estava ganhando impulso; as mulheres estavam ganhando amigos.

Em Chicago, no entanto, Joseph Kelly, presidente da Radium Dial, encontrava o oposto. Por volta de outubro de 1934, talvez à luz dos processos judiciais, seus amigos eram quase inexistentes. Um executivo chamado William Ganley assumiu o controle da Radium Dial, e Kelly e os sócios foram afastados da diretoria. "Havia muito ressentimento embutido", relembrou um executivo da empresa, "por causa das muitas manobras corporativas que se sucederam."

Mas Joseph Kelly resolveu que as coisas em Ottawa não acabariam assim. Todas as pintoras ativas na Radium Dial receberam uma carta com um convite. O sr. Turner — gerente na mesma unidade do sr. Reed — chamou a todas para um restaurante, onde haveria um almoço para que conversassem. Ele tinha um anúncio a fazer — um novo ateliê de pintura de mostradores estava para abrir na cidade —, e ele gostaria de saber: que tal se vocês, garotas altamente qualificadas, se juntarem a nós na Luminous Processes?

Mas aparentemente não foi dito às mulheres que a nova empresa seria dirigida por Joseph Kelly e Rufus Fordyce, os encarregados pela Radium Dial na vigência do escândalo de envenenamento por rádio. Entretanto, elas *ouviram* algo extraordinário quando o sr. Turner informou que "as pintoras antigas morreram porque colocavam os pincéis na boca e, uma vez que a prática não era mais permitida, a exposição ao rádio não seria prejudicial". Era uma confissão de culpa, só que as pintoras originais do ateliê nunca ouviram tal advertência.

O novo ateliê foi inaugurado a apenas alguns quarteirões da Radium Dial, em um armazém de dois andares de tijolos vermelhos. Graças à reunião clandestina no restaurante, a maioria das pintoras escolheu migrar, pensando que a nova operação seria segura. Elas faziam a aplicação da tinta com esponjas e espátulas de madeira, usando os dedos para alisá-las. A única proteção contra o pó do rádio eram aventais finos de algodão.

No entanto, nem todo funcionário topara mudar de empresa. O sr. Reed permaneceu como superintendente de seu antigo empregador. Fiel até o fim, ele e a sra. Reed foram leais àqueles que lhe deram a primeira oportunidade. E agora enfrentavam "uma situação extremamente competitiva", pois a Radium Dial era concorrente direta do novo negócio de Joseph Kelly.

Mas logo ali na rua, bem perto das empresas que se digladiavam, Catherine Donohue não dava a mínima para a briga de tubarões que ocorria naquele outono. A única coisa que importava era a menininha que ela ninava nos braços. Ela e Tom deram à filha o nome Mary Jane, em homenagem à mãe de Tom. "Nós sempre a chamávamos de Mary Jane", comentou uma prima de Catherine. "Nunca Mary somente. Sempre Mary Jane."

Catherine Donohue fez a promessa de que deixaria a filha muito, muito orgulhosa.

KATE MOORE
RADIOATIVAS

45

QUANDO O ANO DE 1935 COMEÇOU, JAY COOK ESTAVA OCUPADO TRABA-lhando no processo das garotas. Ele optou por entrar com duas ações em separado: uma na justiça normal e a outra na Comissão Industrial de Illinois. O caso-guia, Cook determinou, seria o de Inez Vallat. "Ela era um cadáver ambulante", disse Catherine a respeito da ex-colega de trabalho, "mancava como uma idosa."

Mas, à medida que o caso avançava, as mulheres trombavam nos obstáculos. A Radium Dial estava sendo representada por uma equipe de advogados renomados, os quais encontraram várias brechas legais que foram devidamente utilizadas para distorcer o caso. Lá estava aquela velha lenga-lenga: o estatuto das limitações. Inez entrara com a ação na justiça anos depois de ter saído do emprego na Radium Dial, e sua deficiência não tinha sido adquirida durante o vínculo empregatício. Havia o fato de que o rádio era um veneno; e lesões causadas por veneno não eram indenizadas pela Lei das Doenças Ocupacionais. E havia a legislação em si: a Radium Dial dizia que o código penal antiquado era "vago, indefinido e não fornecia um padrão de conduta inteligível".

"Quando Cook apresentou a inicial", escreveu o *Chicago Daily Times*, "a Radium Dial nem sequer se deu o trabalho de negar as acusações das mulheres. A resposta foi: 'Mesmo que seja verdade, e daí?'."

Em 17 de abril de 1935, foi publicada uma decisão. "O tribunal determinou que o legislativo não estabelece nenhum padrão capaz de mensurar o cumprimento da lei", relatou o *Ottawa Daily Times*. As mulheres perderam devido a uma tecnicalidade jurídica. Elas não conseguiam acreditar, mas iriam continuar lutando. Cook, à própria custa, levou a batalha ao Supremo Tribunal. No entanto, foi tudo em vão: a lei foi declarada inválida.

O *Chicago Daily Times* chamou o caso de "erro judiciário quase inacreditável". Mas não havia nada que as mulheres pudessem fazer: elas haviam tido sua oportunidade legal e a própria lei era considerada insuficiente. "O caso nunca foi julgado por seu mérito", lamentou o jornal.

Cook, com relutância, desistiu, embora as meninas ainda tivessem uma ação registrada na Comissão Industrial de Illinois e os legisladores agora tivessem jurado que redigiriam a lei à luz do caso do rádio. "Odiei ter que abrir mão do caso, mas não tinha como continuar", disse Cook algum tempo depois. "Se eu tivesse condições, continuaria de graça. É uma daquelas arbitrariedades que devem ser combatidas até o fim. Espero que elas consigam outro advogado."

Mas encontrar outro advogado era uma daquelas situações em que "falar é mais fácil do que fazer". Havia 41 advogados listados no diretório de Ottawa, mas nenhum disposto a ajudar. Assim como os médicos locais, os profissionais jurídicos também eram avessos àquele episódio visto como um ataque vexatório a um comércio local leal.

E como se para esfregar isso na cara das garotas, no mesmo dia em que o jornal de Ottawa publicou que as pintoras tinham perdido a ação na justiça, também apresentou um artigo sobre Clarence Darrow, um dos advogados mais importantes do país. Era *daquele* tipo de pessoa que as meninas precisavam, mas elas não tinham como bancar financeiramente aquele porte de assistência jurídica.

E ao mesmo tempo os Donohue descobriam que a hipoteca da casa atingira o teto de 1500 dólares. "Existem remédios para aliviar a dor", disse Catherine; os gastos com medicamentos estavam batendo na casa das centenas de dólares. Quase sempre eles se flagravam brincando de faz de conta, tentando ignorar os acontecimentos que assolavam a pequena família de quatro pessoas. "Nunca conversamos a respeito", confessou Tom. "A gente apenas seguia como se fôssemos ficar todos juntos para sempre. Era o único jeito de tolerar a situação."

"Somos tão felizes juntos", disse Catherine com um sorriso nervoso. "Enquanto estivermos juntos, não parece tão ruim. A gente só finge que sou igual ao que eu era quando Tom se casou comigo."

Mas eles não tinham desistido de buscar uma cura. Catherine se viu retornando a vários hospitais e dentistas de Chicago, fazendo esforço para comparecer às consultas, embora "desmaiasse durante os exames" com frequência por causa da dor. "Ela estava buscando auxílio", afirmou um comentarista à época, "qualquer ajuda possível". Mas ninguém conseguiu impedir o esfacelamento da boca de Catherine, que ficava cada vez mais severo.

As mulheres permaneciam em sua luta pessoal: abatidas devido à perda do caso na justiça; em negação sobre a morte iminente e, pelo visto, inevitável. E então, no fim daquele ano, elas ficaram sabendo sobre uma ação semelhante aberta em outro lugar. Aquilo não afetou necessariamente o caso delas, mas era uma informação bem interessante.

Em 17 de dezembro de 1935, enfim houve uma decisão sobre o caso de Irene La Porte, em New Jersey. O marido dela, Vincent, já vinha lutando na justiça há mais de quatro anos. *Aquele* foi o caso escolhido pela United States Radium Corporation para chegar à corte: era nele que estavam apostando todas as fichas. A essa altura, a USRC já não negava a causa da morte — apenas citava o estatuto das limitações como o motivo para não precisar indenizar a vítima. "Uma vez que o vínculo empregatício [de Irene] foi rescindido", os advogados da USRC declararam que "todos os nossos deveres para com a respectiva funcionária cessaram. Não houve relacionamento anterior; ela era uma completa desconhecida."

Várias pintoras de mostradores testemunharam no julgamento; muitas também tinham seus próprios processos pendentes. E todas depositavam esperança na vitória de Irene, pois em caso de êxito haveria um precedente para elas. Todos se reuniram para ouvir o veredicto.

O juiz começou:

> Naturalmente, não há dúvidas sobre o berço da compaixão de qualquer ser humano em um caso como este... É tentador, à luz do que sabemos hoje... fomentar a ideia de que [a empresa] deve ter sido negligente de alguma forma. Hoje, os métodos industriais que [a empresa] então empregava não seriam apenas negligentes, mas criminosos. No entanto, precisa ser cuidadosamente observado que este caso *deve* ser decidido sobre os fatos conhecidos em 1917... Um tribunal não tem poder algum para ajustar a lei a fim de atender às necessidades de uma época em que nenhum caso como este poderia ser previsto.

Ele concluiu sem rodeios: "[O caso] deve ser arquivado".

A usrc tinha escolhido bem. Sete anos depois do caso de Grace Fryer, agora não havia nenhuma reprimenda na imprensa — nenhuma reprimenda nem mesmo do juiz. A usrc tinha a resposta que vinha buscando: inocente.

A justiça fora negada a Irene La Porte — mas não só a ela. A todas aquelas pintoras de mostradores de New Jersey com processos ainda pendentes; a todos os familiares que lutavam pelos entes queridos e mortos; a todas as mulheres de New Jersey que ainda não haviam encontrado um caroço no quadril, na perna ou no braço, mas que viriam a encontrá-lo mais cedo ou mais tarde.

"Grande dia", refletiram os executivos da usrc.

KATE MOORE
RADIOATIVAS

46

VOCÊ LUTA E CAI, AÍ SE LEVANTA E CONTINUA A LUTAR. PORÉM SEMPRE chegará o dia em que não conseguirá lutar nem mais um minuto.

Em 25 de fevereiro de 1936, Inez Vallat faleceu; tinha 29 anos. Após oito anos de agonia, ela sucumbira a uma "hemorragia em um tumor no pescoço", sangrando enquanto os médicos tentavam desesperadamente estancar o fluxo. "O sr. Vallat", relembrou Frances O'Connell, uma das garotas-pintoras, "nem sequer mencionava a esposa, isso porque a morte dela foi tão horrível que ele não gostava nem de falar nem de pensar no assunto."

Os médicos de Ottawa preencheram o atestado de óbito. *A doença do falecido estava, de algum modo, relacionada ao seu ambiente de trabalho?*

Não.

A morte de Inez, somada à derrota na ação judicial, deixou as mulheres de Ottawa abaladas. Muitas do grupo original de pintoras estavam debilitadas demais para comparecer ao velório, por mais que houvesse a vontade de se despedir. Catherine Donohue estava "cada dia mais fraca para conseguir sair de casa" e por isso quase nunca era vista.

Alguns jornais de Chicago chegaram a noticiar a morte de Inez. Em tom pesaroso, a imprensa intitulou as meninas de "Clube Suicida". Um senador declarou que iria tentar chamar a atenção da Comissão Industrial para o caso delas, mas acrescentou: "Infelizmente, nenhuma legislação se faz valer de forma retroativa. É lamentável". As garotas não se animaram nem quando o governador assinou a nova Lei de Doenças Ocupacionais de Illinois, que agora incluía uma provisão para envenenamento industrial. A nova lei era resultado direto do caso delas e viria a proteger milhares de trabalhadores — mas só seria promulgada em outubro de 1936.

Dada a rapidez com que as mulheres estavam morrendo, não havia muita esperança de estarem vivas para ver esse dia.

No mesmo mês em que a nova lei foi assinada, as garotas também foram abordadas por uma jornalista, que trouxe notícias animadoras. Mary Doty, uma repórter importante do *Chicago Daily Times*, estava ali para lhes dar voz. Ela fez os holofotes voltarem-se para o sofrimento delas em artigos publicados ao longo de três dias de março de 1936. "Sempre seremos gratas ao *Times*", disse Pearl Payne, "por nos ajudar quando estava tudo tão obscuro."

O *Times* carregava o subtítulo "O jornal de imagens de Chicago", e era uma publicação populista. Doty sabia como escrever para seus leitores: "Eles atiram para matar quando aparecem ladrões de gado em Illinois, e existem leis rigorosas para proteger peixes e aves da caça ilegal — mas as mulheres são mercadoria barata". Ela denunciou que as pintoras de mostradores já estavam "morrendo em Ottawa fazia treze anos sem qualquer comentário ou investigação oficial". E então ilustrou as condições das mulheres de um modo que assombraria muitos dos leitores: "Algumas [garotas] se arrastam, incapazes de se movimentar mais rápido do que uma lesma; outras têm a manga da blusa vazia ou o nariz mutilado, mãos mirradas, mandíbulas retraídas".

As garotas posaram para fotos, muitas acompanhadas dos filhos. Mary Jane Donohue era deveras minúscula — Doty se referira a ela como um "bebezinho encarquilhado". Com 1 ano de idade, Mary Jane pesava apenas 4,5 kg e tinha "braços e pernas igualmente esquálidos". "Seus pais", escreveu Doty, "se agarram à possibilidade de que a doença da mãe não afete a menina de forma permanente."

A própria Catherine disse à imprensa: "Sinto dores constantes. Não consigo caminhar um quarteirão sequer, mas de algum modo preciso continuar". Quando a jornalista perguntou sobre sua amiga Inez, o assunto "a levou às lágrimas".

Marie Rossiter falou de seu filho, Bill. "Estou morrendo de medo, mas quero viver o máximo possível pelo bem do meu filho", disse ela à imprensa. Embora Marie agora estivesse com cinco dentes em péssimo estado, "os dentistas [de Chicago] dizem que não vão tocar neles por causa do envenenamento por rádio, que está corroendo os ossos da minha mandíbula".

Charlotte Purcell foi fotografada com a filha Patricia. Ela vinha lidando aos poucos com o fato de ter apenas um braço. "Mesmo com três filhos, ela se adaptou", contou um familiar. Com o tempo, ela viria a reaprender a arrumar as camas, a descascar batatas e até a pendurar as roupas no varal, com os pregadores de roupa na boca. Conforme contara aos repórteres, ela vivia assombrada pelo pensamento de que o sacrifício de um dos braços poderia não ser o suficiente para deter os danos; o rádio ainda corria dentro dela, e ela não sabia qual parte do corpo seria o próximo alvo.

O último texto da série escrita por Doty se concentrou de forma otimista em Catherine Donohue: "Ela aguarda, com esperança, por forças para ir à cidade fazer uma cirurgia".

Tom precisou sussurrar para Doty: "[Isso] nunca vai acontecer".

Com aquela divulgação, as mulheres viram o ânimo voltar. O filho de Charlotte, Donald, recorda-se: "Minha mãe se arrumava, e então ia com as amigas a Chicago para ver os advogados". Alguns meses depois, Charlotte, Catherine e Marie contrataram um novo advogado, Jerome Rosenthal, para acompanhar o caso na Comissão Industrial de Illinois. Eles também resolveram pedir ajuda ao governo: o alvo era Frances Perkins, a Secretária do Trabalho — a primeira mulher a servir em um gabinete presidencial. Foi Tom quem entrou em contato com ela, trocando "conversas telefônicas e correspondência pessoal". O que quer que aquele sujeito tranquilo tivesse dito a ela, certamente causara impacto, pois nada menos do que três departamentos federais entraram na investigação.

O caso estava crescendo feito uma bola de neve, e agora Tom cavava fundo para o momento mais importante de todos. Sua esposa havia comentado sobre os exames da empresa, e ele julgava — já que estava nítido que a Radium Dial mentira sobre os resultados — que o acesso aos dados originais forneceria evidências convincentes no tribunal. Em 20 de maio de 1936, ele perguntou diretamente ao sr. Reed sobre os laudos. Achava que as mulheres deveriam ter acesso a eles, de qualquer forma, ou que pelo menos ele, na posição de marido de Catherine, tinha o direito de ver a documentação formal. Ele só estava exigindo o que era deles por direito. "Naquele dia", disse Tom, "eu queria descobrir o nome dos médicos responsáveis por examinar as mulheres que trabalhavam lá, que não deram o laudo a elas."

Reed deve ter previsto a jogada. De qualquer forma, não houve um encontro oficial marcado no ateliê; Tom o abordou nas ruas de Ottawa.

Tom começou pacificamente: "Por que não me entregaram o laudo?", questionou.

Reed, surpreso com a ousadia de Tom, adotou a postura de praxe e tentou ignorar a abordagem. Passou direto por ele.

"Só tenho mais uma pergunta!", gritou Tom para Reed, que lhe dera as costas e já estava indo embora — e então Tom correu para alcançá-lo. "Eu só quero ajudar as mulheres!"

O sr. Reed já estava farto. Ou talvez estivesse sendo corroído pela culpa, o que o levou à atitude que viria a seguir. "Ele tentou me intimidar fisicamente", lembrou Tom com certo espanto.

Tom, embora franzino, tinha um "temperamento irlandês". "Não creio que alguém da nossa família", disse um dos parentes dele, "se daria o trabalho de incitar um confronto, mas decerto jamais fugiria de um. Tenho certeza de que Tom estava furioso. Estou surpreso que não tenha perdido a cabeça." Mas quando Reed — o homem que supervisionara o lento assassinato de sua esposa e que a demitira quando os efeitos do veneno começaram a ficar evidentes — escolheu partir para as vias de fato, Tom abandonou qualquer pretensão de conversa civilizada. "Eu avancei para cima dele", lembrou Tom com certa satisfação. Ele disse que Reed "se empolgou".

Os dois homens começaram a rolar pela rua, golpeando e entrando em uma "guerra de socos". Tom se viu desferindo golpes por Catherine, por Inez, pelo braço perdido de Charlotte, por Ella, por Mary, por Peg. Reed estrebuchou sob o ataque e a polícia foi chamada. Embora o sr. Reed tivesse iniciado a briga, o respeitado superintendente da Radium Dial conseguiu fazer com que Tom Donohue terminasse detido. Foi aberta uma queixa por agressão e lesão corporal.

Tom estava agora nas mãos do procurador do Estado, Elmer Mohn, enfrentando duas acusações criminais.

47

AGRESSÃO E LESÃO CORPORAL... E INSANIDADE. O "SÓCIO CONTROLADOR" do caso agora tentava até mesmo apresentar uma acusação de insanidade mental contra Tom. Na opinião de Hobart Payne, isso se dava porque ele "se opôs vigorosamente à operação [na Radium Dial]"; para ele, Tom estava sendo "perseguido".

Os parentes de Tom consideraram a jogada "típica de uma empresa que se vê encurralada". "Eles sabem que vão cair", disse Mary, sobrinha dele. "Vão fazer qualquer coisa. Vão tentar de tudo." Felizmente para Tom, as queixas não foram muito além de um punhado de audiências iniciais; talvez porque não houvesse fundamento para as acusações forjadas.

Assim como todos os covardes encurralados, a Radium Dial escolheu dar meia-volta e fugir. Em dezembro de 1936, suas portas foram fechadas abruptamente e a empresa se mudou — para onde, ninguém soube. Ou melhor, quem foi deixado para trás não soube. Os Reed acompanharam, se mudando da casa na Post Street. Os Donohue e os Purcell não iriam mais encontrar os ex-supervisores das meninas quando estivessem andando pelo bairro.

A Radium Dial estava "sem mercado" devido à nova empresa de Joseph Kelly, a Luminous Processes. Depois de mais de catorze anos de operação na antiga escola, as salas ficaram silenciosas. Nada de conversa das meninas, nada de risada na câmara escura: apenas salas vazias, assombradas pelas lembranças de tudo que acontecera.

Com o fim da Radium Dial, Joseph agora detinha o monopólio dos mostradores de rádio na pequena cidade de Ottawa. O país podia estar em meio à Grande Depressão, mas as coisas estavam indo muito bem para o presidente da empresa. Isso, no entanto, não poderia ser dito sobre os maridos das ex-pintoras. Até então eles tinham conseguido manter seus empregos, mas em 1937 a sorte acabou. Vários trabalhadores foram demitidos da fábrica de vidro Libbey-Owens, e Tom Donohue e Al Purcell estavam entre eles.

Para os Purcell, que tinham três filhos para criar, foi quase impossível lidar com a situação. "Eles lutaram muito, financeiramente falando", relatou um parente. Charlotte às vezes alimentava as crianças com sanduíches de mostarda. "Eles seguravam as pontas do jeito que dava", lembrou Mary, sobrinha de Tom. "Foi uma época muito difícil." Charlotte e as irmãs então chegaram a uma solução: mudar-se para Chicago.

Mas mesmo na cidade grande os desafios continuaram. O filho de Charlotte, Donald, relembra aquela época: "Costumávamos ir a uma padaria e pedir pão velho. Aquecíamos o apartamento com um fogão a carvão e caminhávamos nos trilhos [do trem] em Chicago para pegar pedaços de carvão".

Foi duro — mas a coisa era mais complicada ainda na zona rural de Illinois. Pearl Payne conta que não havia "emprego estável, só montes de bicos intermitentes". Tom Donohue não teve sorte o bastante nem para conseguir alguns bicos. Com a casa já hipotecada no máximo valor permitido, ele estava ficando desprovido de ideias sobre o que fazer. "Tom estava quase falido", lembrou um cunhado. "Catherine estava tomada pelo rádio e morrendo pouco a pouco. Ela sofria de dores agonizantes e [ele gastava tudo] comprando remédios para tentar lhe dar alívio." A família agora tinha dívidas em torno de 2500 dólares.

Não havia mais nada a fazer. "Eles precisaram de ajuda de instituições filantrópicas por um tempo", confidenciou Mary. "[Eles] sentiam vergonha disso. Não queriam que as pessoas soubessem."

No entanto, eles não eram os únicos carentes de ajuda: fileiras de pessoas desesperadas amontoavam-se para a distribuição de sopa em Ottawa. Todo mundo estava com a corda no pescoço. Os Donohue já nem cogitavam processar a Radium Dial — a batalha agora era pela sobrevivência. De qualquer forma, na primavera de 1937, o advogado deles, Rosenthal, abriu mão do caso. Havia uma audiência na Comissão Industrial de Illinois prevista para o fim daquele ano, mas as garotas nem sequer teriam como contratar um advogado para representá-las.

O tempo passou. Em 28 de março de 1937, Catherine Donohue e a família celebraram o Domingo de Páscoa, uma das datas mais importantes do calendário católico. Alguém deu de presente um coelhinho de brinquedo "de aparência tímida" para Mary Jane e Tommy, que à época contavam 2 e quase 4 anos, respectivamente. Tommy gostava de pintar, assim como sua mãe e seu pai; ele tinha um conjunto de aquarela com o qual brincava com frequência.

Catherine recebeu a comunhão do padre, grata por tudo — agora o padre vinha à sua casa, pois ela não conseguia mais ir à igreja — e em seguida fez sua prece. O Domingo de Páscoa era isso: a ressurreição de Cristo, salvação, esperança, a reparação de um corpo flagelado.

E foi naquele momento que o corpo de Catherine escolheu desmoronar. "Parte da mandíbula", escreveu Hobart Payne, "se rompeu da carne e [caiu] em sua boca." Ela sentiu a língua tropeçar naquele objeto desconhecido. Catherine a pegou com lágrimas nos olhos. Era a mandíbula. *A mandíbula dela*.

"Foi horrível", lembrou a sobrinha Mary. "[A mandíbula] simplesmente caiu. Quero dizer, foi... Seu pensamento era: Ah, meu Deus. Não consigo nem comer mais! Muito triste."

Tom Donohue era forçado a assistir a esposa se desintegrar diante de seus olhos. Uma cena aterrorizante — no entanto, durante aquela suposta celebração da renovação, Tom se viu renovado em pelo menos uma coisa: seu desejo por justiça. E ele sabia a quem deveria procurar para ajudar Catherine.

As amigas dela.

Tom escolheu com sabedoria a amiga com quem deveria falar primeiro. Na mesma rua dos Donohue, Marie Rossiter agora atendia a um telefonema de Tom em sua casinha na West Superior Street. Tom pediu a ela que telefonasse para as ex-funcionárias da Radium Dial a fim de descobrir se alguma delas gostaria de contratar um advogado.

Marie era daquele tipo de pessoa que "agarrava o touro pelos chifres". Ela mesma dissera certa vez: "Minha avó não tinha medo de ninguém" — e Marie herdara os brios da avó. "Marie era uma lutadora", revelou um parente próximo, enquanto outro acrescentou: "Se ela [achasse que] talvez pudesse ajudar [uma] pessoa, ela estenderia a mão. Era uma protetora nata". E não apenas uma protetora, mas uma garota bastante popular.

"Ela conhecia todas as meninas", lembram os familiares de Marie. "E era uma líder."

E fazendo jus a sua personalidade, Marie entrou em ação logo após a súplica de Tom, convocando todas as mulheres. Agora Charlotte Purcell se embrenhava na história; pois, embora estivesse morando em Chicago, ainda estava muito envolvida naquilo tudo: uma amiga fiel até o fim. Foi Charlotte quem revelou que as garotas para quem elas telefonaram disseram que não, não ajudariam. O problema é que havia pintoras que não queriam encarar a situação. Ainda que houvesse inúmeras pessoas na cidade negando a existência do envenenamento por rádio, suas razões variavam. "Muitos recuam com medo", afirmou Olive Witt, "e perguntam se é contagioso."

Marie sentiu-se frustrada com a atitude da população. Um parente relata: "Ela sempre dizia, 'Ninguém quer nos ouvir!', e acho que aquilo magoava demais". Mesmo assim, ela continuou a insistir com outras pintoras e, no fim, algumas aceitaram aderir à luta por justiça. "Marie não perdeu a firmeza em momento algum. Ela conseguiu reunir as meninas", revelou outro familiar. "Eram todas amigas, todas trabalhando juntas [por Catherine]."

Aquele grupo de garotas agora sonhava alto, visando o melhor advogado de que tivesse notícia. Elas sentiam que a abordagem seria melhor se viesse dos homens que lhes davam apoio constante, então Hobart Payne e Tom Donohue escreveram para o advogado mais famoso da época nos Estados Unidos, aquele que "sempre pegava os casos impossíveis".

Eles escreveram para Clarence Darrow.

"Prezado", dizia a carta de Hobart. "É como último recurso que recorro a você para obter assistência ou aconselhamento... Tais recursos devem ser apresentados à Comissão Industrial para uma audiência final [em breve] e não há advogado para representar essas garotas. Seria possível que o senhor assumisse o caso?"

Mas Darrow ia completar 80 anos em 1937 e sua saúde já não estava tão boa. Embora dissesse nutrir compaixão pelas mulheres, era incapaz de ajudar — no entanto, prometeu encaminhar o caso a outro advogado.

Logo depois, relembrando a experiência do ano anterior com a jornalista Mary Doty, as mulheres recorreram de novo à imprensa para gerar publicidade ao apelo. ALVOROÇO NO CASO DAS MORTES POR RÁDIO!, gritava a primeira página do *Chicago Daily Times* em 7 de julho de 1937.

GAROTAS-FANTASMA ABANDONADAS PELA JUSTIÇA! Charlotte Purcell, com seu único braço, foi capa da reportagem; ela disse ao jornal que "temia todos os dias pelo fim inevitável". Charlotte, Marie e Catherine eram apenas três das envolvidas; as outras eram as irmãs Glacinski, Pearl Payne, Olive Witt, Helen Munch (que agora morava em Chicago) e mais um punhado de meninas.

Tal como solicitado, o jornal relatou que as garotas não tinham advogado para a audiência seguinte com a Comissão Industrial de Illinois, marcada para o dia 23 de julho, dali a dezesseis dias. A audiência era "a última tentativa — a última esperança de receber uma indenização". "Sem advogado", escreveu o jornal, "as mulheres temem trapaças jurídicas. A verdade é que a perspectiva delas é tão desesperadora que muitas preferiram não se envolver."

Catherine Donohue declarou: "E é esse o exato desejo dos advogados da Radium Dial, creio eu", disse ela com malícia, "que todas nós evitemos o assunto".

"A Radium Dial Company", dizia o artigo, "fechou a fábrica em Ottawa [e] foi embora, deixando um título de 10 mil dólares com a Comissão Industrial." Esses 10 mil dólares, à luz do sumiço da corporação, era o único dinheiro disponível para as meninas, tanto para despesas médicas quanto para fins indenizatórios.

Embora Joseph Kelly tivesse estabelecido uma empresa idêntica e o negócio fosse um sucesso estrondoso, Jay Cook, o ex-advogado das mulheres, explicou: "Essa é uma 'nova' corporação. E pela lei, a 'nova' empresa não pode ser responsabilizada por nenhum dos atos da 'antiga' empresa". Era a pessoa jurídica Radium Dial, não a pessoa física Joseph Kelly, que estava sendo processada. "Tudo que resta deles são os 10 mil dólares", disse Cook. "A menos, é claro, que sejamos capazes de localizar outros ativos da 'antiga' empresa..."

No dia seguinte, o aliado das meninas na imprensa atacou novamente. EMPRESA DE RÁDIO DE OTTAWA AGORA EM NOVA YORK! Cantarolou a capa do *Times*, triunfante. "A Radium Dial Company", dizia o artigo, "foi encontrada pelo *Times* hoje no Lower East Side de Nova York." Eles estavam contratando jovens mulheres para pintar mostradores de relógios...

Com a Radium Dial tendo sido localizada, o novo presidente, William Ganley, deixou o casulo, pronto para a luta. "As reivindicações dessas mulheres são inválidas e ilegítimas", afirmou em tom desafiador. "Muitas delas trabalharam conosco por apenas alguns meses; quase todas elas são ex-funcionárias há muitos e muitos anos."

E então, ignorando os resultados dos exames realizados pela empresa, ignorando a autópsia de Peg Looney, na qual o médico fora instruído a destruir as provas da causa verídica da morte, ele declarou: "Não consigo me lembrar de uma única vítima do suposto envenenamento por 'rádio' em nossa unidade de Ottawa".

A Radium Dial não iria cair sem lutar. Já havia vencido nos tribunais quando triunfara sobre Inez Vallat e estava extremamente confiante de que levaria nova vantagem.

A postura do presidente só fez enfatizar para as mulheres o quanto um advogado se fazia necessário. No entanto, embora estivessem em uma contagem regressiva para a importantíssima audiência, ninguém se apresentou. Cartas, apelos à imprensa, pedidos boca a boca... até agora nada surtira efeito. Apesar das doenças incapacitantes, as garotas então concluíram que teriam de agir elas mesmas.

Chegou a hora do Clube Suicida fazer uma viagem à Cidade Grande.

48

CHICAGO: TERRA FEITA DE AÇO, ROCHAS E VIDRO, ONDE UMA FLORESTA DE arranha-céus se assomava sobre a vida de formiguinha dos cidadãos lá embaixo. Enquanto as cinco mulheres percorriam ruas agitadas, para todo lado que olhassem a arquitetura urbana dominava a paisagem. Ali não havia horizontes escancarados, tão familiares a elas, onde o sol pairava como uma fruta cítrica sobre os campos infinitos. Ali não havia campos — apenas oportunidades, maduras, no ponto da colheita.

Faltavam dois dias para a audiência: quarta-feira, 21 de julho. As mulheres dirigiram-se à North LaSalle Street, bem no coração do distrito dos teatros. Estavam vestidas com elegância, muitas com casacos feitos sob medida — todas usavam chapéus adornados com fitas — e, considerando o calor daquele dia de julho, elas ficaram felizes quando chegaram ao endereço buscado: o número 134. Então aquele era o famoso Metropolitan Building.

Mesmo se esticassem o pescoço para trás ao máximo, não era possível ver o topo do arranha-céu; tinha 22 andares. E não era um prédio de escritórios qualquer; no saguão, os olhos das cinco mulheres capturavam os detalhes: os painéis dourados nas paredes; o "M" em brasão gravado no piso; o nome do edifício em letras de ouro maciço. Era tudo muito diferente do local onde tinham acordado naquela manhã, sem dúvida.

Catherine Donohue tinha organizado a viagem, pois jamais perderia aquela audiência. As meninas restantes "formaram uma comissão para se unir no julgamento dos casos" e, apesar da saúde em rápido declínio, Catherine era a presidente do grupo. Sua liderança na busca para conseguir um advogado que pudesse representá-las era essencial.

Para a ocasião, ela escolhera um elegante vestidinho preto de poá; era o melhor de seu guarda-roupa. Quando o vestira naquela manhã, estava tensa e um pouco preocupada. Aquele caroço em seu quadril, pensou ansiosa enquanto o tecido deslizava sobre o corpo cada vez mais emaciado, definitivamente estava maior do que antes.

Junto a ela em Chicago estavam Marie Rossiter, Pearl Payne e as irmãs Glacinski, Frances e Marguerite. As cinco estavam representando todas as pintoras no litígio, o qual incluía o espólio de Inez Vallat, cujas reivindicações foram acrescidas às das garotas vivas. Chapéus arrumados, vestidos impecáveis, as mulheres entraram obstinadas no saguão e tomaram o elevador de estilo art déco até o escritório.

O escritório em si era forrado por estantes cheias de livros jurídicos pesados; nas paredes, muitos certificados emoldurados. Dominando a sala, havia uma enorme escrivaninha, feita de madeira avermelhada lustrosa e tampo de vidro. No entanto, todos os móveis se tornaram irrelevantes quando as mulheres fizeram contato visual com o homem detrás da escrivaninha. Ele usava um terno de tweed de três peças e óculos no alto do nariz grande; o cabelo escuro estava bem penteado e repartido lateralmente. Um homem gordo e dono de olhos gentis.

"Senhoras", deve ter sido o cumprimento dele, que estendeu a mão calorosamente para saudá-las. "Eu sou Leonard Grossman."

É provável que as mulheres tenham sido encaminhadas a ele (ou vice-versa) por Clarence Darrow. Assim como Darrow, Grossman era um advogado famoso e extravagante, cujas preocupações normalmente miravam os menos favorecidos. Era nascido em Atlanta, em 1891, e contava 46 anos quando as cinco mulheres bateram à sua porta; ele fazia aniversário no dia 4 de julho, o Dia da Independência dos Estados Unidos.

Tal peculiaridade sobre sua data de nascimento caracterizava sua personalidade e paixões em muitos aspectos. Ele fora um dos primeiros apoiadores das sufragistas; um dos artigos publicados sobre a marcha principal do movimento em Washington carregava o seguinte título: 200 MULHERES E 1 SOLTEIRÃO — o solteiro em questão era Leonard Grossman. Ele era o tipo de pessoa que sempre dava um jeito de aparecer quando havia um jornalista por perto; tinha sido colaborador em vários veículos ao se formar na faculdade de direito, e seu faro para uma boa história era onipresente.

Era um orador brilhante. Grossman chegara a se envolver na política, mas sua inspiração vinha mesmo dos casos de indenizações trabalhistas. "Ele nutria verdadeira paixão pelos trabalhadores e pelas pessoas com problemas", disse seu filho, Len. "O negócio dele não era fazer fortuna."

E às vezes ele não ganhava nem mesmo uns trocados; "Ele aceitava sapatos como pagamento", lembra o filho. "E isso acontecia com frequência." O que explica por que em julho de 1937 — apesar do aparente glamour de seu escritório — Grossman ficou "em uma situação delicada; juntando moedas". Mas, para ele, não importava: Grossman não era movido pelo dinheiro; seu combustível eram os próprios princípios.

E era no escritório desse homem — com essas paixões e prioridades — que as cinco mulheres de Ottawa estavam agora. Era, talvez, o encontro de mentes mais que perfeito.

"Já estávamos perdendo o juízo quando ele veio em nosso resgate", lembrou Catherine Donohue. "Ele não queria saber de dinheiro. Só queria ajudar as garotas, ajudar a humanidade." Grossman declarou a suas novas clientes: "Meu coração é de vocês; fico feliz por estar nessa luta".

Enfim um advogado forte em cena. E foi encontrado na hora certa; em dois dias, Grossman e as meninas teriam uma audiência perante a Comissão Industrial de Illinois.

Passo a passo, centímetro a centímetro, Catherine e as outras garotas faziam sua vagarosa caminhada até o tribunal do condado de LaSalle naquela sexta-feira, 23 de julho. Ficava a apenas quatro quarteirões ao sul da paróquia St. Columba, portanto não era muito longe. Quando chegaram, ficaram satisfeitas ao ver que sua história estava sendo coberta pela imprensa.

Foi um apoio muito bem-vindo para Catherine. Naquele curto ínterim desde que viera do escritório de Grossman em Chicago, mais um fragmento de sua mandíbula se desprendera. Sem saber o que fazer com ele, ela apenas o guardou em uma caixinha de comprimidos.

Apesar das provações, naquele dia Catherine parecera se inspirar no próprio Grossman, encontrando combustível nos princípios dele — impondo-se para defender o que era certo. Ela "foi uma verdadeira líder" diante dos repórteres quando, junto às outras garotas, falou à imprensa. Quando as mulheres entraram no tribunal e viram Grossman, pronto para lutar por elas, souberam que talvez tivessem a chance de vencer.

Algumas delas sentaram-se à mesa com Grossman enquanto ele se preparava para iniciar a argumentação. Ao lado da Radium Dial estavam as mesmas firmas que haviam representado — e vencido — o caso Inez Vallat dois anos antes: o advogado principal era Arthur Magid, um jovem com cabelos escuros fartos e óculos; o outro era Walter Bachrach.

A primeira tarefa de Grossman foi pedir um adiamento da sessão para ganhar tempo para "familiarizar-se com o caso e, se possível, rastrear os ativos da 'antiga' empresa". Magid concordou prontamente: a Radium Dial não tinha pressa alguma para o início do julgamento, pois, quanto mais a contenda jurídica se estendesse, mais debilitadas as mulheres ficariam. Não aconteceu muito mais naquela primeira audiência — embora Bachrach tivesse revelado o teor da defesa pretendida. Ele disse que "continuaria a alegar que a tinta não era tóxica e que nenhuma das mulheres estava de fato sofrendo de envenenamento por rádio".

Não era tóxica. Mesmo pelo pouco que Grossman sabia a respeito do caso, ele notava que tal posicionamento era uma reviravolta completa dos argumentos adotados pelos mesmíssimos advogados no caso Inez Vallat. Naquela ocasião, a Radium Dial assumira que o rádio *era* um veneno — e como o envenenamento não era previsto nas leis trabalhistas, as garotas perderam o caso. Agora que a lei havia sido reescrita para *incluir* venenos, a Radium Dial estava tentando o caminho oposto.

Era o tipo de trapaça perversa e traiçoeira contra a qual Grossman já havia lutado em outras ocasiões. Inspirado, ele ficou de pé. E embora aquela fosse uma audiência simples, Grossman agora revelava quão pitoresco era o fato de seu escritório estar localizado bem no distrito dos teatros de Chicago: ele era um showman, "um orador talentoso", e quando se postava no centro do tribunal, exibia todas as suas habilidades. Ao vê-lo brilhar, muitas das garotas foram flagradas "lacrimosas" porque enfim estavam sendo representadas por um advogado talentoso.

"Deveríamos ter leis", começou Grossman, com a voz sombria e melodiosa, "capazes de extinguir coisas que torturam, flagelam e destroem corpos."

Ele se virou e examinou as mulheres mutiladas à mesa. Gesticulou para elas com veemência. "Não precisamos ter mártires como estas aqui", declarou, "nem pessoas mortas como as que trabalharam com estas garotas."

Grossman fez uma pausa dramática e então continuou. "É pesada a cruz até o Calvário, mas nós *vamos* aguentá-la. E com a ajuda de Deus, *vamos* lutar até o fim."

KATE MOORE
RADIOATIVAS

49

OS TRÂMITES NO CASO FORAM INICIADOS IMEDIATAMENTE. NAQUELE MESMO dia, logo após a audiência, Grossman e as mulheres reuniram-se para alinhar as informações. Em seguida ele arrumou sua pasta de couro marrom e retornou para Chicago.

Auxiliando em todos os preparativos estavam a leal secretária de Grossman, Carol Reiser, e a esposa dele, Trudel, que por acaso era alemã. Grande parte da literatura histórica do rádio estava em alemão, então Trudel passou horas traduzindo documentos, ao mesmo tempo que Grossman se atualizava sobre os meandros do caso. Ele trabalhava regularmente dezoito horas por dia, e sua equipe se esforçava da mesma forma para acompanhá-lo.

Como Al Purcell agora morava em Chicago, era ele quem ia ao escritório de Grossman com frequência para verificar se as mulheres precisavam fazer alguma coisa. "Pelo amor de Deus, peçam laudos médicos!", solicitou Grossman.

As instruções foram devidamente seguidas, mas a tentativa de conseguir os registros médicos acabou provando ser algo bem complicado. "Escrevi para meus médicos", relatou Catherine, "e não recebi resposta." Pearl Payne também descobriu que os hospitais onde se tratara se recusavam a divulgar seu histórico. Ela acabou precisando implorar aos médicos: *Por favor*, me ajudem a conseguir esses laudos. O caso vai para a audiência final".

Porém, as mulheres não foram as únicas a correr atrás da documentação médica. Naquele outono, Grossman notificou a Radium Dial para que "apresentasse [os resultados de] todos os exames dos funcionários".

A empresa tinha ocultado os verdadeiros resultados do teste: Grossman queria ter noção do quanto de informação a Radium Dial tinha em seu poder, e desde quando.

As mulheres ficaram maravilhadas com a diligência dele. "Com grande sacrifício", escreveu Pearl Payne para elogiá-lo, "você abandonou outros compromissos diários para reunir a imensa quantidade de informações necessárias para representar nossos casos de maneira adequada."

Grossman decidiu que a litigante principal seria Catherine Donohue; seguida por Charlotte Purcell, a quem Grossman descrevera como "a segunda melhor opção". Catherine não necessariamente tinha a maior quantidade de provas, nem era a personalidade mais irresistível do grupo. Não fora escolhida nem mesmo por ser aquela com mais propensão à luta. Era porque Grossman acreditava que ela seria a próxima a morrer. "Ela não tem muito tempo de vida", disse Pearl com a voz embargada a respeito daquela decisão. "Queremos que ela tenha seu dia de destaque no tribunal."

Embora Catherine fosse tão reservada quanto seu marido, ela pareceu aceitar a responsabilidade mesmo assim. "A força das mulheres da minha família", comentou um dos parentes dela, "sempre esteve na certeza de que defendemos a coisa certa e nossos princípios. [Catherine] via aquela situação toda como um grande absurdo e [ela] não ia ficar quieta."

Enquanto Grossman cuidava de tudo em Chicago, para Catherine Donohue a situação toda se assemelhava a uma queda longa e solitária. Seu estado de saúde continuava a piorar, cada vez mais rápido. "Meu quadril está muito ruim, Pearl", Catherine confessara à amiga. "Mal consigo me movimentar." Aquele caroço duro no quadril estava ficando inegavelmente maior. Ela chegara a tratá-lo com radiação ionizante, mas chegara à conclusão: "Bem, eu fiz trinta sessões e com certeza não trouxe alívio nenhum". Os médicos pareciam incapazes de impedir o declínio de Catherine, mas ela se recusava a abandonar a esperança. Há não muito tempo fora divulgada uma reportagem a respeito de um tratamento capaz de eliminar o rádio dos ossos das vítimas — ela só precisava aguentar firme, e a cura viria.

Com Catherine incapaz de subir as escadas devido ao quadril doente, Tom desceu a sua cama de ferro forjado para o primeiro andar da casa, colocando-a na sala de estar; ele dormia no sofá, ao lado dela. Tom buscava proporcionar o máximo possível de conforto para a esposa; havia um abajur improvisado à cabeceira da cama, bem como um rádio, e ele também pendurou um enorme crucifixo de madeira acima do leito. Jesus estava nele, para que pudesse olhar e tomar conta de Catherine durante o sono. As muletas ficavam encostadas na parede, sempre prontas para quando ela precisasse ir ao banheiro; um "par de chinelos muito gastos" também jazia no cenário. O "coelhinho de aparência tímida" dado às crianças na última Páscoa fazia-lhe companhia na mesinha de cabeceira.

O cômodo tinha duas janelas, uma na frente e outra com vista para oeste. "A iluminação era boa", relembrou a sobrinha Mary, "mas eles mantinham as cortinas fechadas; creio que Catherine preferia assim." Daquele modo, o ambiente ficava um tanto escuro — mas não era problema, Catherine emanava luz própria.

"Mesmo depois de tanto tempo", dizia ela, entorpecida, "meu corpo ainda emite um leve brilho luminoso quando cercado pela escuridão."

"Dava para ver todos os ossos do corpo dela", lembrou o sobrinho James. "Ela só ficava deitada."

Quando as meninas brincavam na câmara escura do trabalho, elas mesmas desapareciam na escuridão, eclipsadas pelo elemento brilhante, de modo que apenas o rádio ficava visível. Aquele efeito eclipsante agora soava estranhamente profético, pois, quando as pessoas olhavam para Catherine hoje em dia, elas não a viam; viam apenas os efeitos do envenenamento impiedoso que dominara seu organismo.

"As pessoas estão com medo até de falar comigo", confessou Catherine. "Às vezes isso faz com que eu me sinta bastante solitária — elas agem como se eu já fosse um cadáver. É muito difícil se sentir solitária mesmo tendo pessoas por perto."

Até quando a família vinha visitá-la — os Donohue sempre tiveram o hábito de oferecer um brunch após a missa de domingo, quando serviam ovos com bacon, e Catherine servia chá em seu bule de porcelana ornado com botões de rosas — James conta que todos se juntavam para conversar em outro cômodo, para que Catherine pudesse descansar. Outra pessoa ficava a cargo de servir o chá.

Conforme o ano se aproximava do fim, o isolamento de Catherine ia ficando ainda mais intenso. Ela agora passava "quase todos os dias e noites deitada, aventurando-se ao ar livre apenas quando tinha ajuda, geralmente de seu marido". "Ele tinha o costume de carregá-la", lembra James.

E com Catherine em tal condição, obviamente não havia jeito nenhum de cumprir o papel de mãe da forma desejada ou necessária. Uma governanta foi contratada, ainda que os Donohue mal tivessem dinheiro; a funcionária, Eleanor Taylor, que passara a morar com eles, agora se tornava uma espécie de ama de Tommy e Mary Jane. Catherine tentava administrar os cuidados para com seus filhos da cama.

"Acho que ela ficou muito chateada por não conseguir cuidar da filha", comentou a sobrinha Mary. "Ela conseguira cuidar um pouco de Tommy, então ele chegara a vivenciar o amor de mãe. Era uma situação muito triste, muito mesmo."

Mas não era apenas a saúde de Catherine que impedia maior contato com as crianças. Mary Jane ainda era muito pequena, e Catherine ficava desesperadamente preocupada com a possibilidade de o brilho do rádio emitido por ela prejudicar a bebezinha. "Havia quase um sentimento de pânico", lembrou Mary, "de que Mary Jane interagisse demais com a mãe. Ainda não havia compreensão sobre as doenças causadas pelo rádio [e suas consequências]. Essa era a parte triste."

"Estou sofrendo tanto", escreveu Catherine a Pearl, e talvez não estivesse se referindo apenas ao quadril e à mandíbula doloridos, "que às vezes sinto que minha vida é um fardo."

Presa na cama o dia todo, Catherine estava muito solitária. Charlotte agora morava em Chicago; Pearl morava a quilômetros de distância, em LaSalle. Embora elas trocassem cartas, não era a mesma coisa. Em uma carta a Pearl, naquele mês de dezembro, Catherine se queixou: "Tenho tanto a dizer, mas o papel não aguenta tamanho fardo". Sua solidão saltava à página: "Na verdade, tem tanto tempo que não converso pessoalmente com vocês, meninas, que é como se eu estivesse escrevendo para desconhecidas. Eu só queria que estivéssemos morando mais perto umas das outras". Ainda assim, pelo menos aquele relacionamento permitia uma dose de honestidade. "Quanto à minha saúde", escreveu ela sem rodeios, "ainda sou uma aleijada."

E aquele isolamento também significava que ela não fazia ideia do andamento do processo judicial. "Grossman não tem dado notícias e não entendo por quê", escreveu Catherine a Pearl. "Tom está desempregado, senão eu faria um interurbano para descobrir se ele desistiu. Parece engraçado ele não ter nos escrito mais, não é?" Mas Grossman estava muito ocupado para escrever cartas. "Este é o primeiro caso para enquadrar a Radium Dial", dissera ele tempos depois, "por isso preciso vasculhar absolutamente tudo para atingirmos a luz e a verdade, bem como todos os fatos registrados." O advogado, no entanto, não deixou de enviar às garotas um cartão de fim de ano "com todos os desejos possíveis de bons votos e boas festas".

E Catherine seguiu o conselho dele à risca, fazendo daquele Natal uma verdadeira noite feliz. Embora Tom ainda estivesse desempregado, ela foi otimista em sua carta a Pearl: "Parece que fica tudo pior no Natal, mas não devemos reclamar". Quando o padre Griffin a visitou para lhe dar a sagrada comunhão, Catherine fez uma pequena prece a Deus para agradecer por todas as bênçãos. Ela, Tom, Tommy e Mary Jane podiam ser pobres, e Catherine podia estar doente, mas estavam juntos naquele Natal, e isso por si só já era motivo para ela estar muito, muito grata.

O início do novo ano, 1938, estava sendo totalmente dedicado aos preparativos para o julgamento. A audiência estava marcada para 10 de fevereiro, seis dias depois do 35º aniversário de Catherine. Grossman estava mais ocupado do que nunca, e agora vinha passando mais tempo em Ottawa para poder preparar as mulheres para os respectivos depoimentos. Como era inverno e o clima de Illinois podia ser um tanto rigoroso, às vezes ele precisava usar de todos os recursos possíveis para chegar lá. "Eram muitas idas e vindas", lembrou o filho de Grossman, Len. "Sei que certa vez as estradas estavam tão ruins, que meu pai alugou um avião particular, e alguém o levou até lá em uma dessas aeronaves pequenas, de dois ou quatro lugares." Era um daqueles gestos tipicamente extravagantes de Grossman.

No dia seguinte ao aniversário de Catherine, ela e Tom se empenharam na viagem até Chicago, que a essa altura era um evento deveras trabalhoso, para consultar com três profissionais da saúde: dr. Loffler, sr. Dalitsch (um dentista especialista) e dr. Weiner; este último fez uma série de radiografias dos ossos cheios de rádio de Catherine. O trio também concordou em testemunhar no tribunal, e os depoimentos seriam baseados nos exames recém-realizados.

Todos os três ficaram muito chocados quando Catherine entrou mancando em seus respectivos consultórios naquela manhã de sábado. Sidney Weiner comentou o seguinte: "Era uma mulher aparentando muito mais idade do que de fato tinha e sendo amparada por duas pessoas; notadamente emaciada; com a pele [do rosto] em uma tonalidade acinzentada". Praticamente não havia gordura no corpo de Catherine. Incapacitada de comer — pois era muito doloroso fazê-lo —, seu peso despencou, deixando-a esquelética sob os vestidos. Catherine sabia que havia perdido peso, mas até ela ficou chocada quando pisou na balança do consultório; estava pesando 32 quilos.

Com o exame dentário, Dalitsch descobriu que a "destruição" na boca de Catherine havia "atravessado toda a estrutura da mandíbula". Tais fraturas levaram ao "deslocamento de fragmentos" — motivo pelo qual Catherine a todo momento sempre tirava pedacinhos de osso da boca. Também havia "uma descarga considerável de pus e um odor fétido".

Loffler, enquanto isso, realizou exames sanguíneos, detectando "uma queda alarmante nas taxas". Ele descobriu que a contagem de leucócitos estava em apenas algumas centenas (os níveis normais de um adulto são por volta de 8000/mm³). E o pensamento dele diante daquele quadro foi "ela está perto da morte por exaustão, causada pela ausência deles [das células]".

No entanto, foram as radiografias que deixaram os médicos mais preocupados. O tumor duro no osso do quadril, que tanto vinha incomodando Catherine nos últimos meses, agora estava "do tamanho de uma laranja".

Mas os médicos não partilharam suas descobertas com os Donohue. Catherine era uma mulher doente; precisava repousar. Assim como fizera o médico de Irene La Porte, os médicos de Catherine também não achavam correto informar o prognóstico, pois temiam que só servisse para acelerar o declínio dela. Era melhor que permanecesse esperançosa e otimista: isso, acreditavam os médicos, seria mais útil na luta contra a doença, bem mais do que tomar conhecimento dos fatos.

Catherine e Tom fizeram a difícil viagem de volta à East Superior Street. Tom carregou sua mulher até a sala de estar e a acomodou na cama com gentileza. Ela precisava descansar, pois em cinco dias teria seu momento de estrela no tribunal. Catherine Wolfe Donohue estava pressionando a Radium Dial a prestar contas sobre os atos da empresa para ela e as amigas — e ela estava determinada, de qualquer maneira, a fazer a diferença.

KATE MOORE
RADIOATIVAS

50

AQUELA QUINTA-FEIRA, 10 DE FEVEREIRO DE 1938, AMANHECEU FRESQUI-
nha e nublada. Na sala de estar da East Superior Street, Tom Donohue
ajudava Catherine a se vestir. Ele a auxiliou a calçar as meias sete oitavos,
a amarrar os sapatos pretos sem salto. Catherine escolhera sua melhor
roupa: mais uma vez o vestido preto de poá, o qual ela vestiu pela cabeça,
e bem devagar passou o cinto preto ao redor da cintura esquálida. O
vestido estava muito mais folgado do que em julho, quando ela conhecera Grossman, mas ela não queria focar nisso hoje.

O toque final foi um enfeite no pulso esquerdo, o relógio com pulseira de prata que Tom lhe dera antes do casamento; o mostrador não
era luminoso. Colocou os óculos, um chapéu preto e um casaco de pele
escura ao redor dos ombros; estava pronta.

Tom também estava impecável. Normalmente ele usava as roupas de
operário: macacão e uniforme de tecido grosso. Hoje vestia terno escuro de
três peças com uma gravata listrada sóbria; os cabelos fartos e o bigode estavam bem penteados, e ele também usava óculos. Depois de rematar o visual
com um chapéu de feltro, ele se preparou para levar Catherine ao tribunal.

Só que não daria conta de fazê-lo sozinho. Clarence Witt, marido de
Olive, tinha vindo para ajudar. Catherine estava sentada em uma cadeira
de madeira clara enquanto era erguida; sua pele vinha se ferindo com
tanta facilidade e seus ossos estavam tão frágeis, que já estava complicado
para Tom pegá-la nos braços, junto ao peito: a cadeira era uma escolha
mais segura. Eles a carregaram até o tribunal e então subiram ao quarto
andar, onde Grossman os cumprimentou e se adiantou para auxiliá-los.

Enquanto a ajudavam a se acomodar em uma das cadeiras pretas do tribunal, Catherine olhou ao redor, para aquele cômodo difícil de descrever. Por se tratar de uma audiência perante a Comissão Industrial, era mais semelhante a uma sala de reuniões do que a um tribunal; era, na verdade, o escritório da controladoria geral do município. Tinha piso de ladrilhos com losangos e era dominado por uma imensa mesa de madeira com pernas robustas; havia cadeiras ao redor dela para os citados no processo e outras em semicírculos para os espectadores.

As amigas de Catherine também já tinham chegado, incluindo Pearl Payne e Marie Rossiter; no entanto, elas não eram as únicas presentes. Assim como o caso das garotas de New Jersey, uma década antes, toda aquela situação capturara o imaginário nacional: repórteres e fotógrafos de todo o país abarrotavam o ambiente.

Embora a imprensa tivesse feito questão de estar presente, ao que tudo indicava esse não era o caso dos executivos da Radium Dial. Tampouco de sua volumosa equipe jurídica, pois somente Arthur Magid estava ali, sentado ao lado do árbitro (juiz) à mesa suntuosa. Nem sinal de Walter Bachrach, nem do sr. Reed, nem do presidente Ganley, ninguém além de Magid para representar a corporação. Talvez eles não estivessem dando tanta importância assim ao caso, ou talvez alguma outra razão tivesse impedido seu comparecimento.

Catherine olhou com atenção para o juiz: eis ali o homem que decidiria seu destino. George B. Marvel tinha 67 anos: um cavalheiro de rosto redondo, cabelos brancos e óculos posicionados na ponta do nariz pequeno. Tinha sido advogado e presidente de um banco antes de ingressar na Comissão Industrial; Catherine se perguntava o que ele acharia do caso.

Enquanto ela observava os arredores, esperando o julgamento começar — às 9h — foi notada pela imprensa. "A sra. Donohue", escreveu o *Chicago Herald-Examiner* a respeito do julgamento, "mal dava conta de ficar sozinha. Seus braços eram equivalentes aos de uma criança e seu rosto estava contraído e sofrido. Os olhos escuros queimavam febrilmente por trás dos óculos sem armação." O *Chicago Daily Times*, um tanto indelicado, a apelidara de "mulher-palito".

Catherine sentou-se à mesa principal, com Tom logo atrás dela. Tirou o casaco de pele com cuidado e o acomodou no colo, mas manteve o chapéu; ultimamente ela vinha sentindo muito frio devido à ausência de gordura corporal e à fraqueza cardíaca. Ao sentir o pus começar a escorrer de novo pela boca, ela sacou um lenço estampado e o manteve em mãos. Ela parecia levá-lo à boca quase o tempo todo.

Grossman verificou se ela estava pronta, e Catherine assentiu vivamente. Ele usava seu costumeiro terno de tweed de três peças, os olhos brilhando de expectativa pelo trabalho que o aguardava. Durante mais de seis meses ele se debruçara de forma incansável naquele caso: sabia que tanto ele quanto Catherine estavam bem preparados.

"Nós não pertencemos", começou Grossman, iniciando a instrução, "àquela classe resignada de vítimas que estendem gargantas desavisadas para a espada afiada de um adversário tão distinto quanto os escritórios de advocacia representantes do réu neste caso... Sob a intrépida Comissão Industrial de Illinois, cada vez se faz maior o brilhante arco-íris de nossas esperanças do certo contra o errado, e do fraco contra o forte."

"Vidas humanas", continuou ele, guiando sua apresentação à mulher que era o centro do caso, "foram salvas no exército que defendia nosso país porque Catherine Donohue pintou mostradores luminosos para nossas Forças Armadas. Para assegurar a vida de terceiros, ela e as colegas de trabalho [estão] entre os mortos-vivos. Elas sacrificaram as próprias vidas. Ela é genuinamente uma heroína anônima de nosso país, nosso estado e nosso país têm uma dívida para com ela."

Agora era a vez de aquela heroína falar. Sentada à mesa, com Grossman ao seu lado e Magid e Marvel à sua frente, Catherine foi a primeira a testemunhar. Embora quisesse desesperadamente parecer forte, sua voz, projetada de uma boca muito ferida, a traiu. Os jornais comentaram sobre a "voz fraca e abafada", "vacilante" e "quase inaudível de Catherine até mesmo para [suas amigas] que estavam sentadas em um círculo logo atrás dela".

Mesmo assim Catherine falou, descrevendo seu trabalho, a forma como o pó cobria as garotas e as fazia brilhar, a prática de afinar os pincéis nos lábios. "Foi assim que esse veneno terrível entrou em nosso organismo", chorou ela. "Nunca nem sequer soubemos que era prejudicial."

Grossman deu a ela um sorriso de incentivo; ela estava se saindo muitíssimo bem. Enquanto Catherine bebericava um gole d'água, seu advogado apresentava como primeira prova o anúncio enganoso de página inteira publicado pela Radium Dial no jornal local.

"Protesto", foi o que Magid disse segundo os relatos, ficando de pé, mas George Marvel não acatou o pedido.

"Depois que pessoas morreram em New Jersey em 1928 por causa do envenenamento por rádio", continuou Catherine, "começamos a ficar alarmadas. Mas logo depois daquilo o sr. Reed chamou nossa atenção para [este] anúncio do jornal. Ele disse que não precisávamos nos preocupar."

Marvel balançou a cabeça devagar, fazendo anotações e reexaminando cada palavra do polêmico comunicado. Catherine continuou o depoimento, de vez em quando olhando para as amigas na fileira de trás, as quais ouviam atentamente seu relato. "Depois que a senhorita Marie Rossiter e eu fomos examinadas pela primeira vez", recordou-se ela, voltando-se para encarar o juiz, "questionamos por que não recebemos nossos laudos médicos. O sr. Reed nos disse então: 'Minhas queridas, se algum dia entregarmos algum laudo médico a vocês, haverá um motim neste lugar'. Nenhuma de nós entendeu o que ele realmente quis dizer."

Mas agora entendiam. Conforme Catherine descrevia aquele encontro, Marie "empalidecia".

"Oh!", gritou ela, a implicação das palavras do gerente enfim sendo absorvida.

"O sr. Reed", acrescentou uma incisiva Catherine ao juiz, "é o mesmo sujeito que ainda está trabalhando na empresa em Nova York."

Os jornais haviam encontrado Reed lá, supervisionando as novas pintoras de mostradores. Ele havia "assumido toda a parte operacional", o que poderia muito bem ter sido uma promoção no cargo, já que a fábrica de Nova York com certeza tinha muito mais prestígio do que a de Ottawa. A empresa, ao que parecia, recompensava a lealdade de seus funcionários.

Houve um burburinho então, quando o principal inspetor de segurança da comissão entrou correndo na sala, trazendo documentos que Grossman solicitara por intimação. Grossman folheou os arquivos com rapidez e percebeu de imediato que os resultados dos exames realizados em 1925 e 1928 não tinham sido incluídos na pasta. No entanto, havia algumas cartas de especial interesse.

Kelly, o presidente da Radium Dial, escrevera o seguinte para a Comissão Industrial de Illinois em 1928:

> *Não fomos bem-sucedidos na obtenção do seguro de indenizações desde o cancelamento de nossa apólice [em] 18 de agosto de 1928. Em vista da notoriedade concedida aos supostos casos de envenenamento por rádio na United States Radium Corporation of New York,*

> *a [seguradora] concluiu que não mais realizaria esse tipo de seguro por estar incorrendo ao risco de apresentarmos casos semelhantes em nossa unidade em Ottawa, Illinois.*

Kelly enviara uma proposta a dez seguradoras diferentes. Todas recusaram.

"Vocês podem constatar", continuou Kelly, "que isso nos desfavorece imensamente. Podem nos informar como NÓS podemos nos proteger? O Estado de Illinois possui algum tipo de compensação?"

O único intuito de Kelly era proteger os ativos financeiros da empresa; ele não parecera cogitar que talvez as seguradoras estivessem se recusando a cobri-lo devido à periculosidade das atividades. Em resposta, a comissão disse: "A única coisa que você pode fazer nessa condição é aceitar o risco".

Kelly concluíra então que valia a pena. E era por isso que não havia advogados de nenhuma seguradora no julgamento: porque a Radium Dial *não tinha* contrato com nenhuma seguradora. Em 30 de outubro de 1930, a Comissão Industrial de Illinois notificou a Radium Dial por não estar em *compliance* com a Lei para Indenizações Trabalhistas, que tornava obrigatório o contrato com uma seguradora; em resposta, a Radium Dial "foi forçada a fixar um título e a oferecer garantias à Comissão Industrial de que assumiria todos os riscos". E foi aí que a Radium Dial pagou à comissão os tais 10 mil dólares que Catherine e as amigas estavam tentando ratear. Foi assim que surgiu aquela mixaria.

E a alegação era de que não existia mais dinheiro nenhum além daquele. Grossman infelizmente não tivera sorte ao rastrear os ativos da Radium Dial; agora que a empresa havia fugido para Nova York, pelo visto a Comissão Industrial de Illinois não tinha qualquer poder para ultrapassar sua jurisdição e bloquear os fundos da empresa. Era decepcionante do ponto de vista financeiro, mas em muitos aspectos o dinheiro não era o foco do caso. Faria diferença, é claro — Tom e Catherine seriam salvos da miséria caso vencessem —, mas, para as mulheres, sem dúvida o mais importante era o reconhecimento de tudo que haviam sofrido. As garotas tinham sido discriminadas, chamadas de mentirosas, trapaceiras e fraudulentas; elas viram a Radium Dial escapar impune de vários assassinatos. Elas estavam lutando pela verdade.

Enquanto Arthur Magid interrompia com protestos constantes, todos rejeitados pelo juiz, Catherine agora relatava sobre a visita que ela e Charlotte tinham feito ao sr. Reed depois de terem sido diagnosticadas.

"O sr. Reed disse que não achava haver nada de errado conosco", sussurrou Catherine, demonstrando o máximo de revolta que sua voz enfraquecida permitia. "Ele se recusou a ao menos pensar no nosso pedido por uma indenização."

Marvel assentiu, chocado com a aparência de Catherine. "Seu corpo emaciado [estava] tremendo", mas isso não a impediu de continuar.

"Depois de dois anos", disse ela, ao recordar do ano de 1924, "comecei a sentir dores no tornozelo esquerdo, as quais irradiaram para o quadril. Eu também comecei a sofrer desmaios. À noite, a dor era insuportável."

Ela contou como as dores começaram a tomar o corpo inteiro: tornozelos, quadris, joelhos, dentes; como terminou acamada e inválida, incapaz de comer, incapaz de cuidar dos próprios filhos. E então, enquanto seus dedos torciam um pequeno escapulário — um talismã católico —, ela relatou que não conseguia mais se ajoelhar para rezar. Muito emocionada, descreveu seu sofrimento — e não apenas o seu. Catherine contou ao tribunal como os dois filhos estavam sendo afetados por tudo aquilo.

Pouco antes de encerrar o depoimento, Catherine pegou a bolsa e sacou uma caixinha de joias, a qual tinha mantido discretamente no colo. Ela e Grossman haviam combinado aquilo antes, então em determinado momento ele perguntou a ela sobre a tal caixinha. Catherine olhou para o pequeno porta-joias e o exibiu com as mãos esqueléticas. Todos os presentes inclinaram-se para a frente, curiosos para saber o que havia ali dentro. Lentamente, muito lentamente, Catherine abriu a caixa. E então, de dentro dela, retirou dois fragmentos de osso.

"Estes são pedaços do meu maxilar", disse com franqueza. "Eles simplesmente se soltaram da minha mandíbula."

KATE MOORE
RADIOATIVAS

51

AS AMIGAS DE CATHERINE, VENDO-A SEGURAR OS PEDACINHOS DO PRÓPRIO corpo, "estremeceram" no tribunal.

Aqueles ossinhos foram aceitos como prova, junto de vários outros de seus dentes. Depois de um testemunho tão pungente, Grossman agora dava a ela permissão para descansar. Ela então voltou a ficar sentada em silêncio, enxugando a boca com o lenço e observando enquanto o sr. Walter Dalitsch se aproximava da mesa para depor em seu favor.

Era um sujeito de feições imaculadas, testa projetada, lábios fartos e cabelo escuro; manifestava-se com autoridade. Grossman o conduziu para que explicasse sobre o tratamento odontológico de Catherine, e a partir daí eles iniciaram uma discussão mais generalizada sobre o envenenamento por rádio. Quando Magid protestou ante a afirmação de Dalitsch de que muitas das pintoras de mostradores "adoeceram e morreram com diagnósticos diferentes dos verdadeiros", Marvel não aceitou. O juiz enfatizou: "O dentista é um perito e testemunhou como um especialista". Pelo visto, o árbitro estava do lado de Dalitsch.

Dalitsch também deu sua opinião especializada sobre a causa da doença de Catherine. "A enfermidade", disse ele com franqueza, "tem origem na intoxicação por substâncias radioativas."

Com aquele depoimento estupendo na manga, Grossman deu início a um questionamento veloz.

"Na sua opinião", perguntou ele, "neste momento Catherine Donohue é capaz de realizar trabalho manual?"

O dentista olhou para Catherine, que estava encolhida em sua cadeira apenas ouvindo-o. "Não", disse ele com pesar, "não é."

"Ela é capaz de trabalhar e se sustentar?"

"Não", afirmou Dalitsch, voltando a se concentrar em Grossman.

"Você tem uma opinião sobre o estado geral dela, se é permanente ou temporário?"

"Permanente", respondeu ele sem pestanejar. Catherine baixou a cabeça: *vai ser assim para sempre.*

"Você saberia dizer se a enfermidade é fatal?", continuou Grossman.

Dalitsch hesitou e "olhou com afinco" para Catherine, que estava a poucos metros dele. A pergunta de Grossman pairou, suspensa no tempo. Cinco dias atrás, após os exames em Chicago, os três profissionais da saúde tinham determinado que a condição de Catherine atingira um "estágio permanente, incurável e terminal". No entanto, na tentativa humana de poupá-la, escolheram não contar nada a ela.

"Na presença dela?", perguntou Dalitsch, sem saber o que fazer.

Mas aquilo fora o suficiente. A pausa dele fora resposta suficiente. Catherine começou a "soluçar, encolhendo-se na cadeira e cobrindo o rosto" com as mãos. No início, lágrimas silenciosas descendo pelas bochechas, mas em seguida, como se subitamente atingida por todo o peso das palavras implícitas do dentista, ela começou a "gritar histericamente". Berrou a plenos pulmões ao se lembrar de que deixaria Tom e os filhos; que deixaria esta vida; ao vislumbrar o que a aguardava. Ela não tivera noção disso até então; nutria esperança. Tinha *fé*. Catherine acreditava que não ia morrer em breve — mas a expressão de Dalitsch dizia o contrário; ela via nos olhos dele. Então ela gritou, e a voz vacilante que tanto lutara para falar agora vociferava com medo e angústia. Tom "desabou e danou a soluçar" ao som dos gritos da esposa.

E aquele grito foi um divisor de águas; depois dele, Catherine não conseguiu mais se manter de pé. Ela desmaiou e "teria se estatelado no piso se um dos médicos não a tivesse segurado". O dr. Weiner também se levantara para ajudá-la e, quando o fez, Tom pareceu se libertar de sua paralisia. Ele correu para Catherine, tombada na cadeira. Enquanto Weiner tentava sentir a pulsação dela, Tom focava exclusivamente no estado da esposa. Ele tomou a cabeça dela nas mãos, tocando seu ombro para tentar trazê-la de volta a si; de volta para ele. Catherine soluçava sem parar, a boca escancarada exibindo a destruição ali dentro: as lacunas onde seus dentes deveriam estar. Mas ela não se importava se vissem; em sua mente, estava apenas o rosto de Dalitsch. *Fatal. É fatal.* Foi a primeira vez que ela ouvira de forma tão escancarada.

Pearl, ao ver a amiga tão perturbada, postou-se pouco atrás de Tom. Os dois estavam abaixados sobre Catherine, Pearl oferecendo à outra um copo d'água, o qual nem sequer foi percebido. Os braços de Tom estavam em torno de Catherine, tentando oferecer consolo enquanto ela chorava. As mãos de operário a sustentavam, uma às costas, outra na fronte, na tentativa de mostrar que ele estava ali.

Os fotógrafos não perderam tempo e capturaram o momento. E de repente Tom ficou ciente da presença deles, ciente de que Catherine deveria ser poupada de tudo aquilo. Deixando que Pearl cuidasse de Catherine — ela acariciava os cabelos escuros da amiga —, Tom chamou Grossman e Weiner em um canto e, juntos, os três homens ergueram a cadeira de Catherine e a carregaram para fora da sala, com Pearl abrindo caminho entre as pessoas.

"Os soluços da mulher", comentou um dos jornais em tom desolador, "podiam ser ouvidos do corredor."

Quando o juiz convocou recesso imediato, Catherine foi carregada para o escritório do escriturário ali ao lado e acomodada sobre uma mesa, sobre o casaco de pele estendido por Pearl para prover um leito macio e confortável; livros de registros civil sustentavam sua cabeça, como um travesseiro improvisado. Tom tirou os óculos da esposa com cuidado e permaneceu ao lado dela; as mãos dele em cima dela: uma envolvendo a mão magrinha do lado que usava o relógio, e a outra acariciando seus cabelos a fim de acalmá-la. Pearl segurava a outra mão de Catherine, tentando oferecer conforto também. Ambos murmuraram suavemente para aquela mulher que tanto amavam.

Catherine, a essa altura, já estava fraca demais para chorar, mas, ao sentir a presença de Tom, foi tomada pela necessidade de se manifestar. Com uma voz "debilmente vacilante", ela agarrou a mão dele e sussurrou: "Não me deixe, Tom".

Ele não pretendia ir a lugar nenhum.

Catherine ficou impossibilitada de retornar à audiência. "Ela entrou em colapso completo", disse um dos médicos. "Ela não tem muito tempo de vida."

Tom não estava lá para ouvir tais palavras; tinha saído para levar Catherine para casa. No entanto, quando os jornais publicaram as fotos de Tom e Catherine no dia seguinte, não se fizeram de rogados. Acima de uma fotografia do casal abalado estava a chamada: A MORTE É A TERCEIRA PESSOA AQUI.

*   *   *

A audiência foi retomada às 13h30, porém sem a presença de Catherine. Tendo acomodado a esposa em casa, Tom retornou ao tribunal para representar sua mulher naquele momento tão importante para ela. Se ela não estava bem o suficiente para se fazer presente, então ele iria defendê-la.

A audiência continuou do ponto em que fora interrompida, com Tom sentado em uma cadeira no fundo da sala, entorpecido.

"A condição dela é fatal?", perguntou Grossman a Dalitsch.

O médico pigarreou. "No caso dela, é fatal", admitiu.

"Na sua opinião", perguntou o advogado, "qual seria uma expectativa [de vida] razoável para Catherine Donohue?"

"Não creio que possamos afirmar", Dalitsch começou a ficar um pouco arquejante, talvez consciente da presença de Tom, "dependendo dos cuidados dispensados a ela... do tratamento..."

Grossman o olhou fixamente. Aquilo era um tribunal, não uma clínica, e ficar dando voltas não ajudaria Catherine em nada. Dalitsch se aprumou sob o olhar de censura de Grossman.

"Eu diria... meses", declarou sem rodeios. Tom sentiu as lágrimas marejando seus olhos outra vez. *Meses*.

"Não há cura nesse estágio avançado?", perguntou Grossman.

"Não", disse Dalitsch. "Nenhuma."

Conforme a tarde avançava, os depoimentos se sucediam, agora com os outros médicos. E a cada novo testemunho, as palavras se tornavam um rosário de perdas que Tom era obrigado a ouvir.

"Sem dúvida ela se encontra nos estágios terminais da doença", testemunhou o dr. Weiner.

"Ela tem pouco tempo de vida", concordou Loffler. "Não há nenhuma esperança."

Sem esperança. Sem cura. Sem Catherine.

Tom ouviu tudo com lágrimas molhando seu rosto. Suportou o peso de tudo. No fim da tarde, estava à beira de um colapso mental e precisou ser retirado do tribunal.

O advogado da Radium Dial, por sua vez, não fez nada muito pomposo. Suas perguntas aos médicos e dentistas se limitaram àquilo que a Radium Dial considerava a questão crucial: o rádio era um veneno? Pareceu irrelevante para Magid quando Loffler declarou: "Certamente existe uma relação causal entre o trabalho dela na fábrica e a condição em que a encontrei". Já Magid rebateu que "as substâncias radioativas podem ser *abrasivas*, porém não venenosas".

"A posição da empresa", explicou o advogado astuto, "é que [as mulheres] não podem receber uma indenização de acordo com a nova seção da lei, pois esta se refere apenas a doenças causadas por *venenos* oriundos de ambiente ocupacional." Com a empresa alegando que o rádio *não* era um veneno, eles se consideravam "não responsáveis" pelos danos.

Magid declarou o envenenamento por rádio uma "expressão" que era "meramente um método conveniente de descrever o efeito das substâncias radioativas no corpo humano". E manteve tal posicionamento mesmo quando Loffler, furioso, disse: "Os compostos radioativos tiveram efeito tóxico sobre o organismo [de Catherine], efeito este que não foi o vulgarmente denominado abrasivo, mas [que se encaixa] na definição médica de venenos!".

Não passou despercebido a Grossman que aquele era o *mesmo* advogado que poucos anos antes, no caso Inez Vallat, sustentara que o rádio *era* um veneno. Grossman apelidou a tentativa de Magid de distorcer a verdade de "sofística brilhante e bela tentativa de prestidigitação" feita por um "mestre ancestral na feitiçaria da linguagem e da corrupção".

Grossman acrescentou: "Para apoiar a teoria do réu de que o rádio não é um veneno, temos um registro tão silencioso quanto a Esfinge do Egito". Não havia nenhum depoente para sustentar a alegação da Radium Dial.

Em contraste, as mulheres tinham muito a dizer, e com Catherine tendo se recuperado um pouco, sua determinação para retornar e depor era nítida. No entanto, os médicos a declararam debilitada demais para deixar a cama e afirmaram que ela estava "em um estado de fraqueza completo que poderia ser imediatamente fatal caso ela fosse obrigada a continuar como testemunha".

Mas Catherine estava inflexível. Nesse ponto, Grossman sugeriu que a audiência fosse retomada no dia seguinte, ao lado da cama dela. Se ela não pudesse comparecer ao tribunal, Grossman levaria o tribunal até ela. George Marvel, após avaliar o pedido, concordou.

Coube a Grossman informar à imprensa. Ao anunciar que a audiência do dia seguinte seria realizada junto ao leito da testemunha-chave, ele acrescentou um comentário final que, ele sabia, geraria muita repercussão.

"Isto é", disse ele em tom sombrio, enquanto observava os jornalistas reunidos, "caso ela ainda esteja viva..."

52

QUANDO AMANHECEU NAQUELA SEXTA-FEIRA, 11 DE FEVEREIRO, CATHERINE Donohue *ainda* estava viva. As condições climáticas na East Superior Street estavam "instáveis", mas Catherine, apesar da condição debilitada, estava muito segura de suas atitudes.

"Para mim, já é tarde demais", disse ela cheia de coragem, "mas talvez ajude a outras pessoas. Se eu vencer esta luta, meus filhos estarão a salvo, e minhas amigas, que trabalharam comigo e contraíram a mesma doença, também vão vencer."

A Radium Dial já havia constatado que Catherine seria um precedente. Se o tribunal decidisse em favor dela, todas as outras vítimas encontrariam justiça. Por isso tornara-se ainda mais importante para ela não tropeçar no fim da linha; era necessário lutar, independentemente do que acontecesse.

Tom apoiara a decisão dela de continuar a testemunhar, mas estava morto de preocupação. "Já é tarde demais para nós", repetiu ele, "mas Catherine quer fazer o possível para ajudar seus iguais. Mesmo que a emoção..."

Ele se calou abruptamente. Tinha prestado atenção ao alerta dos médicos: se ela continuasse como testemunha, poderia ser fatal. Mas Catherine estava determinada; e quem era ele para detê-la? "Passamos tão pouco tempo juntos", disse ele em voz baixa. Eles estavam casados havia apenas seis anos.

Tommy e Mary Jane, seus filhos então com 4 e 3 anos, estavam em casa. Eles brincavam no andar de cima enquanto a massa de visitantes era direcionada para a sala de jantar, onde Catherine estava deitada no sofá azul, com travesseiros servindo de apoio e um cobertor branco cobrindo-a até o queixo. Um depois do outro, os convidados foram lotando a sala, cerca de trinta pessoas ao todo — advogados, testemunhas, jornalistas e amigos.

Catherine mal teve forças para abrir os olhos para recebê-los. Era uma "cena comovente"; suas amigas a saudavam com preocupação evidente. Sempre fora um hábito visitar aquela casa socialmente, mas hoje a ocasião era bem distinta. As mulheres estavam sentadas em cadeiras alinhadas junto ao sofá: Charlotte Purcell, que viera de Chicago, era a mais próxima de Catherine; estava ao lado de Pearl. Charlotte também vinha declinando muito depressa nos últimos tempos, tendo perdido um dos dentes apenas uma semana antes. Ela estava encolhida, usava um casaco cinza grosso, a manga esquerda vazia pendurada.

Os advogados puxaram as cadeiras da mesa redonda de carvalho e espalharam sua papelada: Grossman, Magid e Marvel, com a secretária de Grossman, Carol, fazendo anotações. Consciente da presença dos filhos no andar de cima, Tom ficou a meio caminho entre a sala de jantar e o restante da casa, encostado desconsolado no batente da porta.

Tudo pronto, a audiência tinha seu reinício. "Fraca, porém determinada, Catherine Donohue estava pronta para voltar a contar sua história."

Quando Grossman começou a interrogar sua cliente, ele se ajoelhou ao lado dela para que pudesse ouvi-la melhor. Ela respondia a tudo "de olhos fechados", abrindo-os vez ou outra e, mesmo assim, mal conseguindo enxergar o que havia ao redor, aparentemente.

"Mostre-nos", incentivou Grossman, "como você foi ensinada a afinar [o pincel nos lábios], do jeito que foi descrito em seu testemunho ontem." Ele estendeu um pincel para ela, emprestado do conjunto de aquarela de Tommy.

Enquanto Catherine retirava devagar a mão esquelética de debaixo do cobertor para pegar o pincel, Arthur Magid se levantou de onde estava, sentado à mesa.

"Protesto", disse. "Não aceitamos o uso deste pincel, pois não há provas de que seja do mesmo tipo usado na empresa."

Marvel voltou-se para Grossman: "Você conseguiria algum modelo mais adequado para nós?", perguntou ele.

"Sim", respondeu um azedo Grossman. "Tem os modelos usados agora na sede da Luminous Processes, que está reaproveitando todos os equipamentos da Radium Dial Company, e que emprega algumas das meninas. Há até mesmo um supervisor que também foi da Radium Dial Company."

"E assim foi decidido", escreveu um repórter após testemunhar a troca de pincéis, "que o novo pincel seria usado na reconstituição." Catherine pegou o delicado pincel oferecido por seu advogado. Parou por um segundo, sentindo o peso quase imperceptível do artefato em sua mão, a maneira como seus dedos se curvavam com familiaridade ao redor dele. "É assim que se faz", resmungou ela depois de um tempo. Sua voz parecia extenuada. "Nós mergulhávamos na mistura de composto de rádio." Catherine bateu o pincel em um recipiente imaginário, e então, muito devagar, dobrou o braço rígido e levou o pincel aos lábios. "Então a gente moldava", continuou ela com certa emoção, "assim." Ela girou a pontinha do pincel levemente entre os lábios. *Lábio... Tinta... Pinta.* Quando terminou, ela o ergueu com a mão trêmula: as cerdas estavam perfeitamente afiladas. Ao ver aquilo, "um arrepio percorreu seu corpo".

Amigas e ex-colegas de trabalho a observavam com a expressão "tomada pela intensidade emocional". As mulheres ficaram visivelmente afetadas pela dramatização com o pincel e lutaram contra as lágrimas.

"Eu fiz isso milhares e milhares de vezes", relatou Catherine em tom pesaroso. "Era assim que nos *diziam* para fazer."

Tom ficou observando a esposa da porta — observando enquanto ela demonstrava como fora assassinada. Embora achasse já não ter mais lágrimas para derramar, ainda assim ele chorou copiosamente, sem pudor algum, enquanto Catherine fazia o gestual simples que pouco a pouco a transformara em um cadáver ambulante.

Grossman cortou aquela atmosfera gélida com uma pergunta. "Alguma vez algum funcionário da Radium Dial lhe disse que o governo dos Estados Unidos condenou o uso dos pincéis com cerdas de camelo nas pinturas com compostos de rádio?"

Catherine pareceu chocada com a declaração. "Não", respondeu. As garotas sentadas atrás dela trocaram olhares de ira.

"Protesto", sobressaltou-se Magid mais uma vez, quase atropelando a fala de Catherine.

"Mantido", respondeu Marvel.

Grossman não se deixou abalar; ele tinha mais uma pergunta. "Houve algum aviso por escrito sobre os perigos da pintura de rádio com pincel?", quis saber ele.

"Não, senhor, nenhum", respondeu Catherine com segurança, "a gente até mesmo almoçava nas bancadas de trabalho, ao lado da tinta luminosa.

Nosso superintendente, Reed, dizia que não havia problema nenhum em comer ali, mas que não deveríamos deixar a comida sujar os mostradores. Tudo que nos diziam" — ela ofegava devido ao esforço para falar — "era para ter cuidado para não deixar manchas de gordura nos mostradores."

Grossman a tocou de leve no ombro. Catherine estava exausta, dava para perceber. Ele continuou a conduzi-la com delicadeza pelos pontos-chave restantes, incluindo o desastre na tentativa de usar as canetas de vidro e a maneira como se dera sua demissão por estar mancando, e então ele a deixou descansar.

Em seguida chamou Charlotte Purcell para fazer o juramento.

"Protesto", gritou Magid imediatamente. Ele não queria que as outras garotas testemunhassem, sob a alegação de que a litigante do caso era Catherine.

"Este caso abre precedente, Meritíssimo", interrompeu Grossman sem se alterar, apelando para Marvel. "Não sei se estas garotas estarão disponíveis no futuro." Agora seus olhos percorriam a fileira de jovens sentadas ao lado da cama improvisada de Catherine. "Nem *todas* elas", acrescentou ele, incisivo.

Marvel assentiu. E assim permitiu que as mulheres depusessem, embora elas "não tivessem permissão para testemunhar diretamente sobre o próprio estado de saúde".

Quando Charlotte levantou-se para prestar depoimento, Pearl a ajudou a tirar o casaco cinza dos ombros. Por baixo, ela usava uma blusa verde com gola branca de babados; a manga "pendurada frouxamente, revelava a ausência do braço amputado". Ela foi até a mesa para fazer o juramento. Girou a pontinha do pincel na boca, exibindo muitas janelinhas devido aos dentes faltantes. Ela testemunhou com bastante calma enquanto os olhos ansiosos das amigas acompanhavam a apresentação das provas. Uma das garotas ficou com os olhos marejados enquanto Charlotte falava.

"Você era funcionária", perguntou Grossman, "da Radium Dial Company quando Catherine Donohue trabalhava lá, na mesma sala."

"Sim, senhor", respondeu Charlotte. Sua voz mais forte em contraste direto ao sussurro tenso de Catherine no auge do esforço.

"E na época você tinha o braço esquerdo?"

Charlotte engoliu em seco. "Sim, senhor."

"Por quanto tempo você trabalhou lá?"

"Treze meses", esclareceu ela, quase cuspindo as palavras.

Ele perguntou sobre o confronto que ela e Catherine tiveram com o sr. Reed.

"Então, na ocasião da discussão, você ainda tinha o braço esquerdo?"

"Não, senhor", respondeu ela sem rodeios.

"E o que o sr. Reed falou?"

"O sr. Reed", começou Charlotte, com os olhos ardendo de raiva, "disse que não acreditava na existência do envenenamento por rádio." Ela relatou que "a perda do braço fora devido ao uso de composto venenoso".

Uma a uma, Grossman foi convidando as garotas para depor, e elas assim o fizeram, ao lado dos advogados à mesa de jantar dos Donohue. Marie Rossiter fechava e abria os dedos enquanto contava sua versão.

"O sr. Reed disse que o rádio deixaria nossas bochechas coradas", lembrou com desgosto, "e que fazia *bem* para nós."

Grossman perguntou a cada uma delas se as demonstrações de pintura tinham sido uma reconstituição precisa da técnica que haviam aprendido. Como uma fileira de clones, todas concordaram.

Todas as mulheres testemunharam em favor de Catherine: Pearl Payne, as irmãs Glacinski, Olive Witt e Helen Munch. À medida que cada uma das mulheres se erguia, literal e figurativamente pela amiga, o gesto era imitado por Arthur Magid, que protestava sem parar. Tom Donohue voltou a falar, mas de maneira breve, apenas para confirmar a dívida calamitosa que ele e Catherine haviam contraído para bancar as despesas médicas.

Durante todo o tempo, Catherine permaneceu deitada no sofá, entorpecida, às vezes cochilando sob as vozes das amigas enquanto estas entoavam cantigas de ninar para ela. E então finalmente acabou. Durante dois dias, catorze depoentes haviam testemunhado em favor de Catherine. Agora Grossman encerrava sua instrução e todos voltavam-se com expectativa para Arthur Magid.

Mas o advogado da Radium Dial não apresentou provas, nem convocou uma única testemunha. A empresa respaldava-se apenas em sua defesa legal de que o rádio não era venenoso.

Sem mais evidências a serem apresentadas, Marvel encerrou formalmente a audiência às 13h. Ele informou que daria o veredicto no prazo de um mês ou mais; antes disso, ambos os lados teriam a oportunidade de apresentar pareceres jurídicos, expondo seus argumentos na íntegra.

Havia apenas um elemento pendente naquele dia — uma oportunidade que os jornalistas jamais teriam deixado passar. Antes que aquela multidão deixasse a casa dos Donohue, a imprensa solicitou uma foto em grupo. George Marvel e Arthur Magid posicionaram-se detrás do sofá enquanto Grossman se ajoelhava ao lado de Catherine; ele tinha um charuto entre os dedos agora que a audiência se dava por encerrada. Quando os homens entraram em seu campo de visão, Catherine estendeu a mão ossuda para George Marvel. Ele a pegou, segurando a ponta dos dedos suavemente, chocado com os ossos emaciados, com a fragilidade daquela mão. Mais tarde, Catherine comentou que ele era "muito empático".

Mas os advogados não foram os únicos a serem convocados para a foto. As amigas de Catherine também a cercaram tão logo os advogados se afastaram. Charlotte se empoleirou no braço do sofá, aos pés de Catherine, enquanto as outras se posicionaram logo atrás. Pearl Payne estava no centro, segurando a mão de Catherine. Todas as mulheres olhavam para Catherine, que estava olhando para Tom. Ele tinha se aproximado agora que a audiência terminara e se sentado ao lado dela. Quando a câmera registrou a cena, marido e esposa tinham olhos apenas um para o outro.

"De repente", escreveu um repórter depois de ver Tom e Catherine juntos, "esqueci-me dos dentes quebrados dela, da mandíbula despedaçada... esqueci-me dos trágicos rastros que o envenenamento por rádio deixara naquela outrora bela mulher... E [em vez disso] vi brevemente a alma que partilhava o amor de seu marido — [um] amor cego à casca frágil que todas as outras pessoas enxergavam."

E então mais uma fotografia foi feita. Tendo percebido que a audiência havia terminado, Tommy e Mary Jane entraram correndo na sala. Tom os pegou no colo, um em cada braço, e os colocou junto ao sofá para que Catherine pudesse ver os filhos. Pela primeira vez naquele dia, ela voltou à vida outra vez, estendendo a mão para pegar a mãozinha de Tommy, a expressão animada enquanto falava com o filho. Mary Jane tinha um lindo cabelinho curto enfeitado com fita e usava vestido colorido; Tommy usava camisa branca longa. Ambos de certo modo impressionados com tantos convidados e fotógrafos, então logo depois Tom pediu para que todos se retirassem.

Grossman e as outras garotas foram para um hotel no centro da cidade, onde tiveram uma longa conversa antes de o advogado partir para Chicago. As mulheres sabiam que, o que quer que acontecesse a seguir, afetaria a todas. Mesmo naquele dia da audiência, Magid confirmara mais uma vez que, qualquer que fosse a sentença do juiz, a Radium Dial iria acatá-la e reverberá-la no que dizia respeito à reivindicação das outras garotas-pintoras.

Sem o burburinho do tribunal, Tom fechou a porta da casa número 520 na East Superior Street. De algum modo, o local parecia ainda mais silencioso do que antes da audiência.

Agora, a única coisa que ele e Catherine podiam fazer era esperar.

53

A PRIMAVERA ESTÁ NO AR!, ENTOAVA O *CHICAGO DAILY TIMES* NO FIM DE semana posterior ao julgamento. Os jornais estavam repletos de propagandas de presentes românticos, anúncios de grupos de bridge e de festas que estavam por vir, no entanto apenas uma data interessava às pintoras de Ottawa; e a Catherine Donohue.

As amigas encontraram Catherine de bom humor quando a visitaram. Quando um jornalista que estava acompanhando a história perguntou a Catherine "qual fio tênue a prendia à vida", ela respondeu: "O irlandês lutador", oferecendo um olhar afetuoso a Tom. "Eu *vou* viver", disse ela com determinação. Os médicos diziam que ela "morreria na cama", mas ela ainda não estava cansada de lutar.

Juntas, as mulheres rezavam por uma cura, mas "não havia entre elas o pavor da morte em si". Segundo o *Chicago Herald-Examiner*, "todas diziam que, se fosse a vontade do destino, elas enfrentariam o mundo seguinte com a compreensão de que seu sacrifício pode ter salvado outras pessoas".

Assim, todas elas, para surpresa própria, haviam se tornado garotas-propaganda dos direitos trabalhistas. Até aquele ponto já haviam realizado uma mudança importante na lei responsável por proteger milhares de funcionários vulneráveis, eliminando uma brecha através da qual as empresas poderiam se eximir de responsabilidade. Inspirada pela conquista, naquele mesmo dia Pearl Payne escreveu a Grossman, com uma ideia:

Percebendo seu zelo humanitário em auxiliar àqueles nos degraus mais baixos da escada da vida, ocorreu-me, assim como às outras querelantes do processo contra a Radium Dial, que você forja o início de uma nova sociedade, através da qual esses indivíduos — que devem ser milhares — podem se unir, obtendo assistência jurídica e, de forma geral, usufruindo de nossa presença organizada para simplificar, promover e melhorar as leis voltadas aos mutilados devido a riscos ocupacionais.

Grossman achou a proposta brilhante. E assim, em um sábado, em 26 de fevereiro de 1938, a sociedade teve sua primeira reunião. As fundadoras foram Pearl Payne, Marie Rossiter, Charlotte Purcell e Catherine Donohue. Três delas foram a Chicago para encontrar Grossman; Catherine, doente demais para viajar, foi representada por Tom. Elas se intitulavam A Sociedade das Mortas-Vivas —talvez uma sugestão de Grossman, já seguindo seu instinto para ganchos promissores na imprensa.

"O objetivo desta sociedade", anunciou Grossman à imprensa reunida, "é, por meio da legislação e afins, melhorar a proteção aos indivíduos ameaçados por doenças ocupacionais."

A reunião coincidiu com a apresentação do primeiro relatório legal de Grossman a Marvel, provavelmente um passo deliberado ("Ele adorava aparecer nos jornais", confessou seu filho, Len). Enquanto os flashes das câmeras pipocavam, Grossman entregava às meninas uma cópia do relatório com capa verde-claro, e assinava o de Pearl frente às câmeras com o slogan "Pela causa da humanidade". O documento volumoso tinha cerca de 80 mil palavras e via Grossman com grande entusiasmo.

As circunstâncias exigem a caneta mais afiada que sou capaz de desembainhar. Peço apenas que as mantas protetoras [da lei] sejam sempre o escudo para proteger, e não a espada para destruir o direito humano de Catherine Donohue a uma indenização. Que seja dado a Catherine apenas o que é justo e correto segundo a lei de Deus e dos Homens, e que ela seja agraciada com o que pedimos!

O documento foi disponibilizado no fim da tarde, bem a tempo de estampar o noticiário noturno, e a imprensa estava em polvorosa; a cobertura do caso chegou a disputar capa com reportagens sobre os nazistas na

Alemanha. Se o julgamento dependesse da mídia, as meninas venceriam — os jornais chamavam a Radium Dial de "criminalmente negligente".

A imprensa então perguntou a Tom Donohue se havia esperança de cura. Ele respondeu que Frances Perkins, a secretária do Trabalho, tinha "enviado autoridades médicas para investigar". Havia esperança de que um tratamento à base de cálcio pudesse prolongar a vida de Catherine, ainda que a doença estivesse avançada demais para permitir a sobrevivência ao processo. As investigações federais que Perkins ordenara sobre o envenenamento, no entanto, parecem ter dado em nada. O governo, atingido pela recessão em meio à Grande Depressão, tinha outras prioridades. Um político admitiu que eles estavam "se debatendo" com a economia: "Tiramos todos os coelhos da cartola e não há mais coelhos disponíveis", declarou. Era um consolo irrisório para Tom, que ainda estava desempregado.

Embora o tratamento com cálcio não fosse possível naquele momento, Catherine ainda se recusava a se render. "Estou na expectativa de um milagre", disse ela. "Eu rezo por isso. Quero ter direito à vida, e postergar o fim pelo bem do meu marido e dos meus filhos." A mãe de Catherine morrera quando esta tinha apenas 6 anos, por isso ela sabia muito bem como era crescer sem mãe e estava determinada a não permitir o mesmo destino a seus filhos.

Mas, apesar de toda a coragem de Catherine, à medida que as semanas iam avançando e todos aguardavam pelo veredicto, sua saúde se deteriorava rapidamente. "Uma vez que [esse estágio da] doença começou", lembrou a sobrinha Mary, "foi como um espiral em queda livre, caindo, caindo... Não foi gradual. Foi rápido."

Tal fato deixou Catherine incapaz de até mesmo dar instruções à governanta que cuidava de seus filhos. "Ela ficou muito doente", disse Mary, "a ponto de eu não lembrar de vê-la interagindo com as crianças. Ela não *conseguia*. Não dá para imaginar... Aquilo minou toda a energia dela, tirou *tudo* dela."

Só restou a Catherine jazer debilmente em sua cama na sala de estar, com as cortinas fechadas. Seus dias eram pontuados pelo consumo da medicação e pelo chacoalhar frequente dos trilhos da ferrovia atrás da casa: o som dos vagões carregando as pessoas a viagens que Catherine Donohue jamais poderia empreender. A casa tinha "um cheiro de urina". O mundo inteiro dela se resumia àquela sala. Ela ficava deitada sob um cobertor, o tumor no quadril uma montanha maligna crescente, a dor em todos os ossos do corpo. Ela sentia muita dor.

"Eu só me lembro dos gemidos... ela gemia, gemia", conta Mary, falando baixinho. "Dava para notar que ela estava com dor, mas não tinha nem energia para gritar. Então gemer era o máximo que conseguia fazer. Acho que ela não tinha mais forças para chorar ou gritar. Ela apenas gemia."

"Não consigo descrever", continuou ela, "como aquela casa ficou *triste*. Dava para sentir a tristeza quando você entrava lá."

Conforme a doença de Catherine piorava, alguns dos parentes evitavam levar os sobrinhos mais novos para ver a tia, pois achavam a situação horripilante demais. "Ela estava caindo aos pedaços por causa do rádio", lembrou a sobrinha Agnes. "Eles não queriam que a víssemos; diziam que o estado dela era assustador." Embora os pais de Agnes visitassem Catherine uma vez por semana, a própria Agnes sempre tinha que esperar do lado de fora.

Uma das visitas mais frequentes era a irmã mais velha de Tom, Margaret. Era uma mulher atarracada de 51 anos e "a chefe da família". "Ela era a única mulher que eu conhecia que sabia dirigir", lembrou o sobrinho James. "Tinha um Whippet." Outro parente comentou: "Ela ia lá para cuidar de Catherine e das crianças. Fazia o que toda boa cunhada faria".

O padre Griffin era outro visitante contumaz, e Catherine também recebia as freiras do convento, as quais certa vez levaram de presente para ela uma relíquia de Vera Cruz. "É como ter Deus aqui em casa, comigo", exclamou ela, em júbilo.

Ela também encontrou consolo em uma fonte inesperada: o público. Com sua história estampada em todos os jornais, os leitores ficaram chocados de um jeito que os vizinhos das mulheres jamais foram capazes. Catherine recebeu centenas de "cartas maravilhosas" que vinham de todos os cantos do país. As pessoas enviavam bugigangas e ideias para curas; dinheiro para flores para iluminar o cômodo da enferma; alguns escreviam para ela na esperança de que "minha carta consiga animá-la um pouquinho". "Você tem minha empatia e meus mais sinceros desejos para vencer isso", dizia uma delas. "E sei que milhões de pessoas pensam igual."

As amigas de Catherine também procuravam animá-la. Marie passava o fim das tardes junto à cama de ferro forjado; Olive "me trouxe frango cozido, maravilhoso", escrevera Catherine para contar a Pearl, em deleite. "Ela, assim como você, querida, é uma amiga de verdade, e que Deus as abençoe."

Em março, Catherine teve um bom motivo para comemorar. "Hoje consegui ficar sentada por alguns minutos", escreveu ela com orgulho para Pearl, "e, ah, como é bom fazer isso depois de tanto tempo na cama!"

Já Leonard Grossman não via a própria cama havia muito, muito tempo, ou pelo menos era isso o que parecia. Ao longo de fevereiro e março, houve uma troca intrincada de petições enquanto ele e Magid duelavam com suas canetas enviando a Marvel relatórios jurídicos do tamanho de brochuras. "Em determinada semana, ele trabalhou 24 horas por dia", relatou o filho. "Meu pai tinha três ou quatro secretárias ajudando nas tarefas." A excelente equipe de assistentes escrevia enquanto Grossman andava de um lado a outro em seu escritório ou se acomodava na poltrona com um charuto, desfiando a oratória brilhante pela qual era famoso. "Tenho estado ocupado dia e noite", escreveu Grossman certo dia para Pearl, "trabalhando no caso do rádio."

Em 28 de março de 1938, o documento definitivo foi enviado: após avaliá-lo, Marvel daria o veredicto. Em sua argumentação, Grossman criticou a "defesa vergonhosa e inconstante" da Radium Dial, e o que ele chamou de "latrinas nos álibis dos réus", e continuou: "A linguagem não é capaz de cunhar palavras de ódio adequadas para condenar a fria e calculista [Radium Dial Company]. [As funcionárias foram] ludibriadas a uma falsa sensação de segurança por deturpações ignóbeis, diabolicamente falsas e fraudulentas". A empresa conhecia, escreveu ele, "as obrigações legais devidas [a seus funcionários] e as negou de forma assassina". A alta cúpula mentiu repetidamente para Catherine "a fim de induzi-la, bem como a outras funcionárias, a permanecer condescendente, discreta e alheia ao seu verdadeiro estado de saúde". Nas palavras dele, Catherine fora "traída" pela empresa.

Grossman não mediu as palavras: "Não consigo imaginar um espírito maligno recém-saído das profundezas da danação eterna cometendo crime tão grotesco como o da Radium Dial Company. Meu Deus! A indústria do rádio estaria inteiramente destituída de vergonha? A Radium Dial Company é totalmente dominada por um demônio?".

"É uma ofensa contra a Moral e a Humanidade", concluiu ele, "e, a propósito, contra a lei."

Era um texto forte. O juiz declarou que só divulgaria sua decisão depois de 10 de abril — no entanto, no dia 5 de abril, uma terça-feira, o telefone tocou no escritório de Grossman. Ele estava sendo convocado a comparecer na sede da Comissão Industrial de Illinois, no número 205 da West Wacker Drive, bem na esquina do Metropolitan Building.

O veredicto tinha saído.

PARTE TRÊS: JUSTIÇA   343

KATE MOORE
RADIOATIVAS

54

ERA PRECISO AVISAR AOS DONOHUE, RÁPIDO. GROSSMAN CONSEGUIU CON-
vocar as poucas garotas-pintoras moradoras de Chicago — Charlotte Purcell e Helen Munch — e eles conseguiram chegar à audiência a tempo; foi
realizada pouco antes do meio-dia. Helen fumava um cigarro, muitíssimo
tensa, enquanto todos se amontoavam na sala com painéis de madeira da
Comissão Industrial de Illinois para ouvir a sentença. O texto de George
Marvel foi lido em voz alta pelo presidente da comissão. Magid e Grossman
ficaram de pé para ouvi-lo falar; os dois advogados faziam uma avaliação
intimidadoramente mútua enquanto o presidente da sessão pedia silêncio.

A sra. Donohue, escrevera Marvel, sofria de uma doença "lenta, traiçoeira por natureza, progressiva, e que já se estendia há um longo período
de anos". Ele concluiu: "A deficiência que acometeu a sra. Donohue a
tornou incapaz de realizar qualquer ocupação remunerada". Inquietos,
os presentes se remexeram em seus assentos; eles sabiam de tudo isso.
A pergunta era: a Radium Dial seria condenada?

A leitura prosseguiu. "A Comissão Industrial conclui que... existiu um
vínculo de empregador e empregado entre a empresa e a querelante... A
deficiência [de Catherine Donohue] *surgiu* e se desenvolveu no decorrer de seu emprego."

A Radium Dial era culpada.

Charlotte e Helen não conseguiram evitar a reação: ficaram exultan-
tes. Helen estendeu a mão para Grossman, grata, quando ele se virou
para elas exibindo um sorriso incontido. "Estou muito feliz pela sra.
Donohue", suspirou Helen, "é uma decisão *justa*."

Marvel concedeu a Catherine a cobertura das despesas médicas retroativas, o pagamento de salários referente a todo o período em que ela não conseguira emprego devido ao estado de saúde, indenização por perdas e danos e uma pensão vitalícia anual de 277 dólares pelo restante da vida. O valor total foi de cerca de 5661 dólares e era a quantia máxima que um juiz poderia determinar de acordo com as disposições da lei daquela época.

Desconfia-se que ele gostaria de ter oferecido muito mais. Foi relatado que, após o desmaio de Catherine no tribunal, Marvel disse o seguinte: "Parece-me [pelo] que foi relatado aqui, que o caso dessas pessoas poderia ter sido resolvido de forma consuetudinária. Há e houve negligência grave por parte da Radium Dial Company".

A diretoria da empresa era culpada. Culpada por causar a deficiência de Catherine — e de Charlotte também —, mas não apenas isso. Culpada por matar Peg Looney, Ella Cruse, Inez Vallat... e tantas outras. As vidas dessas mulheres não puderam ser salvas, mas seus assassinos foram revelados sob a gélida luz do dia. "Em toda a criação de Deus", escreveu Grossman em sua argumentação, "não há canto ou recanto onde a Radium Dial Company possa camuflar sua culpa neste caso e evadir." A luz da justiça agora inundava, deixando os insensíveis assassinos devidamente expostos. Não havia uma propaganda de página inteira atrás da qual se esconder aqui; nenhum superintendente sorridente tentando abrandar a desconfiança das garotas; nenhum resultado de exame escondendo a realidade. A verdade, depois de tantos anos, finalmente era trazida à tona.

"A justiça triunfou!", declarou Grossman, exultante, na audiência. "Nenhuma outra decisão seria possível sob o peso esmagador das provas apresentadas. Um prêmio justo segue os preceitos da consciência. Gratos a Deus pela justiça para com as Mortas-Vivas."

Charlotte Purcell disse em tom franco e agradecido: "Este é o primeiro raio de esperança após anos de desalento".

Fora uma batalha muito, *muito* longa. Em muitos aspectos, seu início se dera em 5 de fevereiro de 1925, quando Marguerite Carlough abrira o primeiro processo em New Jersey: a primeira pintora de mostradores a revidar. O triunfo de Catherine nos tribunais, treze *anos* depois, foi um dos primeiros casos legais no qual um empregador foi responsabilizado pela saúde de seus funcionários. O feito das garotas foi surpreendente:

PARTE TRÊS: JUSTIÇA   345

uma conquista inovadora, que mudou a lei e salvou vidas. O gabinete do procurador-geral, que acompanhara o caso de perto, classificou o veredicto como "uma grande vitória".

O jornal *Ottawa Daily Times* alega ter sido responsável por dar a notícia a Catherine Donohue. Quando o veredicto foi divulgado, um repórter correu até o número 520 da East Superior Street para falar com a mulher que era o cerne de tudo aquilo.

Ele a encontrou sozinha, Tom havia levado as crianças a um passeio. Ela estava — já que não tinha alternativa — deitada na cama na sala de estar, o relógio com pulseira de prata ainda pendurado frouxamente no pulso. Quando o repórter lhe disse que o veredicto havia sido divulgado, cinco dias antes do previsto, Catherine pestanejou de surpresa. "Jamais sonhei que a decisão seria antecipada", falou com grande esforço.

O jornalista deu as boas-novas: um segredo que ele mal podia esperar para compartilhar. Mas como Catherine estava doente demais, demonstrou pouca emoção com sua vitória e nem sequer sorriu. Mais tarde, Tom confessaria que ela "chora, raramente sorri; ela se esqueceu de como é dar risada".

Mas também pode ter sido por ela mal conseguir acreditar. "Catherine meio que se ergueu da cama em um esforço para ler a sentença, que foi redigida especialmente para ela", só que não teve forças para fazê-lo com plenitude. Em seguida, afundou de volta nos travesseiros. Quando enfim absorveu a notícia, seu pensamento principal foi para Tom. "As primeiras palavras dela", escreveu o jornalista ansioso, "expressaram o desejo de que seu marido Thomas soubesse da decisão o quanto antes."

"Estou feliz pelo bem dos meus filhos e do meu marido", sussurrou Catherine. "A indenização vai ajudar [Tom], que está desempregado há muitos meses."

E como se atingida pelo lembrete, ela então disse ao repórter, sob um sorriso débil: "Esta é a segunda boa notícia que temos em uma semana. Meu marido acabou de voltar à folha de pagamento da fábrica de vidro". Alguns trabalhadores tinham sido chamados de volta à Libbey-Owens, e Tom conseguira entrar no turno da noite.

Enquanto o repórter permanecia na sala, à espera de mais cópias da sentença, Catherine continuou a falar. "O juiz é esplêndido", comentou. "Ele é tão maravilhoso. Ele é muito justo. Isso significa muito para mim."

Como se a ideia de justiça tivesse acionado algo dentro dela, uma raiva cintilou por um instante. "Isso deveria ter sido feito há muito tempo", acrescentou quase amargamente. "Eu tenho sofrido tanto. Vou ter que sofrer mais." E continuou: "Eu me pergunto se estarei viva para receber o dinheiro; acredito que sim. Mas temo que vá chegar tarde demais".

No entanto, Catherine não arriscara os últimos resquícios de saúde apenas por si; tinha feito tudo aquilo por sua família e amigos. "Agora talvez [Tom] e nossos dois filhos possam voltar a ter uma vida decente", disse ela, esperançosa. "Posso não viver para desfrutar do dinheiro, mas [espero] que venha a tempo para minhas amigas. Espero que elas consigam receber antes de ficarem com a saúde tão ruim quanto a minha."

Ela acrescentou um comentário final, um sussurro rouco que soou duro na sala estranhamente silenciosa e abafada, muito diferente do júbilo demonstrado no tribunal de Chicago.

"Espero que os advogados não recorram da sentença...", disse Catherine Donohue.

55

DUAS SEMANAS APÓS O JULGAMENTO, A RADIUM DIAL ENTROU COM RECURSO contra o veredicto, "sob a argumentação de que a sentença foi contrária às evidências apresentadas". Já tendo previsto tal movimento, Grossman e a Sociedade das Mortas-Vivas logo convocou a imprensa para uma fotografia e lançou um apelo para arrecadar fundos imediatos para Catherine. "Ela não tem dinheiro, não tem perspectiva de conseguir qualquer coisa através de esforço pessoal, [e possui] despesas médicas cada vez maiores", declarou Charlotte Purcell. "Temo que a sra. Donohue morrerá antes que o caso seja julgado."

Catherine ficou emocionada com o apoio das amigas, mas sua maior preocupação era com o marido, Tom. A notícia do recurso fora um baque para ele. "Ele não toca no assunto", confidenciou Catherine a Pearl, "mas eu sei que está muito tenso com tudo isso."

As mulheres continuaram a recrutar a imprensa em sua campanha por justiça; os Donohue convidaram *o Toronto Star* para uma entrevista em sua casa. "A mulher frágil na cama pode estar morrendo", escreveu Frederick Griffin, "mas ela está lutando."

Todos estavam lutando — as mulheres, bem como todos os seus apoiadores. Quando Griffin visitou a casa 520 da East Superior Street em uma noite tranquila de abril, conheceu todas as garotas-pintoras querelantes do processo contra a Radium Dial, bem como os homens por trás delas: o pai de Inez, George; Tom, Al, Clarence e Hobart. Aquela tragédia disparatada afetara a eles também, assim como às respectivas esposas e filhas. "Elas sentem medo", disse Clarence Witt a respeito das mulheres enquanto sua esposa ajudava Catherine a se arrumar na outra sala. "Qualquer dorzinha ou incômodo causa medo."

Já fazia mais de dois meses desde que Catherine desprendera o máximo de esforço para registrar seu depoimento desde o leito; as semanas subsequentes trouxeram consigo um massacre para seu corpo. "Olhei para aquele rosto enrugado, para os braços, a silhueta, a mandíbula disforme e a boca", lembrou Griffin quando entrou na enfermaria improvisada. "Uma olhada naquela silhueta esquelética sob a colcha fazia você se perguntar se ela passaria daquela semana."

No entanto, quando Catherine abriu os olhos e os fixou nos do repórter, ele percebeu que havia ali mais coragem do que imaginara. "A sra. Donohue, esse vestígio de mulher, assumiu o papel de presidente desta sociedade estranha", escrevera ele mais tarde. "Ela quase não se mexia, mas sua postura era muito profissional."

"Por favor, publique isso", pediu ela com franqueza. "Quando for escrever nossa história, seja lisonjeiro para com nosso advogado, o sr. Grossman."

Era uma ordem; a voz dela naquele encontro, relatara Griffin, era "intensa" e "vivaz". Grossman tinha pagado todo o processo judicial do próprio bolso — incluindo as despesas contínuas do recurso — e Catherine queria ter certeza de que ele seria recompensado ao menos com boa publicidade.

"Você ouve a voz da Sociedade das Mortas-Vivas", entoou Grossman. "Esta é a voz das mulheres-fantasma falando não apenas aqui nesta sala, mas para o mundo. Uma voz que vai romper as algemas dos escravos industriais do país. Vocês, meninas, têm direitos a leis melhores. É por isso que a sociedade vai se empenhar."

Griffin entrevistou todas elas; e cada uma das garotas tinha uma história comovente. "É terrível contar a vocês [como me sinto agora]", suspirou Marie. "Meus tornozelos e mandíbula [me] atordoam o tempo todo."

"Eu não sei quando será meu último dia", disse Olive ansiosamente. "À noite, eu me deito e fico olhando para o teto, e pensando que talvez aquele seja meu último dia na Terra."

"É um esforço tentar fazer as coisas normalmente, agir normalmente", confessou Pearl. "Não demonstro, mas neste momento estou tensa e trêmula. Jamais conseguirei recuperar tudo que perdi."

"Estou perdendo tanta coisa", disse ela, quase chorando. "A oportunidade de ser mãe outra vez... Jamais poderei ser a mãe e a esposa que meu marido merece."

Quanto a Catherine, sua manifestação se resumiu à explosão de três palavras: "Todos elas morreram!". Talvez, assim como Katherine Schaub, ela tivesse um coro de garotas-fantasma entoando em sua mente: Ella, Peg, Mary e Inez...

"Aquelas palavras vieram intensa e inesperadamente. E então o silêncio se fez outra vez", relatou Griffin.

Para Tom Donohue, ouvir aquilo foi demais. Ele então falou com amargura, a voz vacilante. "Temos organizações em prol de cães e gatos, mas nada em favor dos seres humanos", cuspiu ele. "Estas mulheres têm *almas*."

Griffin fez uma última pergunta a todas elas antes de se retirar: "Como vocês mantêm o ânimo?".

Foi Catherine quem respondeu: "De maneira inesperada, com efeito e força surpreendentes". Ela disse: "Através de nossa fé em Deus!".

Mas, embora a fé de Catherine estivesse forte como sempre, com o passar dos dias seu corpo foi perdendo o viço. Apenas uma semana depois, ela escreveu a Pearl: "Tentei escrever antes, mas de algum modo não tenho mais forças para isso. É tão difícil me levantar, pelo tempo que seja, e, quando o faço, fico exausta por uma semana". Os problemas jurídicos persistentes também não ajudavam. "Eu só queria que meu caso fosse encerrado de vez", disse ela em tom melancólico. "Deus sabe como necessito de cuidados médicos, e necessito desesperadamente."

Embora as amigas tentassem fazer companhia a Catherine — Olive trouxera frutas e uma vasilha com ovos frescos, e Pearl até comprara para ela uma camisola nova, usando as parcas economias que ela e Hobart tinham juntado —, o corpo de Catherine se recusava a reagir àqueles gestos reconfortantes. Ela vinha sofrendo uma dor excruciante e constante, que exigia doses contínuas de narcóticos. A mandíbula estava se despedaçando em fragmentos cada vez menores, cada quebra mais dolorosa do que a anterior, e cada pedaço que caía trazia uma nova consequência.

Catherine começou a apresentar hemorragia na mandíbula.

Ela perdia aproximadamente meio litro de sangue por vez. Embora fosse seu desejo ficar em casa com Tom, houve um momento em que seu médico, dr. Dunn, precisou levá-la às pressas ao hospital — episódio que Catherine chamou de "correria". "Quero ficar em casa", escrevera ela com muita tristeza para Pearl desde a cama no hospital. "Estou tão sozinha... O médico prefere que eu fique aqui; Tom quer uma enfermeira em casa. Eu não sei o que fazer. Tenho sentido tanta dor." Ela implorava a Pearl para que a visitasse: "Venha se possível, sim, assim que receber esta carta? Estou tão deprimida e solitária".

O dr. Dunn estava cada vez mais preocupado com Catherine. Embora ela já estivesse internada há semanas, seu estado era incondicionalmente terminal; ela estava tão fraca que o menor movimento poderia ser trágico. O médico então emitiu um laudo formal: "Na minha opinião, qualquer estresse incomum, como comparecer ao tribunal, pode ser fatal. Eu a aconselhei e insisti para que deixasse de lado qualquer atividade desse tipo".

Mas ele estava falando de Catherine Donohue. Não importava o que o médico dissesse, ela ainda estava determinada a lutar contra a Radium Dial com unhas e dentes. A empresa não ia se safar de novo. Após receber alta no início de junho de 1938, Catherine chegou em casa bem a tempo de realizar uma reunião na véspera da audiência de apelação. Grossman e as outras mulheres estavam presentes. "Não resta muita esperança para mim agora", disse Catherine a todos, reconhecendo a situação. "Tenho pouco tempo. Mas isso vai ajudar [vocês meninas] a vencer, e vai ajudar meus filhos."

Os filhos e Tom, dissera ela, "compensavam toda dor e sofrimento".

O dr. Loffler fez uma visita naquele mesmo dia. Ao realizar a coleta de sangue, notou que o corpo esquálido de Catherine "mal deixava marca no colchão"; seus "braços estavam pouco mais grossos do que dedos". Catherine estava tão fraca nos últimos tempos que não conseguia nem usar seus óculos, porém o relógio que Tom lhe dera ainda envolvia o pulso, com o fecho no nível mais apertado possível. Se nos outros encontros ela se vestira elegantemente com o vestido de poá, agora usava uma camisola engomada de algodão branco, com dois crucifixos bordados na gola pontuda.

Quando o dr. Loffler a pesou, Catherine soube logo que ele corroboraria o veto do dr. Dunn sobre a ida dela à audiência no dia seguinte. Catherine Donohue agora estava pesando 27 quilos; pouco mais do que o peso de seu filho de 5 anos. E mesmo que ela estivesse bem o suficiente para comparecer aos tribunais, seria quase impossível transportá-la. Ela não suportava mais a menor pressão no corpo.

Mas, embora Catherine não pudesse comparecer à audiência de apelação, ela confiava em Grossman para representar seus interesses. "Ele é o melhor que existe no ramo, não é?", comentou ela a respeito do advogado. E Grossman não seria o único a defendê-la: Pearl, Charlotte, Marie, Olive e as outras mulheres estavam lá; bem como Tom Donohue. A audiência foi realizada perante uma "multidão" na tarde de segunda--feira. Levando em conta o estado de saúde de Catherine no dia anterior, Grossman declarou que o caso era uma "corrida contra a morte". "Se a sra. Donohue morrer antes de haver uma sentença definitiva", disse ele solenemente, "aos olhos da lei ela não receberia nada."

Talvez por isso Magid tenha forçado um adiamento; porém, não foi concedido. Como esperado, a pedido de Catherine, Grossman sugeriu uma audiência junto ao leito dela, para assim garantir sua presença, mas a solicitação foi vigorosamente contestada pela Radium Dial. Por fim, o juiz determinou que iria realizar a audiência referente ao recurso naquela mesma tarde.

A mídia reunida especulava sobre o embasamento que a Radium Dial apresentaria no recurso. Um dos argumentos da empresa era que a Comissão Industrial de Illinois não tinha jurisdição sobre o caso, mas foi imediatamente rejeitado. Outro, foi o estatuto das limitações (mais uma vez); e um terceiro argumento era totalmente novo.

Agora a Radium Dial contestava por completo as reivindicações das garotas: a alegação era que elas estavam mentindo. Como prova jura-mentada, a Radium Dial entregou ao tribunal uma declaração formal de um certo sr. Reed, o ex-chefe delas.

No documento, Reed jurou que "nunca disse a alguém, nem ouviu alguém dizer a Catherine Donohue ou a qualquer outra funcionária, que o rádio não seria nocivo". Ele também jurou que "já não estava no qua-dro de funcionários da empresa na época em que Catherine foi exposta" ao rádio. A esposa dele, Mercedes Reed, também apresentou uma carta assinada de próprio punho. Tanto ela quanto o marido disseram que "asseguravam que nenhum dos dois ou qualquer pessoa próxima a eles dera quaisquer ordens ou instruções para Catherine Donohue colocar os pincéis na boca".

As garotas ficaram aturdidas. Os Reed eram os mentirosos ali! Ora, bastava procurar o nome deles no diretório da cidade durante todos os anos em que Catherine trabalhara pintando mostradores para encon-trar o nome do sr. Reed junto ao da Radium Dial; a empresa e aquele homem eram sinônimos. Como ele era capaz de alegar que não estava trabalhando lá? E quanto a jurar que ninguém dissera às garotas que o rádio não era maléfico — desastrosamente para a empresa, um anúncio de página inteira assinado pelo presidente e estampado em diversas edições do jornal local afirmava exatamente isso.

Em resposta às declarações juramentadas dos Reed, todas as mulheres presentes apresentaram contestação. Durante a audiência, Charlotte e Al Purcell ofereceram provas nesse sentido. Tom Donohue também se manifestou, mas sua personalidade calada pareceu assoberbada pelo momento; sem dúvida, a preocupação com a esposa vinha afetando-o imensamente. Ele "vacilou em seu testemunho, a voz quase inaudível, e então o encarregado descartou [quase] todas as suas declarações".

As ditas evidências apresentadas pelos Reed foram os únicos itens fornecidos pela Radium Dial na apelação. E assim, às 15h30, a audiência foi encerrada. Um comitê de cinco homens julgaria o veredicto; a promessa era que a decisão seria divulgada até o dia 10 de julho.

Catherine só precisava aguentar um pouco mais.

56

NOS ESTADOS UNIDOS, A RELIGIÃO É COMO UM REI — E EM 1938 HAVIA UM herdeiro legítimo: o padre Keane, de Chicago. Ele comandava a Novena de Nossa Senhora das Dores, uma missa semanal com a presença de mais de duzentas mil pessoas em todo o país, na qual os fiéis apresentavam pedidos por amparo. Keane orava publicamente por elas — na igreja, no rádio e em um livreto, publicado nacionalmente para que os católicos de todos os Estados Unidos pudessem rezar pelos necessitados. A novena era um fenômeno cultural.

Catherine não tinha mais energia para ler, por isso dependia de Tom, então provavelmente ela não tivera acesso às orações publicadas no livreto naquele período — mas a cunhada de Pearl Payne, sim. "Sugiro que todas as garotas escrevam para o padre Keane", incentivou ela. "Tenho certeza de que todas vocês vão se beneficiar muito e que MILAGRES são plausíveis mesmo hoje em dia, Pearl, então não perca as esperanças."

Catherine não tinha nada a perder. Durante todos os momentos com Mary Jane e Tommy, ela morria de tristeza. Precisava de mais tempo... precisava de muito mais tempo com eles. E assim, sob a orientação da querida amiga Pearl, em 22 de junho de 1938, Catherine reuniu toda coragem e fé, e escreveu com todo o seu coração:

Caro padre Keane,

Os médicos dizem que vou morrer, mas não é minha hora. Ainda tenho muito pelo que viver — um marido que me ama e dois filhos que venero. Mas, dizem os médicos, o envenenamento por rádio está corroendo meus ossos e corroendo minha carne a ponto de a ciência médica me declarar como "uma das Mortas-Vivas".

Dizem que não há nada capaz de me salvar — só um milagre. E é isso que desejo — um milagre... Mas, se não for a vontade de Deus, talvez suas orações ao menos possam me abençoar com uma morte tranquila.

Por favor,
Sra. Catherine Wolfe Donohue

Aquele "por favor" dizia tudo. Catherine estava suplicando por ajuda. E a essa altura não sentia vergonha ou orgulho — ela só queria viver. Só mais um mês. Só mais uma semana. Só mais um dia.

Tamanha era sua fama como líder da Sociedade das Mortas-Vivas, que a carta virou capa de jornal. A reação do público foi extraordinária, mesmo para os padrões da novena tão popular. Houve "uma resposta sólida... em todos os cantos". Orações diárias eram dedicadas a Catherine em toda a nação; centenas de milhares de pessoas faziam fila na chuva para orar por ela. Catherine chegou a receber quase duas mil cartas. "Gostaria de responder a todas", disse ela, bastante emocionada, "mas obviamente não consigo."

E ainda que fosse preciso encarar aquela divulgação com certa reserva, *funcionou*. No domingo seguinte, Catherine estava sentada e comendo sua primeira refeição junto à família em meses.

"Hoje os médicos me disseram", anunciou Leonard Grossman em 3 de julho, "que não sabem o que ainda a mantém viva. Que bom que Catherine encontra conforto na oração. Que bom que ela é cristã e sabe perdoar... porque esquecer é impossível."

Catherine contava cada dia; e o esperado 10 de julho já estava chegando. Ela vivia pelos filhos, por Tom, mas também por justiça. E apenas rezava para que tudo se resolvesse.

E em 6 de julho de 1938 — quatro dias antes da nova data prevista para publicação da sentença — suas orações foram atendidas. O recurso da Radium Dial Company tinha sido rejeitado pela Comissão Industrial de Illinois. A sentença anterior foi mantida. E não só isso: eles acrescentaram mais 730 dólares para cobrir as despesas médicas contraídas desde abril. Foi uma decisão unânime de todos os cinco membros do júri. "Foi uma vitória maravilhosa", escreveu Catherine, exultante.

"Estou muito feliz por Catherine", escrevera Pearl com entusiasmo a Grossman depois de saber as boas-novas. "Espero de verdade que ela seja beneficiada de pronto para poder desfrutar de alguns confortos médicos e satisfazer pequenos desejos."

No entanto, a única coisa que Catherine de fato desejava — o retorno de sua saúde — parecia fora de alcance, mesmo com todas as preces. No meio de julho, ela teve uma "indisposição" e precisou ir ao médico, mas ainda assim não arrefecera em sua luta. Quando Olive apareceu para vê-la um dia depois, encontrou Tom dormindo (por causa do trabalho de turno), e Catherine sentada almoçando, usando a camisola bonita que Pearl lhe dera. "Caía muito bem nela", comentou Olive, com afeto. "Pobrezinha, meu coração está com ela."

Catherine estava se saindo tão bem, que no dia 17 de julho as mulheres resolveram se reunir para comemorar a recuperação da amiga; foi um momento "sublime", com muita conversa sobre a vitória incrível nos tribunais. As outras garotas estavam cheias de planos. Graças ao triunfo jurídico de Catherine, elas também poderiam abrir processos perante a Comissão Industrial de Illinois; Grossman disse que iria começar a litigar o caso de Charlotte imediatamente. As outras estavam passando por uma série de exames médicos em Chicago para embasar as alegações; Pearl começou a consultar com o dr. Dalitsch. "Pessoalmente, creio que foi Deus quem enviou você a Ottawa para cuidar do caso de Catherine Donohue", escreveu ela.

Nos últimos tempos Pearl vinha sendo tomada por uma sensação desconhecida; ela percebeu, com surpresa, que era uma expectativa agradável em relação ao futuro. "Eu vivo com a esperança de sobreviver", disse ela.

Catherine seguia sob o mesmo lema. No entanto, não era uma vida tranquila. Na sexta-feira, 22 de julho, Tom estava tão preocupado com ela que chamou o padre Griffin para a extrema-unção. Catherine, deitada sem vigor algum na cama, perguntou ao marido "melancolicamente": "Estou tão mal assim?".

Embora Tom não tenha sido capaz de responder, na verdade ela não *estava* tão mal assim. Catherine continuou viva, dia após dia, a sentença do processo aparentemente tendo funcionado como um sopro de vida. Aquilo lhe rendeu mais uma hora, mais um amanhecer; mais um dia em que poderia saudar Tom pela manhã, dar um beijo de boa-noite em Mary Jane, ver Tommy fazer mais um desenho na aquarela. Catherine continuava viva.

E então, no dia 26 de julho, a Radium Dial recorreu à alta cúpula da Comissão Industrial de Illinois para entrar com novo recurso no juizado especial. Justificavam que a comissão não levara em consideração as "moções judiciais" da corporação.

Foi um choque: uma espetada no balãozinho de esperança que Catherine vinha carregando consigo. Um golpe do qual ela não foi capaz de se recuperar. Segundo Grossman, "Ela vinha se agarrando àquele tênue fio de vida o máximo que podia, mas a jogada para privá-la do que lhe pertencia por direito foi demais. Ela foi obrigada a se resignar".

Catherine Wolfe Donohue morreu às 2h52 de 27 de julho de 1938, uma quarta-feira, um dia depois de a Radium Dial ter dado entrada em seu último recurso. Ela faleceu em casa, na East Superior Street, junto a Tom e os dois filhos. Catherine permaneceu consciente até pouco tempo antes de sua morte, e então se foi. "Aqueles que estiveram com ela até o fim concordam que ela teve uma morte serena."

Ela pesava menos de trinta quilos.

Seguindo a tradição, a família velou o corpo em casa. Higienizaram o corpo e o vestiram com um lindo vestido rosa, e colocaram o precioso rosário dela entre os dedinhos imóveis. O caixão cinza simples ficou aberto, forrado com seda cor de marfim e encoberto apenas por um véu, e, enquanto ela estava deitada ali, parecia realmente em paz e pronta para o repouso. Seu caixão estava rodeado por coroas de flores e velas altas, as quais iluminavam a escuridão enquanto ela passava suas últimas noites no lugar que chamara de lar.

Agora os vizinhos começavam a chegar. Inclusive alguns daqueles que a discriminaram em outras ocasiões, mas que agora se mostravam dispostos a ajudar. Ao longo de todo o dia, Eleanor, a governanta, acolhia as ofertas de auxílio e os pratos de comida. "Todos foram muito gentis", contou ela, talvez sentindo-se um pouco desconfortável. Parte daquela gentileza teria sido mais válida quando Catherine ainda estava viva.

Os amigos de Catherine também compareceram. Trouxeram flores; trouxeram seu amor e seu luto. Pearl usava a mesma roupa do dia em que ela e Catherine foram a Chicago naquele verão longínquo, quando persuadiram Grossman a aceitar o caso; talvez tenha sido uma escolha simbólica, dedicada a uma época mais feliz. Ainda assim, não foi um alento completo. Quando Pearl se ajoelhou ao lado do caixão da amiga para orar por ela, ficou "quase histérica".

Tom estava estranhamente resignado, embora a cabeça estivesse abaixada e as bochechas encovadas. Os espectadores diziam que seu espírito parecia "destruído", mas ele precisava seguir a vida pelas crianças. Ele escolhera um traje respeitoso em homenagem a Catherine, terno preto e gravata; no entanto, os sapatos estavam gastos e sem polimento: talvez porque antes fosse ela a responsável por atentar para esse tipo de detalhe. Ele e Eleanor arrumaram as crianças para a ocasião, enfeitando os cabelos de Mary Jane com uma fita e passando goma nos fios de Tommy (não adiantou; algumas mechinhas insistiam em desgrenhar aqui e ali). Tom ficou junto aos pequenos o máximo que pôde, permitindo que Mary Jane mexesse no paletó pouco familiar sobre os ombros do pai, abraçando Tommy sempre que o menino envolvia timidamente o pescoço dele.

As crianças foram postadas diante do caixão da mãe, porém incapazes de compreender o ocorrido. Falavam com ela e se perguntavam por que não recebiam resposta.

"Por que a mamãe não fala?", perguntou uma inocente Mary Jane.

Tom não conseguiu responder. Não deu conta. Ele até tentou, mas as palavras foram sufocadas pelas lágrimas. Ele tirou as crianças da sala em silêncio.

Naquela primeira noite sem Catherine, freiras da escola paroquial de St. Columba, a escola frequentada por ela na juventude, vieram rezar o rosário. Entoaram cânticos de perda e lamentação enquanto guiavam a alma de Catherine ao divino. Elas ainda estavam lá quando as crianças começaram a realizar as atividades noturnas rotineiras, pela primeira vez sem a mãe, e então se ajoelharam para fazer as próprias preces.

Mary Jane, de apenas 3 anos, recitou suas preces com "uma vozinha estridente" que ecoou pela casa silenciosa. Enquanto a mãe jazia no andar de baixo — talvez, para sua cabecinha infantil, apenas dormindo —, Mary Jane orou do mesmo jeitinho que tinha aprendido.

"Deus abençoe a mamãe e o papai."

Na noite anterior ao funeral de Catherine, conforme exigido pela lei de Illinois em casos de envenenamento, foi realizado um inquérito para investigar a morte. Os amigos de Tom e Catherine compareceram; Grossman também. Ele classificou a morte dela como "um assassinato frio, calculista e lucrativo".

Por mais teatral que tivesse sido a declaração de Grossman, o momento crucial foi o testemunho de Tom, devido à emoção crua embutida em seu semblante; não houve espera, o inquérito foi aberto um dia após a morte de Catherine. Tom foi descrito como "um homem franzino de aparência cansada e cabelos grisalhos, abalado pelo luto", mas não importava a dimensão de seu abatimento, ele precisava testemunhar. "Ele falou com grande dificuldade e ficou engasgado ao descrever a morte da esposa", contou uma testemunha. "Começou a ficar arquejante e com isso o interrogatório foi interrompido. Ele deixou o banco das testemunhas banhado em lágrimas."

O júri de seis homens permaneceu em silêncio enquanto não apenas Tom, mas também o dr. Dunn e o dr. Loffler davam seu depoimento. O júri foi instruído pelo legista a "se concentrar apenas na causa da morte, não sendo cabível a eles definir a responsabilidade pelo falecimento da sra. Donohue".

Mas eles definiram mesmo assim. "Nós, o júri, julgamos que [Catherine Donohue] morreu de envenenamento por rádio, sendo contaminada enquanto trabalhava em uma unidade fabril em Ottawa." Por sugestão de Grossman, o nome da Radium Dial Company foi acrescentado à sentença formal.

"É a única planta industrial na qual a sra. Donohue trabalhou", disse ele bruscamente.

Com o veredicto, a certidão de óbito de Catherine foi formalmente assinada.

A morte está relacionada, de alguma forma, à ocupação do falecido?
Sim.

Catherine Wolfe Donohue foi enterrada em 29 de julho de 1938, sexta-feira. Seus filhos não tinham idade suficiente para comparecer ao funeral, mas centenas de pessoas se reuniram para prestar condolências àquela mulher excepcional: uma pessoa discreta e despretensiosa, que só queria trabalhar e amar sua família, mas que fez diferença para milhões pelo modo como reagiu à própria tragédia pessoal. Para carregar o caixão até a igreja, foi feito um revezamento entre diversos membros da família Wolfe e da família Donohue; aquela jornada derradeira, finalmente, isenta de dores físicas para Catherine.

Seus amigos se enfileiraram na rua, em frente à casa, para acompanhá--la à paróquia; apenas Charlotte Purcell não comparecera, pois estava em quarentena em Chicago, cuidando dos filhos, que haviam contraído escarlatina. As mulheres usavam suas melhores roupas — não trajes pretos, e sim vestidos florais e coloridos. Eles baixaram a cabeça quando o caixão de Catherine saiu de casa, e então foram acompanhando a procissão: passando pela Division Street em direção à Columbus, onde o lento cortejo virou à esquerda. Todos caminhando até a paróquia de St. Columba, que sempre fora o lar espiritual de Catherine: o lugar onde ela fora batizada, onde se casara com Tom, e onde, agora, fazia sua reverência de despedida.

Catherine não tinha voltado à igreja desde que seu estado de saúde piorara. Mas hoje, neste dia fúnebre, ela mais uma vez seguia lentamente pela nave da igreja e descansava sob a graça de Deus debaixo do teto alto e abobadado tão familiar em vida, banhada pela luz colorida dos vitrais que a família de seu marido ajudara a comprar.

O padre Griffin conduziu a missa. Falou "do alívio que a morte trouxera à sra. Donohue após longo e resignado sofrimento". Para Tom, a cerimônia religiosa pareceu muito curta — pois, quando acabou, a única perspectiva que lhe restou foi o sepultamento. O enterro; e então o restante de seus dias sem ela. Quando se despediu da esposa, Tom ficou "prestes a desmaiar".

Os outros enlutados se juntaram a ele naquela dor desamparada. "Em um momento de silêncio breve, porém impactante", escreveu uma testemunha, "as melhores amigas de Catherine — as mesmas garotas que trabalhavam com ela e foram igualmente intoxicadas — disseram adeus. A cena fez lembrar as palavras dos gladiadores da outrora gloriosa Roma: *'Moritamor te salutamus* [sic] — nós que estamos prestes a morrer saudamos-te'." "Corações e mentes estavam todos inundados por Catherine, mesmo quando elas saíram da igreja, bloqueando a visão da velha escola do outro lado da rua onde Catherine havia sido envenenada. O coração de cada uma daquelas mulheres continuava preenchido pela amiga, conforme Pearl escrevera em uma carta a Grossman mais tarde naquele mesmo dia:

> *Quando voltei para casa após o funeral de Catherine Donohue, com meu coração invadido por ela e pensando em seu formidável trabalho no inquérito e no juizado especial, senti vontade de enviar este bilhete para que você saiba que meu coração se enche de gratidão quando penso na batalha corajosa que você travou por nós, garotas.*

Ela encerrou "com preces e votos de novos sucessos", pois mesmo no dia do enterro de Catherine, Grossman estava no tribunal, defendendo a reivindicação das garotas do rádio. O direito de abrir novo recurso havia sido negado à Radium Dial; no entanto, a empresa abriu um recurso contra o recurso! E continuou a insistir, repetidamente. O caso chegou à Suprema Corte dos Estados Unidos.

Outros advogados poderiam ter desistido do caso, alegando falta de fundos — pois Grossman ainda estava cobrindo as despesas sozinho —, mas Leonard Grossman prometera amparar as mulheres até o fim, e não ia decepcioná-las. "Ele ficou esgotado depois de trabalhar naquele caso", relatou a esposa dele, Trudel. Talvez a Radium Dial nutrisse expectativas de que ele ou as garotas iriam desistir da contenda, ou iriam ficar sem dinheiro, só que a luta agora era para honrar a memória de Catherine, e essa era a maior das motivações.

Grossman precisou obter licença especial para atuar no Supremo Tribunal. "[Aquela] licença ficou protegida em uma redoma em nossa casa por toda a eternidade", contou o filho, Len. "Ele não parava de falar [sobre o caso]. Tinha orgulho disso e um álbum com recortes da época ficava em destaque no meio da estante. Ouvi algumas das histórias várias e várias vezes; praticamente cresci ouvindo a respeito desse caso."

"E quando o caso chegou à Suprema Corte", continuou ele, "meus pais foram a Washington. Eu procurei mais informações. Depois da argumentação oral perante o tribunal, o resultado foi divulgado com uma única frase: 'Negado por ausência de elementos substanciais'. E foi isso que efetivamente sustentou as decisões nas instâncias inferiores e encerrou o litígio."

Catherine Wolfe Donohue tinha vencido o caso. Ela vencera oito vezes no total. Mas a vitória definitiva só veio em 23 de outubro de 1939.

Os jornais descreveram sua peleja por justiça como "uma das batalhas mais espetaculares contra os riscos ocupacionais na indústria". Agora, aquela guerra chegava ao fim — *finalmente* um fim. Foi uma vitória pura e limpa, sem máculas ou contingências para manchá-la.

Sem nenhum acordo. Sem nenhuma banca de médicos para cutucar, provocar e insistir que a intoxicação por rádio era um mito; sem nenhuma empresa se negando a fazer um acordo extrajudicial de boa--fé. Agora não havia mais maquinações legais; nada de palavras distorcidas de advogados; nenhuma lei dotada de redação pouco clara para travar o compadecimento. Era justiça absoluta, pura e simples. As mulheres tinham comprovado suas reivindicações. As pintoras de mostradores venceram.

E, no fim, foi Catherine Wolfe Donohue quem as conduzira à vitória.

"Se existem santos nesta Terra", disse um comentarista, "e se você acredita neles, então acho que Catherine Wolfe Donohue era um deles. Eu realmente acredito nisso."

Ela foi enterrada no cemitério de St. Columba. Sua lápide é singela, discreta, tão imaculada e simples quanto ela mesma fora em vida.

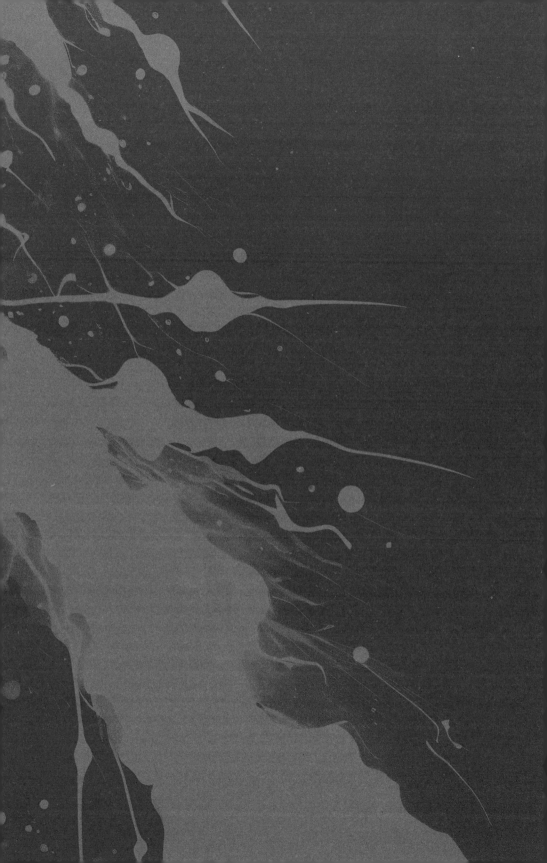

KATE MOORE
RADIOATIVAS

EPÍLOGO

AS GAROTAS DO RÁDIO NÃO MORRERAM EM VÃO. EMBORA AS MULHERES não tivessem como se salvar do veneno que crivava seus ossos, o sacrifício serviu para salvar outras milhares de pessoas de múltiplas formas.

Cinquenta dias antes do triunfo final no caso Catherine Donohue, a Segunda Guerra Mundial foi declarada na Europa. Isso significava que, mais uma vez, haveria enorme demanda por mostradores luminosos para os painéis dos artefatos militares e para os relógios de pulso dos soldados em combate. No entanto, graças a Catherine e Grace, e à bravura das amigas ao expor sua história, agora a pintura de mostradores era o trabalho mais temido entre as jovens. O governo não mais poderia ficar sentado de braços cruzados: a morte das garotas do rádio exigia uma reação.

Com isso, foram introduzidos padrões de segurança que viriam a proteger toda uma nova geração de pintoras de mostradores, padrões estes baseados inteiramente no conhecimento adquirido a partir dos cadáveres daquelas mulheres pioneiras. Contudo, tais padrões de segurança foram definidos às pressas, pois sete meses depois os Estados Unidos entravam formalmente na guerra. A partir daí a indústria da pintura com tinta à base de rádio nos Estados Unidos eclodiu, com somente a USRC aumentando as contratações de pessoal em 1600%. Os mostradores de rádio agora eram um negócio ainda mais lucrativo do que na Primeira Guerra: ao longo da Segunda Guerra Mundial, só os Estados Unidos usaram mais de 190 gramas de rádio nos mostradores luminosos; para efeito de comparação, no conflito anterior, menos de trinta gramas foram usados no mundo inteiro.

Como complemento, um químico chamado Glenn Seaborg, um dos membros da missão mais secreta de todas — o Projeto Manhattan* —, escreveu em seu diário: "Enquanto fazia rondas nos laboratórios esta manhã, fui repentinamente atingido por uma visão perturbadora [das] trabalhadoras da indústria da tinta de rádio". A fabricação de bombas atômicas envolvia o uso generalizado de plutônio radioativo, e ele percebeu de pronto que aqueles que trabalhavam no projeto enfrentariam riscos semelhantes. Seaborg insistira para que a pesquisa fosse realizada com plutônio; descobriu-se que, biomedicamente falando, era um elemento muito semelhante ao rádio, o que significa que também se instalaria nos ossos de qualquer um que fosse exposto a ele. E assim o Projeto Manhattan instituiu diretrizes de segurança inegociáveis para os trabalhadores, seguindo as mesmas diretrizes dos padrões de segurança no uso do rádio. Seaborg estava determinado a fazer com que os colegas que trabalhavam para vencer a guerra não se juntassem aos fantasmas daquelas mulheres.

Depois que os Aliados triunfaram — auxiliados pelo lançamento daquelas mesmas bombas atômicas que o Projeto Manhattan construíra —, a dívida que o país tinha para com as garotas do rádio recebeu total reconhecimento. Um funcionário da Comissão de Energia Atômica dos EUA (AEC) escreveu o seguinte: "Se não fosse pelas garotas-pintoras, a gerência do projeto [Manhattan] poderia ter rejeitado as precauções extremas que foram exigidas, e milhares de trabalhadores poderiam ter estado, e ainda poderiam estar, em grande perigo". As mulheres foram "inestimáveis", disseram as autoridades.

Mesmo depois de a guerra findar, o legado das pintoras de mostradores continuou a salvar vidas, já que o mundo começava a adentrar na era da energia atômica. "Iríamos viver a era do plutônio", afirmou um cidadão entusiasmado que crescera nos Estados Unidos dos anos 1950. "Teríamos carros de plutônio, aviões... Infinitas possibilidades." A produção em larga escala de materiais radioativos parecia inevitável. "Em um futuro previsível", escreveu a Liga do Consumidor, "milhões de trabalhadores poderão ser afetados por radiações ionizantes."

---

* Projeto de pesquisa e desenvolvimento realizado durante a Segunda Guerra Mundial e que produziu as primeiras armas nucleares. Foi liderado pelos Estados Unidos, com o apoio do Reino Unido e do Canadá.

E a Liga estava certa. Quase imediatamente, no entanto, ficou claro que não apenas os funcionários das novas indústrias atômicas estariam em risco: o planeta inteiro estaria. E então, menos de cinco anos após o fim da Segunda Guerra Mundial, deu-se início à corrida armamentista nuclear: na década seguinte, centenas de testes atômicos acima do solo foram conduzidos no mundo inteiro.

Cada explosão, com suas nuvens de cogumelo enviando detritos aos céus, resultava em uma precipitação radioativa que ressoava na terra: os estilhaços pousavam não apenas no local de teste, como choviam sobre campos verdejantes de grama, trigo e cereais — e assim os isótopos radioativos na precipitação entravam na cadeia alimentar humana. Assim como o rádio fizera com as pintoras de mostradores, esses isótopos — em especial o recém-criado e perigoso estrôncio-90 —, iriam se depositar nos ossos humanos. "Todos nós seríamos uma vítima em potencial", escreveu a Liga do Consumidor, alarmada.

À época, a Comissão de Energia Atômica dos EUA rejeitou as preocupações: de acordo com a instituição, os riscos eram muito pequenos quando comparados ao "terrível futuro que podemos vir a enfrentar caso fiquemos para trás em nossos esforços de defesa nuclear". No entanto, tal declaração não foi o suficiente para acalmar o público apavorado; afinal de contas, "a agonia das garotas do rádio alertara o mundo sobre os perigos da radiação no organismo". "[Elas] foram uma espécie de aviso", criticou a Liga do Consumidor, "sobre as consequências da negligência e da ignorância... uma nuvem no horizonte não muito maior do que a mão de um homem."

Em 1956, a crescente inquietação pública levou a Comissão de Energia Atômica dos EUA a montar um comitê para avaliar os riscos dos testes atômicos à saúde a longo prazo, especificamente os efeitos do estrôncio-90. Mas como, refletiam os pesquisadores, seria possível iniciar um estudo em favor da saúde da humanidade no futuro, sendo que no momento eles estavam lidando com uma substância tão desconhecida? Tudo que sabiam era que o estrôncio-90 era quimicamente semelhante ao rádio...

"Existe apenas uma amostra limitada de pessoas que foram expostas à radiação de forma interna", disse um especialista em radioatividade. "Se algo acontecer nesta promissora era nuclear, essas [pessoas] serão praticamente o único ponto de partida existente."

As pintoras de mostradores então se faziam necessárias para ajudar, mais uma vez.

Eram como Cassandra* em seus poderes: capazes de prever para os cientistas os prováveis efeitos daquele novo perigo radioativo à saúde a longo prazo. "Algo acontecido há muito vai nos fornecer uma visão de um futuro muito distante", disse um funcionário da Comissão de Energia Atômica dos EUA. Ele disse que as mulheres eram de "um valor incalculável": o sofrimento delas proporcionaria "um conhecimento vital, cujas implicações refletiriam em centenas de milhões de pessoas no mundo todo". Em uma carta assustadoramente profética, Pearl Payne escrevera certa vez: "Minha história é incomum e pode ser de interesse médico no futuro". Ela jamais seria capaz de prever o quanto suas palavras eram acertadas.

Os estudos médicos tiveram início imediato, e incluíram New Jersey e Illinois; mais tarde, a pesquisa seria amalgamada no Centro de Radiobiologia Humana (CRH), localizado em uma clínica multimilionária, o Laboratório Nacional de Argonne, com sede a 120 quilômetros de Ottawa. Ali havia câmaras especiais revestidas de chumbo, todas enterradas sob um metro de concreto e três metros de terra, onde eram medidas as cargas corporais das pintoras (ou seja, a quantidade de rádio dentro delas). A pesquisa foi projetada para auxiliar as futuras gerações e considerada "essencial para a segurança da nação". Um dos cientistas declarou: "Se pudermos determinar os efeitos do rádio a longo prazo, certamente também poderemos prever os efeitos da precipitação radioativa em nível superficial a longo prazo". Os cientistas desejavam "entregar ao mundo um guia preciso sobre o uso seguro da radioatividade, estudando todas as pintoras de mostradores que conseguirmos encontrar".

Ainda havia pintoras de mostradores vivas — embora todas com uma bomba-relógio em seus ossos. O dr. Martland já havia explicado por que elas tinham sobrevivido até agora. Sabia-se que o rádio se assentara em seus ossos e que causara tumores tardios, mas o fator que ainda permanecia um mistério, como uma travessura maldosa, era *quando* tais tumores fatais começavam a crescer. O rádio ainda não havia revelado todos os seus segredos.

---

* Personagem da mitologia grega, um dos dezenove filhos do rei Príamo e da rainha Hécuba de Troia. É uma personagem de destaque na Guerra de Troia por ter sido capaz de prevê-la e de alertar a própria família e o povo sobre suas previsões de destruição. No entanto, por causa disso, Cassandra foi desacreditada e considerada louca, sendo amaldiçoada pelo deus Apolo. Como consequência, a cidade de Troia terminou derrotada e destruída pelos gregos.

A caçada para encontrar todas as pintoras vivas agora começava para valer: PROCURA-SE: QUEM TRABALHOU COM O ELEMENTO RÁDIO NA DÉCADA DE 1920, diziam as manchetes. A partir daí foram providenciados os registros de funcionários, foram desenterrados os instantâneos daqueles piqueniques da USRC; a fotografia da equipe feita nos degraus da Radium Dial se tornou fonte vital de pistas. Os cientistas declararam: "Cada uma dessas pessoas vale [seu] peso em ouro para a ciência"; as meninas foram apelidadas de "reservatório de informação científica". Investigadores particulares foram contratados para rastreá-las, um eco assustador ao tratamento dado às mulheres quando processaram os ex-empregadores.

As mulheres em geral se mostravam dispostas a colaborar. "Ela dizia estar muito feliz em fazê-lo (qualquer coisa em prol da ciência)", era feito um registro em um memorando. As pintoras que ainda trabalhavam para a USRC participaram de forma anônima, por medo de comprometer seus empregos.

Mas algumas não queriam causar estardalhaço. "A srta. Anna Callaghan não sabe que foi envenenada pelo rádio, e a família dela não deseja que saiba", disse um bilhete. Outra mulher ficou relutante em ter os níveis de rádio em seu organismo mensurados pelos cientistas, que "não poderiam fazer nada a respeito, de qualquer forma".

Até os familiares das garotas do rádio originais participaram. Art, o irmão caçula de Grace Fryer, foi um deles. Ele foi examinado "porque passava muito tempo com a irmã e ela basicamente era radioativa", explicou o filho dele. "Acho que o governo estava tentando descobrir se ele ia sofrer algum efeito colateral."

Embora Art tivesse ficado bem, a preocupação não era exagerada. As anotações de Swen Kjaer registraram a morte da irmã de uma das pintoras: a moça havia "morrido supostamente por exposição à radiação, mas jamais trabalhara na empresa [USRC]. A fonte de contaminação parece ter sido a própria irmã, a pintora, com quem ela partilhava a cama".

É claro que muitas das garotas originais não estavam mais vivas para ajudar no estudo. Edna Hussman morrera em 30 de março de 1939; dizem que ela "manteve o bom humor e a coragem até o fim". Ela morreu em decorrência de um tumor no fêmur, deixando o marido, Louis, viúvo aos 40 anos.

Albina Larice também havia falecido. Partira aos 51 anos, em 18 de novembro de 1946, também por causa de um tumor na perna. Fotografias dela já nos dias derradeiros a mostram sorrindo, sem nenhuma tensão no rosto. Ela faleceu catorze dias antes de celebrar bodas de prata com James.

No entanto, mesmo as pintoras já falecidas tinham algo a oferecer aos cientistas. O dr. Martland coletou amostras de tecido e dos ossos das garotas do rádio quando estava fazendo suas descobertas inovadoras na década de 1920 — e tais dados entraram na pesquisa. Dentre as contribuintes para o conhecimento mundial em radiação estavam Sarah Maillefer, Ella Eckert, Irene La Porte e muitas outras... Os pesquisadores chegaram a ir ao Cook County Hospital para buscar o braço amputado de Charlotte Purcell; encontraram-no ainda na cripta de formaldeído, salvo ao longo das décadas devido àqueles sintomas inéditos para a medicina.

Em 1963, talvez ao menos em parte em resposta à pesquisa sobre as pintoras, o presidente John Kennedy assinou o Tratado de Proibição Total de Testes Nucleares, o qual proibia testes atômicos acima do solo, debaixo d'água e no espaço sideral. Afinal de contas, o estrôncio-90 era perigoso demais para a humanidade. A proibição sem dúvida salvou vidas e, muito possivelmente, toda a raça humana.

A energia atômica continuou a fazer parte do mundo; faz parte de nossas vidas até hoje, pois 56 países operam 240 reatores nucleares, e ainda compõe outras utilidades, como o abastecimento de navios e submarinos nucleares. Ainda graças às garotas do rádio, cujas experiências levaram diretamente à regulamentação das indústrias de radioatividade, a energia atômica pode ser operada com segurança, de modo geral.

E o estudo das pintoras de mostradores não terminou quando a ameaça de guerra nuclear diminuiu. Robley Evans, peça fundamental na pesquisa, "argumentou com fervor que é prudente, e deveras uma obrigação moral para as gerações futuras, aprender o máximo possível sobre os efeitos da radiação". A Comissão de Energia Atômica dos EUA concordou e, assim, por meio do Centro para a Radiobiologia Humana, os corpos das pintoras foram estudados durante "toda sua vida útil".

Década após década, as garotas do rádio remanescentes continuaram a comparecer ao Centro para a Radiobiologia Humana para novos exames. Elas concordaram em passar por biópsias de medula óssea, exames de sangue, radiografias, exames físicos; era solicitado jejum prévio e uso de roupas "fáceis de vestir e de tirar". Elas recebiam questionários de sondagem sobre saúde mental e física, passavam por testes respiratórios e, é claro, tinham a carga corporal mensurada nas claustrofóbicas câmaras de chumbo debaixo da terra. Mesmo após a morte, algumas passaram por necropsia, seus corpos revelando segredos que os cientistas foram incapazes de apreender quando elas estavam em vida. Milhares de mulheres ajudaram no estudo, aos 40 anos de idade, aos 50, aos 60 e além; a contribuição delas para a ciência médica é incalculável. Todos nós nos beneficiamos até hoje do sacrifício e da coragem de cada uma delas, em todos os dias de nossas vidas.

E dentre aquelas mulheres submetidas a tantos exames para o bem da humanidade estavam alguns rostos familiares. Pearl Payne era uma delas. "Acredito que tive sorte", disse ela certa vez a respeito de sua sobrevida, "pois o [meu] rádio não se instalou em ossos que não poderiam ser removidos, como foi o caso de muitas das meninas que faleceram."

Em vez de encontrar a morte, Pearl encontrou a vida. Criou cortinas e vestidos em sua máquina de costura e "fez as melhores tortas caseiras do mundo" com as frutas recém-caídas das árvores do quintal. Sua sobrevivência significava poder estar por perto quando a irmã caçula precisava de auxílio. "Quando meu pai abandonou minha mãe", conta Randy, sobrinho de Pearl, "não sobrou mais ninguém. Não havia quem nos ajudasse. Então, Pearl e Hobart foram as melhores pessoas em nossas vidas. Foram eles que cuidaram da gente."

Outra pintora que chegou a frequentar o laboratório de Argonne foi Marie Rossiter. Ela sobrevivera para ver o filho, Bill, casar-se com Dolores, a moça da casa vizinha, e para ver a neta Patty crescer e se tornar bailarina. Embora durante boa parte da vida as pernas de Marie tivessem ficado "inchadas e manchadas" por causa do rádio, fato que inclusive a fazia mancar, ela dançava com Patty mesmo assim. "Ela sempre dançava comigo", lembrou a neta com carinho. "Não era um primor, mas dançávamos juntas. Ela nutria um amor maravilhoso pela vida. Eu a enxergava como uma pessoa capaz de fazer qualquer coisa." Marie se recusou a deixar o rádio guiar sua vida. "Ela sentia muitas dores", lembra Dolores. "Dor para andar. Às vezes ela sentia dor só de ficar parada, era ruim assim." No entanto, embora Marie tenha tido momentos difíceis — "Eu cheguei a rezar para morrer, e não conseguia morrer", dissera ela certa vez. "Por que eu iria desejar viver se estava sempre com tanta dor?" —, Dolores acrescentou estoicamente: "Testemunhei momentos muito ruins, mas você acaba superando".

Outra amiga dela também conseguiu superar os momentos difíceis: Charlotte Purcell. Na década de 1930, ela foi informada que era a pintora de Ottawa com maior probabilidade de morrer, depois de Catherine

Donohue, mas trinta anos depois ainda estava ali. Marie Rossiter atribuiu tal fato à intervenção de Deus, sugerindo que Ele interviera — poupando sua vida — porque ela, por sua vez, não poupara esforços para ajudar Catherine Donohue.

Charlotte teve câncer em 1934, mas a coragem ao optar pela amputação do braço sem dúvida salvou sua vida. Ela também perdeu todos os dentes e uma perna era mais curta do que a outra, mas, assim como Marie, ela se recusara a permitir que isso a abalasse. "Agora estou bem, embora um pouco incomodada pela artrite", comentou a um repórter nos anos 1950. "Enfrentei todas aquelas coisas anos atrás; não gosto de pensar no assunto." Embora fosse uma época da vida que gostaria de esquecer, quando os cientistas a convidaram a comparecer a Argonne, ela atendeu ao chamado. Os médicos disseram que sua contribuição ajudaria outras pessoas, e Charlotte Purcell nunca foi mulher de negar um pedido de ajuda.

A pesquisa em Argonne revelou tudo que aconteceu com as mulheres do processo judicial aberto em Ottawa depois que Catherine Donohue vencera nos tribunais. Muitas avançaram na luta, com a ajuda de Grossman, após aquela primeira vitória no tribunal — embora o pequeno fundo de 10 mil dólares disponível fosse sinônimo de indenizações irrisórias; todas as reclamantes receberam apenas algumas centenas de dólares cada. Charlotte recebeu 300 dólares, uma quantia insignificante que deixou Al Purcell "muito zangado"; foi o suficiente para cobrir a amputação de seu braço e só. Outras não receberam nada; Marie foi convidada para almoçar quando esteve em Argonne e contou: "Esse valor é o máximo que provavelmente iremos conseguir". Algumas desistiram da contenda na justiça no meio do caminho: as irmãs Glacinski e Helen Munch estavam entre elas. Talvez a força anterior pudesse ser atribuída à união com Catherine, e, com a morte desta, o estímulo tivesse se esvaído. Afinal de contas, não havia muito dinheiro para indenizá-las; talvez, ao fim de tudo, não valesse a pena. O único desejo delas era que seus algozes fossem julgados pelos erros cometidos, e isso sem dúvida havia sido alcançado.

Quanto às empresas, em algum momento elas foram enquadradas pela lei —embora o estrago já tivesse sido feito. Em 1979, a Agência de Proteção Ambiental dos Estados Unidos (EPA) descobriu que o antigo sítio da USRC em Orange tinha níveis de radioatividade inaceitáveis e ambientalmente perigosos: estava vinte vezes mais alto do que era considerado seguro. A contaminação era generalizada — e não apenas na sede da empresa, mas também nos aterros onde foram despejados os resíduos radioativos. Quase 750 casas foram construídas em cima desses locais; houve necessidade de descontaminação. Mais de oitenta hectares de terra foram afetados em Orange, alguns a uma profundidade de quase cinco metros.

A Agência de Proteção Ambiental dos Estados Unidos ordenou que a empresa sucessora da USRC realizasse todo o trabalho de limpeza, o que foi recusado; a única exigência obedecida foi a construção de uma nova cerca de segurança em torno da fábrica (e nem isso foi cumprido à risca; a própria EPA foi obrigada a concluir o serviço). Os tribunais não perdoaram; em 1991, a Suprema Corte de New Jersey considerou a USRC "eternamente" responsável pela contaminação e declarou que a empresa tinha "conhecimento tácito" sobre os riscos quando operava no local. Os residentes também processaram a corporação; depois de sete anos, foi realizado um acordo fora do tribunal, custando à USRC cerca de 14,2 milhões de dólares em danos. Supostamente, o governo bancou 144 milhões de dólares para limpar áreas contaminadas com rádio em New Jersey e Nova York.

Quanto à Radium Dial, apesar de todo o estímulo econômico em torno da Segunda Guerra, a empresa acabou falindo em 1943. O prédio abandonado no centro de Ottawa, no entanto, deixou um legado que durou muito além disso. Posteriormente, uma empresa de frigoríficos abriu operação naqueles porões: seus funcionários morreram de câncer, e uma família que frequentemente comprava carne lá descobriu que "todos os irmãos desenvolveram câncer de cólon, com seis meses de diferença entre cada um". O prédio em si foi demolido em 1968. "Eles o botaram abaixo", lembrou Darlene, sobrinha de Peg Looney, "e usaram os detritos como recheio em diversos lugares." Os resíduos do prédio foram despejados por toda a cidade, inclusive ao lado de um campinho escolar. Estudos posteriores detectaram a incidência de câncer em números acima da média nos arredores da fábrica, bem como em todo o município; as pessoas descobriam que seus cães de estimação não atingiam a maturidade e que a vida selvagem local desenvolvia tumores preocupantes. "Percebi que [no bairro onde cresci] praticamente em toda casa havia uma pessoa com câncer", contou outra sobrinha de Peg. Outro habitante do bairro comentou: "Poucas famílias escaparam ilesas".

No entanto, os gestores públicos, em uma reprise da atitude para com Catherine e suas amigas, não resolveram o problema mais óbvio. Quando a cineasta Carole Langer fez o documentário de nome *Radium City*, chamando a atenção para a radioatividade que assolava a cidade, o prefeito declarou: "Essa senhora está tentando nos destruir". E então ele pediu que "ninguém fosse [ver]".

"Bem", disse Dolores, nora de Marie, "foi um erro ter dito aquilo, porque [a exibição] ficou lotada e tiveram que fazer uma sessão extra." O documentário foi exibido para uma multidão de quase quinhentos moradores, todos em pé.

"As pessoas ficaram divididas", lembrou Darlene. "Algumas nem queriam ouvir falar no assunto; não queriam acreditar. E outras falavam 'ok, vamos limpar essa sujeira'."

Por fim, a cidade conseguiu limpar tudo. A Agência de Proteção Ambiental dos Estados Unidos interveio e foram providenciados fundos para começar a combater o perigoso legado de radioatividade deixado pela Radium Dial em Ottawa. Assim como em Orange, o dano mergulhara muitos metros no solo. A operação levaria décadas; em 2015, a limpeza ainda não havia terminado.

O Centro para a Radiobiologia Humana (crh) estudou as pintoras de mostradores durante décadas. Os cientistas aprenderam que o rádio era um elemento astuto e persistente. Com meia-vida de 1600 anos, ele tinha tempo de sobra para se fazer conhecido por aqueles nos quais se infiltrava, infligindo danos muito específicos ao longo de décadas. Conforme os pesquisadores foram acompanhando as mulheres ao longo dos anos, puderam testemunhar quais *realmente* eram os efeitos da radiação interna a longo prazo.

As pintoras sobreviventes não escaparam ilesas — longe disso. Algumas foram atingidas cedo, mas suportaram uma vida incompleta por décadas; uma garota de Waterbury ficou acamada durante cinquenta anos. Quanto mais velhas eram as mulheres quando faziam o trabalho de pintura de mostradores, e quanto menos anos atuando na profissão, menor era a probabilidade de morrerem nos primeiros estágios — então muitas conseguiram seguir a vida; no entanto, o rádio também vivia com elas, um casamento indissociável.

Muitas sofreram alterações ósseas significativas, bem como fraturas; a maioria perdeu todos os dentes. Houve um número incomum de desenvolvimento de câncer ósseo, leucemia e anemia; algumas necessitaram de transfusões sanguíneas constantes ao longo de anos. O rádio formava cavidades nos ossos das mulheres, de modo que, por exemplo, Charlotte Purcell desenvolvera osteoporose em toda a coluna e sofrera um colapso parcial das vértebras. Assim acontecera com Grace Fryer antes dela, o colete de aço também se fez necessário ao final da vida.

Marie Rossiter passou por pelo menos seis cirurgias nas pernas — suas pernas inchadas começaram a gangrenar — e uma das pernas acabou sendo amputada. "Ela disse", lembrou Dolores, "'Arranque isto! Agora mesmo! Não quero ir para casa e ter que pensar nisso'."

A perna de Marie que sobrou precisou de uma barra de metal que ia desde o joelho até o tornozelo; ela ficou com sequelas, mas isso não a impediu de fazer nada. Ela era a vida e a alma do asilo no qual viera a residir mais tarde, sempre zunindo sobre sua cadeira de rodas.

Tendo estudado os efeitos da radiação a longo prazo, os cientistas do CRH — que a princípio buscavam apenas conhecer o limite seguro da exposição humana à radiação — enfim concordavam com Martland, que havia feito um alerta décadas antes: "a radioatividade normal do corpo humano não deve ser aumentada".

É impossível dizer quantas pintoras de mostradores morreram em decorrência de sua ocupação: muitas foram mal diagnosticadas ou nem sequer rastreadas, a ponto de não existir nenhum registro a respeito delas. Pode ser que o câncer que viera a acometer algumas ex-funcionárias em períodos posteriores da vida nunca tenha sido atribuído ao trabalho feito na adolescência, embora certamente tenha sido resultado direto dele. E as mortes também eram apenas parte da questão; não se sabe quantas mulheres teriam ficado com sequelas ou sofrido a dor única da esterilidade como resultado direto do envenenamento.

Os arquivos em Argonne possuem centenas e centenas de nomes de pintoras — ou melhor, números. Cada mulher possuía um número de referência, que se tornava sua identidade. A Lista das Condenadas é uma leitura assustadora, que mapeia o sofrimento de cada mulher com um desapego gélido. "Amputações bilaterais de ambas as pernas; amputação de joelho direito; morte em decorrência de câncer de ouvido; cérebro; quadril; causa da morte: sarcoma; sarcoma; sarcoma", eram palavras frequentes naqueles arquivos. Algumas mulheres sobreviveram por quarenta anos ou mais — mas o rádio sempre aparecia no final. Os jornais acompanharam algumas das mortes: RÁDIO, O ASSASSINO SILENCIOSO, ATACA NOVAMENTE!, gritavam as manchetes no decorrer dos anos.

Diz-se que Mercedes Reed morreu em 1971; aos 86 anos. "Estou convencido", disse um pesquisador, "de que o nível de rádio em seus ossos era altíssimo. Ela supostamente morreu de câncer de cólon, mas pode ser que tenha sido diagnosticado incorretamente." Os Reed cortaram o vínculo com a Radium Dial, mesmo antes de a empresa quebrar. "No fim das contas, o sr. Reed foi demitido e sabe-se que ficou bastante amargurado com isso", descobriram os pesquisadores. Depois de ser dispensado pela empresa à qual fora, diriam alguns, imperdoavelmente leal, ele se tornou zelador da YMCA*.

O ex-presidente, Joseph Kelly, morreu por volta de 1969, após uma série de derrames "que reduziram sua capacidade mental... ele foi ficando cada vez mais frágil". Em seus últimos anos, perguntava: "Você tem visto fulano?", para se referir a alguém com quem trabalhara na década de 1920. Considerando a distância que mantinha das pintoras que ele mesmo condenara à morte ao assinar aquele comunicado que dizia que todas estavam em segurança, é improvável que sua mente avariada tenha sido assombrada pelas garotas-fantasma.

Quanto àquelas garotas que ele um dia empregara em Ottawa, contrariando todas as probabilidades, algumas tiveram uma vida longa e próspera. Pearl Payne viveu até os 98 anos; ela e Hobart aproveitaram bem aquele tempinho extra recebido inesperadamente. "Eles viajaram pelo mundo todo", revelou Randy, um sobrinho. "Foram a Jerusalém, Inglaterra... passaram por todos os estados no Reino Unido."

Antes de morrer, um dia Pearl chamou Randy à sua casa. "Ela me pediu para subir no sótão e trazer algumas caixas", lembrou ele. O sobrinho então vasculhou pelos itens que Pearl mantinha em seu loft: um carrinho de bebê, um berço — coisas estranhas para uma senhora manter no sótão, mas talvez Pearl tenha se flagrado incapaz de abandonar

---

* A *Young Men's Christian Association*, ou Associação Cristã de Moços (ACM), é uma organização fundada em 6 de junho de 1844, em Londres, por um jovem chamado George Williams. Na ocasião, o objetivo era oferecer aos jovens que chegavam em Londres a trabalho uma opção à vida nas ruas, incentivando a prática de princípios cristãos por meio de estudos bíblicos e orações. Atualmente, a YMCA/ACM adota uma abordagem multidisciplinar, visando o desenvolvimento espiritual, intelectual e físico.

aquelas reminiscências dos muitos filhos que ela um dia desejara, mas que jamais poderia ter. Randy então encontrou as tais caixas às quais ela se referira: estavam cheias de recortes de jornais sobre Catherine Donohue, e cartas e documentos relacionados ao caso delas.

"Foi isso o que aconteceu conosco", disse Pearl a Randy, com senso de urgência. E ela foi enfática: "Isto aqui precisa ser protegido. É importante. Certifique-se de que Pearl [filha dele, que herdara o nome da avó] fique com este material se algo acontecer comigo".

Hobart e Pearl "eram duas pessoas muito boas", contou Randy. "Não costumo visitar túmulos, mas o deles eu sempre visito. E digo mais, eu agradeço a eles todas as vezes que vou lá. Porque eles merecem os agradecimentos."

Charlotte Purcell viveu até os 82 anos. Ela era adorada pelos netos. "Ela provavelmente era uma das pessoas que eu mais gostava no mundo todo", elogiou a neta Jan. "Ela foi uma das pessoas mais corajosas, amadas e influentes da minha vida. Uma coisa que minha avó me ensinou: não importa o que a vida ofereça a você, sempre é possível se adaptar."

"Quando pedi a ela que me ensinasse a pular corda, ela disse: 'Bem, acho que não tenho como fazer isso porque só tenho um braço'. Eu devo ter ficado bem aborrecida, então ela disse: 'Bem, espere um pouco'. E então ela amarrou a corda em uma cerca de arame e pulou corda usando um braço só, e assim me ensinou como fazer."

O irmão de Jan, Don, acrescentou: "[O fato de ela não ter braço] não era incomum para mim, pois ela sempre dava um jeito".

As crianças diziam: "Conte como foi que seu braço foi cortado, vovó!".

"E aí ela repetia a história", lembrou Jan. "E repetia de novo e de novo, toda vez que a gente pedia."

"Quando eu era jovem", diria Charlotte Purcell, "ganhava muito dinheiro para pintar números em relógios de pulso e de parede. Nós não sabíamos que a tinta era venenosa. Depois que eu saí de lá, minha amiga Catherine Donohue ficou muito doente. E muitas de nossas amigas começaram a adoecer também. O veneno se instalou no meu braço, só que no caso da minha amiga Catherine invadiu o corpo todo, e ela morreu. Ela morreu e deixou o marido, e seus filhinhos ficaram sem a mamãe."

Ela sempre ficava "muito triste" quando chegava nessa parte da história.

Embora Charlotte não tenha conseguido comparecer ao funeral de Catherine, o filho se lembrou de algo na vida da mãe que, talvez, para uma mente poética, sugerisse uma despedida entre as amigas. "Quando o tempo estava bom", lembra Donald, "minha mãe ia à varanda, se sentava no balanço que tinha lá e ficava balançando para a frente e para trás. Vez ou outra um canarinho amarelo e preto aparecia e pousava em seu ombro esquerdo [aquele no qual faltava o braço], ficava meia hora com ela e depois ia embora. Isso aconteceu várias vezes. Em geral, os pássaros não se aproximam das pessoas."

Curiosamente, as mulheres não conversavam com os familiares sobre o incrível legado que deram ao mundo. As garotas do rádio não apenas estabeleceram padrões de segurança industrial e contribuíram incalculavelmente para a ciência — elas também deixaram sua marca na legislação. Na esteira do caso Catherine Donohue em 1939, Frances Perkins, a secretária do Trabalho, anunciou que a batalha estava "longe de ser vencida" no que dizia respeito a indenizações trabalhistas. Posteriormente, com base no que as mulheres conquistaram em vida, novas mudanças legais foram instituídas para proteger trabalhadores. O caso das pintoras acabou levando ao estabelecimento da Agência de Administração da Saúde e Segurança Ocupacional, que ainda hoje atua nacionalmente nos Estados Unidos para garantir condições de trabalho seguras. Todas as empresas são obrigadas a informar a seus funcionários se estes trabalham com produtos químicos perigosos; com essa medida, esses trabalhadores certamente não ouvirão de seus empregadores que tais elementos corrosivos "são bons para deixarem as bochechas coradas". Hoje em dia, já existem diversos processos de treinamento, proteção e manuseio de substâncias perigosas. E os trabalhadores agora também têm o direito legal de ver os resultados de quaisquer exames médicos ocupacionais aos quais forem submetidos.

Para a frustração das garotas-pintoras, no entanto, os resultados dos exames em Argonne jamais foram compartilhados com elas. Tal sigilo pode muito bem ter a ver com a natureza altamente técnica das mensurações realizadas pelos pesquisadores; talvez eles pensassem que os resultados não fossem ininteligíveis para aquelas mulheres, mas, mesmo assim, elas ainda queriam saber. "Eles nunca contavam nada [a Marie], o que a deixava furiosa", lembra Dolores. Em 1985, depois de frequentar o laboratório por décadas, Charlotte Purcell estava farta. Quando os pesquisadores ligaram para ela naquele ano, ela alegou não estar se sentindo bem, "mas por que eu deveria informar isso...? Vocês não me ajudam... Eu não ganho nada com isso... Eu nem tenho dinheiro para ir ao médico". Ela se recusou a voltar lá.

Marie fez isso também. Não era só o silêncio dos cientistas que a incomodava, mas também a reação continuada de sua cidade ao que as mulheres haviam sofrido. Ela sempre achara que toda a saga seria "varrida para baixo do tapete... jamais virá à tona. Você nunca mais vai ouvir falar sobre o assunto". E foi um grande choque quando Carole Langer chegou a Ottawa para fazer o documentário. Marie então disse: "Deus me deixou aqui. Eu sempre soube que um dia alguém apareceria e eu enfim teria a chance de contar minha história". Langer dedicou o filme a Marie, elogiando-a por nunca ter perdido o senso de humor ou a fé, mesmo tendo lutado contra as adversidades mais árduas ao longo da vida.

Quando Marie morreu, em 1993, assim como muitas garotas-pintoras, ela doou seu corpo à ciência. "Ela pensava que talvez pudesse ajudar outras pessoas", contou a neta Patty. "Que talvez eles pudessem descobrir o que acontecera e encontrar uma cura. Que talvez ela pudesse ajudar outras mulheres." O corpo de Marie não seria o último cadáver das pintoras de Ottawa a ser estudado; nem o primeiro. Tal honraria vai para Margaret Looney.

Assim que soube dos estudos do pós-guerra sobre as pintoras, a família de Peg quis que ela fosse exumada. Naquela época, porém, a pesquisa se limitava às mulheres vivas. Quando então inauguraram o Centro para a Radiobiologia Humana, o limite foi revogado. Finalmente havia alguém preparado para investigar o que de fato matara Peg.

Todos os seus nove irmãos assinaram os formulários necessários. "Aquilo ia ajudar outra pessoa a se curar", alegara sua irmã Jean. "É claro que permitimos."

Em 1978, os pesquisadores exumaram o corpo de Peg do cemitério de St. Columba, onde ela descansava ao lado dos pais. Descobriram que Peg tinha 19500 μCi (microCurie) de rádio em seus ossos — uma das maiores quantidades encontradas. Era mais de mil vezes a quantidade que os cientistas consideravam seguro.

Eles não descobriram apenas o rádio; também descobriram que o médico da Radium Dial havia arrancado a mandíbula dela após a morte. Provavelmente foi assim que a família Looney também ficou sabendo da violação.

"Estou *furiosa*", disse uma das irmãs de Peg. "Eles sabiam que ela estava cheia de rádio no organismo. E então mentiram."

"Toda família tem seus momentos de tristeza e dor", disse Jean com firmeza. "Mas a morte de Margaret foi desnecessária."

Essa era a tragédia. Os efeitos danosos do rádio eram conhecidos desde 1901. Todas as mortes desde então foram desnecessárias.

Os pesquisadores exumaram mais de cem pintoras de mostradores, muitos testes comprovando de uma vez por todas que o envenenamento por rádio, e não a sífilis ou a difteria, era a verdadeira causa da morte delas. E havia uma pintora na qual os cientistas estavam muito interessados: Catherine Donohue. Em 1984, o CRH entrou em contato com a filha dela para solicitar a exumação do corpo.

Eles contataram Mary Jane porque, naquela época, o devotado marido de Catherine, Tom, já havia morrido. Ele faleceu no dia 8 de maio de 1957, aos 62 anos. Tom passou o restante da vida na casa número 520 da East Superior Street, o lar que sempre partilhara com Catherine — a mesma casa onde ele e a família comemoraram com comida caseira quando chegou a notícia de seu triunfo na justiça. "Todos fomos para lá e festejamos com ele", relembrou a sobrinha Mary. "Porque foi uma vitória tão moral. Um feito jamais alcançado por outra pessoa."

Mas, embora o dinheiro tenha ajudado muito, não seria capaz de trazer Catherine de volta. "Acho que ele nunca se recuperou da morte dela", disse um parente. "Tom ficou de coração partido."

A família estava sempre por perto; durante um tempo, a irmã de Tom, Margaret, mudou-se para lá para ajudar com as crianças. Tom era louco pelos filhos. "Eram tudo para ele, e tudo que restara", disse Mary.

"Com o passar do tempo", acrescentou ela, "ele foi se recuperando do luto. Tornou-se um homem sorridente; foi muito bom ver aquilo." No entanto, Tom raramente falava de Catherine, "era uma lembrança dolorosa porque a morte dela fora dolorosa demais".

Tom Donohue nunca voltou a se casar. Ninguém poderia substituir Catherine Wolfe Donohue.

Quanto a Tommy, irmão de Mary Jane, ele foi recrutado para lutar na Guerra da Coréia — e felizmente voltou para casa são e salvo. Casou-se com uma jovem de Streator (cidade de Illinois) e trabalhou em uma fábrica de vidro, assim como o pai. No entanto, morreu logo após o trigésimo aniversário, em 1963, de doença de Hodgkin, um tipo de câncer. Mary Jane já estava sozinha fazia muito tempo.

E a vida dela não foi fácil. A menina que pesava pouco menos de cinco quilos em seu primeiro aniversário permaneceu pequenina. "Ela era quase infantil", lembrou a prima Mary. "Era minúscula."

No entanto, Mary Jane, ecoando o mesmo espírito da mãe, foi capaz de superar os desafios que enfrentara. "Foi realmente admirável", elogiou Mary, "ela ter sido capaz até mesmo de trabalhar, pois era tão frágil. Depois de adulta, provou ser uma pessoa muito meiga; todos gostavam dela. Em todo evento de família a gente tentava convidá-la, pois ela não tinha mais ninguém."

Quando Mary Jane foi contatada pelo Centro para a Radiobiologia Humana, pensou com cuidado no assunto e escreveu de volta para eles. "Eu desenvolvi muitos problemas de saúde", contou ela aos médicos. "Agora percebo que a maioria deles provavelmente é resultante da doença de minha mãe. Caso seja conveniente e vocês assim o desejem, eu gostaria de comparecer ao laboratório de Argonne. Vai ser importante para mim e para a pesquisa." Aparentemente, Mary Jane também passou por exames, acrescentando sua contribuição à ciência. Em 16 de agosto de 1984, ela deu permissão para que o corpo da mãe fosse exumado. "Se isso pudesse ajudar uma pessoa", disse ela, "então valeria a pena."

E assim, em 2 de outubro de 1984, Catherine Donohue deixou o cemitério de St. Columba para uma viagem inesperada. Os cientistas realizaram diversos testes, e assim Catherine fez sua doação sem precedentes de conhecimento à medicina. O corpo de Catherine Donohue voltou a ser sepultado em 16 de agosto de 1985 — e ali ela descansa até hoje ao lado do marido Tom.

Quando Mary Jane escreveu para a CRH, ela disse, usando um mimetismo misterioso com a última carta da mãe ao padre Keane: "Eu rezo o tempo todo para que Deus me permita ter uma vida longa. Eu com certeza me esforço o suficiente para lutar continuamente por uma vida de realização e felicidade".

Mas não era para ser. Depois de uma vida repleta de desafios físicos, Mary Jane Donohue morreu — de insuficiência cardíaca, de acordo com parentes — em 17 de maio de 1990. Mary Jane tinha 55 anos.

Durante muito tempo — tempo demais — o legado das garotas do rádio ficou registrado apenas nos livros jurídicos e em arquivos científicos. Mas, em 2006, uma aluna do oitavo ano de Illinois, chamada

Madeline Piller, leu um livro do dr. Ross Mullner a respeito das garotas-pintoras. "Nenhum monumento jamais foi erigido em memória a elas", escrevera ele em sua obra.

Madeline então ficou determinada a mudar essa situação. "Elas merecem ser lembradas", declarou. "A coragem dessas mulheres deu origem a padrões de saúde e segurança adotados nacionalmente. Quero que as pessoas saibam [que] existe um memorial para essas bravas mulheres."

Quando Madeline começou a defender a causa, descobriu que Ottawa enfim estava pronta para homenagear suas heroínas locais e seus companheiros de batalha. A cidade realizou eventos para arrecadar fundos, organizando festivais de peixe frito e montando peças teatrais para garantir os 80 mil dólares necessários. "O prefeito apoiou", contou Len Grossman. "Foi uma reviravolta. Foi maravilhoso de ver."

Em 2 de setembro de 2011, a estátua de bronze das garotas-pintoras foi inaugurada pelo governador em Ottawa, Illinois. É a estátua de uma jovem típica dos anos 1920, com um pincel em uma das mãos e uma tulipa na outra, com os pés sobre um mostrador de relógio. A saia parece sacudir ao vento, como se a qualquer momento ela pudesse descer do pedestal-tique-taque e voltar à vida.

"As garotas do rádio", anunciou o governador, "merecem respeito e admiração máximos... porque lutaram contra uma empresa desonesta, uma indústria indiferente, tribunais negligentes e a comunidade médica, tudo em face da morte certa. Venho por meio desta proclamar o dia 2 de setembro de 2011 como o Dia das Garotas do Rádio em Illinois, em reconhecimento à imensa perseverança, dedicação e senso de justiça que elas ostentaram em sua luta."

"Se [Marie] visse aquele memorial lá hoje", disse a nora de Marie Rossiter, "ela não acreditaria. Quando vou ao centro da cidade e passo por ali, digo: 'Bem, Marie, eles finalmente fizeram alguma coisa!'. Se ela estivesse viva para ver a estátua, teria dito: 'Já não era sem tempo'."

A estátua é dedicada não apenas às pintoras de Ottawa, mas a "todas as pintoras de mostradores dos Estados Unidos que enfrentaram o sofrimento". Aquela garota do rádio de bronze, eternamente jovem, eternamente presente, representa Grace Fryer e Katherine Schaub; as irmãs Maggia e as irmãs Carlough: Hazel, Irene e Ella. Representa todas as pintoras de mostradores: sejam as vivas ou as mortas, em Orange, em Ottawa, em Waterbury ou em qualquer outro lugar. É um memorial adequado e mais do que merecido. Afinal, há muito o que agradecer àquelas mulheres.

"Os estudos das garotas-pintoras", escreveu o dr. Ross Mullner, "até hoje são a base de boa parte do conhecimento mundial sobre os riscos da radioatividade para a saúde. O sofrimento e a morte daquelas trabalhadoras acrescentaram muito ao conhecimento [científico], em última instância salvando incontáveis vidas de gerações futuras."

"Eu sempre admirei a força delas para se impor e se unir", comentou a sobrinha-neta de Catherine Donohue.

E, unidas, elas triunfaram. Em nome da amizade, em nome da recusa em desistir e em nome da consciência pura e simples, as garotas do rádio nos deixaram um legado extraordinário. Elas não morreram em vão.

Elas fizeram cada segundo valer a pena.

KATE MOORE
RADIOATIVAS

OBSERVAÇÃO FINAL

"NÓS GAROTAS", CONTOU UMA DAS PINTORAS, "SENTÁVAMOS AO REDOR DE uma enorme bancada, rindo, conversando e pintando. Era divertido trabalhar lá."

"Achei uma sorte danada ter conseguido emprego lá", revelou outra jovem. "O emprego pagava muito bem para as mulheres da área. Todas nós convivíamos muito bem."

"A gente espalhava o rádio em tudo, como se fosse cobertura de bolo."

As mulheres usavam guarda-pó, os quais eram lavados uma vez por semana em casa mesmo. Abriam latas de refrigerante e bebiam em meio ao trabalho, um oferecimento da máquina de bebidas no ateliê. Trabalhavam sem luvas e pintavam as unhas com rádio "para dar um estilo"; podiam levar rádio para casa a fim de praticar a pintura.

Havia rádio por toda a fábrica — e do lado de fora, na calçada. Trapos de tecido contaminados amontoados no ateliê ou queimados no terreno da fábrica; o lixo radioativo era despejado no vaso sanitário do banheiro masculino; os dutos de ventilação descarregavam acima de um playground infantil nos arredores. As mulheres não limpavam os sapatos antes de saírem do trabalho, então pisoteavam com rádio por toda a cidade. Os funcionários se recordam de que não era possível trabalhar na fábrica sem ficar coberto pelo elemento: "Eu voltava do trabalho à noite e me olhava no espelho, aí via pequenos salpicos brilhando no meu cabelo", conta uma pintora de mostradores. As mãos das mulheres chegavam a sangrar ao tentar limpar aquele brilho sobrenatural.

"A empresa", disse uma das garotas, "sempre nos levou a acreditar que tudo estava sob controle, seguro, mas não creio que realmente se importasse."

Ela estava certa. Em pouco tempo, as trabalhadoras começaram a sofrer. "Precisei passar por uma cirurgia bucal", contou uma delas, "mas agora meus dentes estão tão bambos que provavelmente irão cair... Também estou com uma doença no sangue da qual não consigo me curar." As mulheres notaram tumores surgindo em seus pés, seios, pernas. Uma delas se lembrou de que os médicos continuavam a cortar partes da perna de uma colega, pedaço a pedaço... até por fim não restar mais nada para ser amputado. Ruth, a tal colega, acabou falecendo.

As mulheres iam até o supervisor, muito preocupadas. "Um sujeito da sede de Nova York esteve aqui", lembrou uma garota do rádio, "e disse que [nosso trabalho] não iria nos fazer mal."

"O câncer de mama é considerado um problema hormonal, não um risco ligado à radioatividade", disse o executivo.

Mas ele estava enganado. Um especialista do instituto nacional do câncer observou que a relação entre o câncer de mama e a radiação é uma das mais bem estabelecidas pela medicina.

O executivo continuou sua fanfarronice: "O gerente da fábrica não é o único culpado. Os funcionários também são responsáveis pela segurança".

Mas não havia nenhum aviso nas paredes dos ateliês. As mulheres eram informadas que, contanto que não levassem os pincéis aos lábios, estariam perfeitamente seguras.

Essas mulheres trabalhavam em uma cidade do interior chamada Ottawa, Illinois. Essas mulheres trabalhavam para a empresa de Joseph Kelly, a Luminous Processes.

O ano era 1978.

As garotas do rádio originais eram dotadas do Complexo de Cassandra; e como diz o mito de Cassandra, suas profecias nem sempre eram levadas a sério. Os padrões de segurança na indústria só são capazes de proteger o funcionário se forem de fato adotados pelas empresas empregadoras. Durante décadas foram levantadas desconfianças em torno da fábrica de Ottawa, mas só em 17 de fevereiro de 1978 o perigoso ateliê enfim foi fechado: os fiscais descobriram que os níveis de radiação eram 1666 vezes além do aceitável. O prédio abandonado se tornou uma espécie de bicho-papão para os moradores de Ottawa, que tinham medo de andar perto dele ou até mesmo de passar de carro por ali; nele, foi pichada a frase: DIAL LUMINOUS ASSASSINA.

"Muitas de nós fomos assassinadas", afirmou sem rodeios uma das pintoras da Luminous Processes. Dos cem funcionários mencionados por ela, 65 morreram; a taxa de câncer dentre eles era o dobro da normal.

No entanto, a Luminous Processes nem ao menos pediu desculpas. Ela se esquivou de pagar todos os custos de limpeza, contribuindo com (aproximadamente) meros 62 mil dólares da conta multimilionária, ao mesmo tempo que os executivos recorriam a "conversa fiada" para afastar as mulheres sempre que elas exigiam respostas. As funcionárias receberam, cada uma, apenas 100 dólares de indenização, e tiveram dificuldade para processar a empresa judicialmente. "Eles não nutriam respeito algum pela nossa saúde", declarou uma funcionária da Luminous Processes com desprezo. "Estavam apenas interessados em resultados."

"A Luminous Processes", declarou o jornal local, "parece priorizar os lucros, e não as pessoas."

Como esquecemos depressa.

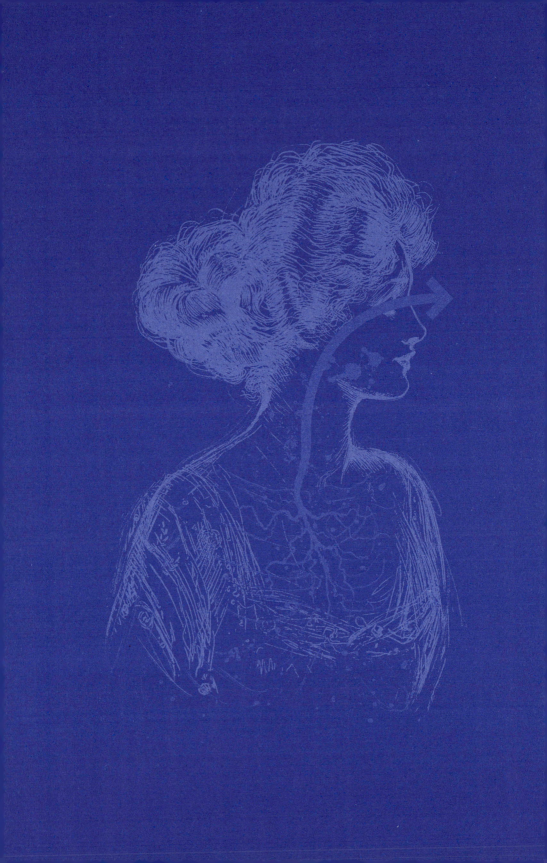

GALERIA

1. Katherine Schaub; 2 Grace Fryer;
3. Edna Bolz Hussman; 4. Hazel Vincent Kuser

1. Albina Maggia Larice; 2. Quinta Maggia McDonald; 3. Helen Quinlan com o namorado; 4. Irene Rudolph; 5. Marguerite Carlough

1. Pintoras de mostradores em uma confraternização do trabalho, incluindo Ella Eckert (segunda à esquerda), Mollie Maggia (terceira da direita para a esquerda) e Sarah Maillefer (segunda da direita para a esquerda); 2. Ateliê de pintura em Orange, New Jersey, no começo dos anos 1920; 3. Sabin von Sochocky (centro), fundador da The United States Radium Corporation, em um piquenique da empresa

1. Arthur Roeder; 2. Dr. Frederick Flinn; 3. Katherine Wiley; 4. Dr. Harrison Martland; 5. Raymond H. Berry

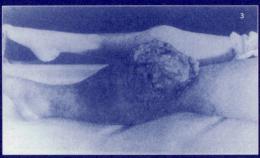

1 e 2. Pintora de mostrador com sarcoma de rádio no queixo (visões frontal e lateral); 3. Pintora de mostrador com tumor no joelho; 4. Mandíbula de Mollie Maggia, com cavidades provocadas pela exposição ao rádio

1. Da esquerda para a direita: Quinta McDonald, Edna Hussman, Albina Larice, Katherine Schaub e Grace Fryer, no dia 4 de junho de 1928; 2. Peg Looney e Chuck Hackensmith, com duas das irmãs caçulas dela, Edith (à esquerda) e Theresa (à direita); 3. Marie Becker Rossiter; 4. Mary Ellen 'Ella' Cruse

1. Parte da fotografia da equipe da Radium Dial Company. Primeira fileira: sr. Reed (à esquerda, sentado no chão, com boina branca). Segunda fileira: Catherine Wolfe (segunda à esquerda, com vestido preto), srta. Lottie Murray (quarta à esquerda), Marguerite Glacinski (décima à esquerda). Terceira fileira: Margaret Looney (primeira à esquerda), Marie Becker Rossiter (oitava à esquerda), Mary Duffy Robinson (segunda à direita); 2. Pearl Payne, 1933 (aproximadamente); 3. Charlotte Purcell, 1937

1. Cinco mulheres de Ottawa em Chicago, no dia 21 de julho de 1937. Da esquerda para a direita: Marie Rossiter, Frances Glacinski O'Connell, Marguerite Glacinski, Catherine Wolfe Donohue, Pearl Payne, Carol Reiser (secretária de Grossman), Leonard Grossman; 2. Catherine desmaia no dia de 10 de fevereiro de 1938; Tom Donohue e Pearl a socorrem; 3. Da esquerda para a direita: Pearl Payne, Frances O'Connell, Marguerite Glacinski, Helen Munch e Marie Rossiter no tribunal do condado de LaSalle, no dia 10 de fevereiro de 1938

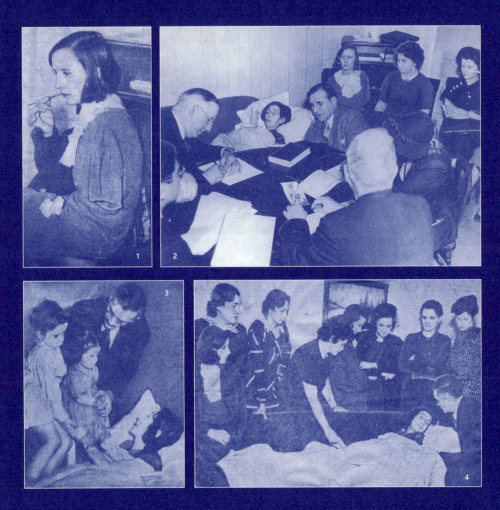

1. Charlotte Purcell faz uma demonstração da sequência lábio-tinta-pinta para Grossman, no dia 11 de fevereiro de 1938; 2. Audiência realizada ao lado da cama, na casa da família Donohue. Charlotte está sentada atrás de Grossman e ao lado de Pearl; 3. A família Donohue: Tom, Catherine, Tommy e Mary Jane; 4. Unidos: Catherine cercada pelas amigas e por Tom

CRÉDITOS DAS FOTOGRAFIAS

PÁGINA 390 *New York Evening Journal* (1). CRH, Arquivo Nacional, Chicago (2 e 3). *American Weekly* (4).

PÁGINA 391 *New York Evening Journal* (1). JRB, filme 2 (2). *American Weekly* (3, 4 e 5).

PÁGINA 392 CRH, Arquivo Nacional, Chicago.

PÁGINA 393 Hagley Museum and Library, do livro *Deadly Glow*, do dr. Ross Mullner (American Public Health Association, 1999) (1). Blackstone Studios, University Archives, Rare Book & Manuscript Library, Universidade de Columbia (2). *Newark Ledger* (3). JRB, filme 2 (4). Michael Frunzi, JHM, Rutgers (5).

PÁGINA 394 Acervo de Ross Mullner (1). Lippincott, Williams e Wilkins, do livro *Deadly Glow* (2). *American Weekly* (3).

PÁGINA 395 CRH, Arquivo Nacional de Chicago (1). Cortesia de Darlene Halm e família Looney (2). Cortesia de Dolores Rossiter e Patty Gray (3). *Chicago Daily Times*, cortesia do *Sun-Times Media* (4).

PÁGINA 396 CRH, Arquivo Nacional de Chicago (1). Cortesia de Randy Pozzi, do Acervo de Pearl Payne, Museu e Sociedade Histórica de LaSalle County (2). *Chicago Daily Times*, cortesia do *Sun-Times Media* (3).

PÁGINA 397 *Chicago Daily Times*, cortesia do *Sun-Times Media*.

PÁGINA 398 *Chicago Daily Times*, cortesia do *Sun-Times Media* (1 e 2). Imagens da pasta de recortes de Leonard Grossman, lgrossman.com (3). *Chicago Herald-Examiner* (4).

Peg Looney e família.
Cortesia de Darlene Halm
e da família Looney

KATE MOORE
RADIOATIVAS

NOTA DA AUTORA

MEU PRIMEIRO CONTATO COM A HISTÓRIA DAS GAROTAS DO RÁDIO FOI EM Londres, na primavera de 2015, quando dirigi a bela peça de Melanie Marnich, *These Shining Lives*, sobre as mulheres de Ottawa. É um espetáculo raramente apresentado no Reino Unido, mas eu o encontrei aleatoriamente ao pesquisar "ótimas peças para mulheres" no Google. E embora eu seja britânica e more a mais de 6 mil quilômetros da cidade central do roteiro, no instante em que li o monólogo de abertura de Catherine Donohue, eu soube que era uma história que precisava ser contada. Esse incrível pedaço da história, que mostra mulheres reais defendendo seus direitos com dignidade, coragem e força, detinha um poder universal e bateu fundo em mim.

Acredito veementemente que quando você é encarregado de contar a história real de uma pessoa — seja como autor, ator ou diretor — também tem uma responsabilidade: fazer *justiça aos seus protagonistas*. E foi assim que abordei a história real das garotas do rádio desde o primeiro momento em que a descobri. Por consequência, comecei a me preparar para a produção do espetáculo realizando muitas pesquisas, as quais incluíram a leitura de todo o material possível a respeito daquelas mulheres. Na época, boa parte dele veio de dois excelentes livros acadêmicos: *Radium Girls: Women and Industrial Health Reform 1910-1935*, de Claudia Clark, e *Deadly Glow: The Radium Dial Worker Tragedy*, do dr. Ross Mullner. Esses livros estavam repletos de informações preciosas, as quais possibilitaram a mim e ao meu elenco contar a história das garotas com autenticidade.

No entanto, como uma contadora de histórias e uma não acadêmica, fiquei impressionada com o fato de os livros focarem nos aspectos jurídicos e científicos da história das mulheres, e não na vida extraordinária de todas elas. Na verdade, logo descobri que *não* existia nenhum livro que colocasse as garotas do rádio no palco principal, relatando os fatos sob a perspectiva delas. As mulheres que lutaram e morreram por justiça foram eclipsadas por suas conquistas históricas; elas agora eram conhecidas apenas através do apelido anônimo "as garotas do rádio". Suas experiências únicas — perdas e amores; triunfos e horrores — tinham sido esquecidos, se é que já haviam sido mapeados alguma vez.

Eu estava determinada a corrigir tal omissão. Quando dirigi a peça, as mulheres se tornaram preciosas para mim, e então eu quis mostrar suas personalidades brilhantes, quis fazer um livro que contasse a história *delas* — e não apenas a história dos famosos profissionais que vieram em seu auxílio. Aquelas eram mulheres comuns da classe operária, e eu queria mapear sua jornada: desde a alegria ao receber o primeiro salário polpudo, passando pelo primeiro dente dolorido, até a coragem que cada uma delas precisou encontrar dentro de si para lutar contra o empregador que as envenenara. Eu queria acompanhar aquelas mulheres e descrever cada momento, como se tudo estivesse acontecendo aqui e agora. Eu esperava que, desse modo, os leitores fossem capazes de se envolver com as voltas e reviravoltas dessa história de décadas, e sentir profunda empatia pelas garotas do rádio individualmente. Queria que as mulheres fossem como nossas amigas.

Naturalmente, eu estava ciente de uma responsabilidade fundamental: *fazer jus à verdadeira história delas.* Como autora, tal responsabilidade me levou a viajar mais de 6 mil quilômetros para além do oceano, para assim seguir os passos das garotas do rádio nos Estados Unidos. Queria percorrer o mesmo trajeto que elas faziam para o trabalho e visitar suas casas e seus túmulos. Queria caminhar entre as casas das irmãs Maggia e avaliar como devia ser difícil percorrer aquela colina íngreme e inclinada com o coxear causado pelo rádio. Ao escrever este livro, fui impelida pelo desejo de dar às meninas uma voz distinta, por isso também busquei pistas e registros deixados por elas, dados que me permitissem representá-las com fidelidade.

Para minha surpresa, a pesquisa desnudou muitas de suas palavras genuínas. Por meio de diários, cartas e depoimentos nos tribunais, elas deixaram, pessoalmente, relatos fiéis do que acontecera. Suas vozes estiveram presentes o tempo todo, nos arquivos que acumulavam poeira, à espera de alguém que lhes desse ouvidos. À medida que fui me aprofundando cada vez mais na vida daquelas mulheres, me sentia como uma espécie de representante, defendendo-as cem anos depois: uma facilitadora para permitir que a história finalmente alçasse voo.

Minha pesquisa começou em New Jersey, mas também me levou a Washington, Chicago e, é claro, a Ottawa, em Illinois. Estar no terreno onde se instalara a Radium Dial e ver que a amada paróquia de Catherine ficava na calçada diagonalmente oposta me fez perceber o quanto as empresas de rádio estavam integradas à comunidade e como era difícil para as mulheres reagirem àquilo. Ao mesmo tempo, me postar em frente à casa de Catherine, onde ela viveu e morreu — a mesma casa descrita no fascinante monólogo de abertura da peça de Marnich — me soou nada menos do que icônico. Tive ainda a sorte de entrevistar familiares das garotas, para descobrir como as heroínas do meu livro *realmente* eram.

Alguns descendentes foram bastante fáceis de rastrear, pois já haviam concedido declarações a jornais locais; porém, outros, incluindo a família de Catherine Donohue, exigiram pesquisas um tanto antiquadas. Mas, sendo justa, quando a sobrinha-neta de Catherine recebeu uma mensagem aleatória em seu e-mail profissional de uma britânica desconhecida querendo saber se poderíamos nos encontrar para conversar sobre sua tia-avó há muito falecida, ela foi cortês, generosa e prestativa. A verdade é que todos os familiares com quem conversei foram excelentes. Em geral, eles ficaram satisfeitos com o fato de a história finalmente estar sendo contada pelo ponto de vista das mulheres e, em suas entrevistas, partilharam detalhes pessoais que deram brilho às protagonistas do livro. Uma das entrevistas mais comoventes foi com Mary, a sobrinha de Catherine. Quando perguntei se Catherine alguma vez havia gritado de dor, Mary contou que se lembrava da tia apenas gemendo, pois já lhe faltava energia para gritar, e isso foi bem assombroso. As famílias também mostraram fotos de infância de tias, irmãs e mães; uma fotografia muito tocante foi a de Peg Looney, aos 8 anos, com as avós e a mãe. As três gerações lado a lado sugeriam um legado e um futuro rumo ao século XXI, no qual elas acreditavam plenamente; mal sabiam que o legado seria interrompido quinze anos depois, com a morte prematura de Peg devido ao envenenamento por rádio.

Além de conduzir entrevistas pessoais e pesquisas de campo, também passei dias debruçada sobre cartas empoeiradas e anuários nas bibliotecas, e examinando as microfilmagens de advogados, médicos e jornais. Em todas as vezes, eu era levada às lágrimas enquanto lia em detalhes o sofrimento daquelas mulheres, e era grata pelo nível de realidade de toda aquela "narrativa": ao saber sobre o molde de gesso que Quinta McDonald tivera de usar do diafragma aos joelhos; ao ver as radiografias de Mollie Maggia, seus ossos brilhando intensamente brancos na chapa; ao segurar a última carta de Catherine Donohue para a amiga Pearl Payne, sabendo que eu estava tocando o mesmo papel que Catherine tocara.

No entanto, o aspecto da minha pesquisa que de fato me golpeou com a realidade do que as garotas do rádio tiveram de tolerar foi a série de visitas a seus túmulos. Fui escoltada até lá por seus familiares, em ocasiões diferentes, e eles permaneceram respeitosamente distantes enquanto eu me agachava para tocar nas pedras de granito e prestar minhas homenagens. Ver os nomes das mulheres gravados nas lápides, sabendo que seus corpos enclausurados jaziam sob o gramado iluminado pelo sol, foi um lembrete de que elas mereciam ser lembradas por seu sacrifício. Uma vez de volta à minha casa, na Inglaterra, eu soube que tinha o dever de fazer o melhor por elas enquanto tentava dar vida a suas histórias.

Então as levei em meu coração da maneira mais sincera possível. Escrevi este livro com fotos das mulheres ao meu redor na escrivaninha; desejei bom dia a elas todos os dias. Troquei olhares com elas enquanto escrevia sobre a morte de Grace; sobre a batalha de Catherine para permanecer viva por seus filhos. Aquelas fotos começaram a se enredar às minhas lembranças vívidas de suas cidades natais, bem como às lembranças de seus familiares e ao conhecimento que adquiri a respeito delas pesquisando no material de arquivo. Mapeei a jornada individual de cada garota, sentindo junto delas os altos e baixos do destino fatídico que as aguardava: a esperança desesperada por uma cura; a dor de um aborto espontâneo; a determinação para lutar, independentemente de qualquer coisa. Vez após vez, flagrei-me surpresa com a bravura e a personalidade das garotas em face de um sofrimento incrivelmente trágico.

A Peg Looney de 8 anos foi uma das pessoas a me fazer companhia enquanto eu escrevia. Por meio deste livro, espero que o legado que ela, sua mãe e suas avós inocentemente previram ao longo dos anos tenha se concretizado de alguma forma. Escrevo no século XXI — e por causa do sacrifício feito por Peg e as amigas, elas *ainda são* lembradas. Assim, as garotas do rádio ainda vivem, brilhando na escuridão da história e emanando uma luz para o bem, para a força e a coragem. Foi uma grande honra desempenhar um pequeno papel ajudando-as nesse legado. Enfim, este livro pertence a elas.

Eu espero ter feito jus à história dessas maravilhosas mulheres.

Kate Moore
Londres, 2017

AGRADECIMENTOS

ESTE LIVRO NASCEU QUANDO TIVE O PRIVILÉGIO DE DIRIGIR A PEÇA *THESE Shining Lives*, que dramatiza as experiências das pintoras de Ottawa. Gostaria de agradecer imensamente à dramaturga Melanie Marnich por me apresentar à sua história, e também ao meu elenco incrível — Anna Marx, Cathy Abbott, Darren Evans, David Doyle, James Barton-Steel, Julia Pagett, Lionel Laurent, Mark Ewins, Nick Edwards, Sarah Hudson e William Baltyn — por trazer o texto à vida. À equipe da TSL, nossa paixão por contar essa história me inspirou infinitamente. Obrigada pelo talento, comprometimento e apoio constantes.

Serei eternamente grata às famílias das pintoras de mostradores por contribuírem com tanta generosidade para este livro; vocês o enriqueceram para além da conta. Obrigada por abrirem seus lares, corações e álbuns de família para mim; obrigada pelas visitas guiadas e idas aos cemitérios; pela hospitalidade e amizade. Foi uma honra conhecer todos vocês e espero ter feito jus às mulheres de suas famílias. Meus sinceros agradecimentos a Michelle Brasser, Mary Carroll Cassidy, Mary Carroll Walsh, James Donohue, Kathleen Donohue Cofoid, Art Fryer, Patty Gray, Darlene Halm, Felicia Keeton, Randy Pozzi, Donald Purcell, Dolores Rossiter, Jean Schott, Don Torpy e Jan Torpy. Todos vocês ofereceram verdadeiras joias de conhecimento e informação, e sou extremamente grata por cada pedacinho disso. Agradecimentos especiais a Darlene e Kathleen por todo o apoio extra gentilmente oferecido.

Len Grossman, que homem generoso você é. Obrigada por compartilhar os pareceres jurídicos e álbuns de recortes de seu pai, mas também por me acompanhar até Northwestern, fornecendo inúmeras pistas para pesquisas futuras, e por sua entrevista inestimável. Também sou grata a Alex, HanaLyn e Dena Colvin por fornecerem dados a respeito de Raymond Berry, e muito grata pelo apoio e entusiasmo depositados neste livro. Agradecimentos especiais a Christopher e William Martland por permitirem a reprodução de citações do trabalho e das correspondências de Harrison Martland.

Devo muito também aos autores que vieram antes de mim nesta jornada, Claudia Clark e Ross Mullner, cujos livros foram um recurso inestimável; obrigada também a Ross por compartilhar materiais de pesquisa e por concordar em conceder entrevista. (Fiquei triste ao saber que, assim como as mulheres que foram seus objetos de estudo, Claudia Clark morreu relativamente jovem.) Bibliotecários e arquivistas em todos os Estados Unidos foram extraordinariamente úteis: sou grata a Alice, Biblioteca Pública de Orange; Beth Zak-Cohen, Biblioteca Pública de Newark; Doug, Glenn e Sarah, Arquivo Nacional de Chicago; Ken Snow e Erin Randolph, Museu e Sociedade Histórica de LaSalle County; e à equipe da Biblioteca Pública de Reddick, Ottawa, à Biblioteca do Congresso, ao Harold Washington Library Center, à Biblioteca Pública de Chicago, à Biblioteca da Universidade de Northwestern e ao Museu Westclox, na cidade de Peru, Illinois. Meu mais sincero agradecimento a Bob Vietrogoski, da Universidade Rutgers, que aprimorou este livro de maneira incalculável: Bob, você é uma lenda. Obrigada a todos que contribuíram para minha pesquisa, incluindo Rainy Dias, Gordon e Kirsteen Dutton, Stephanie Jaquins, Stacy Piller, Cindy Pozzi, Amanda Cassidy, D. W. Gregory, Eleanor Flower e Jeralyn Backes.

Agradecimentos também a todos aqueles que autorizaram o uso de fotografias, e a todos os meus anfitriões nos Estados Unidos.

Escrever este livro provou ser uma experiência enriquecedora que tomou conta de mim. Agradeço a meus pais John e Beth Gribble pela torcida contínua, a minhas irmãs Penny e Sarah pelo apoio, a Jo Mason pela exemplar hospitalidade em Nova York, a Anna Morris pelas sábias palavras, e a todos os meus amigos pela empolgação infinita com este projeto. Obrigada também a Natalie Galsworthy, Ed Pickford e Jennifer Rigby por generosamente partilharem seus conselhos profissionais.

Para Duncan Moore, meu marido, um "obrigada" apenas não é suficiente para agradecer por tudo que você fez por este livro. Devo muito a você pelo amor e apoio incondicionais, mas acima de tudo pelo direcionamento e pela orientação, como sempre acrescidos de sua sabedoria criativa inata. Obrigada por tudo que você fez por mim e pelas garotas do rádio, e por ter sido meu primeiro leitor.

Finalmente, gostaria de agradecer aos meus editores: toda a equipe da Simon & Schuster UK pelo apoio a este livro, sobretudo a Jo Whitford pelo feedback editorial, paciência e trabalho árduo; a Jamie Criswell pela parte de relações públicas; a Sarah Birdsey e Stephanie Purcell, dos direitos autorais; e a Nicki Crossley pelo apoio na casa. Meus mais sinceros agradecimentos à equipe da Sourcebooks nos Estados Unidos, incluindo a diretora editorial Shana Drehs e a fabulosa Grace Menary-Winefield, cuja reação inicial ao livro levarei para o túmulo como o auge da minha vida. Agradeço pela compreensão de minha abordagem a esta história — e por amá-la e, mais importante, por amar as garotas do rádio. Ver a história das garotas do rádio publicada em seu país de origem é incrivelmente especial, e sinto-me abençoada por elas estarem sendo cuidadas por uma editora tão dotada de paixão como a Sourcebooks. Um cumprimento especial para Liz Kelsch, Valerie Pierce e Heather Moore na publicidade, e para Cassie Gutman e Elizabeth Bagby, cujo trabalho detalhado nas citações merece menção e aclamação.

Por último, mas não menos importante, um agradecimento muito especial à editora de projetos, Abigail Bergstrom, da S&S UK, que compartilhou meu desejo de contar esta história. Abbie, sendo breve e direta, sem sua preciosa visão editorial e crença sincera neste livro, ele jamais existiria. Muito obrigada, não só pelo que você fez por mim, mas pelo que fez pelas pintoras de mostradores. A história delas está contada — e isso não teria acontecido sem você. Obrigada, do fundo do meu coração, por dar voz a elas.

Kate Moore, *2017*

ABREVIATURAS

CRH Arquivos do projeto "Efeitos para a saúde da exposição à radioatividade depositada internamente". Centro para a Radiobiologia Humana, Laboratório Nacional de Argonne. Registros Gerais do Departamento de Energia, Grupo de Registros 434. Arquivo Nacional de Chicago.

DHI Diário de Higiene Industrial

JHM Jornais de Harrison Martland, Coleções Especiais, Biblioteca das Ciências da Saúde George F. Smith, Ciências Biomédicas e da Saúde de Rutgers, Newark.

APP Acervo de Pearl Payne, Museu e Sociedade Histórica de LaSalle County, Utica, Illinois.

JRB Jornais de Raymond H. Berry, Biblioteca do Congresso, Washington, DC.

AL Albina Maggia Larice

CD Catherine Wolfe Donohue

CP Charlotte Nevins Purcell

EH Edna Bolz Hussman

GF Grace Fryer

KS Katherine Schaub

MR Marie Becker Rossiter

PP Pearl Payne

QM Quinta Maggia McDonald

VS Sabin von Sochocky

LNC Liga Nacional do Consumidor

USRC United States Radium Corporation

CITAÇÕES

As localizações e datas das fontes, quando conhecidas,
estão informadas nas citações abaixo.

PRÓLOGO

"Ele formava impressões" Eve Curie, *Madame Curie: A Biography*, traduzido por Vincent Sheean (Da Capo Press, 2001).

"meu belo rádio" citado em "The Radium Girls", Medical Bag, 1º de janeiro, 2014, www.medicalbag.com/profile-in-rare-diseases/the-radium-girls/article/472385/.

"Esse brilho" Marie Curie, *Pierre Curie*, traduzido por C. e V. Kellogg (Macmillan, 1923), 104.

"nos faz lembrar" Hugh S. Cumming (U.S. Surgeon General), transcrito da Conferência Nacional do Rádio, 20 de dezembro de 1928, JRB, microfilmagem 3.

"o deus desconhecido" citado em Claudia Clark, *Radium Girls* (Chapel Hill: The Editora Universidade da Carolina do Norte, 1997), 49.

"os deuses da" George Bernard Shaw, *The Quintessence of Ibsenism* (Nova York: Courier Corporation, 1994).

CAPÍTULO 1

"Uma amiga me contou" KS, "Radium", *Survey Graphic* (maio de 1932), 138.

"de personalidade muito imaginativa" dr. E. B. Krumbhaar para Raymond H. Berry, 21 de junho de 1929, JRB, microfilmagem 3.

"uma loirinha muito bonitinha" Dorothy Dayton, "Girls Poisoned with Radium Not Necessarily Doomed to Die", *New York Sun*.

"toda a instrução" Sharpe, "Radium Osteitis with Osteogenic Sarcoma".

"Por toda a sua vida" Robert E. Martin, "Doomed to Die — and They Live!", *Popular Science* (julho de 1929), 136.

"Fui até o responsável" KS, bilhete para Berry, JRB, microfilmagem 1.

"a maior descoberta da história" *Chicago Daily Tribune* (21 de junho de 1903).

"Nascerá o sol da justiça", Bíblia, Malaquias 4:2, citado pelo dr. Howard Kelly no *Newark Evening News* (9 de janeiro de 1914).

"velhos jovens" Sr. Smith, transcrição dos tribunais, 26 de abril de 1928.

"Às vezes fico meio convencido" JFJ, folheto de propaganda do *Radiumator*, Jornais de Harrison Martland (JHM), Ciências Biomédicas e da Saúde da Rutgers.

"como uma boa ação" VS, "Can't You Find the Keyhole?", *American* (janeiro de 1921), 27.

"sol líquido" Citado em John Conroy, "On Cancer, Clock Dials, and Ottawa, lllinois, a Town That Failed to See the Light", 1, 14.

"o Radium Eclipse Sprayer" Anúncio publicitário, Museu e Sociedade Histórica de LaSalle County.

"[Minha função] era verificar" KS para Berry, memorando, JRB, microfilmagem 1.

"Eu nunca tinha visto" Alice Tolan, transcrição dos tribunais, 26 de novembro de 1934.

"A gente afina os pincéis" KS para Berry, memorando, JRB, microfilmagem 1.

"um pouco encafifadas" Mae Cubberley Canfield, exames antes do julgamento, JRB, microfilmagem 2.

"A primeira coisa que perguntamos" Ibid.

"Ali na sala" KS, "Radium", 138.

"Fui chamada para pintar" KS, bilhete para Berry, JRB, microfilmagem 1.

CAPÍTULO 2

"As garotas" KS, "Radium", 138.

"Quando Grace era só" Ethelda Bedford, "Youngest of Victims Offers Her Body to Save 100 Companions", *Newark Ledger* (24 de maio de 1928).

"uma garota com gosto pela vida" Ibid.
"Ela tinha certa inclinação para o humor"
Mary Freedman, testemunho nos tribunais,
26 de novembro de 1934.
"como uma fumacinha" Alice Tolan, testemu-
nho nos tribunais, 26 de novembro de 1934.
"Ela me disse" KS, transcrição dos tribunais, 25
de abril de 1928.
"sequência lábio-tinta-pinta" Melanie
Marnich, *These Shining Lives* (New York:
Dramatists Play Service, Inc., 2010), 16.
"Eu sei que eu usava a água" Alice Tolan, testemunho nos tribunais, 26 de novembro de 1934.
"O gosto não tinha nada de especial"
GF, citado no *Orange Daily Courier* (30 de abril
de 1928).
"Eis uma pessoa" Martin, "Doomed to Die", 136.
"boneca de Dresden" jornal não identificado,
CRH.
"uma garota muito boazinha" Anna Rooney,
citado em memorando da USRC, 20 de julho
de 1927.
"O lugar era um hospício" Artigo de Florence
E. Wall, Biblioteca Pública de Orange.
"garotas alegrinhas e risonhas" jornal não
identificado, JHM.
"muito desajeitados" AL, testemunho nos
tribunais, 25 de abril de 1928.
"Eu sempre fiz o melhor" AL, citado em
"Doomed to Die, Tell How They'd Spend
Fortune", *Newark Sunday Call*, 13 de maio
de 1928.
"obra comercial" Artigo de Florence E.Wall,
Biblioteca Pública de Orange.
"alma gêmea" Ibid.
"homem notável" Ibid.
"não era de madrugar" Ibid.
"uma das maiores autoridades" VS, "Can't You
Find the Keyhole?", 24.
"não gostaria de se meter" William Hammer,
Radium and Other Radioactive Substances (New
York: Van Nostrand, 1903), 27, citado em Ross
Mullner, *Deadly Glow* (American Public Health
Association, 1999), 13.
"um animal tinha" Artigo de Florence E.Wall,
Biblioteca Pública de Orange.
"apenas tomando as" VS, "Can't You Find the
Keyhole?", 25.
"Pode haver uma condição" Thomas
Edison, citado em "Edison's Friends Fear
Radium Hurt", *New York Daily News*, 29
de dezembro de 1903, citado por Mullner,
Deadly Glow, 17.

CAPÍTULO 3

"Eu não vou" QM, citado em Dorothy Dayton,
"Girls Poisoned with Radium Not Necessarily
Doomed to Die", *New York Sun*, 17 de maio de 1928.
"inseparáveis" jornal não identificado, JRB,
microfilmagem 2.
"sem botar o pincel na boca" EH depoimento
juramentado, 15 de julho de 1927, JRB,
microfilmagem 1.
"partículas brilhantes" Liga Nacional do
Consumidor (LNC) memorando, novembro de
1959, arquivos da LNC, Biblioteca do Congresso.
"mãos, braços, pescoços" William B. Castle,
Katherine R. Drinker e Cecil K. Drinker, "Necrosis
of the Jaw in Workers Employed in Applying a
Luminous Paint Containing Radium", *Diário de
Higiene Industrial* (DHI) 8, n° 8 (agosto de 1925): 375.
"Quando eu voltava" EH, depoimento juramentado, 15 de julho de 1927, JRB, microfilmagem 1.
"Dava para ver" EH, depoimento nos tribunais,
12 de janeiro de 1928.
"como os relógios" QM, depoimento nos
tribunais, 12 de janeiro de 1928.
"mais pareciam madames" "Mother to Sue for
US$250,000 as Radium Victim", *Orange Daily
Courier*, 12 de dezembro de 1929.
"eu conseguia fazer" GF, depoimento nos
tribunais, 12 de janeiro de 1928.
"Lembro-me de mascar" QM, depoimento nos
tribunais, 12 de janeiro de 1928.
"As secreções quando eu assoava" GF,
depoimento juramentado, julho de 1927, JRB,
microfilmagem 1.
"italianinha animada" Citado por Clark,
Radium Girls, 16.
"trabalhadora, tranquila" Frederick Hoffman
para Arthur Roeder, 7 de março de 1925, JRB,
microfilmagem 2.
"o tipo que fazia tudo" memorando da USRC,
20 de julho de 1927.
"Consegui um cargo" KS, "Radium", 138.
"Não faça isso" VS, citado no depoimento nos
tribunais de GF, 12 de janeiro de 1928.
"Não faça isso" Ibid.
"Ela me disse que não tinha problema" Ibid.

CAPÍTULO 4

"Barker simplesmente misturava" memorando
de Robley Evans sobre a conversa com
Wallhausen, citado na "Historic American
Buildings Survey: U.S. Radium Corporation",
National Park Service.

"Todas tinham um paninho" EH, depoimento nos tribunais, 12 de janeiro de 1928.

"Tiraram nossos paninhos" Ibid.

"Os lábios eram" EH, depoimento nos tribunais, *Orange Daily Courier* (13 de janeiro de 1928).

"rachaduras e" ficha médica de KS, 17 de dezembro de 1927, JRB, microfilmagem 2.

"ávidas por tirar vantagem" Swen Kjaer, 8 de abril de 1925, citado por Clark, *Radium Girls*, 15.

"as meninas no escritório" KS, "Radium", 138.

"Eu não estava montando enxoval nenhum" Ibid.

"risonha e gostava muito" Florence L. Pfalzgraf, "Radium Victim Battles Death with Courage", *Orange Daily Courier*, 30 de abril de 1928.

"mais higiênica" VS, citado por Clark, *Radium Girls*, 17.

"mais benéfica do que a lama" Ibid.

"Eu instruía para que" KS, testemunho nos tribunais, 25 de abril de 1928.

"Em ambiente controlado" VS, "Can't You Find the Keyhole?", 24, 108.

"A importância do rádio para nós hoje" Ibid., 24.

CAPÍTULO 5

"Segui o protocolo para periodontite" dr. Joseph P. Knef, citado em "Exhume Girl's Body to Find Death Cause", *Newark Sunday Call*, 14 de outubro de 1927.

"Em vez de reagir ao tratamento" Ibid.

"Minha irmã" QM, citado em "Radium Death is Specter", *Star-Eagle*.

"métodos radicais de tratamento" ficha de Amelia Maggia, estudo de Swen Kjaer, CRH.

"aflição fora do comum" "Poisoned! As They Chatted Merrily at Their Work", *American Weekly*, 28 de fevereiro de 1926.

"peculiar" Ibid.

"Definitivamente diferia" Ibid.

"Eu pinto números" Amelia Maggia para Knef, jornal não identificado, USRC.

"Pedi ao pessoal" Knef, citado em "Exhume Girl's Body to Find Death Cause", *Newark Sunday Call*, 14 de outubro de 1927.

"Pensei que pudesse haver fósforo" Ibid.

"Era tanta agonia" QM, citado em "Radium Death is Specter", *Star-Eagle*.

"não por via cirúrgica" "Poisoned! As They Chatted Merrily at Their Work", *American Weekly*, 28 de fevereiro de 1926.

"O rádio pode ser ingerido" *Newark Evening News* (fevereiro de 1922).

"sempre que um pedaço" "Poisoned! As They Chatted Merrily at Their Work", *American Weekly*, 28 de fevereiro de 1926.

"devoto" Martin, "Doomed to Die", 136.

"foi devorando-a lentamente" Knef, citado em "Doctor Bares Deadly Radium Disease Secret", *Star-Eagle*.

"morte dolorosa e terrível" QM, citado em "Radium Death is Specter", *Star-Eagle*.

"Ela morreu" AL, citado em "Radium Victim 'Waiting'", *Star-Eagle*.

"Minha irmã mais velha" AL, testemunho nos tribunais, 25 de abril de 1928.

"Para Amelia" Conta do dr. Thompson, JRB, microfilmagem 2.

CAPÍTULO 6

"Precisa-se de moças" anúncio da Radium Dial, *Ottawa Daily Republican-Times*, 16 de setembro de 1922.

"Buscamos moças" Ibid.

"verdadeira comunidade norte-americana" Diretório Municipal de Ottawa, 1922.

"onde reina a cordialidade" Slogan do Banco fiduciário e de poupança dos Comerciantes e Agricultores, Ibid.

"a um quarteirão ao norte" Anúncio publicitário da White's Garage, Ibid.

"uma [cidade] pequena" Mary Doty, "Ottawa's Doomed Women", *Chicago Daily Times* (17 de março de 1936).

"Os cidadãos de Ottawa" Diretório Municipal de Ottawa, 1922.

"problemas pulmonares", "Maurice Wolfe Is Dead", *Ottawa Free Trader* (1º de Agosto de 1913).

"Era um trabalho fascinante" John Main, "Doomed Radium Victims Left Defenseless Too", *Chicago Daily Times*, 9 de julho de 1937.

"pincéis japoneses" CD, depoimento nos tribunais, resumo jurídico (fevereiro de 1938).

"A srta. Lottie Murray" Helen McKenna, "Victim Faints at Death Query in Radium Suit", *Chicago Daily Times*, 10 de fevereiro de 1938.

"Primeiro mergulhávamos" CD, depoimento nos tribunais, citado em "Radium Victim Tells 'Living Death'; She Faints as Doctor Charts Doom", *Chicago Herald Examiner*, 11 de fevereiro de 1938, 3.

"lábio, tinta" Marnich, *These Shining Lives*, 16.

"a partir de 18 anos" Anúncio da Radium Dial, *Ottawa Daily Republican-Times* (16 de setembro de 1922).

"Ela comia o material" memorando do MIT, 6 de dezembro de 1958, CRH.

"Quando eu trabalhava" "Ottawa Radium Company, Now in NY, to Fight Women", *Chicago Daily Times* (8 de julho de 1937).

"um grupo alegre e animado" Doty, "Ottawa's Doomed Women".

"limpar-se depois era" Relatório sobre os ateliês de pintura, editado por Edsall e Collis, *DHI* 15, nº 5 (1933): CRH.

"As garotas em alvo" Bruce Grant, "Ghost Women Await Court's Decision on Radium Poisoning", *Chicago Herald-Examiner* (27 de fevereiro 1938).

"Eu *ansiava* poder" Ova Winston, CRH.

"Quando eu voltava para casa" CD, depoimento nos tribunais, citado por Bruce Grant, "Living Death Told by Woman Victim of Radium Poisoning", *Chicago Herald-Examiner* (11 de fevereiro de 1938).

"comicamente apelidadas" Grant, "Ghost Women Await Court's Decision".

"era esperado que se dedicassem" Entrevista com Mary Carroll Cassidy.

"Costumávamos almoçar" CD, depoimento nos tribunais, citado em diversos jornais, incluindo o *Denver Colorado Post*, o *Chicago Herald-Examiner* e o *Chicago Daily Times*.

"Ganhávamos mais" CD, depoimento nos tribunais, citado no *Chicago Daily Times* (11 de fevereiro de 1938).

"Estávamos extremamente felizes" Dito por pintora desconhecida, citado por Arthur J. Snider, "Ranks of 'Living Dead' Dwindle in 25 Years", *Chicago Daily Times*, 1953.

"Esperamos que você trabalhe" Manual do Funcionário da Westclox, Westclox Museum.

CAPÍTULO 7

"Imediatamente comecei a" sr. Barry, depoimento nos tribunais, 4 de janeiro de 1928.

"doença ocupacional" Ibid.

"a palavra rádio" KS, depoimento nos tribunais, 25 de abril de 1928.

"odor típico de alho" Citado por Clark, *Radium Girls*, 34.

"estava cansado de avisar" Charles Craster para John Roach, 3 de janeiro de 1923, JRB, microfilmagem 3.

"Um supervisor da empresa" Memorando sobre a visita de KS ao Departamento de Saúde, 19 de julho de 1923, JRB, microfilmagem 3.

"fizesse um levantamento" Craster para Roach, 3 de janeiro de 1923, JRB, microfilmagem 3.

"inexistência de relatos" Lillian Erskine para Roach, 25 de janeiro de 1923, JRB, microfilmagem 3.

"Estou convicto" sr. M. Szamatolski para Roach, 30 de janeiro de 1923, JRB, microfilmagem 3.

"considerável" USRC, "Memorandum for Scientific Witnesses", 28 de agosto de 1934.

"sem sombra de dúvida" H. Lohe, "Toxikologishe Beobachtungen über Thorium-X bei Mensch und Tier", *Virchows Arch.*, 1912, citado por Mullner, *Deadly Glow*, 38.

"Eu sugeriria que" Szamatolski para Roach, 30 de janeiro de 1923, JRB, microfilmagem 3.

"A reputação de inocuidade" George Willis e W. J. MacNeal, "A Skin Cancer Following Exposure to Radium", *Journal of the American Medical Association*, nº 80 (fevereiro de 1923), 469, citado por Mullner, *Deadly Glow*, 46.

"Tenho certeza" Szamatolski para Roach, 6 de abril de 1923, JRB, microfilmagem 3.

CAPÍTULO 8

"eram o que classifico como" Georgia Mann, CRH.

"[Uma das funcionárias]" Ibid.

"A sra. Reed deixou a" Ibid.

"Era de praxe" Bob Bischoff, CRH.

"Era uma casa" Entrevista com Darlene Halm.

"um bom dinheiro" Darlene Halm, "Peg Looney a 'Shining' example of Radium Dial Tragedy", *Times*, 4 de dezembro de 2010, www.mywebtimes.com/opinion/columnists/tribute-peg-looney-a-shining-example-of-radium-dial-tragedy/article_81585d6a-d815-59a5-b39a-22980f4354fa.html. 7

"tentar se esconder" Anuário da St. Xavier's Academy, 1922.

"cantinho que estivesse batendo um solzinho gostoso" Ibid.

"o galã" Autor desconhecido, "The Westclox Story", por volta dos anos 1930, folheto do Westclox Museum.

"era o lugar que pagava" Entrevista com Dolores Rossiter, 26 de julho de 2016.

"Marie precisava da renda" Ibid.

"A postura dela" Entrevista com Patty Gray.

"magricelinha" Ibid.

"simplesmente não gostava" Entrevista com Dolores Rossiter, 26 de julho de 2016.

"Marie ficou por causa do dinheiro" Ibid.

"O pagamento ia todo" Ibid.

"corpetes, luvas" Diretório do Município de Ottawa, 1922

"Aquilo era muito a cara de Marie" Entrevista com Dolores Rossiter, 26 de julho de 2016.

"A censura era enorme" Entrevista com Kathleen Donohue Cofoid.

"Muitas das meninas" CD, depoimento nos tribunais, citado por Grant, "Ghost Women Await Court's Decision".

"Costumávamos pintar" MR para Catherine Quigg, *Learning to Glow: A Deadly Reader*, editado por John Bradley (Tuscon: University of Arizona Press, 2000), 113.

"apagavam as luzes" CP, citado em entrevista com Felicia Keeton.

"por mera diversão" MR para Quigg, *Learning to Glow*, 113.

"Éramos um bando" CP, citado em Guy Housley, "Radium Dial Deals Death to Ninth of 'Suicide Club'", *Ottawa Daily Republican-Times* (14 de março de 1936).

"Elas achavam que" Entrevista com James Donohue.

CAPÍTULO 9

"Pensei que fosse só" GF, Depoimento juramentado, 8 de junho de 1927, JRB, microfilmagem 1.

"total" Atestado de óbito de Irene Rudolph, JRB, microfilmagem 2.

"inconsistente" Ibid.

"uma doença terrível e misteriosa" KS, "Radium", 138.

"Ainda tem mais uma" Memorando sobre a visita de KS ao Departamento de Saúde, 19 de julho de 1923, JRB, microfilmagem 3.

"Elas são obrigadas" Ibid.

"Um supervisor [da fábrica]" Ibid.

"Muitas das garotas" QM, citado no *Star-Eagle*.

"Todas jovens" QM, citado no *New York Sun*.

"Estávamos todos tão felizes" QM, citado em "Five Women, Facing Death by Radium Poisoning, Plead for Justice While They Live", *World*, 18 de maio de 1928.

"Eu não parava de mancar" Bilhete escrito à mão de QM para Berry, JRB, microfilmagem 1.

"Certa noite fui dormir" QM, citado em "Radium Death is Specter", *Star-Eagle*.

"[e] na manhã seguinte acordei" QM, citado por Dorothy Dayton, "Girls Poisoned with Radium Not Necessarily Doomed to Die", *New York Sun*, 17 de maio de 1928.

"Tentei entrar" Lenore Young, depoimento nos tribunais, abril de 1928.

"Deixei o assunto morrer" Young para Roach, 2 de fevereiro de 1924, JRB, microfilmagem 3.

"Comecei a ter" KS, "Radium", 138.

"pedregosa" Barry, depoimento nos tribunais, 4 de janeiro de 1928.

"A paciente trabalhava" Ibid.

"Eu ficava pensando" KS, "Radium", 138.

"[Irene] teve necrose" memorando de KS para Berry, JRB, microfilmagem 1.

"gravemente abalada" Queixa legal de KS, 17 de setembro 1927, JRB, microfilmagem 1."Meu pé estava" GF, depoimento nos tribunais, 12 de janeiro de 1928.

"Não contei a ninguém" GF, depoimento juramentado, 8 de junho de 1927, JRB, microfilmagem 1.

"No fim de 1923" Ibid.

"Quando [a empresa]" Ficha de Josephine Smith, estudo de Kjaer, CRH.

CAPÍTULO 10

"nas férias de verão" Emma Renwick, CRH.

"graciosa" "Testimony Concluded in Radium Dial Case", *Ottawa Daily Republican-Times*, 12 de fevereiro de 1938.

"que não parava quieta" Helen Munch, citado por Frederick Griffin, "Society of the Living Dead", *Toronto Star*, 23 de abril de 1938.

"bom marido" PP, citado por Griffin, "Society of the Living Dead".

"um sujeito muito instruído" Entrevista com Randy Pozzi.

"Mesmo enquanto" PP, "Life History of Pearl Payne in brief", Acervo de Pearl Payne (APP).

"Alguém incapaz de proferir" Entrevista com Randy Pozzi.

"a amiga mais querida" CD para PP, 9 de março de 1938, APP.

"Eu [ia] me casar" Pintora desconhecida, CRH.

"Nunca ouvi falar" Entrevista com Jean Schott.

"Ela cuidava muito bem da gente" Ibid.

"Ela era tudo" Uma das irmãs Looney para Martha Irvine, "Suffering Endures for Radium Girls", Associated Press (4 de outubro de 1998).

"Ela divertia os irmãos" Entrevista com Darlene Halm.

"Costumávamos usar nossos vestidos" CD, depoimento nos tribunais, citado por Grant, "Ghost Women Await Court's Decision", *Chicago Herald-Examiner* (27 de fevereiro de 1938).

CAPÍTULO 11

"Eu sentia que" KS, depoimento nos tribunais, 25 de abril de 1928.

"Recentemente, houve rumores" USRC para sua seguradora, citado por Clark, *Radium Girls*, 38.

"Não reconhecemos que exista" Ibid.

"Conversamos sobre o emprego" KS, depoimento nos tribunais, 25 de abril de 1925.

"havia alguma coisa acontecendo ali" Ibid.

"Eu me recusei a operar" Barry, depoimento nos tribunais, 4 de janeiro de 1928.

"Depois de examinar várias" Harrison Martland para Andrew McBride, 28 de agosto de 1925, JHM.

"sujeito extremamente qualificado" Memorando da USRC, julho de 1927.

"joelhos num estado muito peculiar" Dr. Humphries, depoimento nos tribunais, 25 de abril de 1928.

"bolsas de pus" Anotações de Katherine Wiley, JRB, microfilmagem 3.

"carcomido por traças" Frederick Flinn, publicação médica (possivelmente *JAMA*, vol. 96, nº 21), JHM.

"intoxicação por" Ficha de Hazel Kuser, estudo de Kjaer, CRH.

"Há poucas chances" Young explicando a Hazel o que ouvira dos médicos, carta para Roach, de fevereiro de 1924, JRB, microfilmagem 3.

"negligente" Young para Roach, 2 de fevereiro de 1924, JRB, microfilmagem 3.

"dificuldade considerável" Relatório do gerente de produção da USRC, citado por Clark, *Radium Girls*, 65.

"que estava prestes" Memorando interno da USRC, sem data.

CAPÍTULO 12

"Devemos determinar" Roeder para Cecil K. Drinker, 12 de março de 1924, JRB, microfilmagem 1.

"muito interessante" Drinker para Roeder, 15 de março de 1924, JRB, microfilmagem 1.

"melhora significativa" Roeder para Drinker, 12 de março de 1924.

"Fui informado de que" Ibid.

"Estamos inclinados a pensar" Drinker para Roeder, 15 de março de 1924.

"Ao mesmo tempo" Ibid.

"processo infeccioso crônico" Anotações de Drinker, JRB, microfilmagem 1.

"Eu estava sendo obrigada" GF, citado em "Girl Radium Victim in Martyr Role", *Graphic*, 25 de maio de 1928.

"situação psicológica" Roeder para Harold Viedt, 19 de março de 1924, USRC.

"Os indivíduos envolvidos" Viedt para Roeder, 12 de março de 1924.

"não refletiam nenhuma" Citado no julgamento, La Porte v. USRC, 17 de dezembro de 1935.

"foram exatamente como previ" Roeder para Viedt, 14 de março de 1924, USRC.

"Não estou tão otimista" Viedt para Roeder, 18 de março de 1924.

"Devemos criar uma atmosfera" Roeder para Viedt, 19 de março de 1924.

"a ação mais importante" Ibid.

"Você deveria fechar a fábrica" Sr. Davidson, citado nas anotações de Wiley em sua entrevista com o dentista, JRB, microfilmagem 3.

"Se tivesse jeito" Ibid.

"As autoridades estão hesitando" Young, citado por Clark, *Radium Girls*, 66.

"dores nos ossos do rosto" Ficha de Marguerite Carlough, estudo de Kjaer, CRH.

"lesões graves" Drinker para McBride, 30 de junho de 1925, JRB, microfilmagem 1.

"desprezou a possibilidade de maiores danos" Ibid.

"característica de todos os funcionários" Ibid.

"Aparentemente havia uma total falta de percepção" Ibid.

"nunca houve qualquer desenvolvimento de tumor maligno" Ibid.

"examinou várias daquelas mulheres" Katherine Drinker, depoimento nos tribunais, 14 de novembro de 1927.

"persistia na pele" Castle, Drinker e Drinker, "Necrosis of the Jaw," *DHI* (agosto de 1925).

"se recuperado satisfatoriamente" Ibid.

"com a [constante] descarga de pus" Ibid.

"Pelo menos uma vez ao dia" Knef, transcrição da conversa com a USRC, 19 de maio de 1926, JRB, microfilmagem 3.

"passei três dias e três noites" Ibid., microfilmagem 2.

"embaçados" "Poisoned — As They Chatted Merrily at Their Work", *American Weekly* (28 de fevereiro de 1926).

CAPÍTULO 13

"ultimamente vinha" Castle, Drinker e Drinker, "Necrosis of the Jaw", 371–381.

"era uma declaração que nada condizia" Ibid.

"uma pobre doente" Wiley, citado por Clark, *Radium Girls*, 66.

"Depois de ver uma das vítimas" Wiley para Roeder, 17 de janeiro de 1925, JRB, microfilmagem 3.

"se agarrar ao caso" Wiley, citado por Clark, *Radium Girls*, 66.

"disposta a discutir o assunto" Anotações de Wiley, JRB, microfilmagem 3.

"A senhorita Mead deseja" Ibid.

"Quando o envenenamento por rádio" Ibid.

"Elas não têm um tostão" Wiley para Alice Hamilton, 4 de março de 1925, JRB, microfilmagem 3.

"furioso" Wiley, citado por Clark, *Radium Girls*, 85.

"o repreendeu na minha presença" Ibid.

"Quero uma investigação" Anotações de Wiley, JRB, microfilmagem 3.

"Coloque por escrito" Ibid.

"praticamente normal" Tabela com os resultados do estudo de Castle, Drinker e Drinker, anexado a uma carta de Viedt para Roach, 18 de junho de 1924, JRB, microfilmagem 1.

"Não creio" Viedt para Roach, 18 de junho de 1924.

"todas as garotas do setor estavam" Roeder, dito de Hamilton para Katherine Drinker, 4 de abril de 1925, JRB, microfilmagem 1.

"Ele fica dizendo a todos" Ibid.

"Os boatos arrefeceram" Memorando da USRC.

"O ponto aqui não é" Theodore Blum para a USRC, 14 de junho de 1924, JRB, microfilmagem 3.

"um precedente que" USRC para Blum, 18 de junho de 1924, JRB, microfilmagem 3.

"Os resultados da investigação minuciosa" Ibid.

"Lamentamos não poder ajudá-lo dessa maneira" Ibid.

"Eu estava apenas apelando" Blum para a USRC, 20 de junho de 1924, JRB, microfilmagem 3.

CAPÍTULO 14

"problema nervoso" Anotações de Wiley, JRB, microfilmagem 3.

"Eu não tinha como viajar" KS, "Radium", 138.

"A dor [que sofri]" KS, citado em "Poisoned — As They Chatted".

"o tratamento fosse feito" Anotações de Wiley, JRB, microfilmagem 3.

"Não deixei que nenhum obstáculo" KS, "Radium", 139.

"Por que tinha que sofrer tanto" KS, citado em "Woman Doomed Rests All Hopes in Her Prayers", *Graphic*.

"Era como se uma perna" QM, depoimento juramentado, 29 de agosto de 1927, JRB, microfilmagem 1.

"não conseguia movimentar os quadris" Humphries, depoimento nos tribunais, 25 de abril de 1928.

"sombra branca" Ibid.

"uma manchinha branca" Humphries, depoimento nos tribunais, 27 de novembro de 1934.

"Toda a situação é aterradora" Roach, citado em "Occupational Diseases — Radium Necrosis", informações garantidas por Miss E. P. Ward, CRH.

"qualquer problema que possa" Szamatolski para Roach, 6 de abril de 1923, JRB, microfilmagem 3.

"queixo de rádio" Blum, endereçado à American Dental Association, setembro de 1924.

"toda a assistência necessária" KS para Berry, memorando, JRB, microfilmagem 1.

"Disseram que eu tinha" QM, depoimento juramentado, 29 de agosto de 1927, JRB, microfilmagem 1.

"Ainda era possível andar" Ibid.

"O gesso aliviou" QM, citado em "Radium Death is Specter", *Star-Eagle*.

"uma perna estava" Ibid.

"sofrido tanto que sua cabeça" Anotações de Wiley, JRB, microfilmagem 3.

"A dor que ela sofreu" Karl Quimby para Martland, 23 de junho de 1925, JHM.

"energicamente" Hamilton para Wiley, 30 de janeiro de 1925, JRB, microfilmagem 3.

"Pelo que ouvi" Ibid.

"investigadora especial" Ibid.

"em estado lamentável" Hoffman para Roeder, 13 de dezembro de 1924, JRB, microfilmagem 2.

"Se os danos em questão" Hoffman para Roeder, 29 de dezembro de 1924, JRB, microfilmagem 2.

"Que esses danos tornar-se-ão indenizáveis" Ibid.

CAPÍTULO 15

"Comecei a sentir dores" CD, depoimento nos tribunais, citado no *Ottawa Daily Republican-Times*, 10 de fevereiro de 1938.

"[Não foi feito] nenhum esforço" Rufus Fordyce, citado no estudo de Kjaer, CRH.

"E o atleta frio" Anuário da Ottawa High School, 1925.

"Ele era tudo" Entrevista com Jean Schott.

"um intrépido" Entrevista com Dolores Rossiter.

"Era chegado numa diversão" Ibid.

"A família inteira!" Entrevista com Jean Schott.

"solicitado a ligar" S. Kjaer, "Occupational Diseases — Radium Necrosis: Observations on Fieldwork", CRH.

Citações seguintes, Ibid.

"A tinta de rádio chamou" Ethelbert Stewart, citado em "U.S. Labor Expert Calls for Radium Paint Inquiry", *World* (17 de julho de 1928).

"Abandonei a investigação" Stewart para Hamilton, 17 de dezembro de 1927, JRB, microfilmagem 3.

CAPÍTULO 16

"incapacitá-la totalmente" "Dial Painter Sues Concern Claiming Injury to Health", *Newark Evening News* (9 de março de 1925).

"gravemente doente" Ibid.

"ficou assustada quando Frances" Citado por Clark, *Radium Girls*, 109.

"certeza" Ibid.

"não se atreveu" Ibid.

"movimento feminista" Roeder, dito numa reunião com Swen Kjaer, citado por Clark, *Radium Girls*, 100.

"interesse incomum" Roeder para Wiley, 3 de março de 1925, JRB, microfilmagem 3.

"perfeitamente sensato" Roeder para Wiley, 9 de janeiro de 1925, JRB, microfilmagem 3.

"nada poderia estar" Hoffman para Roeder, 7 de março de 1925, JRB, microfilmagem 2.

"situação realmente lamentável" Ibid.

"a apresentação de qualquer assunto" Roeder para Drinker, 25 de fevereiro de 1925, JRB, microfilmagem 1.

"tal investigação deveria" Ibid.

"Ouvi a mesma história" Hoffman, depoimento nos tribunais, 12 de janeiro de 1928.

"Cremos sinceramente que" Roeder para Hoffman, 17 de dezembro de 1924, JRB, microfilmagem 2.

"a doença em questão" VS para Hoffman, 14 de fevereiro de 1925, JRB, microfilmagem 3.

"Caro sr. Roeder" Wiley para Roeder, 2 de março de 1925, JRB, microfilmagem 1.

"Acreditamos que o problema" Drinker para Roeder, 3 de junho de 1924, JRB, microfilmagem 1.

"pelo visto, o rádio" Drinker para Viedt, 29 de abril de 1924, citado por Mullner, *Deadly Glow*, 58.

"Em nossa opinião" Relatório dos Drinker, 3 de junho de 1924, JRB, microfilmagem 1.

Citações seguintes, Ibid.

"praticamente normais" Tabela com os resultados do relatório Castle, Drinker e Drinker, JRB, microfilmagem 1.

"Cremos que é importante" Relatório dos Drinker, 3 de junho de 1924.

"chamar a atenção para o fato" Ibid.

"precauções que devem ser tomadas" Drinker para Roeder, 3 de junho de 1924, JRB, microfilmagem 1.

"Isso é muito mais econômico" Roeder para Viedt, memorando, 9 de abril de 1925, Arquivos da USRC.

"confuso" Roeder para Drinker, 6 de junho de 1924, JRB, microfilmagem 1.

"absorver toda essa situação" Ibid.

"cogitando abrir mão de meus sábados" Ibid.

"Seu relatório preliminar" Roeder para Drinker, 18 de junho de 1924, JRB, microfilmagem 1.

"Lamento que nosso relatório" Drinker para Roeder, 20 de junho de 1924, JRB, microfilmagem 1.

"Encontramos alterações no sangue" Ibid.

"Ainda sinto que precisamos" Roeder para Drinker, 1º de julho de 1924, JRB, microfilmagem 1.

"A infeliz situação econômica" Drinker, citado Mullner, *Deadly Glow,* 59.

"Não me parece" Drinker, citado por Clark, *Radium Girls*, 125.

"Estamos na indústria para ajudar" Burlingame, "The Art, Not the Science, of Industrial Medicine", citado em Ibid., 95.

"o encerramento quase completo de" Roeder para Drinker, 16 de julho de 1924, JRB, microfilmagem 1.

"dotada de um espírito" Wiley, citado por Clark, *Radium Girls*, 96.

"desonesto" Ibid.

"Você acha" Hamilton para Katherine Drinker, 4 de abril de 1925, JRB, microfilmagem 1.

"muito indignados" Katherine Drinker para Hamilton, 17 de abril de 1925, JRB, microfilmagem 1.

"ele provou ser um verdadeiro vilão" Ibid.

"é de seu total interesse" Cecil K. Drinker para Roeder, 17 de fevereiro de 1925, JRB, microfilmagem 1.

"suficientemente estúpido" Hamilton para Wiley, 2 de fevereiro de 1925, JRB, microfilmagem 3.

CAPÍTULO 17

"Fiquei impressionado" Hoffman, depoimento nos tribunais, 12 de janeiro de 1928.

"Gostaria de conseguir persuadi-lo" Roeder para Hoffman, 2 de abril de 1925, JRB, microfilmagem 2.

"oportunidade de investigar o tema minuciosamente" Ibid.

"Expresso meus sinceros" Hoffman para Roeder, 17 de abril de 1925, JRB, microfilmagem 2.

"Ao examinar meu arquivo" Ibid.

"pensava que a doença" Roeder, citado no estudo de Kjaer, JRB, microfilmagem 2.

"o assunto agora está em poder" Roeder para Roach, 22 de abril de 1925, JRB, microfilmagem 1.

"Em vista da situação legal" Roeder para Drinker, 9 de abril de 1925, JRB, microfilmagem 1.

"[Ambos] fomos enganados" Drinker para Roach, 29 de maio de 1925, JRB, microfilmagem 1.

"pressentia que a conduta de sua empresa" Ibid.

"assegurou [a ele]" Ibid.

"não vou tomar a iniciativa" Drinker para Roeder, 29 de maio de 1925, JRB, microfilmagem 1.

"Realizei os primeiros exames" Flinn, "Outline of F. B. Flinn's Association with Radium Research", USRC files.

"não saber diretamente" EH depoimento juramentado, 15 de julho de 1927, JRB, microfilmagem 1.

"não fora iniciativa dela" Ibid.

"[Ele] me disse" Ibid.

"um inverno muito deprimente" KS, "Radium", 139.

"Desde [minha] primeira visita" KS, *Graphic*.

"Estar sob os cuidados de" KS, "Radium", 139.

"Consultei-me com todos" GF, citado em Ethelda Bedford, "Radium Girls Agree to Terms", *Newark Ledger*, junho de 1928.

"ficaram tão dolorosos" GF, depoimento juramentado, 8 de junho de 1927, JRB, microfilmagem 1.

"extremamente apodrecida" Martland, depoimento nos tribunais, 26 de abril de 1928.

"Sinto-me absolutamente satisfeito" Anotações de Berry, posteriores à entrevista com VS, JRB, microfilmagem 3.

"fraca, acelerada e irregular" Ficha de Marguerite Carlough, estudo de Kjaer, CRH.

"As mulheres foram sendo" Hoffman, depoimento nos tribunais, 12 de janeiro de 1928.

"O efeito cumulativo era desastroso" Ibid.

"Estamos lidando com" Relatório de Hoffman, citado por Mullner, *Deadly Glow,* 66.

"Pode ser que a srta. Carlough" Hamilton para Katherine Drinker, 4 de abril de 1925.

"não havia nenhum caso" Hoffman, depoimento nos tribunais, 12 de janeiro de 1928.

"O aspecto mais sinistro" Hoffman, discurso para a American Medical Association, 25 de maio de 1925, CRH.

"[Von Sochocky] me fez compreender" Hoffman, depoimento nos tribunais, 12 de janeiro de 1928.

"Pareceu-me mais apropriado" Hoffman, *JAMA*, 1925.

"É lamentável" William Bailey, citado por Mullner, *Deadly Glow*, 114.

"Soa como uma enorme desventura" Hamilton para Wiley, 7 de março de 1925, JRB, microfilmagem 3.

CAPÍTULO 18

"perdido o interesse" Martland para McBride, 28 de agosto de 1925, JHM.

"não fazia distinção" Biografia, 1940, JHM.

"rotundo, mas" Ibid.

"nem gravata" Ibid.

"se exercitava" Samuel Berg, *Harrison Stanford Martland, M.D.: The Story of a Physician, a Hospital, an Era* (Vantage Press, 1978), 15.

"Uma das principais funções" Martland, "The Danger of Increasing the Normal Radioactivity of the Human Body", JHM.

"O primeiro caso que me chamou" Martland, depoimento nos tribunais, 6 de dezembro de 1934.

"zombado" Cecil K. Drinker para McBride, 30 de junho de 1925, JRB, microfilmagem 1.

"seu palato estava" Clark, *Radium Girls*, 103.

"rapidamente entrou em" Martland, depoimento nos tribunais, 26 de abril de 1928.

"profundamente malograda" Ficha de Sarah Maillefer, estudo de Kjaer, CRH.

"transferida para receber" "Interest Keen in Radium Inquiry," *Newark Evening News* (19 de junho de 1925).

"A paciente estava" Martland, depoimento nos tribunais, 26 de abril de 1928.

"Ela mal conseguiu aguentar cinco minutos" Ibid.

"delirante" Ficha de Sarah Maillefer, estudo de Kjaer, CRH.

"Neste momento nada além" Martland, citado em jornal não identificado, JHM.

"Se minhas suspeitas estivessem corretas" Ibid.

"Não temos nada definido" Martland, citado em "Interest Keen in Radium Inquiry", *Newark Evening News* (19 de junho de 1925).

"Não" "Interest Keen in Radium Inquiry", *Newark Evening News* (19 de junho de 1925).

"Por quê?" Ibid.

"Dizem que ela recebeu a notícia com muita coragem" Ibid.

CAPÍTULO 19

"pequena possibilidade" Viedt, citado em jornal não identificado, JHM.

"Contratamos pessoas da maior" Ibid.

"nada foi encontrado" Ibid.

"um absurdo pensar que" Ibid.

"cheia de sangue velho" Filha de Sarah Maillefer, estudo de Kjaer, CRH.

"medula em tom vermelho-escuro" Ibid.

"por causa do raio gama" Elizabeth Hughes, depoimento nos tribunais, 25 de abril de 1928.

"fisiológica e biologicamente" Martland, depoimento nos tribunais, 26 de abril de 1928.

"A uma distância de" Ibid.

"forças intensas, poderosas" VS, "Can't You Find the Keyhole?", 108.

"infinitesimal" Viedt, citado em jornal não identificado, JHM.

"um tipo de radiação" Martland, "The Danger of", JHM.

"radioatividade considerável" Ficha de Sarah Maillefer, estudo de Kjaer, CRH.

"Então tirei da sra. Maillefer" Martland, depoimento nos tribunais, 26 de abril de 1928.

"todos os dias" Ibid.

"Não há nada à luz da" Martland para McBride, 28 de agosto de 1925, JHM.

"O rádio é indestrutível" Knef, citado em "Exhume Girl's Body to Find Death Cause", *Star-Eagle*, outubro de 1927.

"Se for esse o caso..." Ibid.

"Não resta a menor" Martland para McBride, 28 de agosto de 1925.

"Seria possível obter" Flinn para Martland, 20 de junho de 1925, JHM.

"O relatório vai ficar" Stryker, dito de Roeder para Drinker, 22 de junho de 1925, JRB, microfilmagem 1.

"Se o Departamento do Trabalho insistir" Ibid.

"furioso" Wiley, citado por Clark, *Radium Girls*, 85.

"Estou providenciando" Drinker para Roeder, 18 de junho de 1925, JRB, microfilmagem 1.

"Pode dizer a eles que" Philip Drinker, citando seu irmão advogado, carta para Hamilton, 1952, publicado em "Historic American Buildings Survey".

"Aquele relatório dos" Josephine Goldmark, citado por Mullner, *Deadly Glow*, 60.

"Médicos que nunca tiveram" Bailey, citado por Clark, *Radium Girls,* 174.

"tomar uma dose de todo o rádio" Bailey, citação em jornal desconhecido, JHM.

"O rádio, devido ao mistério" Clarence B. Lee, "Necrosis Cases Declared Growing", *Newark Evening News*, 21 de junho de 1925.

"fora de forma" Roeder, comunicado à imprensa, citado em Kenneth A. DeVille e Mark E. Steiner, "New Jersey Radium Dial Workers and the Dynamics of Occupational Disease Litigation in the Early Twentieth Century", *Missouri Law Review* 62, 2 (primavera de 1997).

"não estava com a saúde plena" funcionário da USRC, *New York Times*, citado em artigo de Florence E. Wall, Biblioteca Pública de Orange.

"não concordava com todas" McBride para Drinker, 25 de junho de 1925, JRB, microfilmagem 3.

"a vida humana é" Ibid.

"emitir ordens para fechar" Ibid.

"Mal consigo expressar" Quimby para Martland, 23 de junho de 1925, JHM.

"péssimas condições" Martland, depoimento nos tribunais, 26 de abril de 1928.

"Em meio às minhas dificuldades" KS, "Radium", 139.

"Provavelmente ele vai dizer que" Ibid.

"Seu estado físico geral" Martland, citado por Clark, *Radium Girls*, 103.

"Até tolero a dor" QM, *Star-Eagle*.

"Ele me falou" GF, depoimento juramentado, 18 de julho de 1927, JRB, microfilmagem 1.

"Ele me disse que meu problema" QM, depoimento juramentado, 29 de agosto de 1927, JRB, microfilmagem 1.

"Quando descobri o que eu tinha" GF, *Graphic*.

"Fiquei horrorizada" Ibid.

"Os médicos me disseram que" KS, "Radium", 139.

"O diagnóstico do médico legista" Ibid.

"me deu *esperança*" Ibid.

CAPÍTULO 20

"Não faça isso" VS, citado por GF, depoimento nos tribunais, 12 de janeiro de 1928.

"*todos os problemas que*" GF, depoimento juramentado, 18 de julho de 1927, JRB, microfilmagem 1.

"Por que não nos contou?" Pergunta de prova apresentada por Berry comprovando que GF "perguntou [a VS] por que [ele] não as informara" do perigo, transcrição dos tribunais, abril de 1928.

"ciente dos riscos" Transcrição dos tribunais, 27 de abril de 1928.

"havia avisado a outros" Berry, citando declaração de VS para Martland e Hoffman, apontamentos jurídicos, JRB, microfilmagem 1.

"vinha se esforçando" Berry para Hoffman, resumindo a declaração de Hoffman sobre o que VS dissera, 3 de janeiro de 1928, JRB, microfilmagem 3.

"O assunto não estava" Transcrição dos tribunais, 27 de abril de 1928.

"Não acredito em desistências" GF citado em "Girl Radium Victim in Martyr Role", *Graphic*, 25 de maio de 1928.

"resoluta e sorridente" Ethel Brelitz, citado por Julia MacCarthy, "Sacrifice Would Have Caused Her Joy, They Declare", jornal não identificado, JRB, microfilmagem 2.

"Na maior parte do tempo" Ibid.

"Nada poderia ser feito" QM, citado na queixa de AL, JRB, microfilmagem 1.

"Quando percebo que estou" GF citado em "Girl Radium Victim in Martyr Role", *Graphic*, 25 de maio de 1928.

"uma quantia em dinheiro" Berry, resumo do caso das garotas, JRB, microfilmagem 1.

"[Mas] eu não tinha" GF, depoimento juramentado, 18 de julho de 1927, JRB, microfilmagem 1.

"Cada um dos outros advogados" KS, "Radium", 139.

"impingir algo" Roeder, citado no estudo de Kjaer, JRB, microfilmagem 2.

"Helen Quinlan" A Lista das Condenadas, JHM.

"Eu sei que vou morrer" KS, "The Legion of the Doomed", *Graphic*.

"O rosto dela" "Poisoned — As They Chatted."

"saúde mental" Hoffman para Roeder, 8 de dezembro de 1925, JRB, microfilmagem 2.

"mentalmente perturbada" memorando de USRC, 20 de julho de 1927.

"Quando você adoece" KS, citação no *Sunday Call.*

"terrivelmente doente" Berry, resumo da doença de KS, JRB, microfilmagem 1.

"Ela não é mais a mesma" Josephine Schaub, citado por Dorothy Dayton, "Girls Poisoned with Radium Not Necessarily Doomed to Die", *New York Sun*, 17 de maio de 1928.

"Os piores momentos são" KS, citação no *Sunday Call.*

"a praticamente um toco" "Poisoned — As They Chatted".

CAPÍTULO 21

"Parou de doer" AL, depoimento nos tribunais, 25 de abril de 1928.

"Estou *tão* infeliz" AL, "Radium Victim 'Waiting'", *Star-Eagle.*

"Eu sei" Ibid.

"Começou com dores" EH, depoimento nos tribunais, 12 de janeiro de 1928.

"Ela sofreu" Humphries, depoimento nos tribunais, 25 de abril de 1928.

"Naquela época" Ibid.

"Eles me engessaram" EH, depoimento nos tribunais, 12 de janeiro de 1928.

"Fui visitar o dr. Flinn" Wiley para o procurador-geral, 23 de fevereiro de 1928, JRB, microfilmagem 3.

"havia pedido ao dr. Flinn" Ibid.

"Prezada senhorita Schaub" Flinn, para KS, 7 de dezembro de 1925, JRB, microfilmagem 3.

"estado nervoso terrível" Flinn, "Outline of F. B. Flinn's Association with Radium Research".

"Eu estava doente" KS, depoimento nos tribunais, 25 de abril de 1928.

"Eu nunca respondi" Flinn, "Outline".

"[Eu] examinei praticamente" Flinn, "Newer Industrial Hazards", *JAMA* 197, 28.

"uma forma até então" Martland, et al., *JAMA* (Dezembro de 1925).

"Estamos a um longo caminho" James Ewing, citado por Clark, *Radium Girls*, 104.

"nenhuma das substâncias" Martland, citado por Clark, *Radium Girls*, 105.

"O estudo original" Martland, "The Danger of", JHM.

"automaticamente causou uma queda" Radium Ore Revigator Company to Martland, 8 de abril de 1926, JHM.

"Nosso amigo Martland" Howard Barker, citado por Clark, *Radium Girls*, 107.

"Estou bastante inclinado" Ibid.

"Embora eu não esteja" Flinn para Drinker, 16 de janeiro de 1926, JRB, microfilmagem 3.

"semimorta" Hoffman, citado no *Orange Daily Courier*, 9 de junho de 1928.

"o mais trágico já registrado" Ibid.

"belas concentrações" Martland, depoimento nos tribunais, 26 de abril de 1928.

CAPÍTULO 22

"Sinto-me melhor" GF, citação em jornal não identificado, JRB, microfilmagem 2.

"para que não se tornasse" QM, citado em Dorothy Dayton, "Girls Poisoned with Radium Not Necessarily Doomed to Die", *New York Sun*, 17 de maio de 1928.

"Ele me anima" AL, "Radium Victim 'Waiting'", *Star-Eagle*.

"Sou um tremendo fardo" Ibid.

"Enquanto outras garotas" KS, "The Legion of the Doomed", *Graphic*.

"Você não faz ideia" Ibid.

"É muito difícil" Josephine Schaub, citado em Dorothy Dayton, "Girls Poisoned with Radium Not Necessarily Doomed to Die", *New York Sun*.

"opinião imparcial" Flinn para KS, 7 de dezembro de 1925, JRB, microfilmagem 3.

"o rádio não tinha como" Berry, apontamentos jurídicos, JRB, microfilmagem 1.

"[Todas nós] achamos" queixa de AL, JRB, microfilmagem 1.

"Acordos são fechados no caso das mortes por rádio", *Newark Evening News*, 4 de maio de 1926.

"O sr. Carlough" Ibid.

"Prezados" Gottfried para a USRC, 6 de maio de 1926, JRB, microfilmagem 3.

"Recebi sua carta" Stryker para Gottfried, 15 de junho de 1926, JRB, microfilmagem 1.

"se recusava a fazer" Berry, apontamentos jurídicos, JRB, microfilmagem 1.

"não era exatamente" Wiley, citado por Clark, *Radium Girls*, 117.

"com a corda no pescoço" Funcionário anônimo, citado no "Historic American Buildings Survey".

"tensos e inseguros" Citado em "Hope for the Radium Victims", *Newark Ledger*.

"Nós, garotas" GF, *Graphic*.

"Não existe risco industrial" Flinn, "Radioactive Material: An Industrial Hazard?" *JAMA* (dezembro de 1926).

"mais achismo" Hoffman, depoimento, 25 de agosto de 1927, JRB, microfilmagem 1.

"não consigo evitar sentir" Flinn para Drinker, 16 de janeiro de 1926, JRB, microfilmagem 3.

"Seu exame de sangue" GF, depoimento juramentado, 18 de julho de 1927, JRB, microfilmagem 1.

"Ele me disse" GF, depoimento nos tribunais, 12 de janeiro de 1928.

"Se vocês vão jogar comigo" Diálogo das transcrições da USRC da reunião citada, 19 de maio de 1926, JRB, microfilmagens 2 e 3.

Todas as citações restantes do capítulo, Ibid.

CAPÍTULO 23

"Eles eram melhores amigos" Entrevista com Don Torpy.

"homem muito comedido" Entrevista com James Donohue.

"Ele era o sexto" Entrevista com Kathleen Donohue Cofoid.

"Naquela época, as pessoas" Entrevista com James Donohue.

"não era extrovertido de forma alguma" Entrevista com Mary Carroll Cassidy.

"Os dois eram muito calados" Ibid.

"Eu cheguei a pedir demissão dez" Elizabeth Frenna, CRH.

"Lembro-me de quando" sr. Callahan, CRH.

"o rosto tomado por [uma] explosão de manchas" Edna Mansfield, CRH.

"pedi demissão porque" Goldie King, CRH.

"dores terríveis, insuportáveis" Srta. Clarence Monsen, CRH.

"Embora tivéssemos" Ibid.

"Tive muitas amigas" Ibid.

"esquisitas" CD, depoimento nos tribunais, citado no *Chicago Herald-Examiner* (12 de fevereiro de 1938).

"desajeitadas de manipular" CD, depoimento nos tribunais, citado no *Ottawa Daily Republican-Times* (11 de fevereiro de 1938).

"No início, éramos bastante vigiadas" Hazel McClean, CRH.

"A pessoa responsável pela supervisão" Ida Zusman, CRH.

"voltou em seguida" Hazel McClean, CRH.

"A gente tinha a escolha" CD, depoimento nos tribunais, apontamento jurídico.

"Aquelas que eram gananciosas" Dr. Brues, CRH.

"A empresa deixou em nossas mãos" CD, depoimento nos tribunais, citado no *Chicago Herald-Examiner* (12 de fevereiro de 1938).

CAPÍTULO 24

"seu estado era" Martland, citação de Hoffman para GF, 9 de dezembro de 1926, JRB, microfilmagem 3.

"em prol da" Hoffman para Roeder, 6 de novembro de 1926, JRB, microfilmagem 2.

"O sr. Roeder não tem mais" Lee para Hoffman, 16 de novembro de 1926, JRB, microfilmagem 2.

"Tome medidas legais" Hoffman para GF, 9 de dezembro de 1926, JRB, microfilmagem 3.

"As radiografias mostraram" Humphries, depoimento nos tribunais, 25 de abril de 1928.

"destruição completa" GF, Apontamentos médicos, JRB, microfilmagem 2.

"trituramento e desbaste" GF, Histórico médico, JRB, microfilmagem 3.

"O rádio basicamente consome" GF, citado por Florence L. Pflazgraf, "Radium Victim Battles Death with Courage," *Orange Daily Courier*, 30 de abril de 1928.

"Mal consigo ficar de pé sem ele" Ibid.

"Lamentamos informar que" Hood, Lafferty e Campbell para GF, 24 de março de 1927, JRB, microfilmagem 2.

"[O dr. Martland] concorda comigo" Hoffman para GF, 9 de dezembro de 1926.

"É muito difícil" GF, citado por Florence L. Pflazgraf, "Radium Victim Battles Death with Courage", *Orange Daily Courier*, 30 de abril de 1928.

"uma pessoa muito respeitável" Hoffman para Roeder, 6 de novembro de 1926.

"displicente e" queixa legal de GF, 18 de maio de 1927, JRB, microfilmagem 1.

"ficou impregnado" Ibid.

"atacavam continuamente" Ibid.

"A querelante exige" Ibid.

"Com o Corpo Destruído, Ela Processa Empregador: Mulher Aparece nos Tribunais Usando Colete de Ferro para se Manter de Pé", *Newark Evening News* (20 de maio de 1927).

"James McDonald perdeu a" Queixa legal de QM e James McDonald, JRB, microfilmagem 1.

"Hoje em dia faço o trabalho doméstico" QM, citada em "Five Women, Facing Death by Radium Poisoning, Plead for Justice While They Live", *World*, 13 de maio de 1928.

"A vida" AL, citado por Ethelda Bedford, "Youngest of Victims Offers Her Body to Save 100 Companions", *Newark Ledger*, 24 de maio de 1928.

"Eu ouvi o dr. Humphries" EH, depoimento nos tribunais, 12 de janeiro de 1928.

"mulher serena e resignada" *World*, 13 de maio de 1928.

"Sou muito religiosa" EH, citação Ibid.

"[Eu] sinto que alguém deveria ter nos alertado" Ibid.

CAPÍTULO 25

"conspiração" Memorando da USRC.

"aparelhamento de Berry" Ibid.

"culpadas por negligência" Resposta legal da USRC, 20 de julho de 1927, JRB, microfilmagem 1.

"não houve alerta" Ibid.

"negando que o rádio fosse perigoso" Ibid.

"informações notáveis" Memorando da USRC, 20 de julho de 1927.

"A srta. Rooney diz ter certeza" Ibid.

"A srta. Rooney parece ter motivos" Ibid.

"Nesta manhã a srta. Rooney alegou" Memorando da USRC, 25 de julho de 1927.

"Você sabe como o pessoal" Entrevista com Art Fryer.

"Registremos um acordo" dos advogados da USRC, Collins & Collins para Berry, 7 de junho de 1927, JRB, microfilmagem 3.

"Não é desejo" de Berry para Collins & Collins, 8 de junho de 1927, JRB, microfilmagem 3.

"Embora suas funcionárias" Wiley, depoimento juramentado, julho de 1927, JRB, microfilmagem 1.

"Ele não tem interesse" Secretária de Cecil K. Drinker para Berry, 7 de julho de 1927, JRB, microfilmagem 3.

"Embora eu nutra" Martland para destinatário desconhecido, 3 de novembro de 1927, JHM.

"Se alguém nesta região" da Comissão de Indenização para o Trabalhador, Connecticut, para Berry, 27 de dezembro de 1927, JRB, microfilmagem 3.

"propenso a desempenhar" Clark, *Radium Girls*, 141.

"Nessas negociações" DeVille e Steiner, "New Jersey Radium Dial Workers".

"acender uma vela para o santo" Opinião de Martland, citação de Berry para Hamilton, 6 de janeiro de 1928, JRB, microfilmagem 3.

"[Eu] entendia" Dr. McCaffrey, citação de Berry para dr. St. George, 24 de fevereiro de 1928, JRB, microfilmagem 3.

"Não consta em nossos registros" New Jersey Board of Medical Examiners para Berry, 29 de setembro de 1927, JRB, microfilmagem 3.

"a fraude das fraudes" Liga do Consumidor para o *World*, 25 de março de 1929, Arquivos da LNC, Biblioteca do Congresso.

CAPÍTULO 26

"forte e sadia" George Weeks, carta para Kjaer, CRH.
"Eu nunca quis" Nellie Cruse, citado por Mary Doty, "Kin Reveal Agony of Radium Victims", *Chicago Daily Times* (18 de março de 1936).
"uma jovem muito popular" Obituário de Ella Cruse, *Ottawa Daily Republican-Times* (6 de setembro de 1927).
"No dia seguinte" Nellie Cruse, citação em Doty, "Kin Reveal Agony".
"Isso é bobagem" Médico da família Cruse, citação in Ibid.
"No dia seguinte" Nellie Cruse, citação Ibid.
"Ela sofreu as dores mais horríveis..." Ibid.
"Infecção por estreptococos" Atestado de óbito de Ella Cruse.
"A morte da srta. Cruse" Obituário de Ella Cruse, *Ottawa Daily Republican-Times* (6 de setembro de 1927).
"A vida nunca mais foi" Nellie e James Cruse, citação em "Kin Reveal Agony".
"Ela trabalhava na Radium Dial" Obituário de Ella Cruse, *Ottawa Daily Republican-Times* (6 de setembro de 1927).

CAPÍTULO 27

"vilão genuíno" Wiley, citado por Clark, *Radium Girls*, 111.
"pensar com muita seriedade" Hamilton, citação Ibid., 110.
"Aquilo ao qual" Flinn, citação Ibid., 110.
"impossível lidar" Hamilton, citação Ibid., 111.
"nunca carecer de" Missão da publicação *World*, citação de Mark Neuzil e William Kovarik, *Mass Media and Environmental Conflict* (Sage Publications, 1996, edição revista 2002).
"intolerável" *World* (20 de julho de 1927).
"desprezível" Ibid.
"É quase impensável" Ibid.
"a Corte da Consciência do Rei" jornal não identificado, JHM.
"Também gostaríamos de" da Collins & Collins para Berry, 7 de junho de 1927, JRB, microfilmagem 3.
"O depósito" Martland, citação em jornal desconhecido, JRB, microfilmagem 2.
"livrá-lo da água" "Sixth Suit Likely If Radium Death Cause Is Proved", *Orange Daily Courier*, 17 de outubro de 1927.
"O revestimento" Ibid.
"sinais inconfundíveis" Artigo de Florence E. Wall, Biblioteca Pública de Orange.

"O corpo" "Sixth Suit Likely If Radium Death Cause Is Proved", *Orange Daily Courier*, 17 de outubro de 1927.
"lavavam [os ossos dela]" Ficha de Amelia Maggia, estudo de Kjaer, CRH.
"nenhuma evidência de" Relatório inicial da autópsia de Amelia Maggia, 3 de novembro de 1927, JRB, microfilmagem 3.
"Cada pedacinho de" Ficha de Amelia Maggia, estudo de Kjaer, CRH.
"Gastei pelo menos" Ella Eckert, citação em "Radium Victim Left Story of Horror", *New York Evening Journal*.
"muito inchado" Ficha de Ella Eckert, estudo de Kjaer, CRH.
"Protesto" Transcrição dos tribunais, 14 de novembro de 1927.
Citações seguintes, Ibid.
"moribunda" de Berry para Hamilton, 7 de dezembro de 1927, JRB, microfilmagem 3.
"É um caso muito" Martland, citação em "Former Radium Worker Dies," *Newark Evening News*, 14 de dezembro de 1927.
"formação calcária" Ficha de Ella Eckert, estudo de Kjaer, CRH.
"tamanho considerável" de Berry para Hamilton, 15 de dezembro de 1927, JRB, microfilmagem 3.

CAPÍTULO 28

"Mal consegui dormir na véspera" KS, "Radium", 139.
"O estado de" de Berry para Hamilton, 7 de dezembro de 1927.
"Perdi dois filhos" AL, citação em "Doomed to Die, Tell How They'd Spend Fortune", *Newark Sunday Call*, 13 de maio de 1928.
"clinicamente induzido" Histórico médico de AL, 17 de dezembro de 1927, JRB, microfilmagem 2.
"Em algumas ocasiões" AL, citação em "Doomed to Die, Tell How They'd Spend Fortune", *Newark Sunday Call*, 13 de maio de 1928.
"destrói a vontade de viver" Humphries, citação em "Woman Awaiting Death Tells How Radium Poison Slowly, Painfully, Kills Her", *New York Telegram*, 15 de maio de 1928.
"ângulo anormal" Ficha de EH, estudo de Kjaer, CRH.
"Não dou conta" EH, citação em *Newark Ledger*.
"Faço o que posso" EH, citação no *Sunday Call*.
"A pior coisa" Ibid.

"Recuperação?" Transcrição dos tribunais, 4 de janeiro de 1928.

"Aqui não se refere" Ibid.

"Qual a importância disso tudo?" Transcrição dos tribunais, 12 de janeiro de 1928.

Citações seguintes no tribunal, Ibid.

"duas caras" de Berry para Hamilton, 21 de fevereiro de 1928, JRB, microfilmagem 3.

"Grace tem estado tão" Florence L. Pflazgraf, "Radium Victim Battles Death with Courage", *Orange Daily Courier*, 30 de abril de 1928.

"Fomos instruídas a" Transcrição dos tribunais, 12 de janeiro de 1928.

Citações seguintes no tribunal, Ibid.

"Tudo estava indo esplendidamente bem" KS, "Radium", 139.

"Percebo que você manca" Transcrição dos tribunais, 12 de janeiro de 1928.

"Tenho problema no quadril" Ibid.

"No dia seguinte, haveria" KS, "Radium", 139.

"Fui despertada" Ibid.

"Um médico russo" GF, citação em "Doomed to Die, Tell How They'd Spend Fortune", *Sunday Call*, 13 de maio de 1928.

"Tenho enfrentado" QM, citação em "Radium Death is Specter", *Star-Eagle*.

"deixar de lado" jornal não identificado, dezembro de 1929, CRH.

"A única coisa que" de KS para Berry, fevereiro de 1928, JRB, microfilmagem 3.

"a salvo das intromissões" Ibid.

"realmente amigo das garotas" Berry para Hamilton, 21 de fevereiro de 1928, JRB, microfilmagem 3.

"propostas clandestinas" de Berry para Flinn, 1º de fevereiro de 1928, JRB, microfilmagem 3.

"amigo muito querido" Berry para Krumbhaar, 23 de novembro de 1928, JRB, microfilmagem 3.

"pele fina como papel" Parente de uma das pintoras de mostradores, comentário publicado em 6 de setembro de 2011, http://capitolfax.com/2011/09/04/the-ap-whitewashes-history/#comment-11152387.

"de modo que a mesa" Berry para Krumbhaar, 21 de novembro de 1928, JRB, microfilmagem 3.

"segurou o equipamento" Ibid.

CAPÍTULO 29

"Subi os degraus" KS, "Radium", 140.

"A senhorita lá" Transcrição dos tribunais, 25 de abril de 1928.

Citações seguintes no tribunal, Ibid.

"irmandade pesarosamente sorridente" "5 Girls Hear Scientists Predict Their Deaths", *Star-Eagle*, 26 de abril de 1928.

"mantinham uma postura" jornal não identificado, JRB, microfilmagem 2.

"As [mulheres da plateia] ouviam" "5 Girls Hear Scientists Predict Their Deaths", *Star-Eagle*, 26 de abril de 1928.

"Você era amiga" Transcrição dos tribunais, 25 de abril de 1928.

Citações seguintes no tribunal, Ibid.

"Ela demonstrou conhecimento" *Orange Daily Courier* (25 de abril de 1928).

"Qual é a sua ocupação" Transcrição dos tribunais, 25 de abril de 1928.

Citações seguintes no tribunal, Ibid.

"Pensei que aqueles relatos" KS, "Radium", 140.

"Precisava ser feito" Ibid.

"Não creio que exista" Transcrição dos tribunais, 25 de abril de 1928.

Transcrições seguintes no tribunal, Ibid., 25 e 26 de abril de 1928.

"Seu depoimento firme" "Radium Trial Still in Court", *Star-Eagle*, 27 de abril de 1928.

"testemunha-celebridade" Ibid.

"excruciante" Ibid.

"Enquanto ouvia Martland" Ibid.

"de duzentas ou mais" Transcrição dos tribunais, 26 de abril de 1928.

Citações seguintes no tribunal, Ibid., 26 e 27 de abril de 1928.

"Precisamos entender" memorando da USRC, 20 de julho de 1927.

"Bem, sr. Berry" Transcrição dos tribunais, 27 de abril de 1928.

Citações seguintes no tribunal, Ibid.

"desumano e insensível" KS, "Radium", 140.

CAPÍTULO 30

"no sofá da sala" Ethelda Bedford, "Radium Grip on 2 Victims Is Tightened", *Newark Ledger*.

"Grace" Grace Fryer Sr., citado em "Radium Case Off Till Fall", *Newark Ledger*, 29 de abril de 1928.

"não valeria a pena" *Newark Evening News*.

"Garota Sozinha" Anne Austin, *Orange Daily Courier,* maio de 1928.

"impossível" Edward Markley para Berry, 5 de maio de 1928, JRB, microfilmagem 3.

"passariam meses no exterior" Ibid.

"Tenho certeza de que" Berry para Markley, 10 de maio de 1928, JRB, microfilmagem 3.

"a batalha estava longe" Berry para Charles Norris, 5 de maio de 1928, JRB, microfilmagem 3.

"Essas garotas" Dr. Gettler, declaração sob juramento, 9 de maio de 1928, JRB, microfilmagem 1.

"sob constante tensão" "'Ray Paint' Victims Injured by Delays", *World*, maio de 1928.

"Nós afirmamos seguramente" Ibid.

"Abram os tribunais" Allan C. Dalzell, "Appeals for Radium Victims", *News*, JHM.

"a consciência" citado por Mullner, *Deadly Glow*, 83.

"exemplo vívido" Norman Thomas, *Newark Evening News*, JRB, microfilmagem 2.

"Em todos os cantos" KS, "Radium",140.

"Pessoas de todos os cantos do planeta enviavam cartas" Ibid.

"O rádio não é capaz" T.F.V. Curran para QM, 24 de maio de 1928, JRB, microfilmagem 1.

"Por 1 mil dólares" Mulher de Missouri, citado no *Star-Eagle*.

"banhos científicos" Ibid.

"Não queremos curá-las" empresa de cobertores elétricos para Berry, 31 de maio de 1928, JRB, microfilmagem 3.

"Não fiquem escrevendo" QM, citado por Dorothy Dayton, "Girls Poisoned with Radium Not Necessarily Doomed to Die", *New York Sun*, 17 de maio de 1928.

"ainda estava vivendo" GF, "The Legion of the Doomed", *Graphic*.

"Estou enfrentando" Ibid.

"Não pense que estou" KS, citado em "Doomed to Die, Tell How They'd Spend Fortune", *Sunday Call*, 13 de maio de 1928.

"parecia destruir a feminilidade em si" Clark, *Radium Girls*, 130.

"Pessoalmente, não gosto" de Markley para Berry, 12 de maio de 1928, JRB, microfilmagem 3.

"Estou surpreso que logo *você*" de Berry para Markley, 14 de maio de 1928, JRB, microfilmagem 3.

"não haver presença de rádio" Flinn, citação do *World*.

"parecia programada para apoiar" *World*.

"Não é do feitio" Ibid.

"exploradas por um jovem" Markley, Ibid.

"Quando eu morrer" KS, citação em jornal não identificado, JHM.

"Muitas garotas que" KS, *Graphic*.

"Não dá para dizer" GF, "The Legion of the Doomed", *Graphic*.

"A única coisa que meu corpo" Ibid.

"Compreende por que" Ibid.

"Não se trata de" Ethelda Bedford, "Youngest of Victims Offers Her Body to Save 100 Companions", *Newark Ledger* (24 de maio de 1928).

"Sendo assim, o" Clark, *Radium Girls*, 134.

"Vou marcar a audiência" do juiz Mountain para Berry, 28 de maio de 1928, JRB, microfilmagem 3.

CAPÍTULO 31

"Gabinete do juiz" Agenda de Berry, 23 de maio de 1928, CRH.

"Não estou ciente" Berry, citação em jornal não identificado, JRB, microfilmagem 2.

"mais determinado do que nunca" Ibid.

"física e mentalmente incapazes" Humphries, citado por Ethelda Bedford, "Radium Victims Too Ill to Attend Court Tomorrow", *Newark Ledger*, 27 de maio de 1928.

"Tenho evitado qualquer" GF, citação em jornal não identificado, CRH.

"Dores abrasantes" KS, *Graphic*.

"Só porque sou" juiz Clark, citação em "Radium Men Talk Terms of Settlement" *Newark Evening News*, 31 de maio de 1928.

"os diretores" Barker, citação no *Newark Evening News*.

"Negamos qualquer responsabilidade" Barker, citação no *Newark Ledger*.

"uma campanha" USRC, citação por Clark, *Radium Girls*, 136.

"o aspecto humano" Ibid.

"Não temos notícias definitivas" juiz Clark, citação em jornal não identificado, JRB, microfilmagem 2.

"Radium Victims Reject Cash Offers: Will Push Cases; Parleys Now Off", *Orange Daily Courier*, 2 de junho de 1928.

"Não vou pegar" GF, citado em "3 Women to Spurn Radium Offer Unless Firm Pays for Litigation", *Star-Eagle*.

"Eu tenho dois filhos pequenos" QM, citação Ibid.

"recusar-se-ia sumariamente" GF, citação Ibid.

"irmandade sorridente" Ibid.

"todos os corredores e" Ibid.

"Podem dizer" juiz Clark, citação em "Radium Suits Settled in Main Details", *Newark Evening News*, 4 de junho de 1928.

"[A empresa] não" Markley para o juiz Clark, citação em jornal não identificado, JRB, microfilmagem 2.

"humanitário" Ibid.

"[A USRC] espera" Ibid.

"Caso quaisquer dois" Berry para Hamilton, 6 de junho de 1928, JRB, microfilmagem 3.

"Acredito piamente" Ibid.

"um sujeito muito honrado" Berry para Drinker, 6 de junho de 1928, JRB, microfilmagem 3.

"era amigo de" Berry para Goldmark, 12 de dezembro de 1947, JRB, microfilmagem 3.

"possivelmente mantinha" Ibid.

"muito recentemente era" Berry para Drinker, 6 de junho de 1928.

"Temo bastante" Berry para Norris, 6 de junho de 1928, JRB, microfilmagem 3.

"Desejo expressar" do juiz Clark para as cinco mulheres, jornal não identificado, JRB, microfilmagem 2.

"Fico feliz" AL, citação em "Radium Victims Tell How They Will Spend Cash", *Newark Ledger*, 6 de junho de 1928.

"O acordo vai" QM, citação em "Cash Welcomed by Radium Victims as Release from Poverty Worry", *Newark Ledger*, 5 de junho de 1928.

"Quero descansar" QM, citação em "'Ray Paint' Victims Praise Settlement", *World*, 6 de junho de 1928.

"insatisfeita" QM, citação em "Radium Victims Figuring How to Spend Awards", *Star-Eagle*, 6 de junho de 1928.

"Estou feliz por estar livre" Ibid.

"Acho que o sr. Berry" EH, citação Ibid.

"Estou feliz pelo acordo" EH, citação em "Cash Welcomed by Radium Victims as Release from Poverty Worry", *Newark Ledger*, 5 de junho de 1928.

"Deus ouviu" KS, conforme citado em "Cash Welcomed by Radium Victims as Release from Poverty Worry", *Newark Ledger*, 5 de junho de 1928.

"um tanto satisfeita" GF, citado in "'Ray Paint' Victims Praise Settlement", *World*, 6 de junho de 1928.

"Eu queria mais" GF, conforme citado em "Cash Welcomed by Radium Victims as Release from Poverty Worry", *Newark Ledger*, 5 de junho de 1928.

"Isso não foi feito" GF, citação em jornal não identificado, JRB, microfilmagem 2.

"Veja bem" GF, *Graphic*.

CAPÍTULO 32

"Mortes devido a", "More Deaths Raise Radium Paint Toll to 17", *Ottawa Daily Republican-Times*, 4 de junho de 1928.

"As garotas ficaram" CD, citação em Guy Housley, "Radium Dial Deals Death to Ninth of 'Suicide Club'", *Ottawa Daily Republican-Times*, 14 de março de 1936.

"eles haviam separado" MR, citação em entrevista com Dolores Rossiter.

"Quando solicitei um laudo" CD, depoimento nos tribunais, citação em jornal não identificado, www.lgrossman.com/pics/radium/.

"Ora, minhas queridas" Reed, citado no Virginia Gardner, "Former Watch Painter Faints", *Chicago Daily Tribune*, 11 de fevereiro de 1938.

"Nenhuma de nós" CD, depoimento nos tribunais, citado em "Radium Victim Tells 'Living Death'; She Faints as Doctor Charts Doom", *Chicago Herald-Examiner,* 11 de fevereiro de 1938.

"Não existe" Reed, citação Ibid. e no apontamento jurídico.

"Não tem história nenhuma" Reed, citado por Bruce Grant, "Ghost Women Await Court's Decision on Radium Poisoning", *Chicago Herald-Examiner*, 27 de fevereiro de 1938.

"As funcionárias estão" MR, depoimento nos tribunais, citado por Virginia Gardner, "Radium Test Case Finished; 9 Women Heard", *Chicago Daily Tribune*, 12 de fevereiro de 1938.

"Vocês não têm" Reed, citação Ibid.

"Temos realizado" Comunicado da Radium Dial Company, *Ottawa Daily Republican-Times*, 7 de junho de 1928.

"Se os laudos" Ibid.

"Em virtude da" Ibid.

"especialista" Ibid.

"Os exames aferiram" Berry para Hoffman, 2 de junho de 1928, JRB, microfilmagem 3.

"Ele disse que" CD, depoimento nos tribunais, citado por Bruce Grant, "Radium Bedside Court Sees How Women Dared Death", *Chicago Herald-Examiner*, 12 de fevereiro de 1938.

"O rádio vai lhes garantir" Sr. Reed, citado no depoimento de MR, *Chicago Herald-Examiner*, 12 de fevereiro de 1938.

"O rádio deixará" Sr. Reed, citado no depoimento de Marguerite Glacinski, *Chicago Herald-Examiner*, 12 de fevereiro de 1938.

"sempre alerta" *Ottawa Daily Republican-Times*, 11 de junho de 1928.

"Elas se entregaram" Entrevista com Dolores Rossiter.

"As garotas" Sr. Etheridge, citado por Stevie Croisant, Abby Morris, Isaac Piller, Madeline Piller, Haley Sack, "Radium Girls: The Society of the Living Dead", Museu e Sociedade Histórica de LaSalle County.

CAPÍTULO 33

"Para mim, não houve" KS, "Radium", 140.

"como a Cinderela" Ibid.

"Comprei um modelo de casaco" Ibid.

"Nem um centavo" Martin, "Doomed to Die", 136.

"Para quê?" Ibid.

"Para o futuro!" Ibid.

"Na minha opinião" VS, citado no *Orange Daily Courier,* 9 de junho de 1928.

"dois tipos de casos" Clark, *Radium Girls,* 118.

"foram capazes de sobreviver" Ibid.

"Sou da opinião" Martland para Robley Evans, 13 de junho de 1928, JHM.

"Pode ser que alguém" GF, *Graphic.*

"sonho de uma vida" Martin, "Doomed to Die", 136.

"uma viagem longa e despreocupada" Ibid.

"Estamos num chalé" EH para Berry, cartão-postal, 20 de junho de 1928, JRB, microfilmagem 1.

"Não há dúvida" Stewart, citado em "U.S. Labor Expert Calls for Radium Paint Inquiry", *World,* 17 de julho de 1928.

"Os novos métodos" Ibid.

"verdadeira vida no campo" KS, "Radium", 140.

"esplêndido" Berry para KS, 11 de setembro de 1928, JRB, microfilmagem 1.

"Férias como jamais tive" KS para Berry, 15 de julho de 1928, JRB, microfilmagem 3.

"Amei ficar" KS, "Radium", 140.

"Eu mesma sei" KS para Berry, 15 de julho de 1928, JRB, microfilmagem 3.

"Escrevo esta carta" KS para Martland, 28 de junho de 1928, JHM.

"Acho que ainda" Berry para Hughes, 14 de junho de 1928, JRB, microfilmagem 3.

"assim chamado envenenamento" Lee para o Departamento de Saúde, 18 de junho de 1928.

"Devemos ficar de olho [nele]" Norris para Berry, 2 de julho de 1928, JRB, microfilmagem 3.

"intimamente aliado" Martland para Norris, 3 de julho de 1928, JHM.

"impossível" Ibid.

"O estrago está feito" Ibid.

"visivelmente coxa e corcunda" Krumbhaar, depoimento nos tribunais, 27 de junho de 1929.

"limitação nítida" Ibid.

"exposto" Ibid.

"A sra. Larice" Ibid.

"se provaram positivos" Ewing para Krumbhaar, 19 de outubro de 1928, JRB, microfilmagem 2.

"A dúvida agora" Ibid.

"amigo íntimo" Berry para a USRC, 23 de novembro de 1928, JRB, microfilmagem 3.

"assistido" Transcrição dos tribunais, 27 de junho de 1929.

"grande desconfiança" Berry para a USRC, 23 de novembro de 1928.

"constituía em violação" Ibid.

"Todas as cinco pacientes" Dr. Failla, resultado dos exames, 20 de novembro de 1928, JRB, microfilmagem 2.

"estava esquisita" Mae Cubberley Canfield, exames anteriores ao julgamento, 17 de janeiro de 1929, JRB, microfilmagem 2.

"alimentação inadequada" Flinn, "Elimination of Radium", *JAMA.*

"tendência" Ibid.

"Sem seu auxílio" Martland, citado no *Star-Eagle,* novembro de 1928.

"um autêntico Frankenstein" jornal não identificado, JRB, microfilmagem 2.

"Ele pereceu" Martland, citado no *Star-Eagle.*

"qualquer coisa que elaborarmos" Hugh S. Cumming, U.S. Surgeon General, "Transcrição da Conferência Nacional do Rádio", 20 de dezembro de 1928, JRB, microfilmagem 3.

"um engodo" Florence Kelley para Wiley, 2 de janeiro de 1929, Arquivos da LNC, Biblioteca do Congresso.

"O relógio luminoso" Stewart, "Transcrição da Conferência Nacional do Rádio", 20 de dezembro de 1928.

"assassinato a sangue-frio" Kelley para Wiley, 2 de janeiro de 1929.

"O que a The Radium Corporation" Berry para Krumbhaar, 5 de dezembro de 1928, JRB, microfilmagem 3.

"Meu conselho aos fabricantes" Membro da comissão, "Transcrição da Conferência Nacional do Rádio", 20 de dezembro de 1928.

CAPÍTULO 34

"Só fui [chamada para]" CD, depoimento nos tribunais, citado no *Ottawa Daily Republican-Times,* 10 de fevereiro de 1938.

"Eram necessárias mais medidas" relatório de Kjaer, CRH.

"intenção" Joseph A. Kelly para Kjaer, 22 de março de 1929, CRH.

"Sinto que este caso" Kjaer para Weeks, 15 de 1929, CRH.

"Uma pintora" Kjaer, "Radium Poisoning: Industrial Poisoning from Radioactive Substances", *Monthly Labor Review* (data desconhecida), CRH.

"saúde se encontrava em padrões" Comunicado da Radium Dial Company, *Ottawa Daily Republican-Times*, 7 de junho de 1928.

"Nos estágios finais, quando Peg" Entrevista com Darlene Halm, 20 de julho de 2016.

"No fundo, ele estava arrasado" Entrevista com Jean Schott.

"Estávamos todos sentados" Entrevista com Darlene Halm, 20 de julho de 2016.

"Meus pais a levaram" Entrevista com Jean Schott.

"Ela sabia que sua hora" Ethel Looney, citado em "'Living Dead' Await That Fateful Day", *Chicago Herald-Examiner*, 18 de março de 1936.

"Bem, mãe" Margaret Looney, citação Ibid.

"A Radium Dial provavelmente" Entrevista com Darlene Halm.

"*Não*" Jack White, citado por Darlene Halm em entrevista, 20 de julho de 2016.

"Acho que foi bom" Entrevista com Darlene Halm, 20 de julho de 2016.

"Eles queriam resolver tudo" Darlene Halm, citada por Martha Irvine, "'Radium Girls' Wrote Tragic Chapter in Town's History", *Buffalo News*, 11 de outubro de 1998.

"os ossos achatados" Relatório de autópsia pós-exumação de Margaret Looney, 1978, CRH.

"em abundância" Ibid.

"removeu por ressecção post mortem" Ibid.

"Os dentes estão" Relatório original da autópsia de Margaret Looney, 27 de agosto de 1929.

"As condições físicas da jovem" Obituário de Margaret Looney, *Ottawa Daily Republican-Times*, 16 de agosto de 1929.

"Os pais da srta. Looney" Ibid.

"Aquela perda simplesmente" Entrevista com Jean Schott.

"A esposa dele sabia" Entrevista com Darlene Halm.

CAPÍTULO 35

"insatisfatórias" Ewing para Krumbhaar, 30 de abril de 1929, JRB, microfilmagem 2.

"essas mulheres não vão morrer" Ibid.

"o forte argumento" Berry para Krumbhaar, 18 de junho de 1929, JRB, microfilmagem 3.

"puramente um" Ibid.

"cautelosas ao presumir" Ewing para Krumbhaar, 17 de abril de 1929, JRB, microfilmagem 2.

"postura hostil" Berry para Krumbhaar, 5 de dezembro de 1928, JRB, microfilmagem 3.

"Não é nosso desejo" Ewing para Berry, rascunho de carta, 7 de maio de 1929, JRB, microfilmagem 2.

"muito difícil para" Louis Hussman, citado em carta de Berry para Krumbhaar, 18 de junho de 1929.

"As pessoas estão me perguntando" GF, citado em "Radium Victims Figuring How to Spend Awards", *Star-Eagle*, 6 de junho de 1928.

"Os médicos não" KS para Berry, 8 de novembro de 1928, JRB, microfilmagem 3.

"a joia do Leste" KS para Berry, 7 de março de 1929, JRB, microfilmagem 3.

"malvas, rosas silvestres" KS, "Radium", 140.

"a imagem do contentamento" Martin, "Doomed to Die", 136.

"não tinham nenhuma relação" Markley, transcrição dos tribunais, 27 de junho de 1929.

"furiosos" Servidor de documentos legais, Miller & Chevalier, para Berry, 22 de junho de 1929, JRB, microfilmagem 3.

"fortunas de papel" *Chicago Daily Tribune*, outubro de 1929, citado por Ron Grossman, "Recalling a Steeper Stock Market Plunge", *Chicago Tribune*, 15 de agosto de 2011.

"Wall Street" "Stocks Collapse in 16,410,030-Share Day, But Rally at Close Cheers Brokers; Bankers Optimistic, to Continue Aid", *New York Times,* 30 de outubro de 1929.

"em estado crítico" Wilda Nehlow, "Yearning to Live for Babies' Sake, She Dies While Doom Clutches 8", *Newark Ledger*, 8 de dezembro de 1929.

"Ela era uma guerreira" Ethel Brelitz, citação em jornal não identificado, JRB, microfilmagem 2.

"A única coisa" James McDonald, citação Ibid.

"Meu marido tenta" QM, citado em "Five Women, Facing Death by Radium Poisoning, Plead For Justice While They Live", *World*, 13 de maio de 1928.

"Nestas últimas três semanas" Ethel Brelitz, citação em jornal não identificado, JRB, microfilmagem 2.

"Os médicos dizem que" GF, citado por Julia MacCarthy, "Feminine Valor, Smiling at Fate, Cheers Comrade", *Newark Ledger*, 28 de outubro de 1929.

"A cada vez que" GF, citação em "Dial Paint Victim Wins Fight After Doctors Despair", *Orange Daily Courier.*

"Estou cansada" QM, citado em "Radium Victim Dies After Long Battle", jornal não identificado, JRB, microfilmagem 2.
"Você se importaria" Ibid.
"as lágrimas escorrendo" Jornal não identificado, CRH.
"Estou de coração partido" James McDonald, citação em jornal não identificado, JRB, microfilmagem 2.
"para esquecer e continuar" KS, "Radium", 156.
"Durante um bom tempo" Ibid.
"caminhava rapidamente" "Mrs. McDonald Is Buried in Orange", *Newark Evening News,* 10 de dezembro de 1929.
"parecia a mais afetada" Ibid.
"fisicamente a ponto de desmaiar" Ibid.
"ficaram o tempo todo" "First Woman Radium Victim Will Go to Grave Tomorrow", *Newark Ledger.*
"Sendo assim" Ethel Brelitz, citação em jornal não identificado, JRB, microfilmagem 2.
"Os ossos das vítimas" Martland, citado em "Radium Victim Offered Body to Help Science Save Others", *Newark Ledger.*
"Concordo em não fazer parte" Cláusulas do acordo de Mae Cubberley Canfield, 8 de março de 1930, JRB, microfilmagem 1.

CAPÍTULO 36

"intensamente luminosas" CD, depoimento nos tribunais, citado no *Ottawa Daily Republican-Times,* 10 de fevereiro de 1938.
"Creio eu" Bob Bischoff, citado em entrevista com a CRH.
"Fui excluída do exame" CD, depoimento nos tribunais, apontamento jurídico, fevereiro de 1938.
"Eu sabia que" Ibid.
"A família achava que" Catherine White, em conversa com Brues, 29 de janeiro de 1973, CRH.
"Estávamos desamparadas" Entrevista com Jean Schott.
"Ninguém estava disposto" Entrevista com Darlene Halm, 20 de julho de 2016.
"Por fim, meu pai disse" Entrevista com Jean Schott.
"Meu avô" Entrevista com Darlene Halm, 20 de julho de 2016.
"Esqueça essa história" Michael Looney, citado por Jean Schott em entrevista.
"O médico disse" Alphonse Vicini, citado por Mary Doty, "Kin Reveal Agony of Radium Victims", *Chicago Daily Times,* 18 de março de 1936.
"Ela sofreu horrores" Ibid.
"Pensamos logo" Ibid.

CAPÍTULO 37

"não cicatrizou" KS para Martland, 5 de outubro de 1930, JHM.
"Senti um bolo" KS, "Radium", 157.
"tendo dificuldade" KS para Martland, 5 de outubro de 1930.
"Minha cabeça" Ibid.
"gosto pelo álcool" Ibid.
"Dizem que você" Ibid.
"As relações ali estavam" Krumbhaar para Berry, 2 de outubro de 1930, JRB, microfilmagem 3.
"Embora [Humphries]" Ibid.
"questionando" Ewing para Krumbhaar, 17 de abril de 1929, JRB, microfilmagem 2.
"Minha impressão" Art Fryer Sr., entrevistado por seu neto, citado em entrevista por Art Fryer Jr.
"Eu trabalho, brinco" GF, "The Legion of the Doomed", *Graphic.*
"Toda uma perna" Mary Freedman, depoimento nos tribunais, 26 de novembro de 1934.
"mal era possível realizar um exame ginecológico" Martland, depoimento nos tribunais, 6 de dezembro de 1934.
"tremenda" Dr. Shack, depoimento nos tribunais, 26 de novembro de 1934.
"Encontrei uma paciente" Martland, depoimento nos tribunais, 6 de dezembro de 1934.
"Ele disse que" Vincent La Porte, depoimento nos tribunais, 26 de novembro de 1934.
"Ela sempre dizia" Shack, depoimento nos tribunais, 26 de novembro de 1934.
"Quando descrevi" Martland, "The Danger of", JHM.
"Agora sou da opinião" Martland, citação por Mullner, *Deadly Glow,* 72.
"enorme cultura" Martland, depoimento nos tribunais, 6 de dezembro de 1934.
"era possível retirar" Ibid.
"Creio que antes de tudo" Martland para Sir Humphrey Rolleston, 2 de abril de 1931, JHM.

CAPÍTULO 38

"estimulando fofoquinhas" CD, depoimento nos tribunais, citado por Karin Walsh, "Demand Inquest to Name Guilty in Radium Death", *Chicago Daily Times,* 29 de julho de 1938.
"Lamento" CD, depoimento nos tribunais, apontamento jurídico.
Todas as citações restantes do capítulo, Ibid.

430

CAPÍTULO 39

"Foi-me concedido" KS, "Radium", 157.
"Informamos que" Ewing para KS, GF, AL, e EH, 10 de fevereiro de 1932, JRB, microfilmagem 3.
"cuja utilidade" Ibid.
"para evitar essa" Krumbhaar para Berry, 12 de fevereiro de 1932, JRB, microfilmagem 3.
"Já sofri o suficiente" KS para Humphries, 28 de outubro de 1931, JHM.
"[Ela é] uma das" Dr. May para dr. Craver, 7 de novembro de 1931, citado por Sharpe, "Radium Osteitis", setembro de 1971.
"Não consegui" Humphries para Craver, 6 de dezembro de 1932, citação Ibid.
"a situação precária" Ewing para KS, GF, AL e EH, 10 de fevereiro de 1932.
"mansão magnífica" jornal não identificado, JHM.
"A água de rádio" "The Radium Water Worked Fine until His Jaw Came Off," *Wall Street Journal*.
"É minha ambição" KS, "Radium", 157.
"A amputação" Humphries para Craver, 17 de fevereiro de 1933, citado por Sharpe, "Radium Osteitis".
"aventura" KS, "Radium", 157.

CAPÍTULO 40

"Eu me sinto melhor" GF, citado em "Radium Victims Investing Money", *Newark Evening News*.
"Estar em casa" EH, citação Ibid.
"mais alguns bons anos" EH, citado em "Odds 40–60 Against Radium Poisoned 14", *New York Sunday News*, 13 de fevereiro de 1938.
"Ele me ajuda" EH, citação em jornal não identificado, CRH.
"De que adiantaria?" EH, citado em "Radium Poison Survivors Continue to Cheat Death", *Newark Evening News*, 9 de março de 1938.
"Sei que dizem não" AL, citado em "Doomed to Die, Tell How They'd Spend Fortune", *Sunday Call*, 13 de maio 1928.
"Não tenho muito mais" GF, citado em "5 Women Smile, Fearing Death, In Radium Case", *Newark Ledger*, 13 de janeiro de 1928.
"Não era a morte" Grace Fryer Sr., citação em jornal não identificado, CRH.
"sarcoma de rádio" Atestado de óbito de GF.
"A família toda" Entrevista com Art Fryer Jr.
"Jamais vou" Art Fryer Sr., entrevistado por seu neto, citado em entrevista com Art Fryer Jr.

CAPÍTULO 41

"somente rádio puro" Comunicado da Radium Dial Company, *Ottawa Daily Republican-Times*, 7 de junho de 1928.
"nenhuma indicação de" Obituário de Margaret Looney, *Ottawa Daily Republican-Times*, 16 de agosto de 1929.
"Deus certamente" CD para PP, 29 de abril de 1938, APP.
"Todos os familiares" Entrevista com Mary Carroll Cassidy.
"uma das mais bonitas" "Mid-Winter Bride Will Pledge Vows at St. Columba", *Ottawa Daily Republican-Times*, 22 de janeiro de 1932.
"Eles pareciam estar" Entrevista com Don Torpy.
"Nunca chegou ao" Dr. Pettit para Hamilton, 22 de junho de 1931, JHM.
"Não era uma casa" Entrevista com James Donohue.
"Gostávamos tanto de ficar" Tom Donohue, citado por Helen McKenna, "Move Radium Quiz to Dying Woman's Bed", *Chicago Daily Times*, 11 de fevereiro de 1938.
"afirmara várias vezes" Leonard Grossman, apontamento jurídico.
"escarnecer" Susie Duffy, citada por Mary Doty, "Kin Reveal Agony of Radium Victims", *Chicago Daily Times*, 18 de março de 1936.
"nenhum dos médicos" "'Living Dead' Await That Fateful Day", *Chicago Herald-Examiner*, 18 de março de 1936.
"Eles não queriam" Entrevista com Don Torpy.
"Foram todos comprados" Entrevista com Jean Schott.
"Era bem complicado" Entrevista com Mary Carroll Cassidy.

CAPÍTULO 42

"Os médicos recomendaram" Al Purcell, citado por Mary Doty, "Fears Haunt Victims of Radium in Ottawa," *Chicago Daily Times*, 19 de março de 1936.
"dor intensa, como uma faca" CP relatando a doença, apontamentos médicos, CRH.
"frenesi de ansiedade" Grossman, apontamentos jurídicos.
"profissional respeitável" Ibid.
"níveis de toxicidade" Ibid.
"dor terrível" Al Purcell, citado por Mary Doty, "Fears Haunt Victims".
"quinze especialistas" Ibid.

"Charlotte reuniu todas elas" Entrevista com Felicia Keeton.

"ocas" Helen Munch, citado por Frederick Griffin, "Society of the Living Dead", *Toronto Star*, 23 de abril de 1938.

"muito ativa e agitada" Ibid.

"Por causa de tudo isso" Ibid.

"Vou lhe dizer como" Olive Witt, citação Ibid.

"não conseguia mexê-los" Mary Doty, "Ottawa's Doomed Women", *Chicago Daily Times*, 17 de março de 1936.

"adorava dançar" MR, citação em "Five Poisoned While at Work, They Maintain", *Toronto Star*, 23 de abril de 1938.

"Charlotte nunca foi adepta" Entrevista com Jan Torpy.

"Finalmente a levamos" Al Purcell, citado por Doty, "Fears Haunt Victims".

"Não teve jeito de adaptar" Entrevista com Jan Torpy.

"O dr. Davison diz que" Al Purcell, citado por Doty, "Fears Haunt Victims".

"desamparada" Frederick Griffin, "Society of the Living Dead", *Toronto Star*, 23 de abril de 1938.

"Meu marido" CP, citação Ibid.

"Ela ainda sente" Al Purcell, citado por Doty, "Fears Haunt Victims".

"Existe a possibilidade" Ibid.

CAPÍTULO 43

"Tom ficou arrasado" Entrevista com Mary Carroll Cassidy.

"Depois disso" Tom Donohue, durante o inquérito de CD, 28 de julho de 1938.

"Eu acredito fielmente" PP para Catherine O'Donnell, 23 de junho de 1938, APP.

"o primeiro retorno para casa sem o braço" Tom Donohue, depoimento nos tribunais, citação por Clark, *Radium Girls*, 184.

"Eu o vi na rua" Ibid.

"furioso" Entrevista com Jan Torpy.

"Eu disse a ele que" Dr. Charles Loffler, depoimento nos tribunais, citação por Mullner, *Deadly Glow*, 105.

"Jamais detectamos nada" Comunicado da Radium Dial Company, *Ottawa Daily Republican-Times*, 7 de junho de 1928.

"muito suspeitos" Resultados dos exames realizados pela Radium Dial em 1928, CRH.

"as descobertas foram" Relatório da Secretaria de Estatísticas Trabalhistas, 1929, citação em Conroy e Mullner.

"pro bono" John Main, "15 Walking Ghosts Jilted by Justice", *Chicago Daily Times*, 7 de julho de 1937.

"O pessoal da Radium Dial" Susie Duffy, citação em *Chicago Daily Times*, 18 de março de 1936.

"porta-vozes das outras mulheres" CD, depoimento nos tribunais, citação em *Chicago Herald-Examiner*, 12 de fevereiro de 1938.

"Ela nunca foi de ficar" Entrevista com Jan Torpy.

"não ser mais capaz" CP, citado em Griffin, "Society of the Living Dead", *Toronto Star*, 23 de abril de 1938.

"Recebi uma carta" CD, depoimento nos tribunais, apontamento jurídico.

"impostação" Helen McKenna, "'Fighting Irish' Heart Sustains 'Living Dead'", *Chicago Daily Times*, 13 de fevereiro de 1938.

"Ele chegou à conclusão" CD, depoimento nos tribunais, apontamento jurídico.

"Estamos sofrendo" Ibid.

"Depois de buscar aconselhamento legal" Ibid.

"Eu não acho" Reed, citado no depoimento de CD, *Chicago Herald-Examiner*, 12 de fevereiro de 1938.

"Não vejo absolutamente nada" Reed, citado no depoimento de CD, citação em in Mullner, *Deadly Glow*, 101.

"Ele simplesmente se recusou" CD, depoimento nos tribunais, *Chicago Herald-Examiner*, 12 de fevereiro de 1938.

"O caso de Mary" Susie Duffy, citação no *Chicago Daily Times*, 18 de março de 1936.

"se recusaram veementemente" Mullner, *Deadly Glow*, 100.

"não" Atestado de óbito de Mary Robinson.

"A doença do falecido" Ibid.

"se ressentiu amargamente" John Main, "15 Walking Ghosts".

"Digamos que as gentilezas" Entrevista com Dolores Rossiter.

"Quanto a Margaret Looney" Bob Bischoff, CRH.

"Alguns nos evitavam" Olive Witt, citação em "'Shunned' Says One of Victims", *Chicago Daily Times*, 28 de julho de 1938.

"interesses comerciais" Hobart Payne para Clarence Darrow, 17 de maio de 1937, APP.

CAPÍTULO 44

"Chegou ao meu conhecimento" PP, "History of Record of Illness" e "Life History", APP.

"Ela apresentava grandes" Hobart Payne, citado por Frederick Griffin, "Society of the Living Dead", *Toronto Star*, 23 de abril de 1938.

"uma drenagem" PP, "History of Record of Illness", APP.

"Um lado do meu rosto" Ibid.

"curetagem" Ibid.

"Quando começou" Ibid.

"Eu sabia que" Ibid.

"cinco anos de" PP para Catherine O'Donnell, 23 de junho de 1938, APP.

"Meu grande amor" PP, para Hobart Payne, 15 de junho de 1932, APP.

"Não consigo aproveitar" PP, "History of Record of Illness", APP.

"pertencia a uma" Ibid.

"Avisei ao meu médico" Ibid.

"[Em] julho de 1933" Ibid.

"Fui atacada" Ibid.

"Eu acreditava que" PP, "Life History", APP.

"Havia muito ressentimento" Warren Holm, CRH.

"as pintoras antigas" Quigg, *Learning to Glow*, 114.

"uma situação extremamente" Holm, CRH.

"Nós sempre a chamávamos" Entrevista com Mary Carroll Cassidy.

CAPÍTULO 45

"Ela era um" CD, citado em "'Living Dead' Await That Fateful Day", *Chicago Herald-Examiner*, 18 de março de 1936.

"vago, indefinido" Inez Vallat versus Radium Dial, Suprema Corte, 1935.

"Quando Cook apresentou" John Main, "15 Walking Ghosts Jilted by Justice", *Chicago Daily Times*, 7 de julho de 1937.

"O tribunal determinou" "Court Rules Out Part of Occupational Act", *Ottawa Daily Republican-Times*, 18 de abril de 1935.

"erro judiciário quase" John Main, "15 Walking Ghosts Jilted by Justice", *Chicago Daily Times*, citado por Mullner, *Deadly Glow*, 102.

"O caso nunca foi" "Ottawa Radium Co., Now in NY, to Fight Women", *Chicago Daily Times*, 8 de julho de 1937.

"Odiei ter que abrir" Jay Cook, citado em *Chicago Daily Times*, 9 de julho de 1937.

"Existem remédios para" CD, citado em "Mrs. Donohue Calm at Radium Decision News", *Ottawa Daily Republican-Times*, 5 de abril de 1938.

"Nunca conversamos" Tom Donohue citado por Mary Doty, "Fears Haunt Victims of Radium in Ottawa", *Chicago Daily Times*, 19 de março de 1936.

"Somos tão felizes juntos" CD, citado por Helen McKenna, "'Fighting Irish' Heart Sustains 'Living Dead'", *Chicago Daily Times*, 13 de fevereiro de 1938.

"desmaiasse durante" Sr. Walter Dalitsch, depoimento nos tribunais, apontamento jurídico.

"Ela estava buscando" Entrevista com Ross Mullner.

"Uma vez que" Edwin F. Smith, Transcrição dos tribunais, 3 de dezembro de 1934.

"Naturalmente" Irene La Porte versus USRC, 17 de dezembro de 1935.

"[O caso] deve ser arquivado" Ibid.

CAPÍTULO 46

"hemorragia" Atestado de óbito de Inez Vallat.

"O sr. Vallat" Frances O'Connell, citação em CRH.

"cada dia mais fraca" Mary Doty, "U.S. Acts on 'Doomed Women'", *Chicago Daily Times*, 22 de maio de 1936.

"Infelizmente nenhuma" Senador Mason, citado por Guy Housley, "Radium Dial Deals Death to Ninth of 'Suicide Club'", *Ottawa Daily Republican-Times*, 14 de março de 1936.

"Sempre seremos" PP, citado em "Times Thanked by Living Dead", *Chicago Daily Times*, 11 de fevereiro de 1938.

"O jornal de imagens de Chicago" cabeçalho do *Chicago Daily Times*, década de 1930.

"Eles atiraram para" Mary Doty, "Ottawa's Doomed Women", *Chicago Daily Times*, 17 de março de 1936.

"morrendo em Ottawa" Ibid.

"Algumas [garotas]" Ibid.

"bebezinho encarquilhado" Mary Doty, "Fears Haunt Victims of Radium in Ottawa", *Chicago Daily Times*, 19 de março de 1936.

"braços e pernas" Ibid.

"Seus pais" Ibid.

"Sinto dores" CD, citado em "'Living Dead' Await That Fateful Day", *Chicago Herald-Examiner*, 18 de março de 1936.

"a levou às lágrimas" Ibid.

"Estou morrendo de medo" MR, citação Ibid.

"os dentistas de [Chicago]" MR, citado por Frederick Griffin, "Society of the Living Dead", *Toronto Star*.

"Mesmo com três filhos" Entrevista com Jan Torpy.

"Ela aguarda, com esperança" Doty, "Fears Haunt Victims of Radium in Ottawa", *Chicago Daily Times*, 19 de março de 1936.

"[Isso] nunca vai" Tom Donohue, citação Ibid.

"Minha mãe se arrumava" Entrevista com Donald Purcell.

"conversas telefônicas" Mary Doty, "U.S. Acts on 'Doomed Women'", *Chicago Daily Times*, 22 de maio de 1936.

"Naquele dia" Tom Donohue, depoimento nos tribunais, citação por Clark, *Radium Girls*, 184. *Citações sequintes*, Ibid.

"temperamento irlandês" Entrevista com Kathleen Donohue Cofoid.

"Não creio que" Ibid.

"Eu avancei pra cima" Tom Donohue, depoimento nos tribunais, citação por Clark, *Radium Girls*, 184.

"se empolgou" Ibid.

"guerra de socos" Mary Doty, "U.S. Acts on 'Doomed Women'", *Chicago Daily Times*, 22 de maio de 1936.

CAPÍTULO 47

"sócio controlador" Hobart Payne para Clarence Darrow, 17 de maio de 1937, APP.

"se opôs vigorosamente" Ibid.

"perseguido" Ibid.

"típica de uma" Entrevista com Mary Carroll Cassidy.

"Eles sabem que" Ibid.

"sem mercado" Andrew Stehney, CRH.

"Eles lutaram" Entrevista com Jan Torpy.

"Eles seguravam as pontas" Entrevista com Mary Carroll Cassidy.

"Costumávamos ir a" Entrevista com Donald Purcell.

"emprego estável" PP para Catherine O'Donnell, julho de 1938, APP.

"Tom estava quase falido" Cunhado, citação por Mullner, *Deadly Glow*, 106.

"Eles precisaram de" Entrevista com Mary Carroll Cassidy.

"de aparência tímida" "Mrs. Donohue Calm at Radium Decision News", *Ottawa Daily Republican-Times*, 5 de abril de 1938.

"Parte da mandíbula" Hobart Payne para Darrow, 17 de maio de 1937, APP.

"Foi horrível" Entrevista com Mary Carroll Cassidy.

"agarrava o touro" Entrevista com Patty Gray.

"Minha avó" MR, citação em jornal não identificado, artigo de Elodie Maller, possivelmente o *Ottawa Daily Times*, álbum da família Rossiter.

"Marie era uma lutadora" Entrevista com Dolores Rossiter, 26 de julho de 2016.

"Se ela [achasse que]" Entrevista com Patty Gray.

"Ela conhecia todas" Entrevista com Dolores Rossiter, 26 de julho de 2016.

"E era uma líder" Entrevista com Dolores Rossiter, outubro de 2015.

"Muitos recuam" Olive Witt, citação em "'Shunned' Says One of the Victims", *Chicago Daily Times*, 28 de julho de 1938.

"Ela sempre dizia" Entrevista com Dolores Rossiter.

"Marie não perdeu" Entrevista com Dolores Rossiter, 26 de julho de 2016.

"Eram todas amigas" Ibid., outubro de 2015.

"sempre pegava" Entrevista com Len Grossman.

"Prezado" Hobart Payne para Darrow, 17 de maio de 1937, APP.

"Alvoroço no caso" John Main, "Radium Death on Rampage", *Chicago Daily Times,* 7 de julho de 1937.

"temia diariamente" Ibid.

"a última tentativa" Ibid.

"Sem advogado" Main, "Doomed Radium Victims Left Defenseless, Too", *Chicago Daily Times,* 9 de julho de 1937.

"E é exatamente esse" CD, citação Ibid.

"A Radium Dial" *Chicago Daily Times,* 7 de julho de 1937.

"Essa é uma nova" Cook, citação Ibid.

"Tudo o que resta deles" Ibid.

"Empresa de rádio de" "Ottawa Radium Company Now in New York", *Chicago Daily Times,* 8 de julho de 1937.

"As reivindicações dessas mulheres" William Ganley, citação Ibid.

"Não consigo me lembrar" Ibid.

CAPÍTULO 48

"formaram uma comissão" "Radium Dial by U.S. to Be Asked," *Ottawa Daily Republican-Times*, 23 de julho de 1937.

"200 mulheres" citado em entrevista com Len Grossman.

"O negócio dele" Entrevista com Len Grossman.

Citações sequintes, Ibid.

"Já estávamos" CD, citação em Griffin, "Society of the Living Dead", *Toronto Star*, 23 de abril de 1938.

"Meu coração é" Grossman para PP, 15 de outubro de 1938, APP.

"foi uma verdadeira líder" "Radium Dial by U.S."

"familiarizar-se com o caso" "New Attorney to Aid 'Living Dead' Women", *Chicago Daily Times*, 23 de julho de 1937.

"continuaria a alegar que a tinta" "Doomed Ottawa Women Seek Compensation For Death", *Daily Pantagraph*, 24 de julho de 1937.

"um orador talentoso" Entrevista com Len Grossman.

"lacrimosas" "Doomed Ottawa Women Seek Compensation".

"Deveríamos ter leis" Grossman, proclamação do tribunal, citação Ibid.

"Não precisamos" Ibid.

"É pesada a cruz" Ibid.

CAPÍTULO 49

"Pelo amor de Deus" Grossman, citação de CD para PP, 7 de dezembro de 1937, APP. "Escrevi para meus médicos" CD, Ibid.

"*Por favor*, me ajudem" PP para o dr. Elliston, 1º de fevereiro de 1938, APP.

"apresentasse [os resultados de]" Grossman, apontamento jurídico.

"Com grande sacrifício" PP para Grossman, 13 de fevereiro de 1938, APP.

"a segunda melhor opção" Grossman, citação no *Chicago Daily Tribune*, 13 de fevereiro de 1938.

"Ela não tem" PP, citado por Bruce Grant, "Ghost Women Await Court's Decision on Radium Poisoning", *Chicago Herald-Examiner*, 27 de fevereiro de 1938.

"A força das mulheres" Entrevista com Kathleen Donohue Cofoid.

"Meu quadril está" CD para PP, 7 de dezembro de 1937, APP.

"Bem, eu fiz trinta" Ibid.

"par de chinelos" "Mrs. Donohue Calm at Radium Decision News", *Ottawa Daily Republican-Times*, 5 de abril de 1938.

"coelhinho de aparência tímida" Ibid.

"A iluminação era" Entrevista com Mary Carroll Cassidy.

"Mesmo depois de" CD, depoimento nos tribunais, citação em "Firm Discounted Radium Fears", *Newark Evening News*, 11 de fevereiro 1938.

"Dava para ver" Entrevista com James Donohue.

"As pessoas estão com medo" CD, citado por Helen McKenna, "Fighting Irish Heart Sustains Living Dead", *Chicago Daily Times*, 13 de fevereiro de 1938.

"quase todos os dias" Win Green, "Abril Decision in Radium Test", *Ottawa Daily Republican-Times*, 12 de fevereiro de 1938.

"Ele costumava" Entrevista com James Donohue.

"Acho que ela" Entrevista com Mary Carroll Cassidy.

"Havia quase um sentimento" Ibid.

"Estou sofrendo tanto" CD para PP, 7 de dezembro de 1937, APP.

"Tenho tanto a dizer" Ibid.

"Na verdade, tem tanto tempo" Ibid.

"Quanto à minha saúde" Ibid.

"Grossman não tem dado notícias" Ibid.

"Este é o primeiro" Grossman citado por Win Green, "April Decision in Radium Test", *Ottawa Daily Republican-Times*, 12 de fevereiro de 1938.

"com todos os desejos" Grossman para PP, Cartão de boas festas para o fim de ano, dezembro de 1937, APP.

"Parece que fica tudo pior" CD, para PP, 7 de dezembro de 1937, APP.

"Eram muitas idas e vindas" Entrevista com Len Grossman.

"Era uma mulher aparentando" Dr. Weiner, depoimento nos tribunais, apontamento jurídico.

"destruição" Dalitsch, depoimento nos tribunais, apontamento jurídico.

"atravessado toda a estrutura" Ibid.

"deslocamento de fragmentos" Ibid.

"uma descarga considerável" Ibid.

"uma queda alarmante" Loffler, depoimento nos tribunais, citação em "'Living Death' Told by Woman Victim of Radium Poisoning", *Chicago Herald-Examiner*, 11 de fevereiro de 1938.

"ela está perto da morte" Loffler, depoimento nos tribunais, citação em *Ottawa Daily Republican-Times*, 11 de fevereiro de 1938.

"do tamanho de uma" Weiner, depoimento nos tribunais, apontamento jurídico.

CAPÍTULO 50

"A sra. Donohue" *Chicago Herald-Examiner*, 11 de fevereiro de 1938.

"mulher-palito" Helen McKenna, "Living Dead Ask Radium Co. Pay", *Chicago Daily Times*, 10 de fevereiro de 1938.

"Nós não pertencemos" Grossman, apontamento jurídico.

"voz fraca e" Jornal não identificado, acervo de Ross Mullner.

"vacilante" Helen McKenna, "Victim Faints at Death Query in Radium Suit", *Chicago Daily Times*, 10 de fevereiro de 1938.

"quase inaudível" "'Living Death' Told by Woman Victim of Radium Poison", *Chicago Herald-Examiner*, 10 de fevereiro de 1938.

"Foi assim que" CD, depoimento nos tribunais, citado por McKenna, "Living Dead Ask Radium Co. Pay", *Chicago Daily Times*, 10 de fevereiro de 1938.

"Depois que pessoas" CD, depoimento nos tribunais, citado por Bruce Grant, "Radium Bedside Court Sees How Women Dared Death", *Chicago Herald-Examiner*, 12 de fevereiro de 1938.

"Depois que a senhorita Marie" CD, depoimento nos tribunais, citação em "'Living Death' Told by Woman Victim of Radium Poison", *Chicago Herald-Examiner*, 11 de fevereiro de 1938.

"empalidecia" Ibid.

"Oh!" MR, citação Ibid.

"O sr. Reed" CD, depoimento nos tribunais, citado por Virginia Gardner, "Woman Tells 'Living Death' at Radium Quiz", *Chicago Daily Tribune*, 11 de fevereiro de 1938.

"assumido toda a parte operacional" Frances Salawa, CRH.

"*Não fomos bem-sucedidos*" Kelly para a Comissão Industrial de Illinois, 2 de novembro de 1928, citação em apontamento jurídico.

"Vocês podem constatar" Ibid.

"A única coisa" Da CII para Kelly, 5 de novembro de 1928, Ibid.

"foi forçada a" Ibid.

"O sr. Reed disse que" CD, depoimento nos tribunais, citado por Grant, "Radium Bedside Court Sees How Women Dared Death".

"Ele se recusou a ao menos pensar" Ibid.

"Seu corpo emaciado" Helen McKenna, "Victim Faints at Death Query in Radium Suit", *Chicago Daily Times*, 10 de fevereiro de 1938.

"Depois de dois anos" CD, depoimento nos tribunais, citação no *Ottawa Daily Republican-Times*, 10 de fevereiro de 1938.

"Estes são pedaços" CD, depoimento nos tribunais, citação do *Chicago Tribune*, *Chicago Daily Times*, *Chicago Herald-Examiner*, 11 de fevereiro de 1938.

CAPÍTULO 51

"estremeceram" McKenna, "Victim Faints at Death Query".

"adoeceram e morreram" Dalitsch, depoimento nos tribunais, apontamento jurídico.

"O dentista é" Marvel, transcrição dos tribunais, apontamento jurídico.

"A enfermidade" Dalitsch, Ibid.

Citações seguintes, Ibid.

"olhou com afinco" Gardner, "Woman Tells 'Living Death' at Radium Quiz".

"estágio permanente, incurável" Apontamento jurídico.

"Na presença dela?" Dalitsch, depoimento nos tribunais, apontamento jurídico.

"soluçar, encolhendo-se" "'Living Death' Told by Woman Victim of Radium Poison". *Chicago Herald-Examiner*, 11 de fevereiro de 1938.

"gritar histericamente" McKenna, "Victim Faints at Death Query".

"desabou e" Gardner, "Radium Victim Tells Story".

"teria se estatelado no piso" Ibid.

"Os soluços da mulher" Bruce Grant, "Woman Tells How Radium Dooms Her", *Chicago Herald-Examiner*, 11 de fevereiro de 1938.

"debilmente vacilante" "'Living Death Quiz at Bedside", *Chicago Daily Times*, 11 de fevereiro de 1938.

"Não me deixe" CD, citação Ibid.

"Ela entrou" Attending physician, citado no *Chicago Daily Times*, 10 de fevereiro de 1938.

"A morte é a terceira pessoa aqui", *Detroit Michigan Times*, 14 de fevereiro de 1938.

"A condição dela" Transcrição dos tribunais, apontamento jurídico.

Citações seguintes, Ibid.

"Sem dúvida ela se encontra" Weiner, depoimento nos tribunais, citado no *Ottawa Daily Republican-Times*, 11 de fevereiro de 1938.

"Ela tem pouco tempo" Loffler, depoimento nos tribunais, citado por Gardner, "Woman Tells 'Living Death' at Radium Quiz".

"Certamente existe uma relação causal" Loffler, depoimento nos tribunais, apontamento jurídico.

"as substâncias radioativas" Arthur Magid, transcrição dos tribunais, citado por Gardner, "Woman Tells 'Living Death' at Radium Quiz".

"A posição da empresa" Ibid.

"não responsáveis" "Radium Poison Horror Bared by Two Victims", *Washington Herald*, 12 de fevereiro de 1938.

"expressão" Magid, citação em apontamento jurídico.

"meramente um método" Ibid.

"Os compostos radioativos" Loffler, depoimento nos tribunais, Ibid.

"sofística brilhante" Grossman, citação Ibid.

"mestre ancestral" Ibid.

"Para apoiar a teoria" Ibid.

"num estado de fraqueza" Ibid.

"Isto é" Grossman, citado por Grant, "Woman Tells How Radium Dooms Her".

CAPÍTULO 52

"instáveis" Boletim meteorológico, *Ottawa Daily Republican-Times*, 11 de fevereiro de 1938.

"Para mim" CD, "'Living Dead' Hear New Radium Plea", *Chicago Illinois American*, 6 de junho de 1938.

"Já é tarde demais" Tom Donohue, citado por Helen McKenna, "Move Radium Quiz to Dying Woman's Bed", *Chicago Daily Times*, 11 de fevereiro de 1938.

"Passamos tão pouco tempo" Ibid.

"cena comovente" Jornal não identificado, acervo de Ross Mullner.

"Fraca, porém determinada" McKenna, "Move Radium Quiz to Dying Woman's Bed".

"de olhos fechados" Grossman, apontamento jurídico.

"Mostre-nos" Grossman, transcrição dos tribunais, citado por Virginia Gardner, "Radium Test Case Finished: 9 Women Heard", *Chicago Daily Tribune*, 12 de fevereiro de 1938.

"Protesto" Magid, citação Ibid.

"Você conseguiria" Marvel, citação Ibid.

"Sim" Grossman, citação Ibid.

"E assim foi decidido" Ibid.

"É assim que se faz" CD, depoimento nos tribunais, citação em "'Living Death' Case Hearing Ends", *Dubuque Iowa Herald,* 13 de fevereiro de 1938.

"Nós mergulhávamos" CD, depoimento nos tribunais, citado por Gardner, "Radium Test Case Finished".

"Então a gente moldava" Ibid.

"um arrepio percorreu" "'Living Death' Case Hearing Ends".

"tomada pela" "Radium Poisoning Victim Testifies on Her Deathbed", *St. Louis Times*, 12 de fevereiro de 1938.

"Eu fiz isso" CD, depoimento nos tribunais, citado por Grant, "Ghost Women Await Court's Decision on Radium Poisoning".

"Era assim que" CD, depoimento nos tribunais, citação em "Court Convenes at Bedside in Dying Woman's Damage Suit", *Denver Colorado Post*, 11 de fevereiro de 1938.

"Alguma vez" Grossman, transcrição dos tribunais, citado no *Ottawa Daily Republican-Times*, 11 de fevereiro de 1938.

Citações seguintes, Ibid.

"a gente até mesmo almoçava" CD, depoimento nos tribunais, compilado das aspas publicadas no *Ottawa Daily Republican-Times*, *Chicago Daily Times, Chicago Herald-Examiner*.

"Este caso abre precedente" Grossman, transcrição dos tribunais, citado por Gardner, "Radium Test Case Finished".

"não tivessem permissão" Gardner, "Radium Test Case Finished".

"pendurada frouxamente" Ibid.

"Você era funcionária" Transcrição dos tribunais, citação Ibid.

Citações seguintes, Ibid.

"a perda do braço" jornal não identificado, http://www.lgrossman.com/pics/radium/.

"O sr. Reed disse" MR, depoimento nos tribunais, citado por Gardner, "Radium Test Case Finished".

"muito empático" CD, citação em "Radium Victim Asserts Death Races Pension", *American*, 6 de abril de 1938.

"De repente" McKenna, "'Fighting Irish' Heart Sustains 'Living Dead'".

CAPÍTULO 53

"A primavera está no ar", *Chicago Daily Times*, 13 de fevereiro de 1938.

"qual fio tênue" McKenna, "'Fighting Irish' Heart Sustains 'Living Dead'".

"O irlandês lutador" CD, citação Ibid.

"morreria na cama" "8 Radium Victims Visit Dying Friend", *Washington Herald*, 14 de fevereiro de 1938.

"não havia entre elas" "Nine Facing Death with Smile; Their Courage a Sermon of Hope", *Chicago Herald- Examiner*, 14 de fevereiro de 1938.

"todas diziam que" Ibid.

"Percebendo seu zelo" PP para Grossman, 13 de fevereiro de 1938, APP.

"O objetivo dessa" Grossman, citado em "Society of the Living Dead Is Formed; Victims of Radium Unite to Help Others", *Chicago Herald-Examiner*, 26 de fevereiro de 1938.

"Ele adorava aparecer" Entrevista com Len Grossman.

"Pela causa da humanidade", apontamento jurídico assinado, APP.

"As circunstâncias exigem" Grossman, apontamento jurídico.

"criminalmente negligente" "The Radium Poison Tragedies", *Springfield Illinois State Register*, 22 de fevereiro de 1938.

"enviado autoridades médicas" Win Green, "Legality of Donohue Claim Is Supported", *Ottawa Daily Republican-Times*, 28 de fevereiro de 1938.

"se debatendo" Maury Maverick, discurso para a Câmara, citado por Robert Higgs, "America's Depression Within a Depression, 1937–39", https://fee.org/articles/ americas-depression-within-a-depression-193739/.

"Tiramos todos os coelhos" Ibid.

"Estou na expectativa" CD, citado em "Five 'Doomed Women' Not 'Afraid to Die'", *Toronto Star.*

"Uma vez que" Entrevista com Mary Carroll Cassidy.

"Ela ficou muito" Ibid.

"um cheiro de urina" Ibid.

"Eu só me lembro" Ibid.

"Ela estava caindo" Agnes Donohue Miller, 17 de novembro de 2010, http://www.mywebtimes.com/news/local/video-too-ill-para-visit/article_486754e5-653c-5137-9a5e-03a1980b6576.html.
"e a chefe da" Entrevista com James Donohue.
"Ela era a única" Ibid.
"Ela ia lá para cuidar" Entrevista com Kathleen Donohue Cofoid.
"É como ter Deus" CD para PP, 9 de março de 1938, APP.
"cartas maravilhosas" CD para PP, 29 de abril de 1938, APP.
"minha carta consiga" "mulher de meia-idade da região rural" de Wisconsin, citado por Win Green, "Nation-Wide Interest Shown in Radium Case", *Ottawa Daily Republican-Times*, março de 1938.
"Você tem minha empatia" Carta para CD, citação Ibid.
"me trouxe frango" CD para PP, 9 de março de 1938.
"Hoje consegui ficar sentada" Ibid.
"Em determinada semana" Entrevista com Len Grossman.
"Tenho estado ocupado" Grossman para PP, 15 de outubro de 1938, APP.
"defesa vergonhosa" Grossman, apontamento jurídico.
Todas as citações restantes do capítulo, Ibid.

CAPÍTULO 54

"lenta, traiçoeira" sentença do juiz Marvel, citado no *Chicago Herald-Examiner,* 6 de abril de 1938.
"A deficiência" Ibid.
"A Comissão Industrial" julgamento de Marvel, citado em "'Living Death' Victim Wins Life Pension", *Chicago American*, 5 de abril de 1938; William Mueller, "'Living Dead' Win Radium Test Case", *Chicago Daily Times*, 5 de abril de 1938.
"Estou muito feliz" Helen Munch, citação em jornal não identificado, acervo de Ross Mullner.
"Parece-me [pelo] que" Marvel, transcrição dos tribunais, 10 de fevereiro de 1938, apontamento jurídico.
"Em toda a criação" Grossman, apontamento jurídico.
"A justiça triunfou!" Grossman, citação em jornal não identificado, lgrossman.com.
"Este é o primeiro" CP, citação no *Flint Michigan Journal*, 6 de abril de 1938.
"uma grande vitória" Gabinete do Procurador Geral, "[...] Pension Radium Victim", *American*.

"Jamais sonhei" CD, citado em "Mrs. Donohue Calm at Radium Decision News", *Ottawa Daily Republican-Times*, 5 de abril de 1938.
"chora, raramente" Tom Donohue, citação Ibid.
"Catherine meio que se ergueu" Ibid.
"As primeiras palavras dela" Ibid.
"Estou feliz" CD, citado em "'Radium' Victim Granted Pension of US$277 a Year", *American*, 6 de abril de 1938.
"Esta é a segunda" Ibid.
"O juiz é esplêndido" CD, citação em "Mrs. Donohue Calm at Radium Decision News".
"Isso deveria ter" Ibid.
"Eu me pergunto se" CD, citação em "Radium Victim Asserts Death Races Pension", *American*, 6 de abril de 1938.
"Agora talvez" CD, citação em jornal não identificado, acervo de Ross Mullner.
"Espero que os advogados" Ibid.

CAPÍTULO 55

"sob a argumentação" "Radium Case Appeal Opens at City Hall," *LaSalle Daily Post Tribune*.
"Ela não tem dinheiro" CP, citado em "'Living Dead' Ask Aid Now for Victim", *Chicago Daily Time*, 19 de abril de 1938.
"Ele não toca" CD para PP, 29 de abril de 1938.
"A mulher frágil" Frederick Griffin, "Society of the Living Dead", *Toronto Star*, 23 de abril de 1938.
"Elas sentem medo" Clarence Witt, citação Ibid.
"Olhei para" Griffin, Ibid.
Citações seguintes, Ibid.
"Tentei escrever antes" CD para PP, 29 de abril de 1938.
"Eu só queria que meu caso" Ibid.
"correria" CD para PP, 18 de maio de 1938, APP.
"Quero ficar em casa" Ibid.
"Venha se possível" Ibid.
"Na minha opinião" Dr. Dunn, citado em "Hold Hearing in LaSalle on Radium Poison Appeal", *Daily News-Herald*, 6 de junho de 1938.
"Não resta muita" CD, citado em "7 'Living Dead' Meet", *Chicago Daily Times*, 5 de junho de 1938.
"compensavam toda" CD para PP, 29 de abril de 1938.
"mal deixava marca" "7 'Living Dead' Meet".
"braços estavam pouco mais grossos" Ibid.
"Ele é o melhor" CD para PP, 29 de abril de 1938.
"multidão" "Company Opens Plea in 'Radium' Poisoning Case", *Chicago Illinois News*, 6 de junho de 1938.

"corrida contra a morte" Grossman, citado em "Hold Hearing in LaSalle on Radium Poison Appeal".

"Se a sra. Donohue" Ibid.

"nunca disse a alguém" Comunicado juramentado de Reed, "'Living Dead' Upheld", *Chicago Daily Times*, 6 de junho de 1938.

"já não estava" Ibid.

"asseguravam que nenhum dos dois" Comunicados juramentados do sr. e sra. Reed, citados por Win Green, "Open Donohue Radium Test Review Hearing", *Ottawa Daily Republican-Times*, 7 de junho de 1938.

"vacilou em seu" Win Green, "Review Hearing of Radium Case Ends Suddenly", *Ottawa Daily Republican-Times*, 7 de junho de 1938.

CAPÍTULO 56

"Eu sugeriria" Catherine O'Donnell para PP, 11 de junho de 1938, APP.

"*Caro Padre Keane*" CD para o Padre Keane em 22 de junho de 1938, citado em *Chicago Daily Times*, 24 de junho de 1938.

"uma resposta sólida" Karin Walsh, "Pray for 'Living Death' Victim", *Chicago Daily Times*, 26 de junho de 1938.

"Gostaria de responder" CD, citado por Walsh, "1,500 Letters, Prayers for 'Living Dead'", *Chicago Daily Times*, julho de 1938.

"Hoje os médicos me disseram" Grossman, citação Ibid.

"Foi uma vitória" CD para PP, APP.

"Estou muito feliz" PP para Grossman, 19 de julho de 1938, APP.

"indisposição" Olive Witt para PP, 18 de julho de 1938, APP.

"Caía muito bem nela" Ibid.

"sublime" Ibid.

"Pessoalmente" PP para Dalitsch, 9 de março de 1938, APP.

"Eu vivo com" PP, citado por Griffin, "Society of the Living Dead".

"melancolicamente" Walsh, "Demand Inquest para Name Guilty in Radium Death", *Chicago Daily Times*, 28 de julho de 1938.

"Estou tão mal assim?" CD, citação Ibid.

"moções judiciais" "Mrs. Donohue, Victim of Radium Poisoning, Dies", *Ottawa Daily Republican-Times*, 27 de julho de 1938.

"Ela vinha se agarrando" Grossman, citado em "Death Halts Collection of Award", *Chicago Daily Times*, 27 de julho de 1938.

"Aqueles que estiveram" Walsh, "Demand Inquest para Name Guilty in Radium Death".

"Todos foram muito gentis" Eleanor Taylor, citação Ibid.

"quase histérica" Eleanor Taylor, citação Ibid.

"destruído" Ibid.

"Por que a mamãe" Mary Jane Donohue, citação Ibid.

"uma vozinha" Ibid.

"Deus abençoe" Mary Jane Donohue, citação Ibid.

"um assassinato frio" Grossman, citado em *Chicago Daily Times*, 28 de julho de 1938.

"um homem franzino" Jornal não identificado, possivelmente o *Ottawa Daily Republican-Times*, Acervo de Catherine Wolfe Donohue, Northwestern University.

"Ele falou com grande" Karin Walsh, "Jury blames Dial Co. for Radium Death", *Chicago Daily Times*, 29 de julho de 1938.

"se concentrar apenas na" instruções de Lester (legista), jornal não identificado, APP.

"Nós, o júri" Jornal não identificado, possivelmente o *Ottawa Daily Republican-Times*, Acervo de Catherine Wolfe Donohue, Northwestern University.

"E a única planta" Grossman, citação Ibid.

"do alívio que a morte" Ibid.

"prestes a desmaiar" Walsh, "Jury Blames Dial Co. for Radium Death".

"Num momento de silêncio" Ibid.

"*Quando voltei para casa*" PP para Grossman, 29 de julho de 1938, APP.

"com preces e" Ibid.

"Ele ficou esgotado" Trudel Grossman, citado em "Wife Subs for 'Radium Lawyer'", *Chicago Daily Times*, 29 de setembro de 1938.

"[Aquela] licença ficou" Entrevista com Len Grossman.

"uma das batalhas" Walsh, "Jury Blames Dial. Co. for Radium Death".

"Se existem santos" Entrevista com Ross Mullner.

EPÍLOGO

"Enquanto fazia" Agenda de Glenn Seaborg, citado por Mullner, *Deadly Glow*, 125.

"Se não fosse pelas" Funcionário da AEC, citação Ibid., 127.

"inestimáveis" Ibid.

"Iríamos viver" Entrevista com Ross Mullner.

"Em um futuro previsível" memorando da LNC, novembro de 1959, Arquivos da LNC, Biblioteca do Congresso.

"Todos nós seríamos" Ibid.

"terrível futuro" Funcionário da AEC, citado por Mullner, *Deadly Glow*, 134.

"a agonia das garotas do rádio" Tony Bale, citação Ibid., 1.

"[Elas] foram" Memorando da LNC, novembro de 1959.

"Existe apenas uma" Holm, CRH.

"Algo acontecido há muito" Funcionário da AEC, citado por Mullner, *Deadly Glow*, 134.

"um valor incalculável" Ibid.

"um conhecimento vital" Ibid.

"Minha história é incomum" PP para Dalitsch, 9 de março de 1938, APP.

"essencial para a segurança" Comunicado à imprensa do Laboratório Nacional de Argonne.

"Se pudermos determinar" Lester Barrer, citado por Malcolm M. Manber, "Radium Workers Well", *Newark Evening News*, 15 de julho de 1962.

"entregar ao mundo" *Plainfield Courier*, 21 de março de 1959.

"Procura-se" Theodore Berland, "Wanted: Radium Workers of the Roaring Twenties", *Today's Health*, novembro de 1959.

"Cada uma dessas pessoas" John Rose, citado por Roy Gibbons, "Vast Search Is on for Radium Fad Victims", *Chicago Sunday Tribune*, 8 de março de 1959.

"reservatório de informação" Roscoe Kandle, CRH.

"Ela dizia estar" CRH memo.

"A srta. Anna Callaghan" Martland para o MIT, 26 de julho de 1950, CRH.

"não poderiam fazer nada" Memorando da CRH.

"porque passava muito tempo" Entrevista com Art Fryer.

"morrido supostamente" Anotações de Kjaer, 1925, citado em "Historic American Buildings Survey".

"manteve o bom humor" *Peoria Illinois Star*, 13 de abril de 1939.

"argumentou com veemência" Mullner, *Deadly Glow*, 136.

"toda sua vida útil" Ibid.

"fáceis de vestir e de tirar" Assistente médico da CRH para CP, 2 de outubro de 1975, CRH.

"Acredito que tive sorte" PP, "Life History", APP.

"fez as melhores tortas" Entrevista com Randy Pozzi.

"Quando meu pai" Ibid.

"inchadas e manchadas" Entrevista com Jan Torpy.

"Ela sempre dançava" Entrevista com Patty Gray.

"Ela sentia muitas dores" Entrevista com Dolores Rossiter.

"Eu cheguei a rezar" MR, 13 de novembro de 2010, http://www.mywebtimes.com/news/local/video-she-was-a-fighter/article_f7f6b1e8-1412-5e0a-8574-763be17400ee.html. 37

"Testemunhei momentos" Ibid.

"Agora estou bem" CP, citado por Arthur J. Snider, "Ranks of 'Living Dead' Dwindle in 25 Years", *Chicago Daily News*, 13 de junho de 1953.

"Enfrentei todas" CP, citado por David Anderson, "This Is What Has Happened to 'Society of the Living Dead'", *Chicago Sun-Times*, 29 de setembro de 1957.

"muito zangado" Entrevista com Jan Torpy.

"Esse valor é" MR, citado em entrevista com Dolores Rossiter.

"eternamente" Julgamento na Suprema Corte de New Jersey, citado por Clark, *Radium Girls*, 201.

"conhecimento tácito" Ibid., 202.

"todos os irmãos" Entrevista com Darlene Halm.

"Eles o botaram abaixo" Ibid.

"Percebi que" Joan Weigers para CRH, 14 de setembro de 1988.

"Poucas famílias escaparam" Greta Lieske, *Ottawa Delivered*.

"Essa senhora" Mayor George Small, citado por Elodie Maller, "Radium City Airing on Cable Protested", *Ottawa Daily Times*, 12 de julho de 1988.

"ninguém fosse [ver]" Entrevista com Dolores Rossiter.

"Bem" Ibid.

"As pessoas ficaram divididas" Entrevista com Darlene Halm.

"Ela disse" Entrevista com Dolores Rossiter.

"a radioatividade normal" Martland, citado por Mullner, *Deadly Glow*, 72.

"Amputações bilaterais" Arquivos da CRH.

"Rádio, o assassino silencioso, ataca novamente!" *Sunday Star-Ledger*, 2 de novembro de 1958.

"Estou absolutamente convencido" Entrevista com Ross Mullner.

"No fim das contas" Memorando do MIT, 6 de dezembro de 1958, CRH.

"que reduziram sua capacidade" Holm, CRH.

"Você tem visto fulano?" Joseph Kelly, citação Ibid.

"Eles viajaram" Entrevista com Randy Pozzi.

"Ela me pediu para" Ibid.

"Foi isso o que aconteceu" PP, citação Ibid.

"eram duas pessoas" Ibid.

"Ela provavelmente era" Entrevista com Jan Torpy.

"[O fato de ela não ter braço]" Entrevista com Don Torpy.

"Conte como foi que" Entrevista com Jan Torpy.

"E aí ela repetia a história" Ibid.

"Quando eu era jovem" CP, citação Ibid.

"muito triste" Ibid.

"Quando o tempo estava bom" Entrevista com Donald Purcell.

"longe de ser vencida" Frances Perkins, citado em "Sec. Perkins Says Compensation for Workmen Inadequate", *Ottawa Daily Republican-Times*, 17 de outubro de 1939.

"Eles nunca contavam nada" Entrevista com Dolores Rossiter.

"mas por que eu deveria" CP, citado em memorando da CRH, 30 de agosto de 1985, CRH.

"varrida para baixo do tapete" MR, citação em entrevista com Dolores Rossiter.

"Deus me deixou aqui" MR, citação em jornal não identificado, possivelmente o *Ottawa Daily Times*, álbum da família Rossiter.

"Ela pensava que" Entrevista com Patty Gray.

"Aquilo ia ajudar" Entrevista com Jean Schott.

"Estou *furiosa*" Uma das irmãs Looney, citada por Irvine, "Suffering Endures".

"Toda família" Jean Schott, citado por Denise Grady, "A Glow in the Dark, and a Lesson in Scientific Peril", *New York Times*, 6 de outubro de 1998.

"Todos fomos para lá" Entrevista com Mary Carroll Cassidy.

"Acho que ele nunca" Entrevista com Kathleen Donohue Cofoid.

"Eram tudo para ele" Entrevista com Mary Carroll Cassidy.

"Com o passar do tempo" Ibid.

"era uma lembrança" Ibid.

"Ela era quase infantil" Ibid.

"Foi realmente admirável" Ibid.

"Eu desenvolvi muitos" Mary Jane Donohue para a CRH, 18 de julho de 1979, CRH.

"Se isso pudesse ajudar" Mary Jane Donohue, citado em memorando da CRH, 16 de agosto 16 de CRH.

"Eu rezo o tempo todo" Mary Jane Donohue para a CRH, 18 de julho de 1979.

"Nenhum monumento" Mullner, *Deadly Glow*, 143.

"Elas merecem ser lembradas" Madeline Piller, *Journal Star*, 2007.

"O prefeito apoiou" Entrevista com Len Grossman.

"As garotas do rádio" Proclamação oficial do Departamento Executivo do Estado de Illinois, setembro de 2011, agora em exibição no Ottawa Historical and Scouting Heritage Museum.

"Se [Marie]" Entrevista com Dolores Rossiter.

"todas as pintoras" Placa na estátua para as Garotas do Rádio, Ottawa, Illinois.

"Os estudos das" Mullner, *Deadly Glow*, nº 6, 143.

"Eu sempre admirei" Entrevista com Kathleen Donohue Cofoid.

OBSERVAÇÃO FINAL

"Nós garotas" Eleanor Eichelkraut, citado por Bill Richards, "The Dial Painters", *Wall Street Journal*, 19 de setembro de 1983.

"Achei uma sorte danada" Beverley Murphy, citado no *Ottawa Daily Times*.

"A gente espalhava" Lee Hougas, citado por Conroy, "On Cancer, Clock Dials".

"para criar um estilo" Pearl Schott, citado por Richards, "The Dial Painters".

"Eu voltava do" Martha Hartshorn, citada por JoAnn Hustis, "Radium Dial Deaths of Women Topic of TV News Show Tonight", *Ottawa Daily Times*, 20 de setembro de 1983.

"A empresa" Martha Hartshorn, citada por Richards, "The Dial Painters".

"Precisei passar" Pearl, citada por Anna Mayo, "We Are All Guinea Pigs", *Village Voice*, 25 de dezembro de 1978.

"Um sujeito da sede" Carol Thomas, citada por Hustis, "Radium Dial Deaths of Women Topic of TV News Show Tonight".

"O câncer de mama" Holm, citado por Richards, "The Dial Painters".

"O gerente da fábrica" Holm, citado por Jim Ridings, *Ottawa Daily Times*, maio de 1978.

"Muitas de nós", Pintora de mostradores não identificada, citada por Mayo, "We Are All Guinea Pigs".

"conversa fiada" Jim Ridings, "Doubletalk from Luminous", *Ottawa Daily Times*, 4 de maio de 1978.

"Eles não nutriam" Carol Thomas, citada no *Ottawa Daily Times*, 23 de setembro 1983.

"A Luminous Processes" *Ottawa Daily Times*, 1º de maio de 1978.

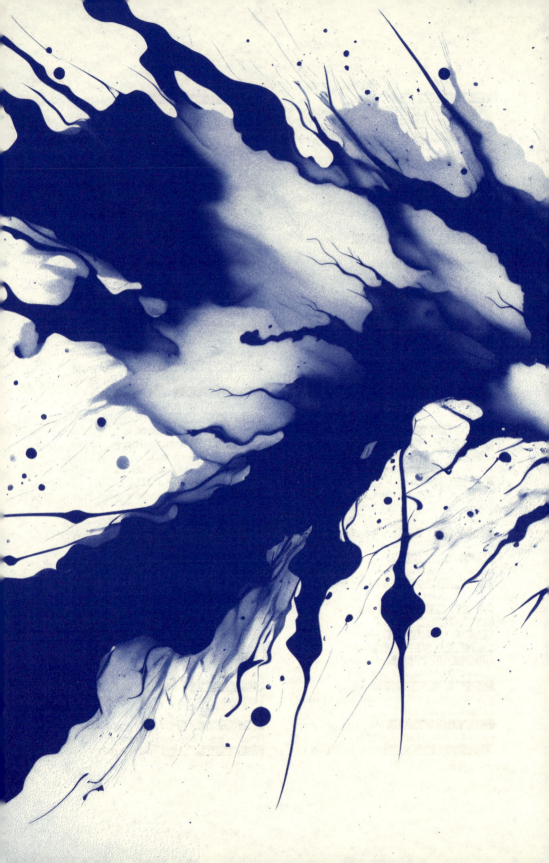

KATE MOORE
RADIOATIVAS

REFERÊNCIAS

LIVROS

Berg, Samuel. *Harrison Stanford Martland, M.D.: The Story of a Physician, a Hospital, an Era*. New York: Vantage Press, 1978.

Bradley, John, ed. *Learning to Glow: A Deadly Reader*. Tucson: Editora da Universidade do Arizona, 2000.

Clark, Claudia. *Radium Girls: Women and Industrial Health Reform, 1910– 1935*. Chapel Hill: Editora da Universidade da Carolina do Norte, 1997.

Curie, Eve. *Madame Curie: A Biography*. Traduzido por Vincent Sheean. Boston: Da Capo Press, 2001.

Curie, Marie. *Pierre Curie*. Traduzido por C. e V. Kellogg. Nova York: Macmillan, 1923.

Kukla, Barbara J. *Swing City: Newark Nightlife 1925–50*. New Brunswick: Editora da Universidade Rutgers, 2002.

Lurie, Maxine N. *A New Jersey Anthology*. New Brunswick: Editora da Universidade, 2010.

Miller, Kenneth L. *CRC Handbook of Management of Radiation Protection Programs*, 2ª ed. Nova York: CRC Press, 1992.

Mullner, Ross. *Deadly Glow: The Radium Dial Worker Tragedy*. Washington, DC: American Public Health Association, 1999.

Nelson, Craig. *The Age of Radiance: The Epic Rise and Dramatic Fall of the Atomic Era*. Londres: Simon & Schuster, 2014.

Neuzil, Mark e William Kovarik. *Mass Media and Environmental Conflict*. Nova York: Sage Publications, 1996.

Robison, Roger F. *Mining and Selling Radium and Uranium*. Nova York: Springer, 2014.

Shaw, George Bernard. *The Quintessence of Ibsenism*. Nova York: Dover Publications, 1994.

Stabin, Michael G. *Radiation Protection and Dosimetry: An Introduction to Health Physics*. Nova York: Springer, 2007.

FILME

Radium City. Dirigido por Carole Langer. Ottawa, Illinois: Carole Langer Productions, 1987.

ENTREVISTAS

Entrevistas originais realizadas pela autora nos Estados Unidos em outubro de 2015, com os seguintes entrevistados, aos quais ela agradece imensamente pela colaboração:

Michelle Brasser
Mary Carroll Cassidy
Mary Carroll Walsh
Kathleen Donohue Cofoid
James Donohue
Eleanor Flower
Art Fryer (entrevista realizada em dezembro de 2015, via Skype)
Patty Gray
Len Grossman
Darlene Halm
Felicia Keeton
Ross Mullner
Randy Pozzi
Donald Purcell
Dolores Rossiter
Jean Schott
Don Torpy e Jan Torpy

ARTIGOS E PUBLICAÇÕES

Conroy, John. "On Cancer, Clock Dials, and Ottawa, Illinois, a Town That Failed to See the Light", Arquivo Nacional.

DeVille, Kenneth A. e Mark E. Steiner. "The New Jersey Radium Dial Workers and the Dynamics of Occupational Disease Litigation in the Early Twentieth Century." *Missouri Law Review* 62, nº 2 (1997): 281–314.

Irvine, Martha. "Suffering Endures for Radium Girls." *Associated Press*, 4 de outubro de 1998.

National Park Service. "Historic American Buildings Survey: U.S. Radium Corporation."

Rowland, R. E. "Radium in Humans: A Review of U.S. Studies." Laboratório Nacional de Argonne, setembro de 1994.

Sharpe, William D. "Radium Osteitis with Osteogenic Sarcoma: The Chronology and Natural History of a Fatal Case." *Bulletin of the New York Academy of Medicine* 47, nº 9 (setembro de 1971): 1059–1082.

JORNAIS, REVISTAS E PERIÓDICOS

American
American History
American Weekly
Asbury Park Press
Buffalo News
Chemistry
Chicago Daily Times
Chicago Daily Tribune
Chicago Herald-Examiner
Chicago Illinois News
Chicago Sunday Tribune
Chicago Sun-Times
Chicago News-Herald
Daily Pantagraph
Denver Colorado Post
Detroit Michigan Times
Dubuque Iowa Herald
Flint Michigan Journal
Graphic
Journal of the American Medical Association
Journal of Industrial Hygiene (Diário da Higiene Industrial)
Journal Star
LaSalle Daily Post Tribune
Newark Evening News
Newark Ledger
New York Evening Journal
New York Herald
New York Sun
New York Sunday News
New York Telegram
New York Times
Orange Daily Courier
Ottawa Daily Republican-Times
Ottawa Daily Times
Ottawa Delivered
Ottawa Free Trader
Peoria Illinois Star
Plainfield Courier
Popular Science
Radium
Springfield Illinois State Register
Star-Eagle
St. Louis Times

Sunday Call
Sunday Star-Ledger
Survey Graphic
Today's Health
Toronto Star
Village Voice
Wall Street Journal
Washington Herald
Waterbury Observer
World

ACERVOS ESPECIAIS

Acervo de Catherine Wolfe Donohue. Universidade de Northwestern, Chicago, Illinois.

Arquivos sobre a operação de limpeza de Orange. Biblioteca Pública de Orange, Orange, New Jersey.

Jornais de Harrison Martland. Acervo Especial. George F. Smith Library of the Health Sciences, Rutgers Biomedical and Health Sciences, Newark, New Jersey.

Arquivos do projeto Efeitos para a saúde da exposição à radioatividade depositada internamente. Centro para a Radiobiologia Humana, Laboratório Nacional de Argonne, Registro geral do Departamento de Energia. Grupo de Registro 434. Arquivo Nacional de Chicago, Illinois.

Arquivos da Liga Nacional do Consumidor. Biblioteca do Congresso, Washington, DC. Acervo de anuários da Ottawa High School e Diretório Municipal de Ottawa.

Biblioteca Pública Reddick, Ottawa, Illinois.

Ottawa Historical and Scouting Heritage Museum, Ottawa, Illinois.

Acervo de Pearl Payne. Museu e Sociedade Histórica de LaSalle County, Utica, Illinois.

Jornais de Raymond H. Berry. Biblioteca do Congresso, Washington, DC. Westclox Museum, Peru, Illinois.

WEBSITES

ancestry.com (com acesso aos registros do Censo dos EUA, diretórios municipais, registros da Previdência Social, cartões de registro da Primeira e da Segunda Guerra Mundial e registro de nascimentos, casamentos e óbitos)
capitolfax.com
dailykos.com
encyclopedia.com
examiner.com
fee.org
findagrave.com
history.com
lgrossman.com
medicinenet.com
mywebtimes.com
thehistoryvault.co.uk
themedicalbag.com
usinflationcalculator.com
voanews.com

Para saber mais:

De autoria de D. W. Gregory, *Radium Girls* (Dramatic Publishing, 2003) é uma peça teatral sobre as mulheres de Orange, enquanto *These Shining Lives,* de Melanie Marnich, (Dramatists Play Service, Inc., 2010) encena a história das pintoras de Ottawa.

KATE MOORE é autora bestseller do *Sunday Times*, editora de livros e ghostwriter. Em 2015, dirigiu a aclamada produção de *These Shining Lives*, peça teatral sobre as garotas do rádio, e achou a história das pintoras tão influente que decidiu escrever este livro. Ela acompanhou cada passo das garotas do rádio e garantiu que não fossem esquecidas.

DARKLOVE.

O começo é sempre hoje.
— MARY WOLLSTONECRAFT —

DARKSIDEBOOKS.COM